高等学校"十一五"规划教材
会计学系列

中级财务会计

ZHONGJI CAIWU KUAIJI

（第二版）

赵鸿雁 主编

北京师范大学出版集团
BEIJING NORMAL UNIVERSITY PUBLISHING GROUP
安徽大学出版社

图书在版编目(CIP)数据

中级财务会计/赵鸿雁主编.—2版.—合肥:安徽大学出版社,2012.4
高等学校"十一五"规划教材.会计学系列
ISBN 978-7-5664-0432-9
Ⅰ.①中… Ⅱ.①赵… Ⅲ.①财务会计—教材 Ⅳ.F234.4

中国版本图书馆 CIP 数据核字(2012)第 065456 号

中级财务会计

赵鸿雁 主编

出版发行	:	北京师范大学出版集团
		安徽大学出版社
		(安徽省合肥市肥西路 3 号 邮编 230039)
		www.bnupg.com.cn
		www.ahupress.com.cn
印 刷	:	安徽省人民印刷有限公司
经 销	:	全国新华书店
开 本	:	184mm×260mm
印 张	:	24.75
字 数	:	567 千字
版 次	:	2012 年 7 月第 2 版
印 次	:	2012 年 7 月第 1 次印刷
定 价	:	40.80 元

ISBN 978-7-5664-0432-9

责任编辑:朱丽琴 龚婧瑶　　　　　　　　　　装帧设计:孟献辉
责任印制:陈　如

版权所有　侵权必究
反盗版、侵权举报电话:0551-5106311
外埠邮购电话:0551-5107716
本书如有印装质量问题,请与印制管理部联系调换。
印制管理部电话:0551-5106311

编委会

本册主编 赵鸿雁
副 主 编 吴本洲　张灵军
本册编委 （排名不分先后，以姓氏笔画为序）
　　　　　　毛腊梅　韦　雪　年素英
　　　　　　吴本洲　张灵军　陈习杰
　　　　　　陈继东　赵鸿雁　曹中红

第二版前言

教材是体现教学内容和教学要求的知识载体,是进行教学的基本工具,是学科专业建设与课程建设成果的凝练与体现,也是深化教学改革、保障和提高教学质量的重要基础。根据安徽省教育厅教秘高[2007]9号关于组织申报安徽省高等学校"十一五"省级规划教材的通知精神,由北京师范大学出版集团安徽大学出版社联合省内安徽财经大学、合肥学院、蚌埠学院、安庆师范学院、安徽科技学院、铜陵学院、宿州学院、淮南师范学院、淮南联合大学等高校联合出版修订本系列会计学教材,被安徽省教育厅教秘高[2008]39号文件列为安徽省高等学校"十一五"省级规划教材。

随着各高校教材使用数量的增加以及会计改革与发展的变化,必须对相关内容进行修订。为此,安徽大学出版社组织编写组对课程内容进行了认真修订,拓展了修订思路和修订内容,增加了相关章节。但由于修订的时间仓促,难免存在这样那样的问题,敬请批评指正。

一、教材选题定位——突出应用性

随着我国高等教育由精英教育向大众化教育的过渡,越来越多的高校把人才培养目标定位于紧密服务地方经济和社会发展需要,培养生产和管理需一线的高级应用型专门人才。培养模式的改变引发了教学内容和教学方法的变化,目前较为突出的问题就是应用性教材建设严重滞后,不少学校为了应付评估而不得已选择了一些研究型大学的教材,应用型院校教师为选择不到合适的教材而苦恼,学生也为教材不适用而意见纷纷。为此,我们顺应高等教育发展的需要,开发了适合应用型高校教学的会计学教材。

二、编写思路

为了加强教材的应用性和针对性,此次,我们在教材的编写与修订上避免了两种倾向:要么过分强调实践,只讲会计方法,使教材过于简单,内容单薄,知识的系统性不足;要么过分强调理论,大篇幅地讲述会计理论,内容空泛,脱离实际。为此,我们在开始规划时注重突出如下几点:

(一)突出系统性

随着会计学的发展,会计理论在不断发展,会计内容在不断丰富,会计服务的领域在不断拓展。我们既要避免不同课程教材在内容上的交叉重复,又要避免有些最新的内容没有被纳入教材之中。为此,我们根据会计理论和会计实务的最新发展，从整体上对会计系列教材的内容进行整合，协调和处理不同课程的教材在内容上的衔接，避免内容上的不必要的重复和遗漏，系统设计，分步开发。目前，我们第一批出版会计学基础、中级财务会计、成本会计、管理会计、财务管理、审计学、会计信息系统、高级财务会计以及相关配套习题册。在此基础上，我们根据需要还将组织编写第二批教材：会计学专业导论、特种行业会计、政府与非盈利单位会计、国际会计和会计理论专题等。

（二）突出应用性

为了使教材适合应用性教学需要，我们努力做到：第一，在教材内容上，每门教材都尽可能地结合实际案例；第二，教材语言上，力求根据学生的认知特点，用鲜活的语言阐述会计问题，避免用一些晦涩的语言让学生如入云雾；第三，教材的作者，全部来自于教学一线具有丰富教学经验的优秀教师，因为只有他们才深知什么样的教材教师用得顺手，学生学得顺心；同时，我们要求每门课程的教材编写必须吸收一名具有实际经验的在岗高级会计人员全程参与，主要由他们来进行案例的编写。

（三）突出质量

为了保证教材的质量，首先，除了每门课程必须由具有高级职称的优秀教师担任主编外，我们还要求每门课程的教材必须要有一名会计学专业教授参与教材编写或担当指导。其次，我们成立了会计学系列教材编写委员会和编审会，编委会主要由系列教材的主编组成，其主要任务是进行会计学系列规划教材的策划工作。具体是：确定系列教材名称、商定教材编写内容和体例、审定参编人员，并作为主创人员参加省级规划教材的申报和修订工作。编审会邀请省内外会计学科的有关专家和学者担任，负责审定教材编写大纲和对教材内容进行审读，以确保教材的编写和修订质量。

参加本书修订的人员及分工如下：第1、13章，蚌埠学院赵鸿雁教授；第2、14章，合肥学院曹中红讲师；第3章，三联学院韦雪讲师；第4、10章，安徽科技学院陈继东讲师；第5、6章，淮南联合大学张灵军副教授；第7章，蚌埠学院年素英讲师；第8、11章，铜陵学院吴本洲副教授；第9、12、16章，铜陵学院毛腊梅副教授；第15章，蚌埠学院陈习杰讲师。赵鸿雁教授根据新准则及其讲解，对全书进行了修改和总纂，尤其是对配套习题进行了修改和重新编写并最后定稿。

随着各高校的使用，我们发现了教材中存在的问题，编写组对课程的编写思路、编写内容和每章教材的章后练习等进行了修订，拓展了修订思路和修订内容，增加了相关章节及其习题。但由于修订的时间仓促，难免存在不尽人意的地方，敬请批评指正。

编　者

2012年5月

目 录

第1章 总 论 ... 1

□ 学习目标 ... 1
1.1 财务会计概述 ... 1
1.2 会计基本假设 ... 3
1.3 会计信息质量要求 ... 6
1.4 会计要素的概念与内容 ... 8
1.5 会计计量及其应用原则 ... 13
1.6 会计环境与国际会计趋同 ... 14
□ 本章小结 ... 15
□ 练习题 ... 15

第2章 货币资金 ... 19

□ 学习目标 ... 19
2.1 库存现金 ... 19
2.2 银行存款 ... 22
2.3 其他货币资金 ... 28
□ 本章小结 ... 30
□ 练习题 ... 30

第3章 金融资产 ... 34

□ 学习目标 ... 34
3.1 金融资产概述 ... 34
3.2 以公允价值计量且其变动计入当期损益的金融资产 ... 34
3.3 持有至到期投资 ... 37
3.4 应收及预付款项 ... 41
3.5 可供出售金融资产 ... 51

□ 本章小结 ··· 53
□ 练习题 ··· 53

第4章 存货 ·· 58

□ 学习目标 ··· 58
4.1 存货及其分类 ··· 58
4.2 存货的确认与初始成本计量 ··· 60
4.3 存货发出的计价 ··· 62
4.4 原材料 ··· 67
4.5 周转材料 ··· 73
4.6 委托加工物资 ··· 75
4.7 库存商品 ··· 77
4.8 存货的期末计量 ··· 79
□ 本章小结 ··· 84
□ 练习题 ··· 84

第5章 固定资产 ·· 89

□ 学习目标 ··· 89
5.1 固定资产的确认和初始计量 ··· 89
5.2 固定资产折旧 ··· 98
5.3 固定资产后续支出 ··· 101
5.4 固定资产处置 ··· 104
□ 本章小结 ··· 106
□ 练习题 ··· 106

第6章 无形资产及其他长期资产 ·· 110

□ 学习目标 ··· 110
6.1 无形资产的确认和初始计量 ··· 110
6.2 无形资产的后续计量 ··· 114
6.3 无形资产的处置 ··· 116
6.4 其他长期资产 ··· 117
□ 本章小结 ··· 118
□ 练习题 ··· 118

第7章 投资性房地产 …… 122

□ 学习目标 …… 122
7.1 投资性房地产的确认和计量 …… 122
7.2 投资性房地产的后续计量 …… 124
7.3 投资性房地产后续计量模式的变更 …… 126
7.4 投资性房地产的转换 …… 127
7.5 投资性房地产的处置 …… 129
□ 本章小结 …… 131
□ 练习题 …… 131

第8章 长期股权投资 …… 136

□ 学习目标 …… 136
8.1 长期股权投资概述 …… 136
8.2 企业合并形成的长期股权投资的初始计量 …… 137
8.3 非企业合并形成的长期股权投资的初始计量 …… 141
8.4 长期股权投资的后续计量 …… 143
□ 本章小结 …… 161
□ 练习题 …… 162

第9章 非货币性资产交换 …… 167

□ 学习目标 …… 167
9.1 非货币性资产交换的认定 …… 167
9.2 非货币性资产交换的确认和计量 …… 168
9.3 非货币性资产交换的会计处理 …… 170
□ 本章小结 …… 180
□ 练习题 …… 180

第10章 资产减值 …… 186

□ 学习目标 …… 186
10.1 资产可能发生减值的认定 …… 186
10.2 资产可收回金额的计量和减值损失的确定 …… 187
10.3 资产组的认定及减值处理 …… 190

10.4 商誉减值的核算 …………………………………………………… 196
　　□ 本章小结 ……………………………………………………………… 198
　　□ 练习题 ………………………………………………………………… 198

第 11 章　负　债 …………………………………………………………… 203

　　□ 学习目标 ……………………………………………………………… 203
　11.1 负债概述 …………………………………………………………… 203
　11.2 流动负债 …………………………………………………………… 205
　11.3 长期负债 …………………………………………………………… 224
　11.4 债务重组 …………………………………………………………… 231
　　□ 本章小结 ……………………………………………………………… 243
　　□ 练习题 ………………………………………………………………… 243

第 12 章　借款费用 ………………………………………………………… 248

　　□ 学习目标 ……………………………………………………………… 248
　12.1 借款费用的确认 …………………………………………………… 248
　12.2 借款费用资本化金额的确定 ……………………………………… 252
　　□ 本章小结 ……………………………………………………………… 256
　　□ 练习题 ………………………………………………………………… 257

第 13 章　所有者权益 ……………………………………………………… 263

　　□ 学习目标 ……………………………………………………………… 263
　13.1 所有者权益概述 …………………………………………………… 263
　13.2 所有者权益的核算 ………………………………………………… 264
　　□ 本章小结 ……………………………………………………………… 271
　　□ 练习题 ………………………………………………………………… 272

第 14 章　收入、费用和利润 ……………………………………………… 276

　　□ 学习目标 ……………………………………………………………… 276
　14.1 销售商品收入的确认和计量 ……………………………………… 276
　14.2 提供劳务收入的确认和计量 ……………………………………… 285
　14.3 让渡资产使用权收入的确认和计量 ……………………………… 289
　14.4 费　用 ……………………………………………………………… 290

14.5 利　润 …… 294
　□ 本章小结 …… 297
　□ 练习题 …… 298

第15章　所得税 …… 303

　□ 学习目标 …… 303
　15.1 所得税会计概述 …… 303
　15.2 计税基础和暂时性差异 …… 305
　15.3 递延所得税资产及递延所得税负债的确认和计量 …… 312
　15.4 所得税费用的确认与计量 …… 317
　□ 本章小结 …… 319
　□ 练习题 …… 319

第16章　财务报告 …… 326

　□ 学习目标 …… 326
　16.1 财务报告概述 …… 326
　16.2 资产负债表 …… 327
　16.3 利润表 …… 336
　16.4 现金流量表 …… 340
　16.5 所有者权益变动表 …… 350
　16.6 其他财务报表 …… 352
　□ 本章小结 …… 374
　□ 练习题 …… 374

主要参考文献 …… 381

后　记 …… 383

第1章 总 论

□ 学习目标

通过本章学习,掌握会计要素概念及确认条件、会计信息质量要求、会计计量属性及运用原则,了解会计基本假设。

1.1 财务会计概述

会计是随着经济社会发展和经济管理需要而产生、发展和不断完善的。它是以货币为主要计量单位,主要反映企业的财务状况、经营成果和现金流量,监督企事业单位经济活动和财务收支的一种经济管理工作。会计是现代企业一项重要的基础性工作,其通过一系列合法程序,向投资者、债权人等有关信息使用者提供决策有用的信息,促使企业加强经营管理,提高经济效益,促进市场经济健康有序的发展。

《中级财务会计》是企业会计的一个重要分支,起到承上启下的作用。它以会计学原理为基础,以会计准则为依据,运用会计的专门方法,对企业发生的能够用货币确认、计量的生产经营活动进行核算和监督,并向有关方面报告财务状况和经营成果信息。

2006年2月财政部颁布的《企业会计准则》对涉及《中级财务会计》企业会计信息的生成及其披露方法等相关内容做了很多调整。本章总结性地论述会计目标、财务会计的特征、会计基本假设、会计信息质量要求、会计要素确认与计量等基本问题。

1.1.1 财务会计及其特征

财务会计是企业对已发生的交易或事项进行确认、计量、记录等的程序,主要通过货币表现形式,以企业会计原则为依据,在财务报表中表述财务信息,并通过报表附注加以解释和补充。会计是随着社会生产的发展和经济管理的要求而产生、发展并不断完善的,会计核算和监督是其基本职能,因此,会计是反映和监督经济活动过程的一种管理工作。20世纪30年代初,适应资本市场的需要,现代企业会计逐步分化为对内加强效率、提高效益的管理会计和对外适应筹资、融资的财务会计这两个分支。经过多年的发展,特别是20世纪60年代以来科学技术的飞速发展,会计的理论、内容逐步更新丰富,会计方法不断完善,财务会计在经济管理中发挥着越来越重要的作用。

财务会计具有财务性和历史性两个重要的性质,但作为与管理会计相对应的一个会计学分支,它所提供的信息主要是为企业外部的使用者(如投资者、债权人、税务部门、证券管理部门等)进行投资决策和信贷决策参考的。由于所有权和经营权的分离是现代企业的重要特点,在经营者和所有者之间,对于财务信息的占有存在明显的不对称现象,企业对外提供的会计信息,则要由财务会计系统来完成。

财务会计基本特征如下:

1. 财务会计立足于构成会计主体的企业

财务会计反映该企业整体的财务状况、经营成果和现金流量,并把这些信息传递给企业外部的投资人、债权人和其他信息使用者,帮助他们进行投资、信贷等决策和考核经理层受托责任履行情况。所以财务会计的工作侧重点在于根据日常的业务记录,登记账簿,定期编制基本财务报表,提供一定日期的财务状况,以及一定期间的经营成果和现金流量情况的财务信息;财务会计主要为企业外界与之有经济利害关系的团体或个人服务;财务会计的工作主体往往只有一个层次,主要以整个企业为工作主体,提供集中而概括的财务信息,用来对企业的财务状况和经营成果作出综合的评价与考核。

2. 财务报告的编报者和使用者分离

现代企业的两权分离,导致了财务报告的编报与使用者的分离,这意味着对于一个公司经营状况、经营成果、现金流量和有关的其他信息,在管理当局和投资人(包括债权人)之间,产生严重的不对称。缺乏足够的信息,任何人都不能支配企业资源的流动,从而无法规避风险,谋取利益。在两权分离的情况下,如果说投资是对企业的信任,那么企业的诚信就是对信任的回报。在市场经济中,参与市场竞争的任何一方都有利己的要求。资本市场的一个主要任务,就是通过公平、公正、平等互利的一些制度安排,不断提高投资人的信心并增加管理当局传递信息的诚信。

3. 财务会计从数据处理开始

这些数据来自企业每日每时已发生的、过去交易和事项中能用货币计量的方面,是对企业经营活动的历史记载。信息来自数据,既然数据是历史的,那么,加工后的信息(有用的数据)也必然是历史的。因此,财务会计所提供的信息不但主要是财务的,而且主要是历史的。从数据处理开始到生成对经济决策有用的财务信息和有关的非财务信息是一个经济信息系统。数据处理的第一步是初始确认,即必须解决以下三个问题:

(1)该数据是否由会计系统处理,即是否在会计中正式记录。

(2)如果答案是肯定的,就要决定在何时予以记录。

(3)记录的时间确定后,则要决定如何进行记录,记录时所用科目名称及金额。

财务会计的整个程序,特别是在不同的会计方法间作出选择时,必须符合企业会计准则。

财务会计信息有助于有关各方了解企业财务状况、经营成果和现金流量,信息需求者都需要会计提供有助于他们进行决策的信息,对于投资者来说,要了解企业当年度经营活动成果和资产保值和增值情况;对于政府部门来说,需要了解企业执行计划的能力,需要了解资产负债表、利润表和现金流量表中所反映的实际情况;对企业内部经营管理者来说,现代会计已经发展了以满足内部经营管理需要为主的管理会计。但是,企业内部经营管理仍需要财务会计信息,以全面、系统、总括地了解企业生产经营活动情况、财务状况和经营成果,进行预测和决策。会计真实地反映企业的权益结构,为处理企业与各方面的关系、考核企业管理人员的经营业绩奠定了坚厚的基础,也有助于发挥会计信息在加强企业经营管理、提高经济效益方面的重要作用。

1.1.2 财务会计的目标

财务会计目标是企业财务会计工作的落脚点，是向会计信息使用者提供对其决策有用的信息。我国财务报告的目标，是向财务报告使用者提供与企业财务状况、经营成果和现金流量等有关的会计信息，反映企业管理层受托责任的履行情况，有助于财务报告使用者做出正确的经济决策。无论是企业管理者还是其他外部利益相关者，都更加注重会计信息的相关性。财务报告的目标主要包括以下两个方面的内容：

1. 有助于财务报告使用者做出决策

任何一项管理活动都离不开信息，管理的过程就是利用信息进行计划、组织、协调、控制的过程。管理组织的核心就是如何提高生产效率，节约产品的成本耗费，提高产品质量，增强本组织的核心竞争力。在投资决策过程中，投资者需要对企业的整体绩效进行评估，从而判断企业的整体投资价值；在企业项目投资决策中，投资者需要了解项目投资的风险和未来现金流量的会计信息。无论是管理层还是外部利益各方，都要求财务报告所提供的信息应当如实反映企业所拥有或者控制的经济资源、对经济资源的要求权以及经济资源要求权的变化情况。

2. 反映企业管理层受托责任的履行情况

公司是企业组织发展到一定历史阶段的产物，是现代企业的高级组织形式。在公司制下，企业所有权和经营权相分离，企业管理层作为受托人，应当对委托人负责，有责任妥善保管并合理、有效地运用企业的经济资源。特别是企业投资者及债权人，需要及时地了解企业管理层保管、使用经济资源的情况，以便评价企业管理层受托责任的履行情况和经营业绩，决定是否需要调整投资方向或者信贷策略、是否需要加强企业内部控制建设等。企业会计准则将从多方面影响企业管理层履行经济责任的考核，更好地发挥会计工作引导资源配置、支持科学决策、加强经营管理的职能，对管理层履行经济责任不但有积极的引导作用，还有利于考核结果的客观公正。

1.2 会计基本假设

会计基本假设是企业会计确认、计量和报告的前提，是对会计核算所处时间、空间环境计量工具作出的合理设定。《企业会计准则——基本准则》总则第九条明确规定：企业应以权责发生制为基础进行会计确认、计量和报告。权责发生制要求凡是当期已经发生的收入和已经发生或应当负担的费用，无论款项是否收付，都应当作为当期的收入和费用处理，并计入利润表；凡是不属于当期的收入和费用，即使款项已在当期收付，也不应当作为当期的收入和费用。这就要求企业在持续经营的基础上明确划分会计期间。最早进行论述的是1961年美国的坎宁在《会计的基本假设》中，把会计基本假设看作会计赖以生存的经济、政治和社会环境的基本前提或基本假设，确定会计核算对象、记录会计数据都要以这一系列的基本假设为依据。会计基本假设包括会计主体、持续经营、会计分期和货币计量。

1.2.1 会计主体

会计主体，又称会计个体或会计实体，是指会计信息所反映的一个特定的企业或组织的经济活动，它确定了企业会计确认、计量和报告的空间范围。《企业会计准则——基本准则》第五条规定："企业应当对其本身发生的交易或者事项进行会计确认、计量和报告。"

在经济社会发展到一定程度时，出现了大量的以盈利为目的的经营组织，如中世纪意大利的康枚达公司，它们客观上要求会计将企业视为独立于业主之外的经济实体，将业主个人的经济活动与企业分开。无论是对盈利组织还是非盈利组织，也无论是对于特定的企业（如公司形式、合伙形式或独资形式），还是企业的特定部门（如分公司、分处、部门等），会计所处理和反映的乃是一个特定独立报告主体的经济业务，而不是业主个人的财务活动，更不是其他主体的任何业务。例如，由自然人所创办的一些不具有法人资格的独资企业或合伙企业，企业的资产和负债在法律上被视为业主或合伙人的资产和负债，但在会计核算上必须将企业作为一个会计主体，以便将会计主体的经济活动与会计主体所有者的经济活动区分开来。

在会计核算工作中，只有那些影响企业本身经济利益的各项交易或事项才能加以确认和计量，即能引起主体的资金发生运动的事项。会计核算工作中通常所讲的资产、负债的确认、收入的实现，以及费用的发生，都是针对某一特定会计主体来讲的。

会计工作的目的是反映一个单位的财务状况、经营成果和现金流量，为会计信息需求者的各个方面作出决策服务。会计所要提供的总是特定对象的信息，只有明确规定会计核算的对象，才能进行正常的会计核算工作，实现会计的各项目标。

1.2.2 持续经营

持续经营，是指在可以预见的将来，企业将会按当前的状态经营下去，在可以预见的将来，企业不会倒闭。在持续经营前提下，会计核算应当以企业持续、正常的生产经营活动为前提，如果没有持续经营这一假定，会计就没有确定的时间范围，无法进行核算。

企业是否持续经营，在会计方法的选择上有很大差别。不同的可能性决定了企业采用不同的方法进行会计核算。如果有证据表明企业经营活动将会中止（合同规定的经营期限即将到期、企业资不抵债已被宣告破产、国家法律明文规定要求停业清算等），就不存在持续经营假设。如果可以判断企业不会持续经营，就应当改变会计核算的方法。为了在核算时确保会计方法的稳定性，《企业会计准则——基本准则》第六条规定：企业会计确认、计量和报告应当以持续经营为前提。在这个前提下，会计便可认定企业拥有的资产将会在正常的经营过程中被合理地支配和耗用，企业债务也将在持续经营过程中得到有序的清偿。

企业在持续经营的假设下，对所使用的固定资产以实际购建过程中所发生的成本进行记账，并按固定资产的经济可用年限，按照其价值和使用情况，采用某一种折旧方法计提折旧。对于企业所负担的债务，如银行借款、应付债券，企业可以按照规定的条件偿还。资产按照取得时的历史成本计价，固定资产折旧、无形资产摊销以一定使用年限或受益年限为基础进行，企业偿债能力的评价与分析等都基于持续经营假设。会计主体假设为会计的核算规定了空间范围,而持续经营则为会计核算作出了时间规定。

1.2.3　会计分期

会计分期,是指将一个企业持续经营的生产经营活动人为划分为一个个连续的、长短相同的期间。《企业会计准则——基本准则》第七条规定:企业应当划分会计期间,分期结算账目和编制财务会计报告。会计期间分为年度和中期。中期是指短于一个完整的会计年度的报告期间。

通过会计分期,可以将持续经营的生产经营活动划分成连续、相等的期间,据以结算账目、编报财务会计报表,从而及时向财务报告使用者提供有关企业财务状况、经营成果的信息。一般的会计期间是一年,以一年确定的会计期间称为会计年度。在我国,会计年度自公历每年的1月1日起至12月31日止。为满足广大的会计信息使用者对企业会计信息的需求,企业会计准则也要求企业按短于一个完整的会计年度的期间编制财务会计报告,如要求上市公司每个季度提供一次财务会计报告。

企业的生产经营活动和投资决策要求及时的会计信息,不能等到停业或清算时一次性地核算盈亏。因此,就需要将企业持续经营的生产经营活动划分为一个个连续的、长短相同的期间分期核算和反映。由于永久性资本的引入,企业持续经营成为可能,对资本保持和定期支付股息的要求导致了会计分期的缩短和定期化。资产资本还要定期计价,收入利润也要定期核算,且经营者和外部各利益相关者也需要及时了解企业的信息,因此会计分期必须存在。明确会计分期基本前提对会计核算有着重要影响,由于会计分期,才产生了当期与其他期间的差别,从而出现权责发生制和收付实现制的区别,才使会计核算单位有了记账的基准,比如企业固定资产折旧、无形资产摊销等会计处理方法的应用和选择,都与会计分期有关。

1.2.4　货币计量

货币计量,是指会计主体在核算和报告过程中主要采用货币作为计量单位,计量、记录会计主体的生产经营活动,反映会计主体的财务状况、经营成果和现金流量。《企业会计准则——基本准则》第八条规定:企业会计应当以货币计量。这说明,企业的会计核算,都是以货币为基本计量单位。我国一般以人民币为记账本位币,业务收支以人民币以外的货币为主的企业,可以选定其中一种货币为记账本位币,但是在编报财务会计报告时,应当折算为人民币;在境外设立的中国企业向国内报送的财务报告,也应当折算为人民币。

货币计量有两层含义。一是会计核算要以货币作为主要的计量尺度。这是由货币本身的属性决定的,企业核算中涉及的实物较多,它们的计量方式有许多种,如重量、长度、容积、台、件等,但只能从一个侧面反映企业的生产经营情况,因种类不同无法在量上进行汇总和比较,不便于管理和会计计量。二是假定币值稳定。因为只有在币值稳定或相对稳定的情况下,不同时点上的资产的价值才有可比性,不同期间的收入和费用才能进行比较,并计算确定其经营成果,会计核算提供的会计信息才能真实反映会计主体的经济活动情况。

1.3 会计信息质量要求

企业应当以实际发生的交易或事项为依据进行会计确认、计量和报告,如实反映符合确认和计量要求的各项会计要素及其他相关信息,保证会计信息真实可靠,内容完整。会计信息质量要求是对企业财务会计报告中所提供会计信息质量的基本要求,是使财务会计报告中所提供的会计信息对决策者有用所应具备的基本特征。包括可靠性、相关性、可理解性、可比性、重要性、谨慎性、及时性和实质重于形式等。

1.3.1 可靠性

可靠性要求企业应当以实际发生的交易或者事项为依据进行会计确认、计量和报告,如实反映符合确认和计量要求的各项会计要素及其他相关信息,保证会计信息真实可靠、内容完整。如果会计信息不可靠,将使信息使用者作出错误决策。具体要求包括以下两个方面:

1. 真实反映企业发生的经济业务

企业应当以实际发生的交易或者事项为依据进行会计确认、计量和报告,不能以虚构的交易或者事项为依据进行会计确认、计量和报告。只能将符合确认条件的资产、负债、所有者权益、收入、费用和利润如实反映在财务报表中。例如某公司于年末发现公司市场占有率降低,销售收入有较大幅度的减少,无法实现年初确定的销售收入目标,于是自制了一些存货出库单,并确认销售收入实现。公司这种处理不是以其实际发生的交易事项为依据,也就违反了可靠性原则的要求。

2. 完整反映企业的经济业务

企业应当在符合重要性和成本效益原则的前提下,保证会计信息的完整性,其中包括编报的报表及其附注内容等应当保持完整,不能随意遗漏或者减少应予披露的信息,与使用者决策相关的有用信息都应当充分披露。

企业只有在遵循可靠性原则的基础上提供的会计信息才是真实可信的。具有可靠性的会计信息是产生于公正立场上,并运用正确的方法对经济业务事项的真实反映,缺少其中一个因素,会计信息的可靠性均会受到不同的影响。

1.3.2 相关性

会计信息相关性是指会计核算必须符合国家宏观经济管理要求,满足有关各方了解企业财务状况和经营成果的需要,满足企业加强内部经营管理的需要,以帮助财务会计报告使用者对企业过去、现在以及未来的情况作出评价或者预测。

不相关的会计信息对决策是无用的,会计信息的价值就在于其与使用者的需要相关。如果提供的会计信息,没有满足会计信息使用者的需要,对会计信息使用者的决策没有什么作用,就不具有相关性。为了保证会计信息质量的相关性,企业应当在确认、计量和报告会计信息的过程中,充分考虑使用者的决策模式和信息需要。相关的会计信息能够帮助会计信息使用者评价过去的决策,因而具有反馈价值,能够帮助会计信息使用者对未来事项作出预测、决策,还有助于使用者根据财务报告所提供的会计信息预测企业未来的财务状况、经营成果和现金流量,因而具有预测价值。

1.3.3 可理解性

可理解性要求企业提供的会计信息应当清晰明了,便于财务会计报告使用者理解和使用。

企业编制财务会计报告、提供会计信息的目的在于使用,可理解性就是要求会计核算提供的信息简明、易懂并且能反映企业的财务状况、经营成果和现金流量,为大多数使用者所理解。在会计核算中只有坚持会计信息的可理解性,才能有利于会计信息使用者准确、完整地把握会计信息的内容,从而更好地利用。企业会计信息有着来自各个方面的使用者,不同的使用者对会计信息有不同的要求,因而同一会计信息对不同的使用者,其相关程度也会不一样。对会计信息使用者来说,首先要能弄懂财务报告反映的信息内容,才能加以利用,并作为决策的依据。可理解性是会计信息质量的一个重要特征。

1.3.4 可比性

企业提供的会计信息应当具有可比性。同一企业不同时期发生的相同或者相似的交易或者事项,应当采用一致的会计政策,不得随意变更。确需变更的,应当在报表附注中加以说明。不同企业发生的相同或者相似的交易或者事项,应当采用规定的会计政策,确保会计信息口径一致、相互可比。

如果不同企业之间的会计信息具有的可比性,或者同一企业的不同时期、不同时点的会计信息具有可比性,将会极大地提高会计信息的使用价值。不同的企业可能处于不同行业、不同地区,经济业务发生于不同时点,为了保证会计信息能够满足使用者决策的需要,便于比较不同企业的财务状况、经营成果和现金流量,只要是相同的交易或事项,就应当采用相同的会计处理方法,以使不同企业按照一致的确认、计量和报告基础提供有关会计信息。可比性要求企业的会计核算应当按照规定的会计处理方法进行,会计指标应口径一致、相互可比。在同一企业的会计核算中,经常会出现相同的经济业务的会计处理有多种方法可供选择的情况(例如存货的计价方法、固定资产的折旧方法等),企业可以在会计准则或制度允许的范围内选择使用。但是,在一般情况下,企业一经选定某一种方法,一般不得随意变更。如果企业在不同的会计期间采用不同的会计核算方法,将不利于会计信息使用者对会计信息的理解,不利于会计信息作用的发挥。

1.3.5 重要性

企业提供的会计信息应当反映与企业财务状况、经营成果和现金流量等有关的所有重要交易或者事项。重要性是一个渗透到其他会计信息质量要求的概念,与其他要求存在密切关系。对于重要与非重要的划分标准,主要由会计人员在工作中进行判断。有些事项无论金额大小,都是应单独反映的项目,而有些项目是否单独列示,则取决于其金额大小及所占比例。如果从性质来说,当某一事项有可能对决策产生一定影响时,就属于重要项目;从数量方面来说,当某一项目的数量达到一定规模时,就可能对决策产生影响。重要性与会计信息成本效益直接相关。会计核算中遵循重要性原则同时要考虑提供会计信息的成本与效益问题,使得提供会计信息的收益大于成本,避免出现提供会计信息的成本大于收益的情况出现。对于那些非重要的项目,如果也采用严格的会计程序,分别核算,分项反映,就会导致会计信息的成本大于收益。

1.3.6 谨慎性

谨慎性要求企业在对交易或者事项进行会计确认、计量和报告时,应当保持应有的谨慎,不应高估资产或收益,低估负债或费用。

谨慎性要求企业在面临经济活动中不确定因素的情况下作出职业判断并处理会计事项时,应当保持必要的谨慎,充分估计风险和损失,不高估资产或收益,也不低估负债或费用。由于会计组织所处的宏观、微观环境不断变化,随着市场经济的发展和破产制度的实施,企业经营中不确定因素激增,企业的经营活动因此面临着许多风险(例如应收账款能否按期如数收回、固定资产的使用寿命、已售商品可能发生的退货等)。会计人员对不确定性进行判断时,一方面应充分估计风险和损失,另一方面也应反映可靠的未来收入,使会计信息使用者、决策者对当前经济状况的优劣作出合理估计。

1.3.7 及时性

及时性要求企业对于已经发生的交易或者事项,应当及时进行会计确认、计量和报告,不得提前或延后。

会计核算工作应讲求时效,对于可以确认计量的经济业务要及时进行会计处理并提供会计信息。对会计信息使用者来说,会计信息与决策的相关性不仅表现在会计信息的真实可靠上,而且表现在会计信息的时效性上,过时的会计信息对决策者的使用价值会大大降低,甚至无效。在市场竞争日趋激烈的条件下,对会计信息的及时性要求越来越高,这一要求尤其重要。因此,会计人员在经济业务发生后,应及时取得有关凭证、进行会计处理、编制财务会计报告,以满足各方面会计信息使用者的需要。

1.3.8 实质重于形式

企业应当按照交易或者事项的经济实质进行会计确认、计量和报告,不应仅以交易或者事项的法律形式为依据。在实际工作中,交易或事项的外在法律形式并不总能完全反映其实质内容(例如,以融资租赁方式租入的资产的会计核算,虽然从法律角度看承租方没有拥有其所有权,但是由于租赁期较长,占融资租入资产的大部分使用寿命,会计上一般把它作为自有资产处理)。为了使会计信息真实反映企业财务状况和经营成果,就不能仅仅依据交易或事项的外在表现形式来进行核算,而要反映交易或事项的经济实质。违背这一原则,就可能会出现误导会计信息使用者的决策。

1.4 会计要素的概念与内容

1.4.1 会计要素概念

会计要素,是会计核算的具体对象,指按照交易或者事项的经济特征所作的基本分类。财务会计的基本内容是对企业的经济活动按会计准则要求,进行确认、计量、记录和报告,提供给投资者、债权人等信息使用者进行经济决策有用的会计信息。财务会计要素,是从会计角度对企业经济活动进行合理归类的结果。会计要素既是会计确认和计量的依据,也是确定财务会计报告结构和内容的基础。按照《企业会计准则》规定,我国企业会计要素按照其性质分为资产、负债、所有者权益、收入、费用和利润。资产、负债和所有者权益是组成资产负债表的会计要素,亦称资产负债表要素;收入、费用和利润是组成利润表的会计要素,亦称利润表要素。会计要素的界定和分类可以使财务会计系统更加科学严密,并可以为财务报告使用者提供更加有用的会计信息。

1.4.2 反映企业财务状况的会计要素及其内容

1. 资产

资产是指企业过去的交易或者事项形成的、企业拥有或者控制的、预期会给企业带来经济利益的资源。符合资产定义的资源且同时满足以下条件时,应确认为企业的资产:

与该资源有关的经济利益很可能流入企业;该资源的成本或者价值能够用具体数字计量。

根据资产的定义,资产具有以下几个方面的特征:

(1)资产预期会给企业带来经济利益。资产预期能给企业带来经济利益是资产的重要特征。例如,厂房、机器设备、原材料等可以用于企业生产经营过程,制造出产品或提供劳务,销售后收回的货款即为企业所获得的经济利益。如果某项资产不能给企业带来经济利益,那么就不能确认为企业的资产。

资产预期会给企业带来经济利益,是指资产具有直接或者间接导致现金或现金等价物流入企业的能力。资产是可以带来经济利益的资源,但具有经济利益的资源并不一定都是资产,比如,稳定且忠诚的客户群、广泛而高效的销售渠道等。

(2)资产应是为企业拥有或者控制的资源。所谓企业拥有或者控制,是指企业享有某项资源的所有权,或者虽然不享有某项资源的所有权,但该资源能被企业所控制。

某项资源是否属于企业的资产,主要从企业对该资源是否拥有所有权或控制权来判断。如果企业不能拥有或控制能够创造经济利益的某项资源,则企业不能将该资源视作其资产。比如某项专利权,如果企业不能通过自创并申请成功、购入等方式拥有或控制该专利权,那么企业则不能将该专利权视作其资产。又比如经营租入的固定资产,由于企业对其既无所有权又无控制权,仅有暂时的使用权,因而不能将其作为企业的资产。企业拥有资产的所有权,就能够排他性地从资产中获取经济利益。有些资产虽然不为企业所拥有,但是企业能够支配这些资产,因此同样能够排他性地从资产中获取经济利益。例如,对于以融资租赁方式租入的固定资产来说,虽然企业并不拥有其所有权,但是由于租赁合同规定的租赁期相当长,接近于该资产的使用寿命,租赁期满,承租企业一般有优先购买该资产的选择权,在租赁期内,承租企业有权支配资产并从中受益。所以,以融资租赁方式租入的固定资产应视为企业的资产。

(3)资产是由企业过去的交易或者事项形成的。企业过去的交易或者事项包括购买、生产、建造行为或其他交易事项,预期在未来发生的交易或者事项不形成资产。例如,企业通过购买方式形成某项设备,或因销售产品而形成一项应收账款等,都是企业的资产;但企业计划在未来某个时点将要购买的设备,因其相关的交易或事项尚未发生,则不能作为企业的资产。

资产可以按照不同的标准进行分类,比较常见的是按照流动性和按有无实物形态进行分类。按照流动性对资产进行分类,可以分为流动资产和非流动资产。如果预计在一个正常营业周期中变现、出售或耗用,持有的主要目的为了交易,预计在资产负债表日起一年内(含一年)变现,以及自资产负债表日起一年内交换其他资产或清偿负债的能力不受限制的现金或现金等价物,即为流动资产。流动资产主要包括库存现金、银行存款、其他货币资金、交易性金融资产、应收票据、应收账款、预付账款、应收股利、应收利息、其他应收款、原材料等。除流动资产以外的其他资产,都属于非流动资产,如可供出售的金融资产、持有至到期投资、长期应收款、长期股权投资、固定资产、在建工程、工程物资、无形资产、递延所得税资产等。

按照有无实物形态对资产进行分类,可以分为有形资产和无形资产。如存货、固定资产等属于有形资产,因为它们具有物质实体;无形资产是指企业为生产商品、提供劳务、出租给他人或为管理目的而持有的、没有实物形态的非货币性长期资产,包括专利权、非专利技术、商标权、商誉、土地使用权、著作权等。

2.负债

负债是指企业过去的交易或者事项形成的、预期会导致经济利益流出企业的现时义务。与该义务有关的经济利益很可能流出企业且未来流出的经济利益的金额能够可靠地计量。根据负债的定义,负债具有以下几个方面的特征:

(1)负债是企业过去的交易或者事项形成的现时义务。这是负债的一个基本特征。现时义务,是指企业在现行条件下已经承担的义务。只有过去发生的交易或事项才能增减企业的负债,未来发生的交易或者事项形成的义务,不属于现时义务,不应当确认为负债。例如某企业因购买原材料形成应付账款和应交税金共计 5 000 000 元,向金融机构贷入款项形成借款 10 000 000 元,按照税法规定应纳所得税税款 1 000 000 元,这些均属于企业承担的法定义务,需要依法予以偿还。

(2)负债的清偿预期会导致经济利益流出企业。这是负债的又一重要特征。只有企业在履行义务时导致经济利益流出企业的,才符合负债的定义;如果不会导致企业经济利益流出的,则不符合负债的定义。

负债按流动性分类,可分为流动负债和非流动负债。流动负债是指预计在一个正常营业周期中清偿、或者主要为交易目的而持有、或者自资产负债表日起一年内(含一年)到期应予以清偿、或者企业无权自主地将清偿推迟至资产负债表日后一年以上的负债。流动负债主要包括短期借款、应付票据、应付账款、预收账款、应付职工薪酬、应交税费、应付利息、应付股利、其他应付款等。非流动负债是指流动负债以外的负债,主要包括长期借款、应付债券等。

3.所有者权益

所有者权益又称为"股东权益",是指企业资产扣除负债后,由所有者享有的剩余权

益。所有者权益反映了所有者对企业资产的剩余索取权,是企业资产中扣除债权人权益后应由所有者享有的部分。它具有以下特征:

(1)除非发生减资、清算,企业不需要偿还所有者权益。

(2)企业清算时,只有在清偿所有的负债后,所有者权益才返还给所有者。

(3)所有者凭借所有者权益能够参与企业利润的分配。所有者权益在性质上体现为所有者对企业资产的剩余权益,在数量上也就体现为资产减去负债后的余额。

所有者权益和负债之间存在着明显的区别:一是性质上的区别。负债是企业债权人对企业资产的要求权即债权,也是企业对债权人承担的经济责任;所有者权益是企业的投资者对企业净资产的要求权即所有权,也是企业对投资人承担的经济责任。同时,企业对债权和所有权满足的先后次序不同,债权是第一要求权。二是权利上的区别。作为企业负债对象的债权人与企业只有债权债务关系,无权参与企业的经营管理,也不参与企业的利润分配;而作为所有者权益对象的投资人则有法定参与管理企业或委托他人管理企业的权利,同时也有参与企业利润分配的权利。三是偿还责任上的区别。负债有规定的偿还期限,企业应按规定的利率计算并支付利息,到期偿还本金。所有者权益在企业正常经营期间,只要不发生清算、破产或其他终止经营情况,无需偿还,投资人也不得要求返还投资。除非在发生减资、清算的情况下,企业不存在所有者权益向其所有者偿还的问题,而负债是企业必须加以偿还的债务。

所有者权益包括实收资本(或者股本)、资本公积、盈余公积和未分配利润。其中,资本公积包括企业收到投资者出资超过其在注册资本或股本中所占份额的部分以及直接计入所有者权益的利得和损失等。盈余公积和未分配利润又合称为留存收益。

1.4.3 反映企业经营成果的会计要素及其内容

1. 收入

收入,是指企业在日常活动中形成的、会导致所有者权益增加的、与所有者投入资本无关的经济利益的总流入。只要与收入相关的经济利益很可能流入企业,且经济利益流入企业的结果会导致企业资产增加或者负债减少并能可靠地计量经济利益的流入额,即确认为收入。根据收入的定义,收入具有以下几个方面的特征:

(1)收入应当是企业在日常活动中形成的。所谓"日常活动",是指企业为完成其经营目标而从事的经常性活动以及与之相关的其他活动。例如,工业企业制造并销售产品、商业企业销售商品、商业银行对外贷款、咨询公司提供咨询服务、软件企业为客户开发软件、安装公司提供安装服务、租赁公司出租资产等,均属于企业的日常活动。

(2)收入应当会导致经济利益的流入。收入导致资产的增加或负债的减少或两者兼而有之,最终将导致企业所有者权益的增加。与收入相关的经济利益的流入最终应当会导致所有者权益的增加,不会导致所有者权益增加的经济利益的流入不符合收入的定义,不应确认为收入。例如某企业向金融机构借入款项 3 000 000 元,尽管该借款导致了企业经济利益的流入,但是该流入并不会导致所有者权益的增加,反而使企业承担了一项现时义务,即负债。因此,企业对于因借入款项所导致的经济利益的增加,不应将其确认为收入,而应当确认为一项负债。

(3)收入不包括所有者投入的资本。企业经济利益的流入有时是由所有者投入资本的增加所导致的,所有者投入资本的增加不应当确认为收入,应当将其直接确认为所有者权益。

2. 费用

费用,是指企业在日常活动中发生的、会导致所有者权益减少的、与向所有者分配利润无关的经济利益的总流出。如果与费用相关的经济利益很可能流出企业,经济利益流出企业的结果会导致资产的减少或者负债的增加,且流出额能够可靠地计量,即可确认为费用。根据费用的定义,费用具有以下几个方面的特征:

(1)费用应当是企业在日常活动中发生的。日常活动中所产生的费用通常包括销售成本、职工薪酬、折旧费、无形资产摊销费等。将费用界定为日常活动中所产生的,目的是为了将其与损失相区分,企业非日常活动所形成的经济利益的流出不能确认为费用。

(2)费用应当会导致经济利益的流出,该流出不包括向所有者分配的利润。费用应当会导致经济利益的流出,从而导致资产的减少或者负债的增加(最终也会导致资产的减少)。其表现形式包括现金或者现金等价物的流出,存货、固定资产和无形资产等的流出或者消耗等,这些流出或消耗是费用的储备状态。企业向所有者分配利润也会导致经济利益的流出,而该经济利益的流出属于所有者权益的抵减项目,因而不应当确认为费用。

(3)费用应当最终会导致所有者权益的减少。与费用相关的经济利益的流出最终应当会导致所有者权益的减少,不会导致所有者权益减少的经济利益的流出不符合费用的定义,不应确认为费用。例如某企业用银行存款 4 000 000 元购买工程用物资,该购买行为尽管使企业的经济利益流出了 4 000 000 元,但并不会导致企业所有者权益的减少,而是使企业另外一项资产的增加。类似的经济业务,就不应当将该经济利益的流出确认为费用。

会计要素的"费用"是广义概念,具体核算时包括成本和期间费用。狭义的成本是指生产成本,而狭义的费用是指期间费用。

3. 利润

利润,是指企业在一定会计期间的经营成果,反映的是企业的经营业绩情况。利润包括收入减去费用后的净额、直接计入当期利润的利得和损失等。利润的确认主要依赖于收入和费用以及利得和损失的确认,其金额的确定也主要取决于收入、费用、利得、损失金额的计量。直接计入当期利润的利得和损失反映的是企业非日常活动的业绩(例如出售固定资产取得的收益属于利得,应计入营业外收入;发生的损失应计入营业外支出),最终会引起所有者权益发生增减变动的、与所有者投入资本或者向所有者分配利润无关的利得或者损失。企业应当严格区分收入和利得、费用和损失之间的区别,以更加全面地反映企业的经营业绩。收入减去费用后的净额反映的是企业日常活动的业绩。

利润的主要指标包括营业利润、利润总额和净利润。营业利润是企业在销售商品、提供劳务等日常活动中所产生的利润,为营业收入减去营业成本、营业税金及附加、销售费用、管理费用、财务费用、资产减值损失后,再考虑公允价值变动损益、投资收益后的金额。利润总额是指营业利润加上营业外收入,减去营业外支出后的金额。营业外收入,是指企业发生的与其生产经营无直接关系的各项收入,主要包括处置非流动资产利得、非货币性资产利得、债务重组利得、罚没利得、政府补助利得、确实无法支付而按规定程序经批准后转作营业外收入的应付款项等;营业外支出,是指企业发生的与其生产经营无直接关系的各项支出,如处置非流动资产损失、非货币性资产损失、债务重组损失、罚款支出、捐赠支出、非常损失等。净利润是指利润总额减去所得税费用后的金额。

1.5 会计计量及其应用原则

会计计量是在一定的计量尺度下,运用特定的计量单位,选择合理的计量属性,确定应予记录的经济事项金额的会计记录过程。企业在将符合确认条件的会计要素登记入账并列报于会计报表及其附注时,应当按照规定的会计计量属性进行计量,确定其金额。

1.5.1 会计计量属性及构成

会计计量包括计量尺度、计量单位、计量对象和计量属性。其中,计量属性是指计量客体的特征或外在表现形式。不同的计量属性,会使相同的会计要素表现为不同的货币数量,从而使会计信息反映的财务成果和经营状况建立在不同的计量基础上。从会计的角度,计量属性反映的是会计要素金额的确定基础,它主要包括历史成本、重置成本、可变现净值、现值和公允价值等。

1. 历史成本

历史成本又称为"实际成本",是指企业的各种资产应按其取得或购建时发生的实际成本进行核算。所谓实际成本,就是取得或制造某项财产物资时所实际支付的现金或现金等价物。在物价变动明显时,其可比性、相关性下降,收入与费用的配比缺乏逻辑统一性,经营业绩和持有收益不能分清,非货币性资产和负债出现低估,难以真实揭示企业的财务状况。在历史成本计量下,负债按照因承担现时义务而实际收到的款项或者资产的金额,或者承担现时义务的合同金额或者按照日常活动中为偿还负债预期需要支付的现金或者现金等价物的金额计量;资产按照购买时支付的现金或者现金等价物的金额或者按照购置资产时所付出的对价的公允价值计量。

2. 重置成本

重置成本又称"现行成本",是指按照当前市场条件,重新取得同样一项资产所需支付的现金或现金等价物金额。在重置成本计量下,负债按照现在偿付该项债务所需支付的现金或者现金等价物的金额计量;资产按照现在购买相同或者相似资产所需支付的现金或者现金等价物的金额计量。

3. 可变现净值

可变现净值又称"结算价值",是指在正常生产经营过程中,以预计售价减进一步加工成本和销售所必需的预计税金、费用后的净值。在可变现净值计量下,资产按照其正常对外销售所能收到现金或者现金等价物的金额扣减该资产至完工时估计将要发生的成本、估计的销售费用以及相关税金后的金额计量。

4. 现值

现值,是指未来现金流量按照一定方法折合成的当前价值。它主要分为复利现值和年金现值。在现值计量下,资产按照预计从其持续使用和最终处置中所产生的未来净现金流入量的折现金额计量;负债按照预计期限内需要偿还的未来净现金流出量的折现金额计量。资产预计未来现金流量的现值,应当按照资产在持续使用过程中和最终处置时所产生的预计未来现金流量,选择恰当的折现率对其进行折现后的金额加以确定。预计资产未来现金流量的现值,应当综合考虑资产的预计未来现金流量、使用寿命和折现率等因素。

5. 公允价值

公允价值,是指熟悉市场情况的交易双方都能够接受的价格。在公允价值计量下,资产和负债按照在公平交易中,熟悉情况的交易双方自愿进行资产交换或者债务清偿的金额计量。

1.5.2 会计计量属性的应用原则

企业在对会计要素进行计量时,一般应当采用历史成本。例如,企业购入存货、建造厂房、生产产品等,应当以所购入资产发生的实际成本作为资产计量的金额。在某些情况下,为了提高会计信息质量,实现财务报告目标,企业会计准则允许采用重置成本、可变现净值、现值、公允价值计量的,应当保证所确定的会计要素金额能够取得并可靠计量,如果这些金额无法取得或者无法可靠地计量的,则不允许采用其他计量属性。

1.6 会计环境与国际会计趋同

1.6.1 会计环境

会计既具有技术性又具有社会性,会计是在一定的社会环境中产生和发展的,反映着一定社会环境的要求,同时又受一定社会环境所制约。会计不可能脱离开一定的社会环境独立存在,会计是社会环境的产物。由于目前世界各国的社会环境纷繁复杂,故各国的会计制度、会计模式、会计实务等呈现出了多样化发展的现状。会计所处的这种社会环境构成了会计环境,包括对会计产生影响,形成制约的政治、经济、法律、文化、教育等各种因素和各个方面。各国不同的会计环境就是国际会计环境,正因为会计是其所处环境的产物,所以从全球角度审视和研究会计问题时就不能不从国际会计环境入手。

从 20 世纪末以来,以信息技术为代表的科技革命正在迅猛发展,由此加速了国际经济结构的调整,从而加快了经济全球化进程。世界经济一体化已经是一种不以人的主观意志为转移的客观趋势和潮流,其实质是市场经济在全球的推广和深化,结果将是资源的配置在世界范围内进行,这是国际会计环境发展的新特点和新趋势。

人类在劳动中创造了会计,在交流中发展了会计。几千年来,会计的知识和技术一直在不同的地区和国家积累、进步,又在各地区和国家之间传播、扩散。现代会计的历史发展呈现出明显的国际性,许多国家都在现代会计的形成和发展过程中作出了贡献。

1.6.2 国际会计趋同

随着经济改革的深化和对外开放步伐的加速,中国会计改革一直在坚定地向前推进,在市场化和国际化方面取得了显著成果,尤其是在 2006 年 2 月颁布的《基本会计准则》和 38 项具体会计准则,构建了比较完整的、有机的会计准则体系,标志着我国会计准则实现了国际趋同,对中国会计改革具有里程碑式的意义。在我国会计准则国际趋同的背景下,全书进行了新会计准则实施的具体情况分析与运用。

本章小结

财务会计是运用会计的专门方法,以会计原则为指导,对企业资金运动进行反映和监督,为所有者、债权人等会计信息使用者提供决策有用信息的对外会计。

会计基本假设是企业会计确认、计量和报告的前提,是对会计核算所处时间、空间环境作出的合理设定。

会计信息质量要求是对企业财务会计报告中所提供的会计信息质量的基本要求,是使财务会计报告中所提供的会计信息对决策者有用所应具备的基本特征,包括可靠性、相关性、可理解性、可比性、重要性、谨慎性、及时性和实质重于形式。

会计要素,是会计核算的具体对象,指按照交易或者事项的经济特征所作的基本分类。会计要素既是会计确认和计量的依据,也是确定财务会计报告结构和内容的基础。我国企业会计要素按照其性质分为资产、负债、所有者权益、收入、费用和利润。资产、负债和所有者权益是组成资产负债表的会计要素;收入、费用和利润是组成利润表的会计要素。

练习题

一、单项选择题

1. 企业固定资产采用历史成本进行记录并按期计提折旧,所依赖的会计基本假设是(   )。
   A. 会计主体　　　　B. 持续经营　　　　C. 会计分期　　　　D. 货币计量
2. 如果企业对某一项资产按照其正常对外销售所能收到的现金或现金等价物的金额扣减该资产至完工时估计将要发生的成本、估计的销售费用以及相关税金后的金额计量,则该企业所采用的会计计量属性为(   )。
   A. 历史成本　　　　B. 重置成本　　　　C. 可变现净值　　　D. 公允价值
3. 下列关于会计要素的表述中,正确的是(   )。
   A. 负债的特征之一是企业承担的潜在义务
   B. 资产的特征之一是预期能给企业带来经济利益
   C. 利润是企业一定期间内收入减去费用后的净额
   D. 收入是所有导致所有者权益增加的经济利益的总流入
4. 下列关于收入和利得的表述中,正确的是(   )。
   A. 收入来自企业的日常活动,利得来自非日常活动

B. 收入会导致所有者权益增加,利得不一定会导致所有者权益增加
C. 收入来自日常活动,利得也可能来自日常活动
D. 收入会影响利润,利得也一定会影响利润

5. 下列关于利润的说法中,正确的是( )。
   A. 利润是收入减去费用后的净额
   B. 利润是直接计入当期利润的利得减去损失后的净额
   C. 利润反映了企业在特定日期的财务状况
   D. 利润是收入减去费用后的净额、直接计入当期利润的利得和损失等

6. 在会计基本假设中,导致了摊销的会计处理方法运用的是( )。
   A. 会计主体   B. 持续经营   C. 会计分期   D. 货币计量

7. 企业提供的会计信息应当有助于投资者等财务报告使用者对企业过去、现在或未来的情况做出评价或者预测,这反映了会计信息质量要求中的( )。
   A. 谨慎性   B. 可比性   C. 相关性   D. 可靠性

8. 如果以收到或支付的现金及其时点作为确认收入和费用等的依据,则企业进行会计确认、计量和报告的会计基础是( )。
   A. 权责发生制   B. 收付实现制   C. 先进先出法   D. 后进先出法

9. 下列各项中,使所有者权益增加的是( )。
   A. 用银行存款支付利息   B. 新投资者投入资本
   C. 资本公积转增资本   D. 盈余公积转增资本

10. 可供出售金融资产期末按公允价值调整账面价值体现的会计要素计量属性是( )。
    A. 现值   B. 重置成本   C. 可变现净值   D. 公允价值

二、多项选择题

1. 下列属于会计主体但是不属于法律主体的是( )。
   A. 合资企业   B. 企业集团
   C. 公司下属的独立核算的产品部门   D. 个体工商户

2. 下列关于会计基本假设表述中正确的是( )。
   A. 法律主体必然是一个会计主体
   B. 会计主体明确了会计核算的时间范围
   C. 会计主体必然是一个法律主体
   D. 货币计量为确认、计量和报告提供了必要的手段

3. 下列各项中,符合会计信息质量可比性要求的有( )。
   A. 在房地产市场比较成熟、能够满足采用公允价值模式条件的情况下,企业对投资性房地产从成本模式计量变更为公允价值模式计量。
   B. 由于被投资企业发生重大亏损,将该投资由权益法核算改为成本法核算。
   C. 由于被投资企业本年未盈利,将该投资由成本法核算改为权益法核算。
   D. 由于《企业会计准则》的发布实施,企业集团对旗下A公司的长期股权投资核算由权益法改为成本法。

4. 下列各项中,符合资产会计要素定义的是( )。
   A. 经营租入的固定资产   B. 融资租入的固定资产

C. 待处理财产损失　　　　　　　D. 正在加工的在产品

5. 下列各项中,应当确认为收入的是(　　)。
   A. 将用于公司行政管理的办公楼用于出租的收入
   B. 销售半成品收入
   C. 企业自有车队给其他单位或个人提供运输服务的收入
   D. 向其他企业提供管理咨询收入

6. 下列各项中,属于利得的有(　　)。
   A. 有限责任公司新加入的投资者缴纳的出资额大于其按约定比例计算的其在注册资本中所占的价额部分
   B. 非货币性资产交换换出的资产的账面价值低于公允价值的差额
   C. 无法支付的应付账款确认为营业外收入
   D. 处置固定资产的净收益

7. 下列各项中,能使负债减少的有(　　)。
   A. 支付现金股利　　　　　　　B. 银行存款支付应付职工薪酬
   C. 购买一批产品,尚未付款　　　D. 无法支付的应付账款转为营业外收入

8. 下列各项中,不属于收入的有(　　)。
   A. 为客户代收的款项
   B. 处置固定资产净收益
   C. 出租固定资产取得的收益
   D. 非货币性资产交换换出的资产的账面价值低于公允价值的差额

9. 下列各项中,体现了谨慎性会计信息质量要求的是(　　)。
   A. 应收账款计提坏账准备
   B. 存货计提跌价准备
   C. 长期股权投资计提减值准备
   D. 采用成本与可变现净值孰低法对存货进行期末计价

10. 下列各项中,关于财务会计报告的目标说法不正确的是(　　)。
    A. 财务报告的外部使用者包括投资者、债权人、政府及其有关部门和社会公众等
    B. 在受托责任观下,会计信息更多地强调相关性
    C. 财务会计报告应该提供所有有助于财务报告使用者作出经济决策的信息
    D. 在决策有用观下,会计信息更多地强调可靠性

三、判断题

1. 企业为应对市场经济环境下生产经营活动面临的风险和不确定性,应高估负债和费用,低估资产和收益。(　　)
2. 企业发生的各项利得或损失,均应计入当期损益。(　　)
3. 利得进一步可分为直接计入所有者权益的利得和直接计入当期损益的利得。(　　)
4. 我国境内的企业均要求以人民币作为记账本位币。(　　)
5. 出租固定资产取得的收益属于利得。(　　)
6. 无论任何财产物资,如果企业只对其拥有控制权而没有所有权,就不能确认为企

业的一项资产。（ ）

7.企业进行售后回购交易,销售出了一批商品,应该将其确认为销售收入。（ ）

8.可比性要求企业提供的会计信息应当相互可比,采用一致的会计政策,不得变更。（ ）

9.不会导致所有者权益减少的经济利益的流出不符合费用的定义,不应确认为企业的费用。（ ）

10.《企业会计准则》允许采用历史成本、重置成本、可变现净值、现值、公允价值计量,一般情况下企业采用历史成本的计量属性,在某些特定情况下,也可采用其他计量属性。（ ）

四、思考题

1. 会计基本假设包括哪些?
2. 对会计信息质量有哪些要求?这些信息质量要求的具体含义是什么?
3. 会计要素的确认应符合哪些条件?
4. 会计计量属性有哪些?
5. 何谓实质重于形式?试举例说明。
6. 反映财务状况的会计要素和反映经营成果的会计要素分别有哪些?

第2章 货币资金

学习目标

通过本章学习,了解货币资金的性质与范围,理解货币资金内部控制制度、库存现金与银行存款管理的主要内容,掌握库存现金收支的核算、备用金的核算、库存现金的清查方法、银行存款收付的核算与核对方法以及其他货币资金的核算方法。一般了解银行存款转账结算的种类及程序。

2.1 库存现金

2.1.1 库存现金概述

1. 现金的定义及特征

现金的定义有狭义和广义之分,狭义现金指企业的库存现金;广义现金除库存现金外还包括银行存款和其他符合现金定义的票证,如未结付的支票、汇票等。本章所指的现金是狭义现金,即库存现金,包括人民币现金和外币现金。现金作为货币资金的重要组成部分具有以下特征:

(1)通用性。企业可以随时用其购买所需的物资,支付有关的费用,偿还债务,也可以随时存入银行。现金是通用的交换媒介,也是对其他资产计量的一般尺度。现金转化为企业其他形式的资产一般是没有任何难度的。

(2)流动性。现金是流动性最强的一种货币性资产,可以不受任何约定的限制,在一定范围内自由流动。

2. 现金的日常管理和内部控制

现金的使用应符合相关规定。我国政府颁布的《现金管理暂行条例》对现金的适用范围做了明确规定。其支付范围如下:

(1)职工工资、津贴。
(2)个人劳务报酬。
(3)根据国家规定颁发给个人的科学技术、文化艺术、体育等各种奖金。
(4)各种劳保、福利费用以及对个人的其他支出。
(5)向个人收购农副产品和其他物资的价款。
(6)出差人员必须随身携带的差旅费。

(7)结算起点以下的零星开支。

(8)中国人民银行规定的需要支付现金的其他支出。

企业必须遵循《现金管理暂行条例》的规定,结合本单位的实际情况,确定本单位现金的使用范围。超出现金结算范围的须通过银行办理转账结算,不得用现金支付。

为满足企业的日常零星开支所需的现金,企业的库存现金都由银行根据企业的实际情况核定一个最高限额,即库存现金限额。一般为企业3~5天的日常零星开支所需的现金,边远地区和交通不便地区可多于5天,但最多不能超过15天的日常零星开支。库存现金的存放不得超过银行核定的限额,超过限额部分,当日必须及时送存银行。调整库存现金限额需提出申请,由开户银行核定。

现金收付的交易必须有合法的原始凭证。从银行支取现金,出纳人员应在支票上写明用途,经审核并签章后,方能支取现金。现金收入必须当日送存银行,不得将当天收取的现金直接用于支付,即"坐支"现金;不得用不符合规定的"白条"抵充库存现金。出纳人员要根据原始凭证编制收付款凭证,并要在原始凭证上与收付款凭证上盖上"现金收讫"与"现金付讫"印章。

为保证资金的安全性,要求库存现金实物管理与记账不能由一人兼任。出纳人员负责现金的收支与保管,但不得兼管账簿的登记工作以及会计档案的保管工作。填写银行结算凭证的有关印鉴,不能集中由出纳人员保管。出纳人员要定期进行轮换。对企业的库存现金,除了要求出纳人员应做到日清月结之外,企业的审计部门和会计部门的领导对现金的管理工作要进行监督和检查。对发现的现金溢余和短缺,必须认真及时地查明原因,并按规定的要求进行处理。

2.1.2 库存现金的核算

为了反映核算和监督现金日常收付结存情况,企业应设置"现金日记账",由出纳人员根据审核无误的收付款凭证,按业务发生的先后顺序逐日逐笔序时登记。每日终了,应计算当日的现金收入、支出合计数和结余数,并将结余数与实际库存进行核对,保证账实相符。月份终了,"现金日记账"的余额应与"库存现金"总账的余额核对相符。有外币现金的企业,应分别设置人民币与外币"现金日记账"。

为了总括的反映和监督企业库存现金的收支结存情况,需要设置"库存现金"总账。收到现金收入时,应根据审核无误的记账凭证,借记"库存现金"科目,贷记相关科目。发生现金支出时,应根据审核无误的记账凭证,借记相关科目,贷记"库存现金"科目。

【例2-1】 星光公司20×1年9月5日收到零星销售收入702元(含增值税102元)。现金收款凭证如下:

借:库存现金　　　　　　　　　　　　702
　　贷:主营业务收入　　　　　　　　　　　　600
　　　　应交税费——增值税(销项税)　　　　102

【例2-2】 星光公司20×1年9月8日购买办公用品现金支出500元。现金付款凭证如下:

借:管理费用　　　　　　　　　　　　500
　　贷:库存现金　　　　　　　　　　　　　　500

2.1.3 备用金的核算

备用金是指企业预付给职工和内部有关单位用作差旅费、零星采购和零星开支,事后报销的款项,企业财务部门对备用金的预借、使用和报销要严格审核,认真执行国家有关的财经制度。

备用金的核算,应设置"其他应收款"科目,它是资产类科目,核算除应收票据、应收账款、预付账款以外的其他各种应收、暂付款项。在备用金数额较大的企业中,可以单独设置"备用金"科目进行核算。"备用金"账户应按备用金的领用单位或个人设置明细账,进行明细分类核算。根据备用金的管理制度,备用金的核算分为定额管理和非定额管理。

1. 定额管理

实行定额备用金制度的企业,对于领用的备用金,应定期向财务部门报销。财务部门根据报销数用现金补足备用金定额时,借记"管理费用"等科目,贷记"库存现金"或"银行存款"科目,报销数和拨付数都不再通过"其他应收款"账户核算。

【例2-3】 星光公司对企业物资供应部门实行定额备用金制度,20×1年9月1日财会部门根据核定的备用金定额8 000元,以现金拨付。会计分录如下:

借:备用金——物资供应部门　　　　　　　　8 000
　　贷:库存现金　　　　　　　　　　　　　　　　　　8 000

9月10上述物资供应部门发生备用金支出5 600元,持凭证到财务部门报销。

借:管理费用　　　　　　　　　　　　　　　5 600
　　贷:库存现金　　　　　　　　　　　　　　　　　　5 600

2. 非定额管理

即随借随用,用后报销,多退少补制度。预借时同定额备用金制度,借记"备用金"科目,贷记"库存现金"。报销时,借记"管理费用"等,贷记"备用金"科目。

【例2-4】 星光公司行政管理部门职工张民,20×6年9月3日因公出差预借备用金2 000元,以现金拨付。会计分录如下:

借:备用金——物资供应部门　　　　　　　　2 000
　　贷:库存现金　　　　　　　　　　　　　　　　　　2 000

9月13日张民持凭证到财务部门报销,实际支出1 800元,多余现金交回。

借:管理费用　　　　　　　　　　　　　　　1 800
　　库存现金　　　　　　　　　　　　　　　　　200
　　贷:备用金　　　　　　　　　　　　　　　　　　　2 000

2.1.4 库存现金的清查

为了及时并如实地反映库存现金的余额,加强对出纳工作的监督,企业应经常对库存现金进行核对和清查。库存现金的清查包括出纳人员每日的清点核对和清查小组定期或不定期的清查。清查现金的基本方法是实地盘点,将库存现金的实存数与现金日记账的余额进行核对,查明账款是否相符。如果出现溢缺,则通过"待处理财产损溢——待处理流动资产损益"科目进行核算。清查中发现溢余的现金,应按溢余的金额,借记"库存现金"科目,贷记"待处理财产损溢——待处理流动资产损益"科目;清查中发现短缺的现金,应按短缺的金额借记"待处理财产损溢——待处理流动资产损益"科目,贷记"库存现金"科目。待查明原因后进行适当的处理:

(1)如为溢余,应支付给有关单位或个人的,应借记"待处理财产损溢——待处理流动资产损益"科目,贷记"其他应付款"科目。若无法查明原因,则经批准后转作盘盈利得。借记"待处理财产损溢——待处理流动资产损益"科目,贷记"营业外收入"科目。

(2)如为短缺,应由责任人或保险公司赔偿的部分,借记"其他应收款"或"库存现金",贷记"待处理财产损溢——待处理流动资产损益"科目;无法查明原因的经批准后转作盘亏损失处理,借记"管理费用"科目,贷记"待处理财产损溢——待处理流动资产损益"科目。

【例2-5】 星光公司20×1年9月10日,对现金进行清查,发现短缺80元,无法查明原因。

发现短缺时:

借:待处理财产损溢——待处理流动资产损益　　80
　　贷:库存现金　　　　　　　　　　　　　　　　　80

转销时:

借:管理费用　　　　　　　　　　　　　　　　　80
　　贷:待处理财产损溢——待处理流动资产损益　　　80

【例2-6】 星光公司20×1年9月20日,对现金进行清查,发现溢余50元,

发现溢余时:

借:库存现金　　　　　　　　　　　　　　　　　50
　　贷:待处理财产损溢——待处理流动资产损益　　　50

转销时,

借:待处理财产损溢——待处理流动资产损益　　50
　　贷:营业外收入　　　　　　　　　　　　　　　　50

2.2　银行存款

2.2.1　银行存款概述

银行存款是企业存入银行或其他金融机构的货币资金。按照国家《支付结算办法》的规定,企业应按规定在银行开设账户,办理存款、取款和转账结算。企业在银行开立人民币存款账户,必须遵守中国人民银行的各项规定。

银行存款账户分为四类,即基本存款账户、一般存款账户、临时存款账户和专用存款账户。基本存款账户主要用于办理日常结算和现金收付。企业工资、奖金等现金的支取,只有通过该账户办理。一个企业只能选择一家银行的一个营业机构开立一个基本存款户。一般存款账户是企业在基本存款户以外的银行取得借款的转存,或与基本存款户的存款人不在同一地点的附属非独立核算单位开立的账户,该账户可办理转账结算和缴

存现金，但不能支取现金。企业不得在同一家银行的几个分支机构开立一般存款户。临时存款账户是存款人因临时经营活动需要开立的账户，如企业异地产品展销、临时性采购资金等。企业可以通过本账户办理转账结算和国家现金管理的规定办理现金收付。专用存款账户是企事业单位因特定用途需要开立的账户，如基本建设项目专项资金、农副产品资金等，企业销货款不得转入专用存款账户。

企业通过银行办理结算时，应当认真执行国家各项管理办法和结算制度。中国人民银行1997年7月19日颁布的《支付结算办法》规定：单位和个人办理支付结算，不准签发没有资金保证的票据和远期支票，套取银行信用；不准签发、取得和转让没有真实交易和债权债务的票据，套取银行和他人资金；不准无理拒绝付款，任意占用他人资金；不准违反规定开立和使用账户。

2.2.2 银行存款的核算

企业在不同的结算方式下，应根据有关原始凭证编制银行存款收付款凭证，并进行相应的账务处理。

为总括反映企业银行存款的收支和结存情况，应设置"银行存款"账户进行核算。

企业将款项存入银行等金融机构时，借记"银行存款"，贷记"库存现金"等科目；提取或支付在银行等金融机构中的存款时，借记"库存现金"等科目，贷记"银行存款"科目。

【例2—7】 星光公司销售产品一批，价款50 000元，增值税8 500元，款项已存入银行。作会计分录如下：

借：银行存款　　　　　　　　　　　　　　58 500
　　贷：主营业务收入　　　　　　　　　　　　　　　50 000
　　　　应交税费——应交增值税（销项税额）　　　　8 500

【例2—8】 华伟公司购入材料一批，价款20 000元，增值税3 400元，合计23 400元，以银行存款支付。作会计分录如下：

借：材料采购　　　　　　　　　　　　　　20 000
　　应交税费——应交增值税（进项税额）　　3 400
　　贷：银行存款　　　　　　　　　　　　　　　　23 400

【例2—9】 以银行存款偿还原欠外单位货款7 800元。作会计分录如下：

借：应付账款　　　　　　　　　　　　　　7 800
　　贷：银行存款　　　　　　　　　　　　　　　　7 800

银行存款除要求进行总分类核算外，应设置"银行存款日记账"进行序时核算。"银行存款日记账"一般采用三栏式，根据审核后的原始凭证和银行收付款凭证逐笔、序时登记，定期结出余额与银行对账单相核对，以保证账实一致。月份终了，"银行存款日记账"的余额必须与"银行存款"总账科目的余额核对相符。

有外币业务的企业，应在"银行存款"科目下分别人民币和外币设置"银行存款日记账"进行明细核算。

2.2.3 银行转账结算方式

根据中国人民银行有关支付结算办法规定，企业发生的货币资金收付业务可以采用以下几种结算方式,通过银行办理转账结算。

1. 银行汇票

银行汇票是单位或个人将款项交存当地银行,由银行签发的、由其在见票时,按照实际结算金额无条件支付给收款人的票据。银行汇票应用广泛、使用方便、票随人到、凭票购货、余款退回,适用于先收款后发货或钱货两清的商品交易。单位、个体经济户和个人需要支付各种款项,均可使用银行汇票。适用于异地之间各种款项的结算。

汇票必须记载下列事项:表明"汇票"的字样;无条件支付的委托;确定的金额;付款人名称;收款人名称;出票日期;出票人签章。汇票上未记载前款规定事项之一的,汇票无效。

申请人取得银行汇票后即可持银行汇票向填明的收款单位办理结算。银行汇票的付款期限为自出票日起1个月内。超过付款期不获付款的,持票人须在票据权利时效内向出票银行作出说明,并提供本人身份证或单位证明,持银行汇票和解讫通知向出票银行请求付款。银行汇票可用于转账,填明"现金"字样的银行汇票,也可用于支取现金。银行汇票一律记名,允许背书转让,且背书转让以不超过出票金额的实际结算金额为限,但未填写实际结算金额或实际结算金额超过出票金额的银行汇票不得背书转让。

收款人在收到付款单位送来的银行汇票时,应在出票金额内,根据实际需要的款项办理结算,并将实际结算金额和多余金额准确、清晰地填入银行汇票和解讫通知的有关栏内,银行汇票的实际结算金额低于出票金额的,其多余金额有出票银行退交申请人。收款单位将银行汇票和解讫通知、进账单一并交开户银行办理结算,银行审核无误后,办理转账。

2. 银行本票

银行本票是由银行签发的,承诺自己在见票时无条件支付确定的金额给收款人或持票人的票据。它适用于单位和个人在同一票据交换区域需要支付各种款项的结算。

银行本票包括不定额本票和定额本票两种,定额本票分为1 000元、5 000元、10 000元和50 000元四种面额。银行本票一律记名,并可根据需要在票据交换区域内背书转让。银行本票的付款期限自出票日起最长不超过2个月。持票人超过付款期限提示付款的,代理付款人不予受理。持票人须在票据权利时效内向出票银行作出说明,并提供本人身份证或单位证明,持银行本票向出票银行请求付款。银行本票可用于转账,注明"现金"字样的本票只用于支取现金,且只有个人才可申请办理现金银行本票。

企业支付货款等款项时,应向银行提交"银行本票申请书",填明收款人名称、支付金额、申请日期等事项并签章。出票银行受理银行本票申请后,收妥款项,签发银行本票。申请人取得银行本票后,即可向填明的收款单位办理结算。

收款单位在收到银行本票时,应在提示付款时在本票背面"持票人向银行提示付款签章"处加盖预留银行印鉴,同时填写进账单,连同银行本票一并交开户银行转账。

3. 商业汇票

商业汇票是出票人签发的,委托付款人在指定日期无条件支付确定金额给收款人或持票人的票据。商业汇票同城和异地均可使用。

使用商业汇票必须遵守以下原则:第一,使用商业汇票的单位必须是在银行开立账户的法人;第二,签发商业汇票必须以合法的商品交易为基础,禁止签发无商品交易的汇票;第三,商业汇票经承兑后,承兑人负有到期无条件支付票款的责任;第四,商业汇票承兑期限最长不得超过6个月。如属分期付款,应一次签发若干张不同期限的汇票。

商业汇票的提示付款期,自出票到期日起10日内。持票人超过提示付款期限的,持票人开户银行不予受理。商业汇票签发后必须经过承兑,按承兑人不同分为:商业承兑汇票和银行承兑汇票。

(1)商业承兑汇票。商业承兑汇票是指由收款人签发,经付款人承兑或由付款人签发并承兑的汇票。

商业承兑汇票由银行以外的付款人承兑,属于商业信用。商业承兑汇票按交易双方的约定由销货单位或购货单位签发,但由购货单位承兑。付款人须在商业承兑汇票正面签署"承兑"字样并加盖预留银行印章后,将商业承兑汇票交给收款人。付款人应于商业承兑汇票到期前将票款足额交存其开户银行,银行于到期日凭票将款项从付款人账户划转给收款人或贴现银行。付款人对其所承兑的汇票负有到期无条件支付票款的责任。汇票到期时,如果付款人存款不足以支付票据款,开户银行将汇票退还付款人,银行不负责付款,由双方自行处理。同时,银行对付款人按照签发空头支票的有关罚款规定,处以罚金。

(2)银行承兑汇票。银行承兑汇票是指由收款人或承兑申请人签发,并由承兑申请人向开户银行申请,经银行审查同意承兑的票据。

银行承兑汇票并由承兑银行承兑,属于银行信用。使用银行承兑汇票进行结算时,由承兑申请人持银行承兑汇票和购销合同向其开户银行申请承兑。银行按照有关政策规定对申请进行审查,符合承兑条件的,银行即可与承兑申请人签订承兑契约,并在汇票上签章,用压数机压印汇票金额后,将银行承兑汇票和解讫通知交给承兑申请人转交收款人。承兑银行将按票面金额的规定比例向承兑申请人收取手续费。承兑手续费不足10元的,则按10元收取。汇票到期前,承兑申请人应将票款足额交存其开户银行。如果汇票到期日承兑申请人未能足额交存票款时,承兑银行应向收款人或贴现银行无条件履行支付责任,同时根据承兑契约对承兑申请人执行扣款,并对未扣回的承兑金额每天按规定比例计收罚息。

收款人或被背书人应在银行承兑汇票到期时,将银行承兑汇票、解讫通知,连同进账单送交开户银行办理转账。

4. 支票

支票是出票人签发的,委托办理支票存款业务的银行或者其他金融机构在见票时无条件支付确定的金额给收款人或者持票人的票据。

支票结算是同城结算中应用比较广泛的一种结算方式。单位和个人在同一支票交换区域的各种款项结算,均可使用支票。支票由银行统一印制,支票上印有"现金"字样的为现金支票;支票上印有"转账"字样的为转账支票,只能用于转账;印有"现金"或"转账"字样的为普通支票,普通支票可以用于支取现金,也可以用于转账;在普通支票左上角划两条平行线的,为画线支票,画线支票只能用来转账,不得支取现金。

支票的提示付款期为10天,中国人民银行另有规定的除外。超过提示付款期限提示付款的,持票人开户银行不予受理,付款人不予付款。

签发支票时,应使用蓝黑墨水或碳素墨水,将支票的各要素填写齐全,并在支票上加盖其预留银行印鉴。出票人不得签发金额超过其付款时在付款人处实有的存款金额的支票,即不得签发空头支票;不得签发与其预留本名的签名式样或者印鉴不符的支票。否则,银行将予以退票,并按票面金额处以5%但不低于1 000元的罚款。持票人有权要求出票人赔偿2%的赔偿金。

5. 信用卡

信用卡是指商业银行向个人和单位发行的,凭其向特约单位购物、消费和银行存取现金,具有消费信用的特制载体卡片。凡中国境内金融机构开立基本存款账户的单位可申领单位卡。单位卡可申领若干张,持卡人资格由申领单位法定代表人或其委托的代理人书面指定和注销,持卡人不得出租或转借信用卡。

单位卡账户的资金一律从其基本存款账户转账存入,在使用过程中,需要向其账户续存资金的,也一律从其基本存款账户转账存入,不得交存现金,不得将销货收入的款项存入其账户。个人卡账户的资金以其持有的现金存入,或以其工资性款项及属于个人的劳动报酬收入转账存入,严禁将单位的款项存入个人卡账户。

单位卡一律不得用于100 000元以上的商品交易、劳务供应款项的结算,一律不得支取现金。个人卡提取现金时,超过支付限额的,代理银行应向发卡银行索权。

信用卡在规定的限额和期限内允许善意透支,透支额金卡最高不得超过10 000元,普通卡最高不得超过5 000元,透支期限最长为60天。禁止恶意透支。恶意透支是指持卡人超过规定限额或规定期限,并且经发卡银行催收无效的透支行为。信用卡透支利息,自签单日或银行记账日起,15日内按日息5‰计算,超过15日按日息10‰计算,超过30日或透支金额超过规定限额的,按日息15‰计算。透支利息不分段,按最后期限或者最高透支额的最高利率档次计算;如信用卡丢失,持卡人应立即持有效证明,并按规定提供有关情况,向发卡银行或代办银行申请挂失。

申领信用卡要向发卡行交存一定的备用金。发卡银行根据申请人的资信程度,要求其提供担保。担保的方式可采用保证、抵押或质押。

6. 汇兑

汇兑是汇款人委托银行将其款项支付给收款人的结算方式。单位和个人的各种款项的结算均可使用汇兑结算方式。

汇兑分为信汇和电汇两种。由汇款人根据需要选择使用。汇兑结算方式适用于异地之间的各种款项结算,具有划拨款项简单、灵活的特点。

采用汇兑结算方式的,付款方汇出款项时,应填写银行印发的汇款凭证,列出收款单位名称、汇款金额及用途等送达开户银行,委托银行将款项汇往收汇银行。收回银行将款项收进单位存款户后,向收款单位发出收款通知。

7. 委托收款

委托收款是收款人委托银行向付款人收取款项的结算方式。无论是单位和个人都可以凭已承兑的商业汇票、债券、存单等债务证明办理款项的结算。这种结算方式在同城和异地都可以使用。收款分邮寄或电报划回两种,企业应根据需要选择使用。

收款单位委托开户银行收款时,应填制银行印制的"委托收款凭证",并提供有关债务证明。企业的开户银行受理委托收款以后,将委托收款凭证寄交付款单位开户银行,由付款单位开户银行审核,并通知付款单位。付款单位在接到银行付款通知和有关附件后,应在规定的付款期(3 天)内付款。如果付款期内未向银行提出异议,银行视作同意付款,并在付款期满的次日将款项主动转账付给收款企业。

付款单位在审查有关单证以后,如果对收款企业委托收取的款项决定全部或部分拒绝支付的,应在付款期内填写拒付理由书,连同有关证明单据送交开户银行。银行收到拒付理由书连同有关凭证寄给收款企业的开户银行转交收款企业,银行不负责审查拒付理由书;需要部分拒绝付款的,银行办理部分转账划款。

8. 托收承付

托收承付结算,是指根据购销合同由收款人发货后委托银行向异地购货单位收取货款,购货单位根据合同核对单证或验货后,向银行承认付款的一种结算方式。托收承付结算方式只适用于异地订有经济合同的商品交易及相关劳务款项的结算。代销、寄销、赊销商品的款项,不得办理异地托收承付结算。异地托收承付结算款项的划回方法,分邮寄和电报两种,由收款人选用。托收承付结算每笔金额起点为 10 000 元,新华书店系统每笔金额起点为 1 000 元。

收付双方使用托收承付结算必须签有符合《合同法》的购销合同,并在合同上订明使用异地托收承付结算方式。销货方按照购销合同发货后,填写托收承付结算单,盖章后连同商品确已发运的证件(包括铁路、航运、公路等运输部门签发的运单、运单副本和邮局包裹回执等)或其他符合托收承付结算的有关证明和交易单证送交开户银行办理托收手续。

销货方开户银行接受委托后,将托收承付凭证和所附单据回联退给企业,作为企业进行账务处理的依据,并将其他结算凭证寄往购货单位开户银行,由购货单位开户银行通知购货单位承认付款。

购货方收到托收承付结算凭证和所附单据后,应立即审核是否符合订货合同的规定。承付方式有两种,即验单承付和验货承付,在双方签订合同时约定。验单承付是指付款方接到其开户银行转来的承付通知和相关凭证,并与合同核对相符后,就必须承认付款的结算方式。验单承付的承付期为 3 天,从付款人开户银行发出承付通知的次日算起,遇假日顺延。验货承付是指付款单位除了验单外,还要等商品全部运达并验收入库后才承付货款的结算方式。验货承付的承付期为 10 天,从承运单位发出提货通知的次日算起,遇假日顺延。付款人在承付期内未向开户银行提出异议,银行作默认承付处理,在承付期满的次日上午将款项主动从付款方账户划转到收款方账户。

付款方若在验单或验货时发现货物的品种、规格、数量、质量、价格等与合同规定不符,可在承付期内提出全部或部分拒付的意见。拒付款项填写"拒绝承付理由书"送交其开户银行审查并办理拒付手续。银行同意部分或全部拒付的,应在拒付理由书上签注意见,并将拒付理由书、拒付证明、拒付商品清单和有关单证邮寄收款人开户银行转交销货方。应注意,拒付货款的商品是对方所有,必须妥善为其保管。

付款方在承付期满后,如果其银行账内没有足够的资金承付货款,其不足部分作延期付款处理。延期付款部分要按每天5‰计算逾期付款赔偿金。逾期付款天数从承付期满之日起算。待付款方账内有款支付时,由付款方开户银行将欠款及赔偿金一并划转给收款人。

9. 信用证

信用证结算方式是国际结算的一种主要方式,经中国人民银行批准经营结算业务的商业银行总行以及经商业银行总行批准开办信用证结算业务的分支机构,也可以办理国内企业之间商品交易的信用证结算业务。

采用信用证结算方式的,收款单位收到信用证后,即备货装运,签发有关发票账单,连同运输单据和信用证,送交银行,根据退还的信用证等有关凭证编制收款凭证;付款单位在接到开证银行的通知时,根据付款的有关单据编制付款凭证。

2.3 其他货币资金

2.3.1 其他货币资金的内容

其他货币资金是企业除库存现金、银行存款以外的其他各种货币资金。其他货币资金的组成内容包括外埠存款、银行汇票存款、银行本票存款、信用证存款、信用卡存款、存出投资款、在途货币资金等。有境外往来结算业务的企业,发生的国际信用证保证金存款,也属于其他货币资金的范围。

2.3.2 其他货币资金的核算

为了单独反映其他货币资金的收入、付出和结存情况,应设置"其他货币资金"账户进行核算。该账户为资产类账户,借方登记其他货币资金的增加数;贷方登记其他货币资金的减少数;期末借方余额反映其他货币资金的结存数。该账户应按其他货币资金的具体组成内容设置明细账,进行明细核算。

1. 外埠存款

外埠存款是指企业到外地进行临时采购或零星采购按规定存入银行的款项。将款项委托当地银行汇往采购地银行开立采购专户是借记"其他货币资金——外埠存款",贷记"银行存款";收到采购部门交来的材料账单等报销凭证时,借记"材料采购"、"应交税费"等科目,贷记"其他货币资金——外埠存款"。

【例2—10】 华伟公司到外地采购材料,开出汇款委托书,委托当地开户银行将采购款项60 000元汇往采购地银行开立采购专户。作会计分录如下:

借:其他货币资金——外埠存款　　　　　　　60 000
　　贷:银行存款　　　　　　　　　　　　　　　　　60 000

【例2—11】 收到采购人员交来的报销单据,其中材料发票列明材料货款50 000元,增值税款8 500元,车票、住宿费单据900元,材料尚未运达企业。作会计分录如下:

借:材料采购　　　　　　　　　　　　　　　50 000
　　应交税费——应交增值税(进项税额)　　　　8 500

管理费用　　　　　　　　　　　　　　　　　　900
　　　贷：其他货币资金——外埠存款　　　　　　　　　　　59 400
【例2-12】　接当地开户银行通知，汇出的采购专户存款余额600元已经汇回，存入公司的银行存款账户。作会计分录如下：
　　借：银行存款　　　　　　　　　　　　　　　　600
　　　贷：其他货币资金——外埠存款　　　　　　　　　　　600

2.银行汇票存款

银行汇票存款是企业为取得银行汇票，按照规定存入银行的款项。企业、单位在填送"银行汇票委托书"并将款项交存银行、取得银行汇票后，应根据银行盖章退回的委托书存根联，借记"其他货币资金——银行汇票"科目，贷记"银行存款"科目的贷方。企业、单位使用银行汇票后，应根据发票账单及开户银行转来的银行汇票多余款收账通知联等有关凭证，经核对无误后，将用作采购的实际结算金额借记"材料采购"、"应交税费"等科目，退回多余金额借记"银行存款"科目，贷记"其他货币资金——银行汇票"科目。企业因汇票超过付款期等原因而要求退回款项时，应填制进账单，连同汇票一并送交银行，然后根据银行盖章退回的进账单收款通知联，借记"银行存款"科目，贷记"其他货币资金——银行汇票"科目。

3.银行本票存款

银行本票存款是企业为取得银行本票，按照规定存入银行的款项。企业向银行提交"银行本票申请书"，将款项交存银行，取得银行本票后，应根据银行盖章退回的银行本票申请书存根联，借记入"其他货币资金——银行本票"科目，贷记"银行存款"科目。企业付出本票后，应根据发票账单等有关凭证，借记入"材料采购"、"应交税费"等科目，贷记"其他货币资金——银行本票"科目的贷方。企业因银行本票超过付款期等原因而要求退款时，应填制进账单，连同本票一并送交银行，然后根据银行盖章退回的进账单收款通知联，借记"银行存款"科目，贷记"其他货币资金——银行本票"科目的贷方。

4.信用证存款

信用证存款是指采用信用证结算方式的企业为开具信用证而存入银行信用证保证金专户的款项。企业向银行申请开出信用证，用于支付境外供货单位的购货款项。根据开户银行盖章退回的"信用证委托书"回单。借记"其他货币资金——信用证存款"科目，贷记"银行存款"科目；企业在收到境外供货单位信用证结算凭证及所附发票账单，并经核对无误后，借记"材料采购"、"应交税费——应交增值税（进项税额）"等科目，贷记"其他货币资金——信用证存款"；企业收到未用完的信用证存款余额时，借记"银行存款"科目，贷记"其他货币资金——使用证存款"科目。

5.信用卡存款

企业为取得信用卡而存入银行信用卡专户的款项。企业申领信用卡，按规定填制申请表，并按银行要求交存备用金。银行开立信用卡存款账户，发给信用卡。企业根据银行盖章退回的交存备用金的进账单，借记"其他货币资金——信用卡存款"科目，贷记"银行存款"科目。企业在收到开户银行转来的信用卡存款的付款凭证及所附发票账单，经核对无误后,借记"管理费用"等相关费用科目,贷记"其他货币资金——信用卡存款"科目。

6. 存出投资款

存出投资款是指企业已存入证券公司但尚没有进行短期投资的现金。企业向证券公司划出资金时,应按实际划出的金额借记"其他货币资金——存出投资款"科目,贷记"银行存款"。企业购买股票、债券时,按实际发生的金额,借"交易性金融资产"等科目,贷记"其他货币资金——存出投资款"。

□ 本章小结

货币资金是企业生产经营过程中处于货币形态的资产,包括现金、银行存款和其他货币资金。它是流动性最强的流动资产,使用时不受任何特定用途的限制,具有普遍可接受性。

企业必须拥有一定数量的货币资金才能保证生产经营活动的正常进行,比如购买材料、支付工资、缴纳各种税费等等。企业应加强货币资金的管理与核算,实行"钱、账分管,互相监督"的内部牵制制度。设专职或兼职的出纳人员掌管货币资金,实行货币资金收付两条线,收入业务和付出业务要分开核算;对货币资金要进行财产清查,保证账实相符。

库存现金通常指存放在企业由出纳人员掌管的货币资金。企业应严格遵守国家有关现金管理制度,正确进行现金收支的核算,监督现金使用的合法性和合理性。

企业按照国家《支付结算办法》的规定在银行开设账户,办理存款、取款和转账结算。银行存款账户分为四类,即基本存款账户、一般存款账户、临时存款账户和专用存款账户。其他货币资金是指企业除现金、银行存款以外的各种货币资金,包括外埠存款、银行汇票存款、银行本票存款、信用证存款、信用卡存款、存出投资款、在途货币资金等。

□ 练习题

一、单项选择题

1. 根据《现金管理暂行条例》的要求,结算起点为( )。
   A. 1 000 元以下   B. 1 000 元   C. 2 000 元以下   D. 2 000 元

2. 定额备用金管理与核算上的特点是( )。
   A. 企业内部某部门或个人实际需要,一次付给现金
   B. 用后持有关原始凭证报销,余款交回
   C. 用后报销时,财会部门按照核准报销的金额付给现金,补足备用金定额
   D. 般用于临时性差旅费报销业务

3. 采购人员预借差旅费,以现金支付,应借记( )账户核算。
   A. 现金   B. 管理费用   C. 他应收款   D. 其他应付款

4. 在清查过程中发现的现金短缺,应贷记( )。
   A. 处理财产损溢   B. 库存现金   C. 他应收款   D. 管理费用

5. 在清查过程中发现的现金溢余,应贷记( )。
   A. 营业外支出　　B. 营业外收入　　C. 其他应收款　　D. 管理费用
6. 按照国家《人民币银行结算账户管理办法》规定,企业的工资、奖金、津贴等的支取,只能通过( )。
   A. 基本存款账户　　B. 一般存款账户　　C. 临时存款账户　　D. 专用存款账户
7. 银行本票的提示付款期限是自出票日起最长不超过( )。
   A. 1个月　　B. 2个月　　C. 3个月　　D. 6个月
8. 企业存放在银行的信用卡存款,应通过( )科目进行核算。
   A. 其他货币资金　　B. 银行存款　　C. 在途货币资金　　D. 现金
9. 下列各项中,可采用托收承付结算方式办理结算的是( )。
   A. 赊销商品的款项　　　　B. 寄销商品的款项
   C. 代销商品的款项　　　　D. 商品交易的款项
10. 不单独设置"备用金"科目的小企业,内部各部门、各单位周转使用的备用金,核算科目应通过( )。
    A. 其他货币资金　　B. 预付账款　　C. 预收账款　　D. 其他应收款

二、多项选择题

1. 根据内部控制制度的要求,会计人员(非出纳人员)可以经办的是( )。
   A. 债权、债务类账目的登记　　　B. 现金管理业务
   C. 现金收付业务　　　　　　　　D. 会计档案保管
2. 根据内部控制制度的要求,出纳人员不得经办得是( )。
   A. 现金收付业务　　　　　　　　B. 收入、费用类账目的登记
   C. 债权、债务类账目的登记　　　D. 各项业务的稽核
3. 采购员报销差旅费涉及的账户有( )。
   A. 其他应收款　　B. 库存现金　　C. 其他应付款　　D. 管理费用
4. 备用金的管理方式有( )。
   A. 定额管理　　B. 专人管理　　C. 预算管理　　D. 非定额管理
5. 按照现金保管制度的要求,出纳人员应该( )。
   A. 超过库存限额以外的现金应在下班前送存银行
   B. 限额内的库存现金当日核对清楚后,一律放入保险柜内,不得放在办公桌内过夜
   C. 单位的库存现金不准以个人名义存入银行
   D. 库存的纸币和铸币实行分类保管
6. 下列各项中,属于其他货币资金的有( )。
   A. 信用卡存款　　　　　　　B. 存出投资款
   C. 银行汇票存款　　　　　　D. 信用证保证金存款
   E. 银行本票存款
7. 既适用于同城又适用于异地的结算方式有( )。
   A. 委托收款结算方式　　　　B. 银行本票结算方式
   C. 支票结算方式　　　　　　D. 商业汇票结算方式
   E. 银行汇票结算方式

8. 小企业可用信用卡结算的有（　　）。
　　A. 向供应商购货 20 000 元　　　B. 向特约单位购物 500 元
　　C. 向银行存取现金 500 元　　　 D. 购买办公用品 100 元
　　E. 向特约单位支付餐费 800 元
9. 在商品交易款项结算中，商业汇票的承兑人可以是（　　）。
　　A. 付款人　　　　　　　　　　B. 收款人
　　C. 销货方　　　　　　　　　　D. 购货人
　　E. 银行
10. 下列支票中，可以提取现金的支票有（　　）。
　　A. 现金支票　　　　　　　　　B. 转账支票
　　C. 普通支票　　　　　　　　　D. 特种支票
　　E. 画线支票

三、判断题

1. 对实行定额备用金制度的企业，在账务处理上需要设置"其他应收款——备用金"账户进行核算，也可单独设置"备用金"账户核算。（　　）
2. 企事业单位在需要现金开支时，可以从本单位的库存现金中支付，也可以从本单位的现金收入直接支付。（　　）
3. 出纳人员不得负责收入、费用、债权、债务等账目的登记工作，但可以兼管会计档案保管。（　　）
4. 对现金进行日清月结是出纳员办理现金出纳工作的基本原则和要求，也是避免出现长短款的重要措施。（　　）
5. 出现现金短缺时，属于应由责任人赔偿的部分，应借记"其他应收款——应收现金短缺款"。（　　）
6. 货币资金内部控制的根本目的在于保证货币资金的安全，防止货币资金被贪污、侵占和挪用。（　　）
7. 小企业如果规模较小，可由出纳一人办理货币资金结算的全过程，以提高工作效率。（　　）
8. 有外币现金的小企业，应当分别人民币和各种外币设置"现金日记账"进行明细核算。（　　）
9. 银行承兑汇票到期时，如果购货企业的存款不足支付票款，承兑银行应将汇票退还销货企业，由购销双方自行处理。（　　）
10. 因商品交易而产生的劳务供应的款项以及代销商品的款项，可以办理委托收款结算。（　　）

四、业务计算与核算题

1. 某公司 5 月份发生下列现金收支业务：
　　(1) 1 日，车间主任李明因公出差，预借差旅费 2 000 元，以现金付讫。
　　(2) 10 日，李明出差归来，报销差旅费 2 400 元，补付现金 400 元，结清原借款。
　　(3) 12 日，以现金支付车间办公费 256 元。
　　(4) 22 日，出租包装物一批，收到对方交来押金现金 2 000 元。

(5)28日,以现金支付特困职工生活补助费1 500元。

要求:根据以上经济业务编制会计分录。

2.某公司为一般纳税人(按17%交纳增值税)。20×1年5月发生下列经济业务:

(1)8日,从本市宏达工厂购进A材料10 000元,增值税1 700元,货款签发转账支票支付,材料验收入库。

(2)12日,填制银行汇票委托书,委托银行开出金额为400 000元的银行汇票。银行收妥款项,开给银行汇票。

(3)15日采购员持银行汇票到外地星光公司采购B材料,收到有关发票账单,计列B材料300 000元,增值税51 000元。B材料尚未到达。

(4)21日,存入证券公司400 000元备用。

(5)22日,从本市天力公司购进C材料600 000元,增值税102 000元,签发商业汇票一张,面值702 000元,期限5个月,经承兑后交付对方。C材料验收入库。

(6)25日,用上述存款购买股票200 000元,准备随时抛售。

(7)26日向南海市工商银行填制信用卡申请表及有关资料,申领牡丹卡。银行受理后,将款项40 000元从基本存款账户转入信用卡专户,开给信用卡。

(8)29日,单位持卡人到特约单位购买办公用品3 600元,划卡结算。办公用品当期使用。

要求:根据以上经济业务编制会计分录。

五、思考题

1. 现金的使用范围主要有哪些?
2. 现金内部控制制度的基本内容有哪些?
3. 站在收款人的角度,你认为哪种结算方式更安全?
4. 站在付款人的角度,你认为哪种结算方式更安全?
5. 哪些结算方式是同城结算方式?哪些是异地结算方式?哪些方式既可用于同城结算,又可用于异地结算?

第3章 金融资产

☐ 学习目标

通过本章的学习,应掌握金融资产的分类、金融资产初始计量的核算以及后续计量的核算;掌握应收账款的范围与计价、应收票据的计价与贴现以及计提坏账准备的原则、计提的方法和相关的账务处理。

3.1 金融资产概述

金融资产属于企业资产的重要组成部分,主要包括:库存现金、银行存款、应收账款、应收票据、其他应收款项、股权投资、债券投资和衍生金融工具形成的资产等。

企业应当结合自身业务特点、投资策略和风险管理要求,将取得的金融资产在初始确认时划分为以下几类:

(1) 以公允价值计量且其变动计入当期损益的金融资产。
(2) 持有至到期投资。
(3) 贷款和应收账款。
(4) 可供出售金融资产。

金融资产分类与金融资产计量密切相关。不同类别的金融资产,其初始计量和后续计量采用的基础也不完全相同。因此,上述分类一经确定,不应随意变更。

3.2 以公允价值计量且其变动计入当期损益的金融资产

3.2.1 以公允价值计量且其变动计入当期损益的金融资产概述

以公允价值计量且其变动计入当期损益的金融资产,可以进一步划分为交易性金融资产和指定为以公允价值计量且其变动计入当期损益的金融资产。同时,某项金融资产划分为以公允价值计量且其变动计入当期损益的金融资产后,不能再重分类为其他类别的金融资产;其他类别的金融资产也不能再重分类为以公允价值计量且其变动计入当期损益的金融资产。

1. 交易性金融资产

交易性金融资产主要是指企业为了近期出售而持有的金融资产。其主要特点:一是具有较强的变现能力,流动性强;二是持有交易性金融资产的目的是为了赚取差价。

满足下列条件之一的金融资产,应当划分为交易性金融资产:

(1)取得该金融资产的目的,主要是为了近期内出售或回购。比如,企业以赚取差价为目的从二级市场购入的股票、债券、基金等。

(2)属于进行集中管理的可辨认金融工具组合的一部分,且有客观证据表明企业近期采用短期获利方式对该组合进行管理。在这种情况下,即使组合中有某个组成项目持有的期限稍长也不受影响。

(3)属于衍生工具。衍生金融工具是指建立在基础产品或基础变量之上,其价格决定于后者变动的派生金融产品。比如,国债期货、远期合同、股指期货等。但是,只有在活跃市场中有报价、公允价值能可靠计量的权益工具投资,才能指定为交易性金融资产。

2. 指定为以公允价值计量且其变动计入当期损益的金融资产

企业将某项金融资产指定为以公允价值计量且其变动计入当期损益的金融资产,通常是指该金融资产不满足确认为交易性金融资产条件时,企业仍可在符合某些特定条件时将其按公允价值计量,并将其公允价值变动计入当期损益。

通常情况下,只有符合下列条件之一的金融资产,才可以在初始确认时直接指定为以公允价值计量且其变动计入当期损益的金融资产:

(1)该指定可以消除或明显减少由于该金融资产的计量基础不同所导致的相关利得或损失在确认或计量方面不一致的情况。

(2)企业管理上的需要。企业风险管理或投资策略的正式书面文件已载明,该金融资产组合等以公允价值为基础进行管理、评价并向关键管理人员报告。

3.2.2　以公允价值计量且其变动计入当期损益的金融资产的会计处理

1. 以公允价值计量且其变动计入当期损益的金融财产取得

企业划分为以公允价值计量且其变动计入当期损益的金融资产,应当按照取得时的公允价值作为初始确认金额,借记"交易性金融资产——成本"科目;按发生的相关交易费用,借记"投资收益"科目,其中,交易费用是指可直接归属于购买、发行或处置金融工具新增的外部费用,包括支付给代理机构、咨询公司、券商等的手续费和佣金及其他必要支出;取得以公允价值计量且其变动计入当期损益金融资产所支付的价款中包含已宣告发放的现金股利或债券利息,应借记"应收股利"或"应收利息"科目,按实际支付的金额,贷记"银行存款"等科目。

2. 持有以公允价值计量且其变动计入当期损益的金融资产期间现金股利和利息

交易性金融资产持有期间被投资单位宣告发放的现金股利,或在资产负债表日分期付息、一次还本债券投资的票面利率计算的利息金额,借记"应收股利"或"应收利息"科目,贷记"投资收益"科目。

3. 持有以公允价值计量且其变动计入当期损益的金融资产期末计价

资产负债表日,交易性金融资产的公允价值高于其账面余额的差额,借记"交易性金融资产——公允价值变动"科目,贷记"公允价值变动损益"科目;公允价值低于其账面余额的差额编制相反的会计分录。

4. 处置以公允价值计量且其变动计入当期损益的金融资产

处置该金融资产时,应按实际收到的金额,借记"银行存款"等科目按该金融资产的账面余额贷记"交易性金融资产"科目,贷记或借记"投资收益"科目。同时,将原计入该金融资产的公允价值变动转出,借记或贷记"公允价值变动损益"科目,贷记或借记"投资收益"科目。

【例 3-1】 20×1 年 1 月 1 日,A 企业从二级市场支付价款 1 030 000 元(含已到付息日但尚未领取的利息 30 000 元)购入某公司发行的债券,另发生交易费用 10 000 元。该债券面值 1 000 000 元,剩余期限为 2 年,票面年利率为 6%,每半年付息一次,A 企业将其划分为交易性金融资产。其他资料如下:

(1)20×1 年 1 月 5 日,收到该债券 20×3 年下半年利息 30 000 元。
(2)20×1 年 6 月 30 日,该债券的公允价值为 1 100 000 元(不含利息)。
(3)20×1 年 7 月 5 日,收到该债券半年利息。
(4)20×1 年 12 月 31 日,该债券的公允价值为 1 050 000 元(不含利息)。
(5)20×2 年 3 月 31 日,A 企业将该债券出售,取得价款 1 175 000 元(含 1 季度利息 15 000 元)。

假定不考虑其他因素,则 A 公司的会计处理如下:

(1)2010 年 1 月 1 日,购入债券时。

借:交易性金融资产——成本　　　　　　　　1 000 000
　　应收利息　　　　　　　　　　　　　　　　　30 000
　　投资收益　　　　　　　　　　　　　　　　　10 000
　　　贷:银行存款　　　　　　　　　　　　　　　　　　　1 040 000

(2)2010 年 1 月 5 日,收到该债券 20×3 年下半年利息时。

借:银行存款　　　　　　　　　　　　　　　　30 000
　　贷:应收利息　　　　　　　　　　　　　　　　　　　　30 000

(3)2010 年 6 月 30 日,确认债券公允价值变动和投资收益。

借:交易性金融资产——公允价值变动　　　　100 000
　　贷:公允价值变动损益　　　　　　　　　　　　　　　100 000
借:应收利息　　　　　　　　　　　　　　　　30 000
　　贷:投资收益　　　　　　　　　　　　　　　　　　　　30 000

(4)2010 年 7 月 5 日,收到该债券半年利息。

借:银行存款　　　　　　　　　　　　　　　　30 000
　　贷:应收利息　　　　　　　　　　　　　　　　　　　　30 000

(5)2010 年 12 月 31 日,确认债券公允价值变动和投资收益。

借:公允价值变动损益　　　　　　　　　　　　50 000
　　贷:交易性金融资产——公允价值变动　　　　　　　　50 000
借:应收利息　　　　　　　　　　　　　　　　30 000
　　贷:投资收益　　　　　　　　　　　　　　　　　　　　30 000

(6) 2011 年 3 月 31 日,将该债券予以出售。

借:应收利息 15 000
　　贷:投资收益 15 000
借:银行存款 1 160 000
　　公允价值变动损益 50 000
　　贷:交易性金融资产——成本 1 000 000
　　　　　　　　　　——公允价值变动 50 000
　　　　投资收益 160 000
借:银行存款 15 000
　　贷:应收利息 15 000

3.3　持有至到期投资

3.3.1　持有至到期投资概述

持有至到期投资,是指到期日固定、回收金额固定或可确定,且企业有明确意图和能力持有至到期的非衍生金融资产。企业不能将下列非衍生金融资产划分为持有至到期投资:第一,初始确认时即被指定为以公允价值计量且其变动计入当期损益的非衍生金融资产;第二,初始确认时被指定为可供出售的非衍生金融资产;第三,符合贷款和应收款项定义的非衍生金融资产。

如果企业管理层决定将某项金融资产持有至到期,则在该金融资产未到期前,不能随意地改变其"最初意图"。也就是说,投资者在取得投资时意图就应当是明确的,除非遇到一些企业所不能控制、预期不会重复发生且难以合理预计的独立事件,否则将持有至到期。

1. 到期日固定、回收金额固定或可确定

"到期日固定、回收金额固定或可确定"是指相关合同明确了投资者在确定的期间内获得或应收取现金流量(例如,投资利息和本金等)的金额和时间。因此,从投资者角度看,如果不考虑其他条件,在将某项投资划分为持有至到期投资时可以不考虑可能存在的发行方重大支付风险。其次,由于要求到期日固定,从而权益工具投资不能划分为持有至到期投资。再者,如果符合其他条件,不能由于某债务工具投资是浮动利率投资而不将其划分为持有至到期投资。

2. 有明确意图持有至到期

"有明确意图持有至到期"是指投资者在取得投资时意图就是明确的,除非遇到一些企业所不能控制、预期不会重复发生且难以合理预计的独立事件,否则将持有至到期。

存在下列情况之一的,表明企业没有明确意图将金融资产投资持有至到期:

(1) 持有该金融资产的期限不确定。

(2) 发生市场利率变化、流动性需要变化、替代投资机会及其投资收益率变化、融资来源和条件变化、外汇风险变化等情况时,将出售该金融资产。但是,无法控制、预期不会重复发生且难以确定合理预计的独立事件引起的金融资产出售除外。

(3) 该金融资产的发行方可以按照明显低于其摊余成本的金额清偿。

(4) 其他表明企业没有明确意图将该金融资产持有至到期的情况。

据此,对于发行方可以赎回的债务工具,如发行方行使赎回权,投资者仍可收回其几乎所有初始净投资(含支付的溢价和交易费用),那么投资者可以将此类投资划分为持有至到期。但是,对于投资者有权要求发行方赎回的债务工具投资,投资者不能将其划分为持有至到期投资。

3. 有能力持有至到期

"有能力持有至到期"是指企业有足够的财务资源,并不受外部因素影响将投资持有至到期。

存在下列情况之一的,表明企业没有能力将具有固定期限的金融资产投资持有至到期:

(1) 没有可利用的财务资源持续地为该金融资产投资提供资金支持,以使该金融资产投资持有至到期。

(2) 受法律、行政法规的限制,使企业难以将该金融资产投资持有至到期。

(3) 其他表明企业没有能力将具有固定期限的金融资产投资持有至到期的情况。

企业应当于每个资产负债表日对持有至到期投资的意图和能力进行评价。发生变化的,应当将其重分类为可供出售金融资产进行处理。

3.3.2 持有至到期投资的会计处理

持有至到期投资的会计处理,着重于该金融资产的持有者打算"持有至到期",未到期前通常不会出售或重分类。因此,持有至到期投资的会计处理主要应解决该金融资产实际利率的计算、摊余成本的确定、持有期间的收益确认及将其处置时损益的处理。

1. 持有至到期投资的初始计量

企业取得的持有至到期投资,应按该投资的面值,借记"持有至到期投资——成本"科目,按支付的价款中包含的已到付息期但尚未领取的利息,借记"应收利息"科目,按实际支付的金额,贷记"银行存款"等科目,按其差额,借记或贷记"持有至到期投资——利息调整"科目。

持有至到期投资初始确认时,应当计算确定其实际利率,并在该持有至到期投资预期存续期间或适用的更短期间内保持不变。实际利率,是指将金融资产或金融负债在预期存续期间或适用的更短期间内的未来现金流量,折现为该金融资产或金融负债当前账面价值所使用的利率。

2. 持有至到期投资的后续计量

企业应当采用实际利率法,按摊余成本对持有至到期投资进行后续计量。

资产负债表日,持有至到期投资为分期付息、一次还本债券投资的,应按票面利率计算确定的应收未收利息,借记"应收利息"科目,按持有至到期投资摊余成本和实际利率确定的利息收入,贷记"投资收益"科目,按其差额,借记或贷记"持有至到期投资——利息调整"科目。

持有至到期投资为一次还本付息债券投资的,应按票面利率计算确定的应收未收利息,借记"持有至到期投资——应计利息"科目,按持有至到期投资摊余成本和实际利率计算确定的利息收入,贷记"投资收益"科目,按其差额,借记或贷记"持有至到期投资——利息调整"科目。

其中,实际利率法是指按照金融资产或金融负债的实际利率计算其摊余成本及各期利息收入或利息费用的方法。摊余成本,是指该金融资产初始确认金额经下列调整后的结果:

(1) 扣除已偿还的本金。

(2) 加上或减去采用实际利率法将该初始确认金额与到期日金额之间的差额进行摊销形成的累计摊销额。

(3) 扣除已发生的减值损失。

需要说明的是,如果实际利率与票面利率差别较小的,也可按票面利率计算利息收入,计入投资收益。

3. 持有至到期投资处置

出售持有至到期投资,应按实际收到的金额,借记"银行存款"等科目,按其账面余额,贷记"持有至到期投资——成本、利息调整(或在借方,视原来取得投资时的情况而定)、应计利息"科目,按其差额,贷记或借记"投资收益"科目。已计提减值准备的,还应同时结转减值准备。

4. 持有至到期投资的重分类

企业因持有意图或能力发生改变,使某项投资不再适合划分为持有至到期投资的,应当将其重分类为可供出售金融资产,并以公允价值进行后续计量。应在重分类日,按持有至到期投资的公允价值,借记"可供出售金融资产——成本"科目,按其账面余额,贷记"持有至到期投资——成本、利息调整(或在借方,视原来取得投资时的情况而定)、应计利息"科目,按其差额,贷记或借记"资本公积——其他资本公积"科目。已计提减值准备的,还应同时结转减值准备。

【例 3-2】 20×1 年 1 月 1 日 A 公司支付价款 10 000 000 元(含交易费用)从二级市场上购入某公司同日发行的 5 年期公司债券,债券票面价值总额为 12 500 000 元,票面年利率为 4.72%,于每年年末支付债券利息(即每年利息为 590 000 元),本金在债券到期时一次性偿还。购买该债券时的实际利率为 10%。A 公司有明确意图也有能力将该债券持有至到期,划分为持有至到期投资。假定不考虑所得税、减值损失等因素。

表 3-1   单位:元

年份	期初摊余成本 (a)	实际利息收入 (b)=a×10%	现金流入 (c)	期末摊余成本 (d)=a+b-c
20×1 年	10 000 000	1 000 000	590 000	10 041 000
20×2 年	10 410 000	1 040 000	590 000	10 860 000
20×3 年	10 860 000	1 090 000	590 000	11 360 000
20×4 年	11 360 000	1 140 000	590 000	11 910 000
20×5 年	11 910 000	1 180 000	590 000	0

* 尾数调整:1 250+59-1 191 = 118(元)

根据上述数据,A公司的有关会计处理如下:

(1) 20×1年1月1日,购入债券。

借:持有至到期投资——成本　　　　　12 500 000
　　贷:银行存款　　　　　　　　　　　　　　　　　10 000 000
　　　　持有至到期投资——利息调整　　　　　　　2 500 000

(2) 20×1年12月31日,确认实际利息收入、收到票面利息。

借:应收利息　　　　　　　　　　　　　590 000
　　持有至到期投资——利息调整　　　　410 000
　　贷:投资收益　　　　　　　　　　　　　　　　　1 000 000
借:银行存款　　　　　　　　　　　　　590 000
　　贷:应收利息　　　　　　　　　　　　　　　　　　590 000

(3) 2011年12月31日,确认实际利息收入、收到票面利息。

借:应收利息　　　　　　　　　　　　　590 000
　　持有至到期投资——利息调整　　　　450 000
　　贷:投资收益　　　　　　　　　　　　　　　　　1 040 000
借:银行存款　　　　　　　　　　　　　590 000
　　贷:应收利息　　　　　　　　　　　　　　　　　　590 000

(4) 20×3年12月31日,确认实际利息收入、收到票面利息。

借:应收利息　　　　　　　　　　　　　590 000
　　持有至到期投资——利息调整　　　　500 000
　　贷:投资收益　　　　　　　　　　　　　　　　　1 090 000
借:银行存款　　　　　　　　　　　　　590 000
　　贷:应收利息　　　　　　　　　　　　　　　　　　590 000

(5) 20×4年12月31日,确认实际利息收入、收到票面利息。

借:应收利息　　　　　　　　　　　　　590 000
　　持有至到期投资——利息调整　　　　550 000
　　贷:投资收益　　　　　　　　　　　　　　　　　1 140 000
借:银行存款　　　　　　　　　　　　　590 000
　　贷:应收利息　　　　　　　　　　　　　　　　　　590 000

(6) 20×5年12月31日,确认实际利息收入、收到票面利息和本金。

借:应收利息　　　　　　　　　　　　　590 000
　　持有至到期投资——利息调整　　　　590 000
　　贷:投资收益　　　　　　　　　　　　　　　　　1 180 000
借:银行存款　　　　　　　　　　　　　590 000
　　贷:应收利息　　　　　　　　　　　　　　　　　　590 000
借:银行存款　　　　　　　　　　　　　12 500 000
　　贷:持有至到期投资——成本　　　　　　　　　　12 500 000

3.4 应收及预付款项

3.4.1 应收及预付款项概述

应收及预付款项是指企业在销售商品或提供劳务过程中,应向购货单位或接受劳务单位收取的款项,以及企业预付给供货单位或提供劳务单位货款和劳务费用。这些应收及预付款项主要包括应收票据、应收账款、和预付账款等。此外,在企业日常活动中还会发生一些与购货单位或接受劳务单位无关的其他应收款项,即其他应收款。由于应收及预付款项中除预付款项外,其他均表明企业未来收取款项的权利,但企业还没有收回这些款项,而且能否安全收回也是一个问题,因此,企业应及时、正确核算应收及预付款项,并对他们加强管理和控制。

3.4.2 应收票据

1. 应收票据概述

应收票据是指企业因销售商品、产品或提供劳务等而收到的商业汇票。对持票人而言,应收票据是一种债权凭证。在我国会计实务中,应收票据的含义为企业持有的尚未到期兑现的商业汇票。

如前所述,商业汇票按承兑人不同,分为商业承兑汇票和银行承兑汇票。商业汇票按是否计息可分为不带息商业汇票和带息商业汇票。不带息商业汇票,是指商业汇票到期时,承兑人只按票面金额(即面值)向收款人或被背书人支付款项的汇票。带息商业汇票,是指商业汇票到期时,承兑人必须按票面金额加上应计利息向收款人或被背书人支付款项的票据。

我国商业汇票的期限一般较短(6个月),利息金额相对来说不大,因此,一般情况下应收票据按其面值计价。即企业收到应收票据时,应按照票据的面值入账。但对于带息应收票据,按照现行制度的规定,应于期末(指中期期末或年度终了)按应收票据的票面价值和确定的利率计提利息,计提的利息应增加应收票据的票面价值。

相对于应收账款来说,应收票据发生坏账的风险比较小,因此,一般不对应收票据计提坏账准备,待到期不能收回的应收票据转入应收账款后,再按规定计提坏账准备。但是,如有确凿证据表明企业所持有的未到期应收票据不能够收回或收回的可能性不大时,应将其账面余额转入应收账款,并计提相应的坏账准备。

2. 应收票据的核算

为了反映应收票据的取得和收回情况,企业应设置"应收票据"科目进行核算,该科目是资产类科目,借方登记收到商业汇票的票面金额及应计利息;贷方登记到期收回、票据转让、贴现及到期收不回而转出等的票面金额和应计利息;期末借方余额放映企业持有的商业汇票的票面价值和应计利息。该科目可按开出、承兑商业汇票的单位进行明细分类核算。

(1)取得应收票据的核算。企业取得商业汇票时,无论是带息商业汇票还是不带息商业汇票,均应按其票面金额,借记"应收票据"科目,贷记"应收账款"、"主营业务收入"等科目,涉及增值税销项税额的,还应贷记"应交税费——应交增值税(销项税额)"科目。

(2)收回应收票据的核算。

① 不带息应收票据的核算。不带息商业汇票的到期价值等于应收票据的面值,因此,收回时应按票面金额借记"银行存款"科目,贷记"应收票据"科目。企业持有的商业承兑汇票到期,如果承兑人违约拒付或无力支付票款,企业收到银行退回的商业承兑汇票、委托收款凭证、未付票款通知书或拒绝付款证明等时,应将到期票据的票面金额转入"应收账款"科目。

【例3-3】 A公司销售一批产品给B公司,货已发出,货款为20 000元,增值税税额为3 400元。按合同约定60天后付款,B公司交给A公司一张不带息60天到期的商业承兑汇票,面额为23 400元。A公司应做如下会计处理:

借:应收票据——B公司　　　　　　　　23 400
　　贷:主营业务收入　　　　　　　　　　　　　　20 000
　　　　应交税费——应交增值税(销项税额)　　　 3 400

60天后,到期收回款项23 400元,存入银行:

借:银行存款　　　　　　　　　　　　　23 400
　　贷:应收票据——B公司　　　　　　　　　　　23 400

如果该票据到期,B公司无力偿还票款,则A公司的会计处理如下:

借:应收账款——B公司　　　　　　　　23 400
　　贷:应收票据——B公司　　　　　　　　　　　23 400

② 带息应收票据的核算。对于带息应收票据收回的金额除了应收票据的面值外,还应当包括应计的利息。企业应于中期期末和年度终了,按规定计算票据利息,并增加应收票据的票面价值,同时冲减财务费用,即借记"应收票据"科目,贷记"财务费用"科目。票据利息的计算公式为:

应收票据利息=应收票据票面价值×利率×期限

公式中的"期限"是指从票据签发日至到期日的时间间隔。在会计实务中,票据的期限一般有按月表示和按日表示两种。

票据期限按月表示时,其不考虑各月实际天数多少,统一按次月对应日为整月计算,即以到期月份中与出票日相同的那一天为到期日。如4月15日签发的3个月的票据,到期日应为7月15日。月末签发的票据,不论月份大小,统一以到期月份的最后一日为到期日。如1月31日签发的期限分别为1个月、2个月的票据,其期日分别为2月28日(闰年为2月29日)、3月31日。

票据期限按日表示时,统一按票据的实际天数计算,但通常在出票日和到期日这两天中,只计算其中的一天,即"算头不算尾"或"算尾不算头"。例如,4月15日签发的90天票据,其到期日应为7月14日。

公式中的利率一般以年利率表示,但当票据期限按月表示时,要将年利率换算成月利率(年利率/12),应收票据利息按票面价值、票据期限(月数)和月利率计算。当票据期限按天表示时,要将年利率换算成日利率(年利率/360),应收票据利息按票面价值、票据期限(天数)和日利率计算。

【例3-4】 A公司20×1年9月1日销售一批产品给B公司,货已发出,发票上注明的价款为10 000元,增值税为1 700元。A公司收到B公司交来的商业承兑汇票一张,期限为6个月,票面利率为10%。A公司应做如下会计处理:

A.收到票据时。

借:应收票据——B公司　　　　　　　　　11 700
　　贷:主营业务收入　　　　　　　　　　　　　　　10 000
　　　　应交税费——应交增值税(销项税额)　　　　1 700

B.年度终了(20×1年12月31日),计提票据利息。

票据利息=11 700×10%×4/12=390(元)

借:应收票据——B公司　　　　　　　　　390
　　贷:财务费用　　　　　　　　　　　　　　　　390

C.票据到期收回款项。

收款金额=11 700×(1+10%/12×6)=12 285(元)

20×2年应计提的票据利息=11 700×10%×2/12=195(元)

借:银行存款　　　　　　　　　　　　　12 285
　　贷:应收票据——B公司　　　　　　　　　　　12 090
　　　　财务费用　　　　　　　　　　　　　　　　195

(3)应收票据转让的核算。应收票据转让,是指将未到期的商业汇票背书转让给其他单位或个人的业务活动。

企业可以将自己持有的商业汇票背书转让。背书是指持票人在票据背面签字,签字人称为背书人,背书人对票据的到期付款负连带责任。

企业将持有的应收票据背书转让,以取得所需物资时,按应计入取得物资成本的价值,借记"在途物资"、或"原材料"、"库存商品"等科目,按专用发票上注明的增值税税额,借记"应交税费——应交增值税(进项税额)"科目,按应收票据的账面余额,贷记"应收票据"科目,有差额,借记或贷记"银行存款"等科目。若为带息应收票据在上述处理的基础上还应按尚未计提的利息,贷记"财务费用"科目。

【例3-5】 A公司20×1年12月1日将甲公司于上月1日交来的面额为200 000元、期限为6个月、票面利率为6%的商业承兑汇票转让给B公司,从B公司获得一批原材料,发票上注明的价税合计为234 000元。材料已验收入库,另支付银行存款33 000元。A公司会计处理如下:

票据利息=200 000×6%×1/12=1 000(元)

借:原材料　　　　　　　　　　　　　　200 000
　　应交税费——应交增值税(进项税额)　　34 000
　　贷:应收票据——甲公司　　　　　　　　　　　200 000
　　　　财务费用　　　　　　　　　　　　　　　　1 000
　　　　银行存款　　　　　　　　　　　　　　　　33 000

(4)应收票据贴现的核算。企业在票据未到期前需要提前取得资金,可以持未到期的商业汇票向银行申请贴现。贴现是指票据持有人将未到期的商业汇票经过背书交给银行,经银行审核同意后,从票据到期值中扣除按银行贴现率计算确定的贴现息后,然后将余额付给持票人。在贴现中,企业给银行的利息称为贴现息,所用的利率称为贴现率,票据到期值与贴现息之差称为贴现所得。可见,票据贴现实质上是企业融通资金的一种形式。

在票据贴现中,不带息票据的到期值就是其面值;带息票据的到期值就是其面值加上到期利息。票据贴现日至票据到期日的间隔期称为贴现天数,但通常是在贴现日与到期日两天,只计算其中一天。有关票据贴现的计算公式如下:

票据到期值＝票据面值×(1＋年利率×票据到期天数/360)

或＝票据面值×(1＋年利率×票据到期月数/12)

贴现息＝票据到期值×贴现率×贴现天数/360

贴现天数＝贴现日至票据到期日实际天数－1

贴现所得＝票据到期值－贴现息

按照中国人民银行《支付结算办法》的规定,实付贴现金额按票面金额扣除贴现日至汇票到期前一日的利息计算。承兑人在异地的,贴现利息的计算应另加3天的划款日期。

企业持未到期的应收票据向银行贴现,应按扣除其贴现息后的净额,借记"银行存款"科目,按贴现息部分,借记"财务费用"科目,按应收票据的面值,贷记"应收票据"科目;如为带息应收票据,按实际收到金额,借记"银行存款"科目,按应收票据的账面余额,贷记"应收票据"科目,按其差额,借记或贷记"财务费用"科目。

【例3－6】 20×1年3月10日,A公司持所收取的某企业出票日为1月10日、期限为6个月、面值为30 000元的不带息商业承兑汇票一张到银行贴现,银行年贴现率为8%。A公司有关会计处理如下:

贴现息＝30 000×8%×4/12＝800(元)

贴现所得＝30 000－800＝29 200(元)

借:银行存款　　　　　　　　　　　　29 200
　　财务费用　　　　　　　　　　　　　　800
　　贷:应收票据　　　　　　　　　　　　　　　30 000

【例3－7】 20×1年3月10日,A公司持所收取的某企业出票日为1月10日、期限为6个月、面值为30 000元、票面利率为8%的商业承兑汇票一张到银行贴现,银行年贴现率为9%。

票据到期值＝30 000×(1＋8%×6/12)＝31 200(元)

贴现息＝31 200×9%×4/12＝936(元)

贴现所得＝31 200－936＝30 264(元)

有关会计处理如下:

借:银行存款　　　　　　　　　　　　30 264
　　贷:应收票据　　　　　　　　　　　　　　　30 000
　　　　财务费用　　　　　　　　　　　　　　　　264

如果企业向银行贴现的票据是银行承兑汇票,则到期时不会发生银行收不回票款的情况。如果贴现的是商业承兑汇票,在汇票到期时有可能出现承兑人银行账户不足支付的情况,这时,银行即将已贴现的票据退回申请贴现的企业,同时从贴现企业的账户中将票据款划回。此时,贴现企业应按所付票据本息借记"应收账款"科目,贷记"银行存款"科目;如果申请贴现企业的银行存款账户余额不足,银行做逾期贷款处理时,应按转作贷款的本息,借记"应收账款"科目,贷记"短期借款"科目。

3.4.3 应收账款

1. 应收账款概述

应收账款是指企业因销售商品、提供劳务等业务,应向购货单位或接受劳务的客户收取的款项,包括代垫运杂费,但不包括其他应收而未收的款项。同时,它仅指在一年以内或长于一年的一个营业周期内的应收款项,那些超过一年或一个营业周期的应收而未收的款项,不作为应收账款处理。应收账款属于流动资产,但其流动性小于应收票据。

2. 应收账款的确认与计价

应收账款是由于赊销业务而产生的,因此,应收账款应于收入实现时予以确认,即以收入确认日作为入账时间。

应收的计价就是确定应收账款的入账金额。企业因销售发生的应收账款按照实际发生的金额计量和记录。实际发生的金额包括货款和增值税,也包括代购货单位垫付的运杂费。另外,在实际业务中,为了增加销量或及时收回货款,销售方经常采取一定的折扣政策,对已售商品还可能实行这让或退回制度。这些事项的发生,会在一定程度上应收账款及相应销售收入的计价,所以企业对应收账款计价时还需要考虑商业折扣和现金折扣以及销售折让与退回等因素的影响。

(1) 商业折扣。商业折扣,是指企业为促进商品销售而在商品标价上给予的扣除。

商业折扣是企业最常用的促销手段,一般在交易发生时即已确定,它仅仅是确定实际销售价格的一种手段,不需在买卖双方任何一方的账上反映,所以商业折扣对应收账款的入账价值没有什么实质性的影响。因此,在存在商业折扣的情况下,企业的应收账款入账金额应按扣除商业折扣以后的实际售价确认。商业折扣通常以百分比的形式表示,如 5%、10% 等。

(2) 现金折扣。现金折扣,是指债权人为鼓励债务人在规定的期限内提前付款,而向债务人提供的债务扣除。现金折扣通常发生在以赊销方式销售商品及提供劳务的交易中。企业为了鼓励客户提前偿付货款,通常与债务人达成协议,债务人在不同期限内付款可享受不同比例的折扣。现金折扣的多少取决于买方付款时间的早晚,付款时间越早,享受折扣金额越大。现金折扣一般用符号"折扣/付款期限"表示。例如:符号"2/10,1/20,n/30"表示买方在 10 天内付款可按售价给予 2% 的折扣,在 20 天内付款可按售价给予 1% 的折扣,超过 20 天付款,则不给折扣。现金折扣在商品销售后发生,规定现金折扣条件,就卖方而言,有利于及早收回货款,提高资金的使用效益;就买方而言,享受现金折扣实际上是得到一笔可观的理财收益。

存在现金折扣的情况下,应收账款入账金额的确认有两种方法:一种是总价法,另一种是净价法。

总价法是将未扣减现金折扣前的金额作为实际售价,作为应收账款的入账价值。在这种方法下,只有客户在折扣期内付款时,企业才确认现金折扣,并把它视为一项企业融通资金的成本，在会计上作为财务费用处理。我国的会计实务采用此方法。

净价法是将扣减现金折扣后的金额作为实际售价，作为应收账款的入账价值。在这种方法下，把客户为取得现金折扣而在折扣期内付款视为正常现象，将客户由于超过折扣期限付款而使销售方多收回的金额视为提供信贷而获得的收入，在会计上作为利息收入入账。

(3) 销售折让与退回。销售折让，是指企业因售出商品的质量不合格等原因而在售价上给予的减让。销售退回，是指企业售出的商品由于质量、品种不符合要求等原因而发生的退货。企业已经确认销售商品收入的售出商品发生销售折让或退回的，应当在发生时冲减当期销售商品收入。

3. 应收账款的核算

应收账款的核算是通过"应收账款"科目来进行的。企业销售商品或提供劳务发生应收账款，在没有商业折扣的情况下，按应收的全部金额入账。存在商业折扣的情况下，应按扣除商业折扣后的金额入账。进行有关的会计核算时，销售商品或提供劳务等应收取的款项，借记"应收账款"科目，贷记"主营业务收入"、"应交税费——应交增值税（销项税额）"等科目。收回应收账款时，按实收金额，借记"银行存款"等科目，贷记"应收账款"科目。

代购货单位垫付的运杂费等，借记"应收账款"科目，贷记"银行存款"等科目。收回代垫费用时，借记"银行存款"等科目，贷记"应收账款"科目。

【例 3—8】 甲文具厂销售给丁商场一批文具，价值总计 5 800 元，增值税率为 17%，代购货单位垫付运杂费 200 元，已向银行办妥托收手续。甲文具厂有关会计处理如下：

借：应收账款——丁商场　　　　　　　　　　　6 986
　　贷：主营业务收入　　　　　　　　　　　　　　　　　5 800
　　　　应交税费——应交增值税（销项税额）　　　　　986
　　　　银行存款　　　　　　　　　　　　　　　　　　　200
收到货款时。
借：银行存款　　　　　　　　　　　　　　　　6 986
　　贷：应收账款——丁商场　　　　　　　　　　　　　6 986

【例 3—9】 20×1 年 7 月 1 日，甲文具厂向乙公司销售一批文具，按照价目表上标明的价格计算，其售价金额为 100 000，由于是批量销售，企业给予 10% 的商业折扣，金额为 10 000 元，适用的增值税率为 17%。甲文具厂有关会计处理如下：

借：应收账款——乙公司　　　　　　　　　　105 300
　　贷：主营业务收入　　　　　　　　　　　　　　　　90 000
　　　　应交税费——应交增值税（销项税额）　　　　15 300
收到货款时。
借：银行存款　　　　　　　　　　　　　　　105 300
　　贷：应收账款——乙公司　　　　　　　　　　　　105 300

【例 3—10】 A 公司销售给 B 公司商品一批，货款 50 000 元，增值税率 17%，付款条件为"2/10,1/20,N/30"。A 公司有关会计处理如下：

销售商品时:
借:应收账款——B公司　　　　　　　　　58 500
　　贷:主营业务收入　　　　　　　　　　　　　　50 000
　　　　应交税费——应交增值税(销项税额)　　　8 500
收款时。
①如果B公司在10天内付款,付款额为57 500元(58 500－50 000×2%)。收到款项时。
借:银行存款　　　　　　　　　　　　　　57 500
　　财务费用　　　　　　　　　　　　　　1 000
　　贷:应收账款——B公司　　　　　　　　　　　58 500
②如果B公司在11～20天内付款,付款额为58 000元(58 500－50 000×1%)。收到款项时。
借:银行存款　　　　　　　　　　　　　　58 000
　　财务费用　　　　　　　　　　　　　　500
　　贷:应收账款——B公司　　　　　　　　　　　58 500
③如果B公司超过20天付款,则不能享受现金折扣,需付全款。收到款项时。
借:银行存款　　　　　　　　　　　　　　58 500
　　贷:应收账款——B公司　　　　　　　　　　　58 500

4. 坏账的确认与核算

坏账,是指企业无法收回或收回可能性极小的应收账款。由于发生坏账而产生的损失,称为"坏账损失"。

(1)坏账的确认。企业确认坏账时,应具体分析各应收款项的特性,金额的大小、信用期限、债务人的信誉和当时的经营情况等因素。一般来讲,企业对有确凿证据表明确实无法收回的应收款项,如债务单位已撤销、破产、资不抵债等,根据企业管理权限,经权力机构批准作为坏账损失。

企业应当定期或至少每年年度终了,分析各项应收款项的可收回性,预计可能产生的坏账损失。对没有把握能够收回的应收款项,应计提坏账准备。

企业计提坏账准备的方法由企业自行确定。企业应当制定计提坏账准备的政策,明确计提坏账准备的范围、提取方法、账龄的划分和提取比例。坏账准备的计提方法一经确定,不得随意变更。如需变更,需按一定程序,经批准后报送有关各方备案,并在报表附注中加以说明。

企业对于已确认为坏账的应收款项,并不意味着企业放弃了追索权,一旦重新收回,应及时予以入账。

(2)坏账损失的核算。坏账损失是企业在经营过程中发生的一项经营费用,根据确认坏账损失的时间不同,即把坏账损失列为哪一会计期间费用的不同,会计上有直接转销法和备抵法两种核算方法。

①直接转销法。直接转销法,是指在坏账发生时,确认坏账损失,直接计入期间费用,同时注销该笔应收账款的一种核算方法。

该种方法是在坏账发生时，将实际损失直接从应收账款中转销，借记"资产减值损失"科目，贷记"应收账款"科目。如果已冲销的应收账款以后又收回全部或部分货款时，则应借记"应收账款"科目，贷记"资产减值损失"科目，同时借记"银行存款"科目，贷记"应收账款"科目，反映应收账款的收回情况。

直接转销法的优点是账务处理简单。但这种方法忽视了坏账损失与赊销业务的联系，不符合权责发生制及收入与费用配比的原则。平时不确认坏账损失，往往使企业产生大量的陈账、呆账，导致少记费用，虚记资产和虚增利润。

【例3—11】 A公司两年前发生的一笔应收账款50 000元，债务人B公司因资不抵债已破产，A公司将其确认为坏账。A公司的会计处理如下：

借：资产减值损失　　　　　　　　　　　　　50 000
　　贷：应收账款——B公司　　　　　　　　　　　　　　50 000

②备抵法。备抵法，是指按期估计坏账损失，形成坏账准备，当某一应收款项全部或部分被确认为坏账时，应根据其金额冲减坏账准备，同时转销相应的应收账款金额。

我国企业会计制度规定，企业只能采用备抵法进行坏账的核算，计提坏账准备的方法和计提比例可由企业自行确定，但是一经确定不能随意变更，如需变更，应在会计报表附注中加以说明。为核算企业提取的坏账准备，企业应设置"坏账准备"科目，该科目的贷方登记坏账准备的提取；借方登记坏账准备的转销；期末余额一般在贷方，反映企业已提取尚未转销的坏账准备；若出现借方余额，则表示坏账损失超过坏账准备的数额。在资产负债表上，应收款项的项目应按照减去已提取的坏账准备后的净额反映。

计提坏账准备的方法一般有应收账款余额百分比法、销货百分比法和账龄分析法三种。

①应收账款余额百分比法。这种估计坏账损失的方法是假设坏账的发生与应收账款的余额存在直接关系。如果企业的应收账款余额越大，则估计的坏账损失余额也越大。采用这种方法，应先估计一个坏账百分比，用这一百分比乘以会计期末应收账款的余额，即为当期应估计的坏账损失，据此提取坏账准备。估计的坏账率可以按照以往的数据资料加以确定，也可根据规定的百分率计算。理论上讲，这一比例应按坏账占应收账款的概率计算，企业发生的坏账多，比例相应就高些；反之，则低些。会计期末，企业应提取的坏账准备大于其账面余额的，按其差额提取；应提取的坏账准备小于其账面余额的，按其差额冲回坏账准备。

【例3—12】 甲公司20×1年末应收账款的余额为200 000元，提取坏账准备的比例为1‰，20×2年4月10日发生了坏账损失2 500元，其中A单位1 000元，B单位1 500元，20×2年末应收账款为150 000元，2010年5月8日，已冲销的上年A单位应收账款1 000元又收回，20×3年末应收账款200 000元。甲公司的会计处理如下：

　a.20×1年12月31日。

借：资产减值损失　　　　　　　　　　　　　2 000
　　贷：坏账准备　　　　　　　　　　　　　　　　　　2 000

　b.20×2年4月10日。

借：坏账准备　　　　　　　　　　　　　　　2 500
　　贷：应收账款——A单位　　　　　　　　　　　　　1 000
　　　　　　——B单位　　　　　　　　　　　　　　　1 500

c.20×2年年末按应收账款的余额计算提取坏账准备,"坏账准备"科目余额应为1 500元,但在期末提取坏账准备前"坏账准备"科目有借方金额500元,还应补提坏账准备500元,应提取的坏账准备合计为2 000元。

借:资产减值损失　　　　　　　　　　2 000
　　贷:坏账准备　　　　　　　　　　　　　　　　2 000

假如20×2年年末按应收账款的余额计算提取坏账准备,"坏账准备"科目余额应为1 500元,期末提取坏账准备前"坏账准备"科目有贷方金额500元,则会计处理为:

借:资产减值损失　　　　　　　　　　1 000
　　贷:坏账准备　　　　　　　　　　　　　　　　1 000

d.20×3年5月8日,上年已冲销的A单位账款1 000元又收回入账。

借:应收账款——A单位　　　　　　　1 000
　　贷:坏账准备　　　　　　　　　　　　　　　　1 000

同时,

借:银行存款　　　　　　　　　　　　1 000
　　贷:应收账款——A单位　　　　　　　　　　　1 000

e.20×3年年末按应收账款的余额计算提取坏账准备,"坏账准备"科目金额应为2 000元,但在期末提取坏账准备前"坏账准备"科目已有贷方余额2 500元,即期初贷方余额1 500元加上收回的已冲销坏账1 000元,超过了应提坏账准备数,所以,应冲回多提坏账准备500元。

借:资产减值损失　　　　　　　　　　500
　　贷:坏账准备　　　　　　　　　　　　　　　　500

②销货百分比法。又称"应收账款发生额百分比法",是指根据赊销金额的一定百分比估计坏账损失的方法。这种方法将坏账损失的预计与赊销业务相联系。企业提取坏账准备的比例一般根据历史资料和经验确定。

采用销货百分比法计提坏账准备时,不适用差额提取,当期计提的坏账准备金额等于当期赊销金额乘以估计坏账损失百分比的金额,不需要考虑"坏账准备"计提前的余额,但若发现估计坏账损失比过高或过低,应及时调整百分比。在采用销货百分比法的情况下,估计坏账损失百分比可能由于企业产生经营状况的不断变化而不相适应。因此,要求根据本期实际销货状况等及时修正坏账估计比率,否则,估计的坏账损失金额就可能不合理。

【例3—14】　A公司20×1年全年赊销金额为2 000 000元,根据以往的资料和经验,估计坏账损失率为2%。

年末估计坏账损失为:2 000 000×2%＝40 000(元),编制会计分录为:

借:资产减值损失　　　　　　　　　　40 000
　　贷:坏账准备　　　　　　　　　　　　　　　　40 000

③账龄分析法。账龄分析法,是指根据应收账款账龄长短估计坏账损失,提取坏账准备的方法。账龄指的是顾客所欠账款的时间。虽然应收账款能否收回以及收回多少,不一定完全取决于时间的长短,但一般来说,账款拖欠的时间越长,发生坏账的可能性就越大。采用这种方法,企业利用账龄分析表所提供的信息,分析一定时间内各级账龄余

额中的坏账经验,为各个级别拟定他们认为可能成为坏账的比率,把这些比率应用到账龄分析表中的各组总计数,确定坏账准备的金额。所以采用这种方法,通常需先编制账龄分析表,在此基础上再编制坏账损失估计表,并根据坏账损失估计表的数字作出调整分录。

【例3-13】 某公司20×2年年末在对应收账款账龄分析的基础上编制"应收账款账龄分析表"(表3-2)和"坏账损失估计表"(表3-3)。表3-3中估计坏账准备率是根据本企业历史资料和客户当前的信用状况等条件确定。应收账款的账龄越长,估计的坏账率应越高。

表3-2 应收账款账龄分析表

20×2年12月31日　　　　　　　　　　　　　　　单位:元

客户名称	余额	未过期	已过期					
			1～30天	31～60天	61～90天	91～180天	181～360天	一年以上
A公司	75 000	25 000	30 000			20 000		
B公司	110 000	50 000	30 000		20 000			10 000
C公司	70 000	20 000		15 000			35 000	
D公司	45 000	30 000		15 000				
E公司	95 000	15 000	40 000	10 000	10 000	10 000	10 000	
合计	395 000	140 000	100 000	40 000	30 000	30 000	45 000	10 000

表3-3 坏账损失估算表

20×2年12月31号　　　　　　　　　　　　　　　单位:元

账　龄	应收账款余额	估计坏账率	估计坏账金额
未过期	140 000	1%	1 400
1～30天	100 000	2%	2 000
31～60天	40 000	3%	1 200
61～90天	30 000	5%	1 500
91～180天	30 000	8%	2 400
181～360天	45 000	15%	6 750
一年以上	10 000	30%	3 000
合计	395 000	—	18 250

如果20×1年12月31日该公司坏账准备有贷方余额2 000元,则本期应提取得坏账准备为16 250元(即18 250元-2 000元)。年末编制调整分录:

借:资产减值损失　　　　　　　　　　16 250
　　贷:坏账准备　　　　　　　　　　　　　　16 250

3.4.4 预付账款

预付账款,是指企业按照购货合同或者劳务合同的规定,预先支付给供货方或提供劳务方的账款。按会计制度的规定,预付账款不多的企业,也可以将预付的款项直接计入"应付账款"科目的借方,不设置"预付账款"科目。但在期末编制资产负债表时,需要对"应付账款"和"预付账款"分开列示。

预付账款按实际付出的金额入账,企业按购货合同的规定预付货款时,按预付的金额借记"预付账款",贷记"银行存款"。企业收到预订的货物时,应根据发票账单等列明的应计入购入货物的成本的金额,借记"原材料"等科目,按专用发票上注明的增值税,借记"应交税费——应交增值税(进项税额)"科目,按应付的金额,贷记"预付账款"科目;补付货款时,借记"预付账款"科目,贷记"银行存款"科目。退回多付的款项,借记"银行存款"科目,贷记"预付账款"科目。

3.5 可供出售金融资产

3.5.1 可供出售金融资产概述

可供出售金融资产,是指初始确认时即被指定为可供出售的非衍生金融资产,以及没有划分为持有至到期投资、贷款和应收款项、以公允价值计量且其变动计入当期损益的金融资产的金融资产。通常情况下,划分为此类的金融资产应当在活跃市场上有报价,因此,企业从二级市场上购入的有报价的股票、债券、基金等,没有划分为以公允价值计量且其变动计入当期损益的金融资产或持有至到期投资等金融资产的,可以划分为可供出售金融资产。

3.5.2 可供出售金融资产的会计处理

企业取得可供出售的金融资产,应按可供出售金融资产的公允价值与交易费用之和,借记"可供出售金融资产——成本"科目,按支付的价款中包含的已宣告但尚未发放的现金股利,借记"应收股利"科目,按实际支付的金额,贷记"银行存款"等科目。

企业取得的可供出售金融资产为债券投资的,应按债券的面值,借记"可供出售金融资产——成本"科目,按支付的价款中包含的已到付息期但尚未领取的利息,借记"应收利息"科目,按实际支付的金额,贷记"银行存款"等科目,按差额,借记或贷记"可供出售金融资产——利息调整"科目。

资产负债表日,可供出售债券为分期付息、一次还本债券投资的,应按票面利率计算确定的应收未收利息,借记"应收利息"科目,按可供出售债券的摊余成本和实际利率计算确定的利息收入,贷记"投资收益"科目,按其差额,借记或贷记"可供出售金融资产——利息调整"科目。

可供出售债券为一次还本付息债券投资的,应按票面利率计算确定的应收未收利息,借记"可供出售金融资产——应计利息"科目,按可供出售债券的摊余成本和实际利率计算确定的利息收入,贷记"投资收益"科目,按其差额,借记或贷记"可供出售金融资

——利息调整"科目。

资产负债表日,可供出售金融资产的公允价值高于其账面余额的差额,借记"可供出售金融资产——公允价值变动"科目,贷记"资本公积——其他资本公积"科目;公允价值低于其账面余额的差额做相反的会计分录。

出售可供出售金融资产,应按实际收到的金额,借记"银行存款"等科目,按其账面余额,贷记"可供出售金融资产——成本、公允价值变动(或在借方)、利息调整(或在借方)、应计利息"科目,按应从所有者权益中转出的公允价值累计变动额,借记或贷记"资本公积——其他资本公积"科目,按其差额,贷记或借记"投资收益"科目。

【例3—14】 20×1年1月1日,A公司支付价款10 282 440元购入某公司发行的3年期公司债券,该公司债券的票面总金额为10 000 000元,票面年利率为4%,实际利率为3%,利息于每年年末支付,本金到期支付。A公司将购入该公司债券划分为可供出售金融资产。20×1年12月31日,该债券的市场价格为10 000 900元。假定不考虑交易费用和其他因素的影响。A公司的会计处理如下:

(1)20×1年1月1日,购入债券。

借:可供出售金融资产——成本　　　　　　　10 000 000
　　　　　　　　　　　——利息调整　　　　　　282 440
　　贷:银行存款　　　　　　　　　　　　　　　　　　10 282 440

(2)20×1年12月31号,收到债券利息、确认公允价值变动时,先计算实际利息和应收利息,再计算年末摊余成本。

实际利息=10 282 440×3%=308 500(元)

应收利息=10 000 000×4%=400 000(元)

年末摊余成本=10 282 440+308 500-400 000=10 190 900(元)

① 借:应收利息　　　　　　　　　　　　　　400 000
　　贷:投资收益　　　　　　　　　　　　　　　　　308 500
　　　　可供出售金融资产——利息调整　　　　　　　 91 500

② 借:银行存款　　　　　　　　　　　　　　400 000
　　贷:应收利息　　　　　　　　　　　　　　　　　400 000

③ 借:资本公积——其他资本公积　　　　　190 000
　　贷:可供出售金融资产——公允价值变动　　　　190 000

【例3—14】 A公司20×1年3月10日购入长城公司股票100 000股,价格5元每股,另支付税费2 500元。A公司将购入的股票指定为可供出售金融资产。

3月12日长城公司宣布发放现金股利每股0.2元,3月20日,A公司收到股利。

3月31日,长城公司股票价格为5.5元。

4月30日,长城公司股票价格为4.5元。

5月3日,A公司将股票全部出售,获得价款400 000元。

①20×1年3月10日,购入股票。

借:可供出售金融资产——成本　　　　　　　502 500
　　贷:银行存款　　　　　　　　　　　　　　　　　502 500

②20×1年3月12日,长城公司宣告发放现金股利。
借:应收股利　　　　　　　　　　　　　　20 000
　贷:投资收益　　　　　　　　　　　　　　　　　20 000
③20×1年3月20日收到现金股利。
借:银行存款　　　　　　　　　　　　　　20 000
　贷:应收股利　　　　　　　　　　　　　　　　　20 000
④20×1年3月31日,确认股票的价格变动。
借:可供出售金融资产——公允价值变动(550 000－502 500)　47 500
　贷:资本公积——其他资本公积　　　　　　　　　　47 500
⑤20×1年4月30日,确认股票的价格变动。
借:资本公积——其他资本公积(550 000－450 000)　100 000
　贷:可供出售金融资产——公允价值变动　　　　　100 000
⑥20×1年5月3日,出售股票。
借:银行存款　　　　　　　　　　　　　400 000
　可供出售金融资产——公允价值变动(100 000－47 500)　52 500
　贷:可供出售金融资产——成本　　　　　　　　　502 500
　　　投资收益　　　　　　　　　　　　　　　　　50 000
借:资本公积——其他资本公积　　　　　　52 500
　贷:投资收益　　　　　　　　　　　　　　　　　52 500

本章小结

　　金融资产主要包括库存现金、银行存款、应收账款、应收票据、其他应收款项、股权投资、债券投资和衍生工具形成的资产等,属于企业资产的重要组成部分。主要分为四类:一是以公允价值计量且其变动计入当期损益的金融资产;二是持有至到期投资;三是贷款和应收款项;四是可供出售的金融资产。

　　以公允价值计量且其变动计入当期损益的金融资产,可以分为两类,也就是交易性金融资产和指定为以公允价值计量且其变动计入当期损益的金融资产。

　　可供出售金融资产在初始确认时,应按公允价值计量,相关交易费用计入初始入账金融,应收股利或利息确认为应收项目;持有期间取得的现金投利或者利息,计入投资收益。

　　持有至到期投资主要是指,到期日固定、回收金额固定或可确定;企业有时意图将该金融资产持有至到期;企业有能力将该金融资产持有至到期。

练习题

一、单项选择题

1. 下列金融资产中,应作为可供出售金融资产的是(　　)。

　　A.企业从二级市场购入准备随时出售套利的普通股票

B. 企业购入有意图和能力持有至到期的公司债券

C. 企业购入没有公开报价且不准备随时变现的 A 公司 5% 的股权

D. 企业购入有公开报价但不准备随时变现的 A 公司 5% 的流通股票

2. 下列金融资产中,应按公允价值进行初始计量,且交易费用不计入初始入账价值的是（　　）。

　　A. 交易性金融资产　　　　　　B. 持有至到期投资

　　C. 应收款项　　　　　　　　　D. 可供出售金融资产

3. 企业购入交易性金融资产,支付的价款为 2 060 000 元,其中包含已到期尚未领取的利息 60 000 元,另支付交易费用 40 000 元。该项交易性金融资产的入账价值为（　　）元。

　　A. 206　　　　B. 200　　　　C. 204　　　　D. 210

4. 某企业于 20×1 年 1 月 1 日,购进当日发行的面值为 24 000 000 元的公司债券。债券的买价为 27 000 000 元,另支付相关税费 200 000 元。该公司债券票面年利率为 8%,期限为 5 年,一次还本付息。企业将其划分为持有至到期投资,则购入该公司债券时企业计入"持有至到期投资"科目的金额为（　　）元。

　　A. 27 200 000　　B. 24 000 000　　C. 27 000 000　　D. 26 800 000

5. 甲企业于 20×1 年 10 月 6 日从证券市场上购入乙企业发行在外的股票 100 万股作为可供出售金融资产,每股支付价款 4 元(含已宣告但尚未发放的现金股利 0.5 元),另支付相关费用 120 000 元,甲企业取得可供出售金融资产时的入账价值为（　　）元。

　　A. 350　　　　B. 362　　　　C. 400　　　　D. 412

6. 企业出售交易性金融资产时,应按实际收到的金额,借记"银行存款"科目,按该金融资产的成本,贷记"交易性金融资产——成本"科目,按该项交易性金融资产的公允价值变动,贷记或借记"交易性金融资产——公允价值变动"科目,按其差额,贷记或借记（　　）。

　　A. "公允价值变动损溢"科目　　　B. "资本公积"科目

　　C. "投资收益"科目　　　　　　　D. "营业外收入"科目

7. 持有交易性金融资产期间被投资单位宣告发放现金股利或在资产负债表日按债券票面利率计算利息时,借记"应收股利"或"应收利息"科目,贷记的会计科目是（　　）。

　　A. 交易性金融资产　　　　　　B. 资本公积

　　C. 公允价值变动损益　　　　　D. 投资收益

8. 未发生减值的持有至到期投资如为一次还本付息债券投资,应于资产负债表日按票面利率计算确定的利息,借记"持有至到期投资——应计利息"科目,按持有至到期投资期初摊余成本和实际利率计算确定的利息收入,贷记"投资收益"科目,按其差额,借记或贷记（　　）科目。

　　A. 公允价值变动损益　　　　　　B. 持有至到期投资——成本

　　C. 持有至到期投资——应计利息　D. 持有至到期投资——利息调整

9. 出售持有至到期投资时,应按实际收到的金额,借记"银行存款"科目,已计提减值准备的,借记"持有至到期投资减值准备"科目,按其账面余额,贷记"持有至到期投资(成本、利息调整、应计利息)"科目,按其差额,贷记或借记（　　）科目。

　　A. 投资收益　　B. 营业外收入　　C. 资本公积　　D. 资产减值损失

10. 企业于20×1年5月10日将一张4月10日签发、90天期限、票面价值为100 000元、票面利率为6%的带息商业汇票向银行贴现,贴现率为7.5%,贴现所得为( )。
    A. 100 000元　　　　B. 101 500元　　　　C. 101 231.25元　　　　D. 101 231.75元

二、多项选择题
1. 在现金折扣的条件下,对应收账款入账金额的确认方法有( )。
   A. 成本法　　　　　　　　　　　　　B. 总价法
   C. 净价法　　　　　　　　　　　　　D. 成本与可变现净值孰低法
   E. 权益法

2. 下列各项中,不应计入交易性金融资产的入账价值的有( )。
   A. 支付给代理机构的手续费　　　　　B. 支付的印花税
   C. 取得时交易性金融资产的公允价值　D. 已宣告但尚未发放的现金股利
   E. 支付给代理机构的佣金

3. 企业持有至到期投资的特点包括( )。
   A. 有能力持有至到期
   B. 发生市场利率变化、流动性需要变化等情况时,将出售该金融资产
   C. 有明确意图持有至到期
   D. 到期日固定、回收金额固定或可确定
   E. 企业打算长期持有的股权投资

4. 下列金融资产中,应按摊余成本进行后续计量的有( )。
   A. 交易性金融资产　　　　　　　　　B. 持有至到期投资
   C. 可供出售债权工具　　　　　　　　D. 应收账款

5. 在备抵法下,估计坏账损失金额的具体方法有( )。
   A. 直接转销法　　　　　　　　　　　B. 账龄分析法
   C. 应收账款余额百分比法　　　　　　D. 销货百分比法
   E. 净价法

6. 在我国会计实务中,作为应收票据核算的票据有( )。
   A. 支票　　　　　B. 银行汇票
   C. 银行本票　　　D. 商业承兑汇票
   E. 银行承兑汇票

7. 下列各项中,应计入"坏账准备"账户贷方的有( )。
   A. 按规定提取的坏账准备　　　　　　B. 已发生的坏账
   C. 转销的坏账损失　　　　　　　　　D. 收回过去确认并转销的坏账
   E. 冲销多提的坏账准备

8. 下列项目中,属于金融资产的有( )。
   A. 库存现金　　　　　　　　　　　　B. 持有至到期投资
   C. 应收账款　　　　　　　　　　　　D. 应付款项
   E. 应收票据

9. 下列各项中,可以计提坏账准备的有( )。
   A. 应收票据　　　　　　　　　　　　B. 应收账款

C. 预付账款 D. 其他应收款
E. 预收账款

10. 关于金融资产的后续计量,下列说法中正确的有( )。
    A. 持有至到期投资在持有期间应当按照摊余成本和实际利率计算确认利息收入,计入投资收益
    B. 资产负债表日,企业应当以公允价值计量且其变动计入当期损益的金融资产的公允价值变动,计入当期损益
    C. 资产负债表上,应收账款项目按照应收账款余额扣除坏账准备后的金额列示
    D. 资产负债表日,可供出售金融资产应当以公允价值计量,且公允价值变动计入当期损益
    E. 资产负债表日,可供出售金融资产应当以公允价值计量,且公允价值变动计入资本公积

三、判断题

1. 企业持有交易性金融资产期间,对于被投资单位宣告发放的现金股利应当确认为当期的投资收益。（　）
2. 取得交易性金融资产时支付的交易费用,应计入交易性金融资产的初始入账成本。（　）
3. 购入的股权投资因其没有固定的到期日,不符合持有至到期投资的条件,不能划分为持有至到期投资。（　）
4. 企业取得的持有至到期投资,应按该投资的公允价值加上支付的交易费用,借记"持有至到期投资——成本"科目。（　）
5. 现金折扣条件下,货款和增值税同时享有折扣。（　）
6. 交易性金融资产和可供出售金融资产的相同点是都按公允价值进行后续计量,且公允价值变动均计入当期损益。（　）
7. 处置持有至到期投资时,应将实际收到的金额与其账面价值的差额计入公允价值变动损益。（　）
8. 企业采用备抵法确认坏账损失时,应借记"坏账准备"账户。（　）
9. 甲企业销售一批商品给乙企业,收到乙企业商业承兑汇票一张,甲企业在该票据到期前向银行贴现,且银行拥有追索权,则甲企业实际收到的金额与票据金额之间的差额应确认为财务费用。（　）
10. "应收账款"不核算企业提供劳务而应收取的款项。（　）

四、业务计算与核算题

1. 甲公司是上市公司,按季对外提供中期财务报表,按季计提利息。20×1年业务如下:
   (1) 1月5日甲企业以赚取差价为目的从二级市场购入一批债券作为交易性金融资产,面值总额为20 000 000元,票面利率为6%,3年期,每半年付息一次,该债券发行日为20×3年1月1日。取得时支付的价款为20 600 000元,含已到付息期但尚未领取的20×3年下半年的利息600 000元,另支付交易费用400 000元,全部价款以银行存款支付。
   (2) 1月15日,收到20×3年下半年的利息600 000元。

(3)3月31日,该债券公允价值为22 000 000元。
(4)3月31日,按债券票面利率计算利息。
(5)6月30日,该债券公允价值为19 600 000元。
(6)6月30日,按债券票面利率计算利息。
(7)7月15日,收到2010年上半年的利息600 000元。
(8)8月15日,将该债券全部处置,实际收到价款24 000 000元。

要求:根据以上业务编制有关交易性金融资产的会计分录。

2.甲公司20×1年1月1日购入某公司于当日发行的三年期债券,作为持有至到期投资。该债券票面金额为1 000 000元,票面利率为10%,M公司实际支付1 060 000元。该债券每年年末付息一次,最后一年归还本金并支付最后一期利息,假设M公司按年计算利息。实际利率为7.6889%。

要求:做出与此项持有至到期投资相关的会计处理。

3.甲股份有限公司有关投资资料如下:
(1)20×1年2月5日,甲公司以银行存款从二级市场购入乙公司股票100 000股,划分为可供出售金融资产,每股买价12元,同时支付相关税费10 000元。
(2)20×1年4月10日,乙公司宣告发放上年现金股利,每股0.5元。
(3)20×1年4月20日,收到乙公司发放的上年现金股利50 000元。
(4)20×1年12月31日,乙公司股票市价为每股11元,甲公司预计该股票价格下跌是暂时的。
(5)20×1年12月31日,因公司经营不善,乙公司股票市价下跌为每股9.5元,预计还将继续下跌。
(6)20×1年12月31日,乙公司股票市价为每股11.5元。

要求:根据上述经济业务编制有关会计分录。

4.甲公司向A公司销售商品一批,商品已经发出,价目表上的价格为11 000元,由于是老顾客,给予1 000元的价格优惠,增值税税率为17%,代垫的运杂费为300元,规定的现金折扣条件为2/10,n/30。假定企业在8日内收到A公司的货款,存入银行。

要求:根据上述经济业务编制有关会计分录。

5.甲公司20×1年年末应收账款的余额为1 000 000元,提取坏账准备的比例为3%。20×2年3月10日发生了坏账损失60 000元,其中A公司10 000元,B公司50 000元,年末应收账款余额为1 200 000元,20×3年5月20日,已冲销的上年B公司应收账款50 000元又收回,年末应收账款余额为1 300 000元。

要求:根据上述经济业务编制有关计提坏账准备的会计分录。

6.20×1年3月10日,A公司销售一批商品给B公司,商品已运出,增值税专用发票上注明的商品价款为100 000元,增值税销项税额为17 000元。当日收到B公司签发并承兑的商业承兑汇票一张,该票据的期限为3个月,票面利率为9%;20×1年4月10日,A公司因资金需要,将未到期的该商业汇票到银行办理贴现手续,贴现率为10%。20×1年6月10日,该票据到期,但B公司无力支付票据款,银行随即将该票据退回A公司,A公司账户资金不足支付。

要求:根据上述经济业务编制有关该应收票据的会计分录。

第4章 存 货

□学习目标

通过本章学习,了解存货的性质与分类,掌握各种存货的取得与发出的核算,熟练把握存货发出的计价原则与方法,掌握存货的期末计量与存货盘盈盘亏的核算。

4.1 存货及其分类

4.1.1 存货概述

存货,是指企业在日常活动中持有以备出售的产成品或商品,处在生产过程中的在产品、在生产过程或提供劳务过程中耗用的材料和物料等。包括原材料、周转材料、委托加工物资、在产品、半成品、产成品以及委托代销商品等。

存货在企业资产中占有较大比重,是资产的重要组成部分,因此存货的确认以及各环节存货、期末存货的计价对于各期资产计量的准确性和收益计量的可靠性有着直接的重大影响。

4.1.2 存货的特征

1.存货是一种具有实物形态的有形资产

存货包括了原材料、在产品、产成品及商品、周转材料等各类具有物质实体的材料物资,因而有别于应收款项、投资、无形资产等没有实物形态的资产,也不同于库存现金、银行存款等货币资金。

2.存货属于流动资产,具有较强的流动性

存货通常都将在一年或超过一年的一个营业周期内被销售或耗用,并不断地被重置,因而属于一项流动资产,具有较强的变现能力和较大的流动性,但其流动性又低于货币资金、交易性金融资产、应收款项等流动资产项目。存货的这一特征,使之明显不同于固定资产、在建工程等具有物质实体的长期资产。

3.存货以在正常生产经营过程中被销售或耗用为目的而取得

企业持有存货的目的在于准备在正常经营过程中予以出售,如商品、产成品以及准备直接出售的半成品等;或者仍处在生产过程中,待制成产成品后再予以出售,如在产品、半成品等;或者将在生产过程或提供劳务过程中被耗用,如材料和物料、周转材料等。

企业在判断一个资产项目是否属于存货时,必须考虑取得该资产项目的目的,即在生产经营过程中的用途或所起的作用。例如,企业为生产产品或提供劳务而购入的材料,属于存货;但为建造固定资产而购入的材料,就不属于存货。再如,对于生产和销售机器设备的企业来说,机器设备属于存货;而对于使用机器设备进行生产的企业来说,机器设备则属于固定资产。此外,企业为国家储备的特种物资、专项物资等,并不参加企业的经营周转,也不属于存货。

4. 存货属于非货币性资产,存在价值减损的可能性

存货通常能够在正常生产经营过程中被销售或耗用,并最终转换为货币资金。但由于存货的价值易受市场价格以及其他因素变动的影响,其能够转换的货币资金数额不是固定的,具有较大的不确定性。当存货长期不能销售或耗用时,就有可能变为积压物资或者需要降价销售,给企业带来损失。

4.1.3 存货的分类

1. 按经济用途分类

(1) 原材料。是指企业在生产过程中经加工改变其形态或性质并构成产品主要实体的各种原料及主要材料、辅助材料、燃料、修理用备件、包装材料、外购半成品等。

(2) 在产品。是指企业正在制造尚未完工的生产物,包括正在各个生产工序加工的产品和已加工完毕但尚未检验或已检验但尚未办理入库手续的产品。

(3) 半成品。是指经过一定生产过程并已检验合格交付半成品仓库保管,但尚未制造完工成为产成品,仍需进一步加工的中间产品。

(4) 产成品。是指工业企业已经完成全部生产过程并已验收入库,可以按照合同规定的条件送交订货单位,或者可以作为商品对外销售的产品。企业接受来料加工制造的代制品和为外单位加工修理的代修品,制造和修理完成验收入库后,应视同企业的产成品。

(5) 商品。是指商品流通企业外购或委托加工完成验收入库用于销售的各种商品。

(6) 周转材料。是指企业能够多次使用、逐渐转移其价值但仍保持原有形态不确认为固定资产的材料,如包装物和低值易耗品。

包装物是指为包装产品而储备的各种包装容器,如桶、箱、瓶、坛、袋等用于储存和保管产品的材料。

低值易耗品是指不作为固定资产核算的各种用具物品,如工具、管理用具、玻璃器皿以及在经营过程中周转使用的包装容器等。其特点是单位价值较低,使用期限相对于固定资产较短,在使用过程中基本保持其原有实物形态。

2. 按存放地点分类

(1) 库存存货。是指已验收合格并入库的各种存货。

(2) 在途存货。是指货款已经支付、正在途中运输的存货,以及已经运抵企业但尚未验收入库的存货。

(3) 加工中存货。是指本企业正在加工中的存货和委托其他单位加工的存货。

(4) 委托代销存货。是指本企业委托其他单位代销的存货。

4.2 存货的确认与初始成本计量

4.2.1 存货确认条件

按照《企业会计准则——存货》的规定,存货在同时满足以下两个条件时,才能加以确认:

1. 与该存货有关经济利益很可能流入企业

企业在确认存货时,需要判断与该项存货相关的经济利益是否很可能流入企业。在实务中,主要通过判断与该项存货所有权相关的风险和报酬是否转移到了企业来确定。其中,与存货所有权相关的风险,是指由于经营情况发生变化造成的相关收益的变动,以及由于存货滞销、毁损等原因造成的损失;与存货所有权相关的报酬,是指在初步该项存货或其经过进一步加工取得的其他存货时获得的收入,以及处置该项存货实现的利润等。

通常,存货的所有权是存货包含的经济利益很可能流入企业的一个重要标志。一般情况下,根据销售合同已经售出(取得现金或收取现金的权利),所有权已经转移的存货,因其所含经济利益已不能流入本企业,因而不能再作为企业的存货进行核算,即使该存货尚未运离企业。再比如委托代销商品,由于其所有权并未转移至受托方,因而委托代销的商品是委托企业存货的一部分。总之,企业在判断存货所含经济利益能否流入企业时,通常应结合考虑该项存货所有权的归属。

2. 该存货的成本能够可靠地计量

成本能够可靠地计量是资产确认的一项基本条件。存货作为企业资产的组成部分,要予以确认也必须能够对其成本进行可靠的计量。存货的成本能够可靠地计量必须以取得的确凿、可靠的证据为依据,并且具有可验证性。如果存货成本不能可靠地计量,则不能确认为一项存货。如企业承诺的订货合同,由于并未实际发生,不能可靠确定其成本,因此就不能确认为购买企业的存货。又如,企业预计发生的制造费用,由于并未实际发生,不能可靠地确定其成本,因此不能计入产品成本。

关于存货的确认需要说明以下几点:

第一,关于代销商品的归属。代销商品是指一方委托另一方代其销售商品。从商品所有权的转移来分析,代销商品在售出以前,所有权属于委托方,受托方只是代对方销售商品。因此,代销商品应作为委托方的存货处理。但为了使受托方加强对代销商品的核算和管理,企业会计制度也要求受托方对其受托代销商品纳入账内核算,对应的代销商品款作为一项负债反映。但在编制资产负债表时,"受托代销商品"科目和"代销商品款"科目相互冲销,因此在资产负债表的"存货"项目中并不包含受托代销商品。

第二,关于在途商品的处理。对于销售方按销售合同、协议规定已确认销售(如已收到货款等),而尚未运给购货方的商品,应作为购货方的存货而不应作为销货方的存货;对于购货方已收到商品但尚未收到销货方结算发票等的商品,购货方应作为其存货处理;对于购货方已经确认为购进(如已付款等)而尚未入库的在途商品,购货方应将其作为存货处理。

第三，关于购货约定问题。对于约定未来购入的商品，由于企业并没有实际的购货行为发生，因此，不作为企业的存货，也不确认有关的负债和费用。

4.2.2 存货的初始计量

存货应当按照成本进行初始计量。存货成本包括采购成本、加工成本和其他成本。

1. 存货的采购成本

存货的采购成本，包括购买价款、相关税费、运输费、装卸费、保险费以及其他可归属于存货采购成本的费用。

其中，存货的购买价款是指企业购入的材料或商品的发票账单上列明的价款，但不包括按规定可以抵扣的增值税额。

存货的相关税费是指企业购买存货发生的进口税费、消费税、资源税和不能抵扣的增值税进项税额以及相应的教育费附加等应计入存货采购成本的税费。

其他可归属于存货采购成本的费用是指采购成本中除上述各项以外的可归属于存货采购的费用，如在存货采购过程中发生的仓储费、包装费、运输途中的合理损耗、入库前的挑选整理费用等。

商品流通企业在采购商品过程中发生的运输费、装卸费、保险费以及其他可归属于存货采购成本的费用等进货费用，应当计入存货采购成本，也可以先行归集，期末根据所购商品的销售情况进行分摊。对于已售商品的进货费用，计入当期损益；对于未售商品的进货费用，计入期末存货成本。企业采购商品的进货费用金额较小的，可以在发生时直接计入当期损益。

2. 存货的加工成本

存货的加工成本是指在存货的加工过程中发生的追加费用，包括直接人工以及按照一定方法分配的制造费用。

直接人工是指企业在生产产品和提供劳务过程中发生的直接从事产品生产和劳务提供人员的职工薪酬。

制造费用是指企业为生产产品和提供劳务而发生的各项间接费用。

3. 存货的其他成本

存货的其他成本是指除采购成本、加工成本以外的，使存货达到目前场所和状态所发生的其他支出。企业设计产品发生的设计费用通常应计入当期损益，但是为特定客户设计产品所发生的、可直接确定的设计费用应计入存货的成本。

存货的来源不同，其成本的构成内容也不同。原材料、商品、低值易耗品等通过购买而取得的存货的成本由采购成本构成；产成品、在产品、半成品等自制或需委托外单位加工完成的存货的成本由采购成本、加工成本以及使存货达到目前场所和状态所发生的其他支出构成。实务中具体按以下原则确定：

（1）购入的存货。其成本包括：买价、运杂费（包括运输费、装卸费、保险费、包装费、仓储费等）、运输途中的合理损耗、入库前的挑选整理费用（包括挑选整理中发生的工、费支出和挑选整理过程中所发生的数量损耗，并扣除回收的下脚废料价值）以及按规定应计入成本的税费和其他费用。

（2）自制的存货。包括自制原材料、自制包装物、自制低值易耗品、自制半成品及库存商品等，其成本包括直接材料、直接人工和制造费用等的各项实际支出。

（3）委托外单位加工完成的存货。包括加工后的原材料、包装物、低值易耗品、半成品、产成品等，其成本包括实际耗用的原材料或者半成品、加工费、装卸费、保险费、委托加工的往返运输费等费用以及按规定应计入成本的税费。

（4）投资者投入的存货。投资者投入的存货应该按照投资各方确认的价值计量。

（5）接受捐赠的存货。接受捐赠存货的成本按该存货的公允价值加上有关税费确定。

（6）以非货币性资产交换取得的存货。应当以换出资产的公允价值加上支付的补价（或换入资产的公允价值）和应支付的相关税费，作为换入存货的成本。

（7）通过债务重组取得的存货。通过债务重组方式取得的存货，应按照该存货的公允价值加上应承担的运输费、保险费等计价。

但是，下列费用不应计入存货成本，而应在其发生时计入当期损益：

（1）非正常消耗的直接材料、直接人工和制造费用，应在发生时计入当期损益，不应计入存货成本。如由于自然灾害而发生的直接材料、直接人工和制造费用，由于这些费用的发生无助于使该存货达到目前场所和状态，不应计入存货成本，而应确认为当期损益。

（2）仓储费用，指企业在存货采购入库后发生的储存费用，应在发生时计入当期损益。但是，在生产过程中为达到下一个生产阶段所必需的仓储费用应计入存货成本。如某种酒类产品生产企业为使生产的酒达到规定的产品质量标准，而必须发生的仓储费用，应计入酒的成本，而不应计入当期损益。

（3）不能归属于使存货达到目前场所和状态的其他支出，应在发生时计入当期损益，不得计入存货成本。

4.3 存货发出的计价

4.3.1 存货成本流转假设

企业取得存货的目的，是为了满足生产和销售的需要。随着存货的取得，存货源源不断地流入企业，而随着存货的销售或耗用，存货则从一个生产经营环节流向另一个生产经营环节，并最终流出企业。存货的这种不断流动，就形成了生产经营过程中的存货流转。

存货流转包括实物流转和成本流转两个方面。从理论上说，存货的成本流转应当与实物流转相一致，即取得存货时确定的各项存货入账成本应当随着该存货的销售或耗用而同步结转。但在会计实务中，由于存货品种繁多，流进流出数量很大，而且同一存货因不同时间、不同地点、不同方式取得而单位成本各异，很难保证存货的成本流转与实物流转完全一致。因此，会计上可行的处理方法是，按照一个假定的成本流转方式来确定发出存货的成本，而不必要求存货的成本流转与实物流转相一致，这就是存货成本流转假设。

发出存货计价的实质是将存货的取得成本在本期发出存货和期末结存存货之间进行分配。如果存货的单位成本是固定不变的,发出存货的计价就十分简单,用发出存货的数量乘以该项存货的单位成本就是该项存货的发出成本。但事实上,同一存货项目通常是分次分批从不同渠道取得的。因此,每次入库的存货,其单位成本不同。存货的耗用或销售也是分批进行的。这样,企业在发出存货时,就必须采用一定的方法计算确定发出存货的单位成本,以便计算发出存货的实际成本。采用不同的存货成本流转假设在期末结转存货与本期发出存货之间分配存货成本,就产生了不同的发出存货计价方法,如个别计价法、先进先出法、月末一次加权平均法、移动加权平均法等。由于不同的存货计价方法得出的计价结果各不相同,因此,存货计价方法的选择,将对企业的财务状况和经营成果产生一定的影响,主要体现在以下三个方面:

1. 存货计价方法对损益计算有直接影响

如果期末存货计价过低,就会低估当期收益,反之,则会高估当期收益;而如果期初存货计价过低,就会高估当期收益,反之,则会低估当期收益。

2. 存货计价方法对资产负债表有关项目数额的计算有直接影响

包括流动资产总额、所有者权益等项目。

3. 存货计价方法对应交所得税数额的计算有一定的影响

我国企业会计准则规定,企业可以采用个别计价法、先进先出法、月末一次加权平均法、移动加权平均法等对发出存货进行计价。企业应当根据各类存货的实物流转方式、企业管理的要求、存货的性质等实际情况,合理地确定发出存货成本的计算方法,以及当期发出存货的实际成本。对于性质和用途相同的存货,应当采用相同的成本计算方法确定发出存货的成本。存货计价方法一旦选定,前后各期应当保持一致,并在会计报表附注中加以披露。

4.3.2 存货发出的计价方法

1. 个别计价法

个别计价法亦称"个别认定法"、"具体辨认法"、"分批实际法",采用这一方法是假设存货具体项目的实物流转与成本流转相一致,按照各种存货逐一辨认各批发出存货和期末存货所属的购进批别或生产批别,分别按其购入或生产时所确定的单位成本计算各批发出存货和期末存货成本的方法。在这种方法下,是把每一种存货的实际成本作为计算发出存货成本和期末存货成本的基础。

【例4-1】 某公司20×1年8月1日结存W材料300千克,每千克实际成本为10元;8月6日和8月21日分别购入该材料900千克和600千克,每千克实际成本分别为11元和12元;8月11日和8月24日分别发出该材料1 050千克和600千克。具体情况如表4-1所示:

表4-1　W材料成本明细账　　　　　　　　　　　　　　　　　　单位:元

20×1年		凭证号	摘要	收入			发出			结存		
月	日			数量	单价	金额	数量	单价	金额	数量	单价	金额
8	1		期初结存							300	10	3 000
	6		购入	900	11	9 900				1 200		
	11		发出				1 050			150		
	21		购入	600	12	7 200				750		
	24		发出				600			150		
	31		合计	1 500		17 100	1 650			150		

经具体辨认,8月11日发出的1 050千克W材料中,有200千克属于期初结存的材料,850千克属于8月6日第一批购进的材料;8月24日发出的600千克W材料中,有100千克属于期初结存的材料,有500千克属于8月21日第二批购进的材料。该公司采用个别计价法计算的W材料本月发出成本和期末结存成本如下:

8月11日发出W材料成本=200×10+850×11=11 350(元)

8月24日发出W材料成本=100×10+500×12=7 000(元)

期末结存W材料成本=50×11+100×12=1 750(元)

根据上述计算,某公司20×1年8月W材料收入、发出和结存情况如表4-2所示:

表4-2　W材料成本明细账　　　　　　　　　　　　　　　　　　单位:元

20×1年		凭证号	摘要	收入			发出			结存		
月	日			数量	单价	金额	数量	单价	金额	数量	单价	金额
8	1		期初结存							300	10	3 000
	6		购入	900	11	9 900				1 200		12 900
	11		发出				1 050		11 350	150		1 550
	21		购入	600	12	7 200				750		8 750
	24		发出				600		7 000	150		1 750
	31		合计	1 500		17 100	1 650		18 350	150		1 750

个别计价法的成本计算准确,符合实际情况,但在存货收发频繁情况下,其发出成本分辨的工作量较大。因此,这种方法适用于一般不能替代使用的存货、为特定项目专门购入或制造的存货以及提供的劳务,如珠宝、名画等贵重物品。

2.先进先出法

先进先出法是指以先购入的存货应先发出(销售或耗用)这样一种存货实物流动假设为前提,对发出存货进行计价的一种方法。采用这种方法,先购入的存货成本在后购入存货成本之前转出,据此确定发出存货和期末存货的成本。具体方法是:收入存货时,逐笔登记收入存货的数量、单价和金额;发出存货时,按照先进先出的原则逐笔登记存货的发出成本和结存金额。

【例4-2】根据【例4-1】，某公司20×1年8月W材料收入、发出和结存资料见表4-1。采用先进先出法计算的W材料本月发出成本和期末结存成本如下：

8月11日发出W材料成本＝300×10＋750×11＝11 250(元)

8月24日发出W材料成本＝150×11＋450×12＝7 050(元)

期末结存W材料成本＝150×12＝1 800(元)

根据上述计算，某公司20×1年8月W材料收入、发出和结存情况如表4-3所示：

表4-3 W材料成本明细账(先进先出法)　　　　　　　　　单位：元

20×1年		凭证号	摘要	收入			发出			结存		
月	日			数量	单价	金额	数量	单价	金额	数量	单价	金额
8	1		期初结存							300	10	3 000
	6		购入	900	11	9 900				300 900	10 11	3 000 9 900
	11		发出				300 750	10 11	3 000 8 250	150	11	1 650
	21		购入	600	12	7 200				150 600	11 12	1 650 7 200
	24		发出				450 150	11 12	1 650 5 400	150	12	1 800
	31		合计	1 500		17 100	1 650		18 300	150	12	1 800

采用先进先出法进行存货计价，可以随时确定发出存货的成本，从而保证了产品成本和销售成本计算的及时性，并且期末存货成本是按最近购货成本确定的，比较接近现行的市场价值。但采用该方法计价，有时对同一批发出存货要采用两个或两个以上的单位成本计价，计算繁琐，对存货进出频繁的企业更是如此。从该方法对财务报告的影响来看，在物价上涨期间，会高估当期利润和存货价值；反之，会低估当期利润和存货价值。

3. 月末一次加权平均法

月末一次加权平均法是指以本月全部进货数量加上月初存货数量作为权数，去除本月全部进货成本加上月初存货成本，计算出存货的加权平均单位成本，以此为基础计算本月发出存货的成本和期末存货的成本的一种方法。计算公式如下：

$$加权平均单价 = \frac{期初结存存货实际成本 + 本期收入存货实际成本}{期初结存存货数量 + 本期收入存货数量}$$

本月发出存货实际成本＝本月发出存货数量×加权平均单价

月末结存存货实际成本＝月末结存存货数量×加权平均单价
　　　　　　　　　　　＝月初结存存货实际成本＋本月收入存货实际成本－
　　　　　　　　　　　　本月发出存货实际成本

【例4-3】根据【例4-1】资料可计算如下：

$$加权平均单价 = \frac{3\ 000 + 17\ 000}{300 + 1\ 500} = 11.17(元)$$

本月发出存货实际成本＝1 650×11.17＝18 430.50(元)

月末结存存货的实际成本＝3 000＋17 100－18 430.50＝1 669.50(元)

根据上述计算，某公司20×1年8月W材料收入、发出和结存情况如表4-4所示：

表4-4 W材料成本明细账(全月一次加权平均法)   单位:元

20×1年		凭证号	摘要	收入			发出			结存		
月	日			数量	单价	金额	数量	单价	金额	数量	单价	金额
8	1		期初结存							300	10	3 000
	6		购入	900	11	9 900				1 200		
	11		发出				1 050			150		
	21		购入	600	12	7 200				750		
	24		发出				600			150		
	31		合计	1 500		17 100	1 650		18 430.5	150	11.17	1 669.5

采用加权平均法只在月末一次计算加权平均单价,比较简单,有利于简化成本计算工作。但由于平时无法从账上提供发出和结存存货的单价及金额,因此不利于存货成本的日常管理与控制。

4．移动加权平均法

移动加权平均法是指以每次进货的成本加上原有库存存货的成本,除以每次进货数量加上原有库存存货的数量,据以计算加权平均单位成本,作为在下次进货前计算各次发出存货成本依据的一种方法。计算公式如下:

$$加权平均单位成本 = \frac{期初结存存货实际成本+本期收入存货实际成本}{期初结存存货数量+本期收入存货数量}$$

本次发出存货的成本＝本次发出存货数量×本次发货前存货的单位成本

月末库存存货成本＝月末库存存货的数量×本月月末存货单位成本

【例4-4】根据【例4-1】资料按移动加权平均法计价核算时,发出和结存材料的成本如表4-5所示:

表4-5 W材料成本明细账   单位:元

20×1年		凭证号	摘要	收入			发出			结存		
月	日			数量	单价	金额	数量	单价	金额	数量	单价	金额
8	1		期初结存							300	10	3 000
	6		购入	900	11	9 900				1 200	10.75	12 900
	11		发出				1 050	10.75	11 287.5	150	10.75	1 612.5
	21		购入	600	12	7 200				750	11.75	8 812.5
	24		发出				600	11.75	7 050	150	11.75	1 762.5
	31		合计	1 500		17 100	1 650		18 337.5	150	11.75	1 762.5

采用移动平均法能够使企业管理当局及时了解存货的结存情况,计算的平均单位成本以及发出和结存的存货成本比较客观。但由于每次收货都要计算一次平均单价,计算工作量较大,对收发货较频繁的企业不适用。

4.4 原材料

4.4.1 实际成本法

原材料是指企业在生产过程中经过加工改变其形态或性质并构成产品主要实体的各种原料、主要材料和外购半成品，以及不构成产品实体但有助于产品形成的辅助材料。原材料具体包括原料及主要材料、辅助材料、外购半成品（外购件）、修理用备件（备品备件）、包装材料、燃料等。

原材料在企业的存货中占很大的比重，是存货核算的重要内容。企业会计准则规定，存货的计价基础是实际成本。而存货的日常核算可以按实际成本核算，也可以按计划成本和售价法核算。存货按实际成本核算的特点是：从存货的收发凭证到其明细分类账和总分类账全部按实际成本计价。但采用实际成本核算，日常反映不出材料成本是节约还是超支，从而不能反映和考核物资采购业务的经营成果。实际成本法一般适用于规模较小、存货品种简单、采购业务不多的企业。

1. 科目设置

（1）"原材料"科目。本科目用于核算库存各种材料的收发与结存情况。在原材料按实际成本核算时，本科目的借方登记入库材料的实际成本，贷方登记发出材料的实际成本，期末余额在借方，反映企业库存材料的实际成本。

（2）"在途物资"科目。本科目用于核算企业采用实际成本（进价）进行材料、商品等物资的日常核算、货款已付尚未验收入库的各种物资（即在途物资）的采购成本，本科目应按供应单位和物资品种进行明细核算。本科目的借方登记企业购入的在途物资的实际成本，贷方登记验收入库的在途物资的实际成本，期末余额在借方，反映企业在途物资的采购成本。

（3）"应付账款"科目。本科目用于核算企业因购买材料、商品和接受劳务等经营活动应支付的款项。本科目的贷方登记企业因购入材料、商品和接受劳务等尚未支付的款项，借方登记偿还的应付账款，期末余额一般在贷方，反映企业尚未支付的应付账款。

（4）"预付账款"科目。本科目用于核算企业按照合同规定预付的款项。本科目的借方登记预付的款项及补付的款项，贷方登记收到所购物资时根据有关发票账单记入"原材料"等科目的金额及收回多付款项的金额，期末余额在借方，反映企业实际预付的款项；期末余额在贷方，则反映企业尚未预付的款项。预付款项情况不多的企业，可以不设置"预付账款"科目，而将此业务在"应付账款"科目中核算。

2. 购入材料的核算

由于支付方式不同，原材料入库的时间与付款的时间可能一致，也可能不一致，在会计处理上也有所不同。

（1）货款已经支付或开出、承兑商业汇票，同时材料已验收入库。

【例4-5】 某公司购入甲材料一批，增值税专用发票上记载的货款为200 000元，增值税税额34 000元，另对方代垫包装费500元，全部款项已用转账支票付讫，材料已验收入库。该公司应编制如下会计分录：

  借：原材料——甲材料   200 500
    应交税费——应交增值税（进项税额） 34 000
    贷：银行存款   234 500

【例 4-6】 某公司持银行汇票 585 000 元购入乙材料一批，增值税专用发票上记载的货款为 500 000 元，增值税税额 85 000 元，对方代垫包装费 1 000 元，材料已验收入库。该公司应编制如下会计分录：

  借：原材料——乙材料   501 000
    应交税费——应交增值税（进项税额） 85 000
    贷：其他货币资金——银行汇票   586 000

【例 4-7】 某公司采用托收承付结算方式购入丙材料一批，货款 30 000 元，增值税税额 5 100 元，对方代垫包装费 600 元，款项在承付期内以银行存款支付，材料已验收入库。该公司应编制如下会计分录：

  借：原材料——丙材料   30 600
    应交税费——应交增值税（进项税额） 5 100
    贷：银行存款   35 700

（2）货款已经支付或开出、承兑商业汇票，材料尚未验收入库。

对于已经付款或已开出、承兑商业汇票，但材料尚未到达或尚未验收入库的采购业务，应通过"在途物资"科目核算；待材料到达并验收入库后，再根据收料单，由"在途物资"科目转入"原材料"科目核算。

【例 4-8】 某公司采用汇兑结算方式购入丁材料一批，发票及账单已收到，增值税专用发票记载的货款为 40 000 元，增值税税额 6 800 元，支付保险费 1 000 元，材料尚未到达。该公司应编制如下会计分录：

  借：在途物资——丁材料   41 000
    应交税费——应交增值税（进项税额） 6 800
    贷：银行存款   47 800

【例 4-9】承【例 4-8】，上述购入的丁材料已收到，并验收入库。

  借：原材料——丁材料   41 000
    贷：在途物资——丁材料   41 000

（3）货款尚未支付，材料已经验收入库。

在这种情况下，如果发票账单已到，按发票账单所记载有关金额记账；如果发票账单月末仍然未到达，应按照暂估价记账，下月初再用红字冲回，收到发票账单后再按照实际金额记账。

【例 4-10】 某公司采用托收承付结算方式从 A 公司购入甲材料一批，货款 70 000 元，增值税 11 900 元，对方代垫运费 600 元，银行转来的结算凭证已到，款项尚未支付，材料已验收入库。该公司应编制如下会计分录：

  借：原材料——甲材料   70 600
    应交税费——应交增值税（进项税额） 11 900
    贷：应付账款——A 公司   82 500

【例 4-11】 某公司采用委托收款结算方式从 B 公司购入乙材料一批,材料已验收入库,月末发票账单尚未收到,暂估价为 83 000 元。

月末,该公司应编制如下会计分录:

借:原材料——乙材料　　　　　　　　　83 000
　　贷:应付账款——B 公司　　　　　　　　　　83 000

下月作相反的会计分录冲回:

借:应付账款——B 公司　　　　　　　　83 000
　　贷:原材料——乙材料　　　　　　　　　　　83 000

在这种情况下,发票账单未到也无法确定实际成本,期末应按照暂估价值先入账,但是,下期初作相反的会计分录予以冲回,收到发票账单后再按照实际金额记账。

【例 4-12】 承【例 4-11】,上述购入乙材料于次月收到发票账单,增值税专用发票上记载的货款为 80 000 元,增值税税额 13 600 元,对方代垫保险费 3 000 元,已用银行存款付讫。该公司应编制如下会计分录:

借:原材料——乙材料　　　　　　　　　83 000
　　应交税费——应交增值税(进项税额)　13 600
　　贷:银行存款　　　　　　　　　　　　　　　96 600

(4)货款已经预付,材料尚未验收入库。

【例 4-13】 根据与某厂的购销合同规定,某公司购买丙材料,已验收入库,向该厂预付 200 000 元货款的 60%,计 120 000 元。已通过汇兑方式汇出。该公司应编制如下会计分录:

借:预付账款　　　　　　　　　　　　　120 000
　　贷:银行存款　　　　　　　　　　　　　　　120 000

【例 4-14】 承【例 4-13】,某公司收到该厂发运来的丙材料,已验收入库。有关发票账单记载,该批货物的货款 200 000 元,增值税税额 34 000 元,对方代垫包装费 5 000 元,所欠款项以银行存款付讫。该公司应编制如下会计分录:

①材料入库时。

借:原材料——丙材料　　　　　　　　　205 000
　　应交税费——应交增值税(进项税额)　34 000
　　贷:预付账款　　　　　　　　　　　　　　　239 000

②补付货款时。

借:预付账款　　　　　　　　　　　　　119 000
　　贷:银行存款　　　　　　　　　　　　　　　119 000

3.发出材料的核算

原材料在生产经营过程中领用后,其原有实物形态会发生改变乃至消失,其成本也随之形成产品成本或直接转化为费用,或形成其他有关项目支出的一部分。根据原材料的消耗特点,企业应按发出原材料的用途,将其成本直接计入产品成本或当期费用,或作为有关项目支出。

(1)生产经营领用的原材料,应根据领用部门和用途,分别计入有关成本费用项目。

领用原材料时,按计算确定的实际成本,借记"生产成本"、"制造费用"、"委托加工物资"、"销售费用"、"管理费用"等科目,贷记"原材料"科目。

【例4-15】 某股份有限公司本月领用原材料的实际成本为250 000元。其中,基本生产领用150 000元,辅助生产领用70 000元,生产车间一般耗用20 000元,管理部门领用10 000元。

借:生产成本——基本生产成本　　　　　　150 000
　　　　　　——辅助生产成本　　　　　　　70 000
　　制造费用　　　　　　　　　　　　　　　20 000
　　管理费用　　　　　　　　　　　　　　　10 000
　　贷:原材料　　　　　　　　　　　　　　　　　　　250 000

(2)出售原材料取得的销售收入作为其他业务收入,相应的原材料成本应计入其他业务成本。出售原材料时,按已收或应收的价款,借记"银行存款"、"应收账款"等科目,按实现的营业收入,贷记"其他业务收入"科目,按增值税销项税额,贷记"应交税费——应交增值税(销项税额)"科目;同时,按出售原材料的实际成本结转销售成本,借记"其他业务成本"科目,贷记"原材料"科目。

【例4-16】 某股份有限公司销售一批原材料,售价4 000元,增值税税额680元,原材料实际成本3 000元。

借:银行存款　　　　　　　　　　　　　　　4 680
　　贷:其他业务收入　　　　　　　　　　　　　　　4 000
　　　　应交税费——应交增值税(销项税额)　　　　680
借:其他业务成本　　　　　　　　　　　　　3 000
　　贷:原材料　　　　　　　　　　　　　　　　　　3 000

(3)在建工程领用的原材料,相应的增值税进项税额不予抵扣,应当随同原材料成本一并作为有关工程项目支出。领用原材料时,按实际成本加上不予抵扣的增值税进项税额,借记"在建工程"科目,按实际成本,贷记"原材料"科目,按不予抵扣的增值税进项税额,贷记"应交税费——应交增值税(进项税额转出)"科目。

【例4-17】 某股份有限公司自行建造一项工程,领用库存材料50 000元,不予抵扣的增值税税额为8 500元。

借:在建工程　　　　　　　　　　　　　　　58 500
　　贷:原材料　　　　　　　　　　　　　　　　　　50 000
　　　　应交税费——应交增值税(进项税额转出)　　8 500

4.4.2 计划成本法

按现行制度规定,原材料日常核算可以按实际成本计价核算,也可以按计划成本计价核算。而对于材料收发业务较多且计划成本资料较为健全、准确的企业,一般都采用计划成本进行材料收发核算。

1.基本核算程序

采用计划成本进行原材料日常核算的企业,其基本的核算程序如下:

(1)企业应先制定各种材料的计划成本目录,规定原材料的分类、各种原材料的名称、规格、编号、计量单位和计划单位成本。

(2)平时收到材料时,应按计划单位成本计算出收入材料的计划成本填入收料单内,并按实际成本与计划成本的差额,作为"材料成本差异"分类登记。

(3)平时领用、发出的材料,都按计划成本计算,月份终了再将本月发出材料应负担的成本差异进行分摊,随同本月发出材料的计划成本记入有关账户,将发出材料的计划成本调整为实际成本。发出材料应负担的成本差异应当按期(月)分摊,不得在季末或年末一次计算。

2. 科目设置

材料采用计划成本核算时,材料的收发及结存,无论总分类核算还是明细分类核算,均按照计划成本计价。使用的会计科目有"原材料"、"材料采购"、"材料成本差异"等。

(1)"原材料"科目。本科目用来核算各种材料的收发与结存情况。借方用来登记入库材料的计划成本,贷方登记发出材料的计划成本,期末余额在借方,反映企业库存材料的计划成本。

(2)"材料采购"科目。本科目借方登记采购材料的实际成本,贷方登记入库材料的计划成本。借方大余贷方表示超支,从本科目贷方转入"材料成本差异"科目的借方;贷方大于借方表示节约,从本科目借方转入"材料成本差异"科目的贷方;借方余额,反映在途材料的采购成本。

(3)"材料成本差异"科目。本科目反映企业已入库各种材料的实际成本与计划成本的差异。借方登记超支差异及发出材料应负担的节约差异,贷方登记节约差异及发出材料应负担的超支差异。期末如为借方余额,反映企业库存材料的实际成本大于计划成本的差异(即超支差异);如为贷方余额,反映企业库存材料实际成本小于计划成本的差异(即节约差异)。

3. 购入材料的核算

其具体账务处理可分为以下三个方面:

(1)货款金额已定,材料月末未验收入库。此种情况下只需按发票账单的货款和相应的增值税等作购入处理,不必计算材料成本差异。即:

借:材料采购(实际成本)
　　应交税费——应交增值税(进项税额)
　贷:银行存款(应付票据、应付账款等)

在小规模纳税人下的增值税计入材料采购成本,以下同。

【例4-18】 甲公司采用商业承兑汇票方式购入A材料一批,货款100 000元,增值税17 000元,发票账单已收到,计划成本110 000元,材料尚未入库。

借:材料采购　　　　　　　　　　　　　　　100 000
　　应交税费——应交增值税(进项税额)　　17 000
　贷:应付票据　　　　　　　　　　　　　　　　　　117 000

(2)货款金额已定,材料月末已验收入库。此种情况下既要按发票账单上的货款和相应的增值税等作购入处理,同时又要计算材料成本差异。

借：材料采购(实际成本)
　　应交税费——应交增值税(进项税额)
　贷：银行存款、应付票据、应付账款等
同时作入库处理：
借：原材料(计划成本)
　贷：材料采购(计划成本)
月底结转材料成本差异，节约情况下：
借：材料采购
　贷：材料成本差异
如为超支则作相反分录或入库时结转材料成本差异。

【例 4—19】 甲公司采用汇兑方式购入 A 材料一批，货款 80 000 元，增值税 13 600 元，发票账单已收到，计划成本 90 000 元，材料已验收入库。

借：材料采购	80 000	
应交税费——应交增值税(进项税额)	13 600	
贷：银行存款		93 600
借：原材料	90 000	
贷：材料采购(计划成本)		90 000
借：材料采购	10 000	
贷：材料成本差异		10 000

【例 4—20】 甲公司采以银行存款购入 A 材料一批，货款 50 000 元，增值税 8 500 元，发票账单已收到，计划成本 45 000 元，材料已验收入库。

借：材料采购	50 000	
应交税费——应交增值税(进项税额)	8 500	
贷：银行存款		58 500
借：原材料	45 000	
贷：材料采购(计划成本)		45 000
借：材料成本差异	5 000	
贷：材料采购		5 000

(3) 货款金额到月末不确定。月末按计划成本估价入账，下月初冲回。此种方法，以计划成本作原材料入库处理，但不计算材料成本差异。

借：原材料(计划成本)
　贷：应付账款(计划成本)

【例 4—21】 甲公司购入 A 材料一批，材料已经验收入库，发票账单尚未收到，月末按照计划成本 90 000 元估价入账。

借：原材料	90 000	
贷：应付账款		90 000

下月初，作相反的会计分录予以冲回：

借：应付账款	90 000	
贷：原材料		90 000

4. 发出材料的会计处理

(1)结转发出材料的计划成本。月末,企业根据领料单、限额领料单等原始凭证编制"发料凭证汇总表",按照原材料的计划成本,借记"生产成本"、"管理费用"、"制造费用"等科目,贷记"原材料"科目。

【例4—22】 甲公司月末根据"发料凭证汇总表"的记录,各部门领用A材料的计划成本为:基本生产车间领用 100 000 元,车间管理部门领用 20 000 元,企业行政管理部门领用 10 000 元。

借:生产成本——基本生产成本　　　　100 000
　　制造费用　　　　　　　　　　　　 20 000
　　管理费用　　　　　　　　　　　　 10 000
　　贷:原材料　　　　　　　　　　　　　　　　　130 000

(2)计算材料成本差异率,结转发出材料应负担的成本差异。月末,应计算本月材料成本差异率。公式为:

$$本月材料成本差异率 = \frac{月初结存材料成本差异 + 本月收入材料成本差异}{月初结存材料计划成本 + 本月收入材料计划成本} \times 100\%$$

发出材料应负担的成本差异 = 发出材料的计划成本 × 材料成本差异率

【例4—23】 甲公司月初结存A材料的计划成本为 20 000 元,成本差异为超支 2 000 元,本月收入A材料的计划成本为 135 000 元,成本差异为超支 5 000 元。

$$材料成本差异率 = \frac{2\,000 + 5\,000}{20\,000 + 135\,000} \times 100\% = 4.6\%$$

结转发出材料的成本差异的分录为:

借:生产成本——基本生产成本　　　　4 600
　　制造费用　　　　　　　　　　　　　920
　　管理费用　　　　　　　　　　　　　460
　　贷:材料成本差异　　　　　　　　　　　　　5 980

本例题分配的是超支差异,如分配节约差异则作相反的会计分录。

4.5　周转材料

周转材料,是指企业能够多次使用、逐渐转移其价值但仍保持原有形态不确认为固定资产的材料,如包装物和低值易耗品。

包装物是指企业在生产经营活动中为包装本企业产品而储备的各种包装容器,如桶、箱、瓶、坛、袋等。其范围包括:生产过程中用于包装产品成为产品组成部分的包装物;随同商品出售不单独计价的包装物;随同商品出售单独计价的包装物;出租或出借给购买单位使用的包装物。不属于包装物核算的内容:包装材料、包装容器等。

低值易耗品是指单位价值较低、使用年限较短、不能作为固定资产的各种用具、设备,如工具、管理用具、玻璃器皿以及在经营过程中周转使用的包装容器等。一般按低值易耗品的用途可将其分为以下几大类:一般工具、专用工具、替换设备、管理工具、劳动保护用品、其他。

4.5.1 低值易耗品

为了反映和监督低值易耗品的增减变动及其结存情况,企业应当设置"周转材料——低值易耗品"科目,借方登记低值易耗品的增加,贷方登记低值易耗品的减少,期末余额在借方,通常反映企业期末结存低值易耗品的金额。

低值易耗品的摊销方法有一次转销法和分次摊销法。

(1)一次转销法。采用一次转销法摊销低值易耗品,在领用低值易耗品时,将其价值一次、全部计入有关资产成本或者当期损益,主要适用于价值较低或极易损坏的低值易耗品的摊销。

【例4-24】 某股份有限公司某基本生产车间领用一般工具一批,实际成本为5 000元,全部计入当期制造费用。应作如下会计处理:

借:制造费用 5 000
　　贷:周转材料——低值易耗品 5 000

(2)分次摊销法。采用分次摊销法摊销低值易耗品,低值易耗品在领用时摊销其账面价值的单次平均摊销额。分次摊销法适用于可供多次反复使用的低值易耗品。在采用分次摊销法的情况下,需要单独设置"周转材料——低值易耗品——在用"、"周转材料——低值易耗品——在库"和"周转材料——低值易耗品——摊销"明细科目。

【例4-25】 某股份有限公司的基本生产车间领用专用工具一批,实际成本为120 000元,不符合固定资产定义,采用分次摊销法进行摊销。该专用工具的估计使用次数为2次。应作如下会计处理:

(1)领用专用工具。

借:周转材料——低值易耗品——在用 120 000
　　贷:周转材料——低值易耗品——在库 120 000

(2)第一次领用时摊销其价值的一半。

借:制造费用 60 000
　　贷:周转材料——低值易耗品——摊销 60 000

(3)第二次领用时摊销其价值的一半。

借:制造费用 60 000
　　贷:周转材料——低值易耗品——摊销 60 000

同时:

借:周转材料——低值易耗品——摊销 120 000
　　贷:周转材料——低值易耗品——在用 120 000

4.5.2 包装物

为了反映和监督包装物的增减变动及其价值损耗、结存等情况,企业应当设置"周转材料——包装物"科目进行核算。对于生产领用包装物,应根据领用包装物的实际成本或计划成本,借记"生产成本"科目,贷记"周转材料——包装物"、"材料成本差异"等科目。随同商品出售而不单独计价的包装物,应于包装物发出时,按其实际成本计入销售费用。随同商品出售且单独计价的包装物,一方面应反映其销售收入,计入其他业务收入;另一方面应反映其实际销售成本,计入其他业务成本。

1. 生产领用包装物

生产领用包装物,应按照领用包装物的实际成本,借记"生产成本"科目,按照领用包装物的实际成本或计划成本,贷记"周转材料——包装物"科目,按照其差额,借记或贷记"材料成本差异"科目。

【例 4-26】 某股份有限公司对包装物采用计划成本核算,某月生产产品领用包装物的计划成本为 100 000 元,材料成本差异率为 −2%。

借:生产成本　　　　　　　　　　　　　　　　98 000
　　材料成本差异　　　　　　　　　　　　　　3 000
　　贷:周转材料——包装物　　　　　　　　　　　　　100 000

2. 随同商品出售包装物

随同商品出售而不单独计价的包装物,应按其实际成本计入销售费用,借记"销售费用"科目,按其实际成本或计划成本,贷记"周转材料——包装物"科目,按其差额,借记或贷记"材料成本差异"科目。

【例 4-27】 某股份有限公司某月销售商品领用不单独计价包装物的计划成本为 60 000 元,材料成本差异率为 −2%。

借:销售费用　　　　　　　　　　　　　　　　48 800
　　材料成本差异　　　　　　　　　　　　　　1 200
　　贷:周转材料——包装物　　　　　　　　　　　　　60 000

随同商品出售且单独计价的包装物,一方面应反映其销售收入,计入其他业务收入;另一方面应反映其实际销售成本,计入其他业务成本。

【例 4-28】 某股份有限公司某月销售商品领用单独计价包装物的计划成本为 100 000 元,销售收入为 120 000 元,增值税额为 20 400 元,款项已存入银行。该包装物的材料成本差异率为 2%。

(1) 出售单独计价包装物。

借:银行存款　　　　　　　　　　　　　　　　140 400
　　贷:其他业务收入　　　　　　　　　　　　　　　　120 000
　　　　应交税费——应交增值税(销项税额)　　　　　　20 400

(2) 结转所售单独计价包装物的成本。

借:其他业务成本　　　　　　　　　　　　　　102 000
　　贷:周转材料——包装物　　　　　　　　　　　　　100 000
　　　　材料成本差异　　　　　　　　　　　　　　　　2 000

4.6　委托加工物资

委托加工物资是指企业委托外单位加工成新的材料或包装物、低值易耗品等物资。企业委托外单位加工物资的成本包括加工中实际耗用物资的成本、支付的加工费用及应负担的运杂费等,支付的税金,包括委托加工物资所应负担的消费税(指属于消费税应税范围的加工物资)等。

4.6.1 科目设置

企业应当设置"委托加工物资"科目,反映和监督委托加工物资增减变动及其结存情况。该科目借方登记委托加工物资的实际成本,贷方登记加工完成验收入库的物资的实际成本和剩余物资的实际成本,期末余额在借方,反映企业尚未完工的委托加工物资的实际成本和发出加工物资的运杂费等。委托加工物资也可以采用计划成本或售价进行核算,其方法与库存商品相似。

4.6.2 发出材料

委托方发出材料时应根据发出材料的实际成本以及运杂费,借记"委托加工物资"科目,贷记"原材料"、"银行存款"等科目。企业发给外单位加工物资时,如果采用计划成本或售价核算的,还应同时结转材料成本差异或商品进销差价,贷记或借记"材料成本差异"科目,或借记"商品进销差价"科目。

【例4—29】 某股份有限公司委托某工厂加工一批低值易耗品,发出材料一批,计划成本80 000元,材料成本差异率2%,以银行存款支付运杂费1 200元。该公司应做会计分录如下:

(1)发出材料时。

借:委托加工物资　　　　　　　　　　　81 600
　　贷:原材料　　　　　　　　　　　　　　　　　80 000
　　　　材料成本差异　　　　　　　　　　　　　　1 600

(2)支付运杂费时。

借:委托加工物资　　　　　　　　　　　1 200
　　贷:银行存款　　　　　　　　　　　　　　　　1 200

4.6.3 支付加工费、税金等

委托方支付给受托方的加工费,应按实际支付的款项记入"委托加工物资"科目的借方;支付的增值税,在符合抵扣条件的情况下,应记入"应交税费——应交增值税(进项税额)",不符合抵扣条件的,应计入委托加工物资的成本;需要交纳消费税的委托加工物资,由受托方代收代交的消费税,收回后用于直接销售的,记入"委托加工物资"科目,收回后用于继续加工的,记入"应交税费——应交消费税"科目。

【例4—30】承【例4—29】,某股份有限公司通过银行转账支付上述低值易耗品的加工费用22 000元。

借:委托加工物资　　　　　　　　　　　22 000
　　贷:银行存款　　　　　　　　　　　　　　　　22 000

4.6.4 加工完成验收入库

【例4—31】承【例4—29】和【例4—30】,某股份有限公司收回由某工厂代加工的低值易耗品,以银行存款支付运杂费3 500元。该低值易耗品已验收入库,其计划成本为

120 000元。该公司作如下会计处理：

(1)支付运杂费时。

借：委托加工物资　　　　　　　　　　　3 500
　　贷：银行存款　　　　　　　　　　　　　　　　3 500

(2)量具入库时。

借：周转材料——低值易耗品　　　　　120 000
　　贷：委托加工物资　　　　　　　　　　　　　　108 300
　　　　材料成本差异　　　　　　　　　　　　　　 11 700

【例4-32】 大海公司委托长江公司加工一批属于应税消费品的商品10 000件，有关经济业务如下：

(1)1月15日，发出材料一批，计划成本为600 000元，材料成本差异率为-3%。应作如下会计处理。

①发出委托加工材料时。

借：委托加工物资　　　　　　　　　　　588 000
　　材料成本差异　　　　　　　　　　　 12 000
　　贷：原材料　　　　　　　　　　　　　　　　　600 000

(2)2月10日，支付商品加工费12 000元，支付应当交纳的消费税66 000元，该商品收回后用于连续生产，消费税可抵扣，大海公司和长江公司均为一般纳税人，适用增值税税率为17%。应作如下会计处理。

借：委托加工物资　　　　　　　　　　　 12 000
　　应交税费——应交消费税　　　　　　 66 000
　　　　　　——应交增值税(进项税额)　　2 040
　　贷：银行存款　　　　　　　　　　　　　　　　 80 040

(3)3月8日，用银行存款支付往返运杂费1 000元。

借：委托加工物资　　　　　　　　　　　 1 000
　　贷：银行存款　　　　　　　　　　　　　　　　 1 000

(4)3月20日，上述商品10 000件(每件计划成本为65元)加工完毕，公司已办理验收入库手续。

借：库存商品　　　　　　　　　　　　　650 000
　　贷：委托加工物资　　　　　　　　　　　　　　595 000
　　　　材料成本差异　　　　　　　　　　　　　　 55 000

4.7　库存商品

4.7.1　库存商品概述

库存商品是指企业已完成全部生产过程并已验收入库、合乎标准规格和技术条件，可以按照合同规定的条件送交订货单位，或可以作为商品对外销售的产品以及外购或委托加工完成验收入库用于销售的各种商品。库存商品具体包括库存产成品、外购商品、存放在门市部准备出售的商品、发出展览的商品、寄存在外的商品、接受来料加工制造的代制品和为外单位加工修理的代修品等。已完成销售手续、但购买单位在月末未提取的产品,不应作为企业的库存商品,而应作为代管商品处理,单独设置代管商品备查簿进行登记。

库存商品可以采用实际成本核算,也可以采用计划成本核算,其方法与原材料相似。采用计划成本核算时,库存商品实际成本与计划成本的差异,可单独设置"产品成本差异"科目核算。

为了反映和监督库存商品的增减变动及其结存情况,企业应当设置"库存商品"科目,借方登记验收入库的库存商品成本,贷方登记发出的库存商品成本,期末余额在借方,反映各种库存商品的实际成本或计划成本。

4.7.2 库存商品的核算

1. 验收入库商品

对于库存商品采用实际成本核算的企业,当库存商品生产完成并验收入库时,应按实际成本,借记"库存商品"科目,贷记"生产成本——基本生产成本"科目。

【例 4-33】 股份有限公司"商品入库汇总表"记载,某月已验收入库 A 产品 10 000 台,实际单位成本 4 000 元,计 40 000 000 元;B 产品 3 000 台,实际单位成本 2 000 元,计 6 000 000 元。甲公司应作如下会计处理:

```
借:库存商品——A 产品                    40 000 000
         ——B 产品                     6 000 000
    贷:生产成本——基本生产成本(A 产品)       40 000 000
              ——基本生产成本(B 产品)        6 000 000
```

2. 销售商品

企业销售商品、确认收入时,应结转其销售成本,借记"主营业务成本"等科目,贷记"库存商品"科目。

【例 4-34】 甲公司月末汇总的发出商品中,当月已实现销售的 A 产品有 5 000 台,B 产品有 2 000 台。该月 A 产品实际单位成本 4 000 元,B 产品实际单位成本 2 000 元。在结转其销售成本时,应作如下会计处理:

```
借:主营业务成本                         24 000 000
    贷:库存商品——A 产品                   20 000 000
              ——B 产品                  4 000 000
```

商品流通企业的库存商品还可以采用毛利率法和售价金额核算法进行日常核算。

(1)售价金额核算法。售价金额核算法是指平时商品的购入、加工收回、销售均按售价记账,售价与进价的差额通过"商品进销差价"科目核算,期末计算进销差价率和本期已销商品应分摊的进销差价,并据以调整本期销售成本的一种方法。计算公式如下:

商品进销差价率=[(期初库存商品进销差价+本期购入商品进销差价)/(期初库存商品售价+本期购入商品售价)]×100%

本期销售商品应分摊的商品进销差价=本期商品销售收入×商品进销差价率

本期销售商品的成本=本期商品销售收入−本期销售商品应分摊的商品进销差价

期末结存商品的成本＝期初库存商品的进价成本＋本期购进商品的进价成本－本期销售商品的成本

企业的商品进销差价率各期之间是比较均衡的，因此，也可以采用上期商品进销差价率计算分摊本期的商品进销差价。年度终了，应对商品进销差价进行核实调整。

对于从事商业零售业务的企业（如百货公司、超市等），由于经营商品种类、品种、规格等繁多，而且要求按商品零售价格标价，采用其他成本计算结转方法均较困难，因此广泛采用这一方法。

【例4－35】 某商场20×1年7月期初库存商品的进价成本为1 000 000元，售价总额为11 000 000元，本月购进该商品的进价成本为750 000元，售价总额为900 000元，本月销售收入为1 200 000元。有关计算如下：

商品进销差价率＝(10＋15)/(110＋90)×100％＝12.5％

已销商品应分摊的商品进销差价＝120×12.5％＝150 000(元)

(2)毛利率法。毛利率法是指根据本期销售净额乘以上期实际（或本期计划）毛利率匡算本期销售毛利，并据以计算发出存货和期末存货成本的一种方法。

计算公式如下：

毛利率＝销售毛利/销售净额×100％

销售净额＝商品销售收入－销售退回与折让

销售毛利＝销售净额×毛利率

销售成本＝销售净额－销售毛利

期末存货成本＝期初存货成本＋本期购货成本－本期销售成本

这一方法是商品流通企业，尤其是商业批发企业常用的计算本期商品销售成本和期末库存商品成本的方法。商品流通企业由于经营商品的品种繁多，如果分品种计算商品成本，工作量将大大增加，而且，一般来讲，商品流通企业同类商品的毛利率大致相同，采用这种存货计价方法既能减轻工作量，也能满足对存货管理的需要。

【例4－36】 某商场20×1年4月1日针织品存货18 000 000元，本月购进30 000 000元.本月销售收入34 000 000元，上季度该类商品毛利率为25％。本月已销商品和月末库存商品的成本计算如下：

本月销售收入＝34 000 000(元)

销售毛利＝3 400×25％＝8 500 000(元)

本月销售成本＝3 400－850＝25 500 000(元)

库存商品成本＝1 800＋3 000－2 550＝22 500 000(元)

4.8 存货的期末计量

4.8.1 存货期末计量原则

《企业会计准则》规定，会计期末，存货应当按照成本与可变现净值孰低计量。

这一条规定了存货期末计量的原则，要求对期末存货，按照成本与可变现净值两者之中的较低者进行计量。即当成本低于可变现净值时，存货按成本计量；当成本高于可变现净值时,存货按可变现净值计量。这里所讲的"成本"是指期末存货的实际成本;如果企业在存货成本的日常核算中采用计划成本法、售价金额核算法等简化核算方法,则"成本"为经调整后的实际成本。

"可变现净值"一般应以资产负债表日存货的估计售价为基础加以确定。

4.8.2 存货期末计量方法

1. 存货减值迹象的判断

存货存在下列情况之一的,表明存货的可变现净值低于成本:

(1)该存货的市场价格持续下跌,并且在可预见的未来无回升的希望。

(2)企业使用该项原材料生产的产品的成本大于产品的销售价格。

(3)企业因产品更新换代,原有库存原材料已不适应新产品的需要,而该原材料的市场价格又低于其账面成本。

(4)因企业所提供的商品或劳务过时或消费者偏好改变而使市场的需求发生变化,导致市场价格逐渐下跌。

(5)其他足以证明该项存货实质上已经发生减值的情形。

存货存在下列情形之一的,表明存货的可变现净值为零:

(1)已霉烂变质的存货。

(2)已过期且无转让价值的存货。

(3)生产中已不再需要,并且已无使用价值和转让价值的存货。

(4)其他足以证明已无使用价值和转让价值的存货。

2. 可变现净值的确定

(1)企业确定存货的可变现净值,应当以取得的确凿证据为基础,并且考虑持有存货的目的、资产负债表日后事项的影响等因素。

(2)产成品、商品和用于出售的材料等直接用于出售的商品存货,其可变现净值为在正常生产经营过程中,该存货的估计售价减去估计的销售费用和相关税费后的金额。

(3)需要经过加工的材料存货,用其生产的产成品的可变现净值高于成本的,该材料仍然应当按照成本计量;材料价格的下降表明产成品的可变现净值低于成本的,该材料应当按照可变现净值计量。其可变现净值为在正常生产经营过程中,以该材料所生产的产成品的估计售价减去至完工时估计将要发生的成本、销售费用和相关税费后的金额。

(4)为执行销售合同或者劳务合同而持有的存货,其可变现净值应当以合同价格为基础计算。

(5)企业持有的同一项存货的数量多于销售合同或劳务合同订购数量的,应分别确定其可变现净值,并与其相对应的成本进行比较,分别确定存货跌价准备的计提或转回金额。超出合同部分的存货的可变现净值,应当以一般销售价格为基础计算。

企业在确定存货的可变现净值时,应当以取得的可靠证据为基础,并且考虑持有存货的目的、资产负债表日后事项的影响等因素。这就是说,可变现净值的确定必须建立在取得的可靠证据的基础上。这里所讲的"可靠证据"是指对确定存货的可变现净值有直接影响的确凿证明,如产品的市场销售价格、与企业产品相同或类似商品的市场销售价格、供货方提供的有关资料、销售方提供的有关资料、生产成本资料等。同时，还应考虑持有存货的目的。由于企业持有存货的目的不同，确定存货可变现净值的计算方法也不同，如用于出售的存货和用于继续加工的存货，其可变现净值的计算就不相同，因此，企业在确定存货的可变现净值时，应考虑持有存货的目的。企业持有存货的目的，通常可以分为：①持有以备出售，如商品、产成品等，其中又分为有合同约定的存货和没有合同约定的存货；②将在生产过程或提供劳务过程中耗用，如材料等。但是，需要注意的是，企业在确定存货的可变现净值时还应考虑资产负债表日后事项等的影响，这些事项应能够确定资产负债表日存货的存在状况。即在确定资产负债表日存货的可变现净值时，不仅要考虑资产负债表日与该存货相关的价格与成本波动，而且还应考虑未来的相关事项。也就是说，不仅限于财务会计报告批准报出日之前发生的相关价格与成本波动，还应考虑以后期间发生的相关事项。

3. 存货跌价准备的核算

(1) 存货跌价准备的计提。资产负债表日，存货的成本高于可变现净值，企业应当计提存货跌价准备。

存货跌价准备一般应当按照单个存货项目计提。即将每个存货项目的成本与其可变现净值逐一进行比较，按较低者计量存货，并且按成本高于可变现净值的差额，计提存货跌价准备。企业应当根据管理的要求及存货的特点，具体规定存货项目的确定标准。比如，将某一型号和规格的材料作为一个存货项目、将某一品牌和规格的商品作为一个存货项目等等。

在某些情况下，比如，与具有类似目的或最终用途并在同一地区生产和销售的产品系列相关，且难以将其与该产品系列的其他项目区别开来进行估价的存货，可以合并计提存货跌价准备。存货具有类似目的或最终用途，并在同一地区生产和销售，意味着所处的经济环境、法律环境、市场环境等相同，具有相同的风险和报酬。因此，在这种情况下，可以对存货进行合并计提存货跌价准备。

【例 4-37】 甲公司有 A、B、C、D 四种存货，按其性质的不同分为甲、乙两大类。各种存货的成本与可变现净值已经确定，现分别按照三种比较法确定期末存货成本。如表 4-6 所示：

表 4-6 期末存货成本与可变现净值比较表　　　　　　　　　　单位：元

项目	数量	成本		可变现净值		单项比较	分类比较	总额比较
		单价	金额	单价	金额			
A 存货	100	100	10 000	95	9 500	9 500		
B 存货	120	82	10 660	85	11 050	10 660		
甲类存货			20 600		20 550		20 550	
C 存货	170	90	15 300	96	16 320	15 300		
D 存货	150	130	19 500	123	18 750	18 750		
乙类存货			34 800		35 070		34 800	
总计			55 460		55 620	54 210	55 350	55 460

(2) 存货跌价准备的确认和回转。企业应在每一资产负债表日，比较存货成本与可

变现净值,计算出应计提的存货跌价准备,再与已提数进行比较,若应提数大于已提数,应补提企业计提的存货跌价准备,应计入当期损益(资产减值损失)。

当以前减记存货价值的影响因素已经消失,减记的金额应当予以恢复,并在原已计提的存货跌价准备金额内转回,转回的金额计入当期损益(资产减值损失)。

(3)存货跌价准备的结转。企业计提了存货跌价准备,如果其中有部分存货已经销售,则企业在结转销售成本时,应同时结转对其已计提的存货跌价准备。

对于因债务重组、非货币性交易转出的存货,应同时结转已计提的存货跌价准备,按债务重组和非货币性交易的原则进行会计处理。

按存货类别计提存货跌价准备的,也应按比例结转相应的存货跌价准备。

【例4-38】 资料:20×1年12月31日,A公司甲材料的账面金额为100 000元,由于市场价格下跌,预计可变现净值为80 000元。

假设20×2年6月30日,甲材料的账面金额为100 000元,由于市场价格有所上升,使得甲材料的预计可变现净值为95 000元。

假设20×2年12月31日,甲材料的账面金额为100 000元,由于市场价格进一步上升,预计可变现净值为111 000元。

分析:20×1年12月31日,该公司甲材料的可变现净值低于账面金额,存货发生了跌价,应计提跌价准备20 000元;20×2年6月30日,由于市场价格有所上升,甲材料的可变现净值有所恢复,应计提的存货跌价准备为5 000元(95 000—100 000),则当期应冲减已计提的存货跌价准备15 000元(5 000—20 000)小于已计提的存货跌价准备20 000元,因此,应转回的存货跌价准备为15 000元;20×2年12月31日,由于市场价格进一步上升,此时,甲材料的可变现净值有所恢复,应冲减存货跌价准备为11 000元(100 000—111 000),但是对甲材料已计提的存货跌价准备为5 000元,因此,当期应转回的存货跌价准备为5 000元而不是11 000元(即以将对甲材料已计提的"存货跌价准备"余额冲减至零为限)。

会计分录为:

(1)20×1年12月31日计提存货跌价准备。

借:资产减值损失——计提的存货跌价准备　　20 000
　　贷:存货跌价准备　　　　　　　　　　　　　　　　　　20 000

(2)20×2年6月30日转回存货跌价准备。

借:存货跌价准备　　　　　　　　　　　　　15 000
　　贷:资产减值损失——计提的存货跌价准备　　　　　　15 000

(3)20×2年12月31日转回存货跌价准备。

借:存货跌价准备　　　　　　　　　　　　　5 000
　　贷:资产减值损失——计提的存货跌价准备　　　　　　5 000

4.8.3 存货的清查

存货清查,是指通过对存货的实地盘点,确定存货的实有数量,并与账面结存数核对,从而确定存货实存数与账面结存数是否相符的一种专门方法。

企业在进行存货的日常收发及保管过程中,因种种原因可能造成存货实际结存数量与账面结存数量不符,有时会因非常事项而造成存货毁损。为了保证企业存货的安全完整,做到账实相符,企业应定期或不定期对存货进行盘点。发生存货盘盈、盘亏及毁损时,应及时查明原因,进行账务处理,以保证账实一致。

为了反映企业在财产清查中查明的各种存货的盘盈、盘亏和毁损情况,企业应当设置"待处理财产损溢"科目,借方登记存货的盘亏、毁损金额以及盘盈的转销金额,贷方登记存货的盘盈金额及盘亏的转销金额。存货清查的结果,应该在期末结账前处理完毕,期末处理后,本科目无余额。

1. 存货盘盈的账务处理

发生存货盘盈时,应按规定的程序报经有关部门批准后才能做出处理。在批准处理以前,一般先根据盘盈的存货,按同类存货的实际成本(一般按同类存货的期初平均单价计算)计价入账;没有同类存货的,一般按市价计价入账,调整存货账面记录,以使账实一致,即借记"原材料"、"库存商品"等存货科目,贷记"待处理财产损溢——待处理流动资产损溢"科目。

盘盈的存货查明原因后,应按不同的原因及处理决定分别入账,借记有关科目,贷记"待处理财产损溢——待处理流动资产损溢"科目。其中,对于无法确定具体原因的,一般应冲减企业的管理费用。

【例4-39】 某企业进行财产清查,根据发生的有关存货盘盈的经济业务,编制会计分录如下:

(1)盘点原材料,发现盘盈甲材料,按重置价值计算其实际成本为900元。盘盈原因待查。

借:原材料   900
　　贷:待处理财产损溢——待处理流动资产损溢   900

(2)查明原因,盘盈的原材料系收发时的计量误差所致,经批准冲销企业的管理费用。

借:待处理财产损溢——待处理流动资产损溢   900
　　贷:管理费用   900

2. 存货盘亏和毁损

发生存货盘亏和毁损,在批准处理以前,应先通过"待处理财产损溢——待处理流动资产损溢"科目进行核算。盘亏和毁损时,一般按盘亏和毁损存货的实际成本冲减存货的账面记录,借记"待处理财产损溢——待处理流动资产损溢"科目,贷记有关的存货等科目。需要指出的是,根据我国《增值税暂行条例》的规定,企业发生的非正常损失的购进货物以及非正常损失的在产品、产成品所耗用的购进货物或应税劳务的进项税不得从销项税中抵扣。因此,非正常损失的存货价值应包括其实际成本和应负担的进项税两部分,发生非正常毁损(如自然灾害、被盗窃及管理不善造成大量霉烂变质等)时,应按非正常损失的价值借记"待处理财产损益——待处理流动资产损溢"科目,按非正常损失存货的实际成本贷记有关存货科目,按非正常损失存货应负担的进项税贷记"应交税费"科目。

查明盘亏和毁损的原因后,应按不同的原因及处理决定分别入账,借记"待处理财产损溢——待处理流动资产损溢"科目,贷记有关科目。其中,属于定额合理盘亏,应作为管理费用列支;属于一般经营性损失的,扣除残料价值,以及可以收回的保险赔偿和过失人赔偿剩余净损失,经批准也可以作为管理费用列支;属于自然灾害损失,管理不善造成货物被盗,发生霉烂变质等损失以及其他非正常损失的,扣除可以收回的保险赔偿及残料价值后的净损失,作为企业的营业外支出进行处理等等。

【例4—40】 某企业根据发生的有关存货盘亏和毁损的经济业务,编制会计分录如下:

(1)盘亏甲材料,实际成本为400元,原因待查。

借:待处理财产损溢——待处理流动资产损溢　　400
　　贷:原材料　　　　　　　　　　　　　　　　　　400

(2)查明原因,盘亏甲材料系定额内合理损耗,批准作为管理费用列支。

借:管理费用　　　　　　　　　　　　　　　　　400
　　贷:待处理财产损溢——待处理流动资产损溢　　400

(3)因发生水灾,对财产进行清查盘点。其中,产成品毁损额按实际成本计算为5 000元,产成品耗用的原材料及应税劳务的进项税为350元,并通知保险公司。

借:待处理财产损溢——待处理流动资产损溢　　5 350
　　贷:库存商品　　　　　　　　　　　　　　　　5 000
　　　　应交税费——应交增值税(进项税额转出)　　350

(4)水灾造成的产成品损失已经作出处理决定,残料估价300元,可以由保险公司赔偿的损失为4 000元,由企业负担的损失为1 050元。

借:原材料　　　　　　　　　　　　　　　　　　300
　　其他应收款　　　　　　　　　　　　　　　　4 000
　　营业外支出——非常损失　　　　　　　　　　1 050
　　贷:待处理财产损溢——待处理流动资产损溢　　5 350

▢本章小结

存货是企业主要的财产物资,是为企业带来经济收益的重要经济资源。存货不仅是资产负债表中流动资产的一个基本组成部分,也是利润表中确定和构成销售成本的重要内容。本章以对存货的确认和计价的介绍为基础,分别阐述了各种存货的分类及基本特点,并重点介绍了发出存货的计价方法和期末存货的计价方法。此外,本章还对存货清查的方法做了较为详细的说明。

▢练习题

一、单项选择题

1. 甲企业201×年6月购入原材料500公斤,增值税专用发票上注明的买价为10 000元,增值税额1 700元,该批材料在运输途中发生仓储费1 000元,运输途中发生1%的合理损耗,实际验收入库495公斤,入库前的挑选整理费用150元。甲企业是增值税一

第4章 存 货

般纳税企业。该批入库的原材料的实际成本是(　　)元。
A. 11 700　　　　B. 11 150　　　　C. 12 850　　　　D. 12 250

2. 甲企业委托乙企业加工材料一批(属于应税消费品),原材料成本为40 000元,支付的加工费为8 000元(不含增值税),双方适用的增值税税率17%,消费税税率10%,乙企业目前对同类材料的销售价格是60 000元。甲企业收回材料后直接对外销售,材料加工完成并已验收入库,该委托外单位加工的材料收回后的入账价值是(　　)元。
A. 54 000　　　　B. 48 000　　　　C. 46 000　　　　D. 45 000

3. 20×1年,甲公司库存A机器10台,每台成本7 000元,已经计提的存货跌价准备合计为9 000元。20×1年甲公司将其中的8台机器以每台10 000元的价格售出,适用的增值税税率是17%。甲公司应结转的存货跌价准备为(　　)元。
A. 9 000　　　　B. 24 000　　　　C. 7 200　　　　D. 6 000

4. 下列关于存货可变现净值的表述中,正确的是(　　)。
A. 可变现净值等于存货的市场销售价格
B. 可变现净值等于销售存货产生的现金流入
C. 可变现净值等于销售存货产生的现金流入的现值
D. 可变现净值是确认存货跌价准备的重要依据之一

5. 下列关于存货概念与确认条件的说法中,错误的是(　　)。
A. 存货的确认条件之一是与该存货有关的经济利益很可能流入企业
B. 在生产过程或提供劳务过程中耗用的材料和物料不属于存货
C. 企业在日常活动中持有以备出售的产成品或商品属于存货
D. 存货的确认条件之一是该存货的成本能够可靠地计量

6. 20×2年1月1日,甲、乙两方共同投资设立了丙公司。甲以其生产的产品作为投资,丙公司将该批产品作为原材料管理和核算,该批产品的公允价值为6 000 000元。丙公司取得的增值税专用发票上注明的不含税价款为6 000 000元,增值税额为1 020 000。丙公司的股本总额为20 000 000元,甲在丙公司享有的份额是25%。丙公司接受的这批原材料的入账价值为(　　)元。
A. 5 000 000　　　　B. 6 000 000　　　　C. 7 020 000　　　　D. 6 020 000

7. 下列各项中,对于需要经过加工的材料存货的说法中正确的是(　　)。
A. 需要经过加工的材料存货,期末入账价值按照材料的成本与可变现净值孰低来确定
B. 需要经过加工的材料存货与用于出售的材料存货的可变现净值的确定方法相同
C. 如果需要经过加工的材料存货生产的产成品的可变现净值高于材料存货成本,则该材料应当按照其成本计量
D. 在确定需要经过加工的材料存货的可变现净值时,需要以其生产的产成品的可变现净值与该产品的成本进行比较

8. 甲企业是一般纳税人,20×2年5月购入原材料500公斤,增值税专用发票上注明的买价为30 000元,增值税额5 100元,原材料在运输途中发生装卸费500元,运输途中发生15%的损耗,调查后发现,其中合理损耗5%,10%的损耗原因待查。该批入库的原材料的实际单位成本是(　　)元/公斤。
A. 57.79　　　　B. 64.59　　　　C. 61　　　　D. 54.58

9. 红星公司拥有 A、B、C 三种存货,红星公司采用成本与可变现净值孰低法对存货进行期末计价,并且按单个存货项目计提存货跌价准备。20×1 年 12 月 31 日,A、B、C 三种存货的成本与可变现净值分别为:A 存货成本 970 000 元,可变现净值 900 000 元;B 存货成本 860 000 元,可变现净值 820 000 元;C 存货成本 930 000 元,可变现净值 990 000 元。A、B、C 三种存货已计提的存货跌价准备分别是 20 000 元、30 000 元、40 000 元,20×1 年 12 月 31 日应补提的存货跌价准备金额为(　　)元。

    A. 20 000　　　　B. 80 000　　　　C. 60 000　　　　D. 40 000

10. 甲公司 20×1 年 12 月 31 日有零部件 300 套,每套零部件的实际成本是 350 000 元,市场价格为 280 000 元。该批零部件可用于加工 300 件 Y 型产品,将每套零部件加工成 Y 型产品尚需投入 280 000 元。该产品 20×1 年 12 月 31 日的市场价格为每件 590 000 元,估计销售过程中每件将发生销售费用及相关税费 20 000 元。该零部件之前没有计提存货跌价准备。则甲公司 20×1 年 12 月 31 日该零部件应该计提的存货跌价准备是(　　)元。

    A. 60 000　　　　B. 0　　　　C. 18 000 000　　　　D. 21 000 000

二、多项选择题

1. 下列项目中,不应包括在本企业资产负债表存货项目的有(　　)。

    A. 未发货,已确认销售的商品　　　　B. 为了建造办公楼而准备的各项物资

    C. 其他企业委托代销的商品　　　　D. 委托其他企业代销的商品

2. 下列各项中,应计入企业存货入账价值的是(　　)。

    A. 委托外单位加工的存货支付的加工费

    B. 购买原材料时支付的可抵扣的增值税进项税额

    C. 小规模纳税人购买原材料时支付的增值税进项税额

    D. 采购人员差旅费

3. 对于需要加工才能对外销售的在产品,下列各项中,属于在确定其可变现净值时应考虑的因素是(　　)。

    A. 在产品已经发生的生产成本

    B. 在产品加工成产成品后对外销售的预计销售价格

    C. 在产品未来加工成产成品估计将要发生的加工成本

    D. 在产品加工成产成品后对外销售预计发生的销售费用

4. 下列各项关于存货跌价准备的说法中,错误的是(　　)。

    A. 已售产品结转的存货跌价准备冲减资产减值损失

    B. 存货跌价准备转回的金额计入当期损益

    C. 存货跌价准备仅可按单项计提

    D. 减记存货价值的影响因素已经消失,存货跌价准备按照可变现净值和成本的差额转回

5. 存在下列情形之一,通常会表明存货的可变现净值为 0 的是(　　)。

    A. 已过期,无转让价值的存货

    B. 生产中已不再需要的存货

    C. 已霉烂变质的存货

D. 存货市场价格大幅下跌,并且在可预见的未来无回升的希望

6. 下列各项中,回影响存货可变现净值的是( )。
   A. 存货的实际成本   B. 估计销售存货的现金流量
   C. 完工前尚需的加工成本   D. 随同加工费支付的增值税

7. 下列各项中,应当包括在本企业资产负债表存货项目的有( )。
   A. 接受捐赠的原材料
   B. 委托加工物资的原材料成本、加工费、消费税
   C. 债务重组方式换入的存货
   D. 非货币性交易方式换入的存货

8. 下列各项中,不正确的是( )。
   A. 企业委托加工存货所发生的资源税不应计入存货成本
   B. 企业在结转存货的销售成本时,应同时结转对其已计提的存货跌价准备
   C. 以存货抵偿债务结转的相关存货跌价准备应冲减资产减值损失
   D. 材料运输途中发生的非正常损耗计入存货成本

9. 下列各项中,有关存货入账价值的说法正确的是( )。
   A. 外贸企业进口货物时的关税应计入存货入账价值
   B. 应从供货单位、外部运输机构等收回的物资短缺或其他赔款,冲减物资的采购成本
   C. 因遭受以外灾害发生的损失和尚待查明原因的途中损耗,不得增加物资的采购成本
   D. 企业生产部门季节性和修理期间的停工损失构成制造费用计入存货成本

10. 下列各项关于存货跌价准备的说法中,错误是( )。
    A. 已售产品结转的存货跌价准备冲减资产减值损失
    B. 存货跌价准备转回的金额计入当期损益
    C. 存货跌价准备仅可按单项计提
    D. 减记存货价值的影响因素已经消失,存货跌价准备按照可变现净值和成本的差额转回

三、判断题

1. 以前期间导致减记存货价值的影响因素在本期已经消失的,应在原已计提的存货跌价准备金全额内恢复减记的金额。( )

2. 持有存货的数量多于销售合同订购的数量的,超出部分的存货可变现净值应当以产成品或商品的合同价格作为计算基础。( )

3. 为收回后连续加工的委托外单位加工物资支付的消费税,应当计入收回委托加工物资的成本。( )

4. 购货方已经将收到的货物验收入库,但是还未收到销售方的结算发票,那么这批货物应当确认为购货方的存货。( )

5. 外购存货采购成本包括买价、相关税费、运输费、装卸费、保险费以及其他可归属于存货采购成本的费用。签订购货合同时支付的印花税也应计入采购成本。( )

6. 存货的实际成本低于可变现净值,那么可能不做账务处理,也可能将以前计提的存货跌价准备全部或者部分冲减。( )

7. 由于自然灾害而造成的存货净损失,应当计入存货成本。( )

8. 收购未税矿产品代缴的资源税应计入货物取得成本。( )

9. 企业采购过程中发生的进货费用计入存货成本,如果企业采购商品的进货费用金额较小,可以在发生时直接计入当期损益。（　　）

10. 甲公司为商品流通企业,20×1年12月31日商品账面成本余额为1 900 000元,数量10件,单位成本每件19元;若公司向供货商购买同样规格的商品,每件采购单位成本175 000元,则该商品应计提存货跌价准备150 000元。（　　）

四、业务计算与核算题

1. 甲企业委托乙企业加工物料一批（属于应税消费品）。甲企业购进该物料的成本是500 000元,支付的加工费是130 000元,其中不含增值税,材料加工完毕并已验收入库,各项费用均已支付。消费税税率10%,双方使用的增值税税率是17%。

要求:根据材料,分别编制下列情况下与甲企业有关的会计分录:
(1) 发出委托加工材料。
(2) 支付加工费和税金。
(3) 加工完成,收回委托加工材料。

2. 投资取得存货的成本处理。20×1年12月20日,甲、乙、丙、丁、戊五方共同投资设立了淮河股份有限公司。甲以其生产的产品作为投资（淮河公司作为原材料管理和核算）,五方确认该批原材料的价值为20 000 000元。淮河公司取得的增值税专用发票上注明的不含税价款为20 000 000元,增值税额为3 400 000元。同时,假定淮河公司的股本总额为15 000 000元,甲在淮河公司享有的份额为10%,淮河公司为一般纳税人,采用实际成本法核算存货。

五、思考题

1. 存货的特征有哪些?
2. 发出存货的各种不同计价方法对存货期末价值及当期损益有何影响?
3. 可变现净值如何确定?
4. 存货跌价准备如何计提?

第 5 章　固定资产

□ 学习目标

通过本章学习,掌握固定资产的确认条件和初始计量,了解固定资产的分类及其内容,熟练掌握固定资产取得、折旧、后续支出、处置和固定资产的期末计价的核算。

5.1　固定资产的确认和初始计量

5.1.1　固定资产的概念及确认条件

1. 固定资产的概念

固定资产,是指为生产商品、提供劳务、出租或经营管理而持有的、使用寿命超过一个会计年度的有形资产。其中,"出租"不包括作为投资性房地产以经营租赁方式租出的建筑物。使用寿命,是指企业使用固定资产的预计期间,或者该固定资产所能生产产品或提供劳务的数量。

2. 固定资产的确认条件

固定资产在同时满足下列条件的,才能予以确认:

(1) 与该固定资产有关的经济利益很可能流入企业。企业确认固定资产时,需要判断与该项固定资产有关的经济利益是否很可能流入企业。在实务中,判断固定资产包含的经济利益是否很可能流入企业,主要依据与该固定资产所有权相关的风险和报酬是否转移给了企业来确定。其中,与固定资产所有权相关的风险,是指由于经营情况变化造成的相关收益的变动,以及由于资产闲置、技术陈旧等原因造成的损失;与固定资产所有权相关的报酬,是指在固定资产使用寿命内直接使用该资产而获得的收入以及处置该资产所实现的利得等。通常,取得固定资产的所有权是判断与固定资产所有权相关的风险和报酬是否转移给了企业的一个重要标志。凡是所有权已属于企业,不论企业是否收到或持有该固定资产,均可作为企业的固定资产;反之,如果没有取得所有权,即使存放在企业,也不能作为企业的固定资产。有时某项固定资产的所有权虽然不属于企业,但是企业能够控制该项固定资产所包含的经济利益流入企业,在这种情况下,可以认为与固定资产所有权相关的风险和报酬实质上已转移给企业,也可以作为企业的固定资产加以确认。比如,融资租入固定资产,企业(承租人)虽然不拥有该固定资产的所有权,但企业能够控制该固定资产所包含的经济利益,与固定资产所有权相关的风险和报酬实质上已转移到了企业,因此,符合固定资产确认的第一个条件。

(2)该固定资产的成本能够可靠地计量。如果固定资产的成本能够可靠地计量,并同时满足其他确认条件,企业就可以将其确认为固定资产;否则,企业不应将其确认为固定资产。企业在确定固定资产成本时,有时需要根据所获得的最新资料,对固定资产的成本进行合理的估计。

5.1.2 固定资产的分类

1. 按固定资产经济用途分类

固定资产按经济用途划分,可分为生产经营用固定资产和非生产经营用固定资产。

(1)生产经营用固定资产,是指直接服务于企业生产、经营过程的各种固定资产,如生产经营用的房屋、建筑物、机器、设备等。

(2)非生产经营用固定资产,是指不直接服务于企业生产、经营过程的各种固定资产,如职工宿舍等。

2. 按固定资产使用情况分类

固定资产按使用情况划分,分为生产经营固定资产、非生产经营用固定资产、租出固定资产(指采用经营出租方式出租给外单位使用的固定资产)、不需用固定资产、未使用固定资产、土地(指过去已经单独作价入账的土地)、融资租入固定资产(指企业以融资租赁方式租入的固定资产,在租赁期内,应视同自有固定资产进行管理)七类。

3. 按固定资产产权关系分类

固定资产按产权关系划分,分为自有固定资产、租入固定资产。

自有固定资产是指企业拥有的可供企业自由交配使用的固定资产。

租入固定资产可分为经营租入固定资产和融资租入固定资产。经营租入的固定资产不符合资产的定义,所以不应作为企业的固定资产处理。融资租入固定资产,企业虽然不拥有其产权,但却可以让企业拥有或控制,预期会给企业带来未来的经济利益流入,符合资产的定义,所以也属于本企业的资产。但在未完全取得所有权之前,应在企业固定资产科目下单独设置明细分类账进行核实。

5.1.3 固定资产的初始计量

固定资产应当按照成本进行初始计量。固定资产的成本,是指企业购建某项固定资产达到预定可使用状态前所发生的一切合理、必要的支出。主要包括:直接费用,如价款、运杂费、包装费和安装成本;间接费用,如借款费用资本化部分、外币借款折算差额和其他间接费用;特殊行业的固定资产弃置费用,如核电站核废料的处置等。

固定资产的取得方式主要包括购买、自行建造、融资租入等,取得的方式不同,初始计量方法也各不相同。

1. 外购固定资产

外购固定资产的成本,包括购买价款、相关税费、使固定资产达到预定可使用状态前所发生的可归属于该项资产的运输费、装卸费、安装费和专业人员服务费等。外购固资产分为购入不需要安装的固定资产和购入需要安装的固定资产两类。

购入不需要安装的固定资产通过"固定资产"账户核算。"固定资产"账户核算企业持有的固定资产原价。借方登记企业增加的固定资产原价,贷方登记企业减少的固定资产原价,期末借方余额反映企业期末固定资产的账面原价。企业应当设置"固定资产登记簿"和"固定资产卡片",按固定资产类别、使用部门和每项固定资产进行明细核算。购入需要安装的固定资产先通过"在建工程"账户核算,安装完毕达到预定可使用状态时,按其实际成本,转入"固定资产"账户。"在建工程"账户核算企业基建、更新改造等在建工程发生的支出。借方登记企业各项在建工程的实际支出,贷方登记完工工程转出的成本,期末借方余额反映企业尚未达到预定可使用状态的在建工程的成本。"在建工程"账户按"建筑工程"、"安装工程"、"在安装设备"、"待摊支出"以及单项工程等进行明细核算。

(1)购入不需要安装的固定资产。企业购入不需要安装的固定成本,应按实际支付的购买价款、相关税费以及使固定资产达到预定可使用状态前所发生的可归属于该项资产的运输费、装卸费和专业人员服务费等,作为固定资产成本,借记"固定资产"科目。贷记"银行存款"等科目。

若企业为增值税的一般纳税人,则企业购进机器设备等固定资产的进项税额不纳入固定资产成本核算,可以在销项税额中抵扣。

【例5-1】 甲公司购入一台不需要安装即可投入使用的设备,取得的增值税专用发票上注明的设备价款为100 000元,增值税额为17 000元,另支付运杂费3 000元,款项以银行存款支付。甲公司应作如下会计处理:

借:固定资产　　　　　　　　　　　　　　103 000
　　应交税费——应交增值税(进项税额)　　17 000
　　　贷:银行存款　　　　　　　　　　　　　　　　120 000

(2)购入需要安装的固定资产。购入需要安装的固定资产,按实际支付的购买价款、运输费用、装卸费用和其他相关税费等,借记"在建工程——安装工程"账户,贷记"银行存款"等账户;发生安装费用时,借记"在建工程——安装工程"账户,贷记"银行存款"、"应付职工薪酬"等账户;安装完毕,达到可使用状态,借记"固定资产"账户,贷记"在建工程——安装工程"账户。

【例5-2】 甲公司购入一台需要安装即可投入使用的设备,取得的增值税专用发票上注明的设备价款为100 000元,增值税额为17 000元,支付运杂费2 000元,支付安装费1 000元,款项以银行存款支付。甲公司应作如下会计处理:

①购入时。

借:在建工程　　　　　　　　　　　　　　102 000
　　应交税费——应交增值税(进项税额)　　17 000
　　　贷:银行存款　　　　　　　　　　　　　　　　119 000

②支付安装费时。

借:在建工程　　　　　　　　　　　　　　1 000
　　　贷:银行存款　　　　　　　　　　　　　　　　1 000

③设备安装完毕交付使用时。

借:固定资产　　　　　　　　　　　　　103 000
　　贷:在建工程　　　　　　　　　　　　　　　　　　　　103 000

企业基于产品价格等因素的考虑,可能以一笔款项购入多项没有单独标价的固定资产。如果多项资产均符合固定资产的定义,并满足固定资产的确认条件,则应将各项资产单独确认为固定资产,并将各项固定资产公允价值的比例对总成本进行分配,分别确定各项固定资产的成本。

(3)超过正常信用条件购买的固定资产。购买固定资产的价款超过正常信用条件延期支付,实质上具有融资性质的,固定资产的成本以购买价款的现值为基础确定。购买固定资产时,按照购买价款的现值,借记"固定资产"或"在建工程"账户,按应支付的金额,贷记"长期应付款"账户,按其差额,借记"未确认融资费用"账户。固定资产购买价款的现值,应当按照各期支付的购买价款选择恰当的折现率进行折现后的金额加以确定。各期实际支付的价款与购买价款的现值之间的差额,符合规定的资本化条件的,应当计入固定资产成本,不符合资本化条件的,应当在信用期间内确认为财务费用,计入当期损益。

【例5-3】 甲公司于20×1年初购入一台设备,总价款为10 000 000元,分三次付款,20×1年末支付4 000 000元,20×2年末支付3 000 000元,20×3年末支付3 000 000元。假定资本市场利率为10%,无其他相关税费。甲公司会计处理如下(单位元):

①首先计算固定资产的入账价值。

$4\ 000\ 000/(1+10\%)+300/(1+10\%)^2+300/(1+10\%)^3=8\ 369\ 600(元)$

②20×1年初购入设备时。

借:固定资产　　　　　　　　　　　　　8 369 600
　　未确认融资费用　　　　　　　　　　1 630 400
　　贷:长期应付款　　　　　　　　　　　　　　　　　10 000 000

③确定未确认融资费用在信用期间的分摊额。

表5-1　未确认融资费用分摊表　　　　　　　　　　单位:元

日　　期	分期付款额 ①	确认的融资费用 ②=期初④×10%	应付本金减少额 ③=①-②	应付本金余额 期末④=期初④-③
20×1年1月1日				8 369 600
20×1年12月31日	4 000 000	837 000	3 163 000	5 206 600
20×2年12月31日	3 000 000	520 700	2 479 300	2 727 300
20×3年12月31日	3 000 000	272 700	2 727 300	
合　　计	10 000 000	1 630 400	8 369 600	

④20×1年12月31日,分摊未确认融资费用、支付设备款时。

借:财务费用　　　　　　　　　　　　　837 000
　　贷:未确认融资费用　　　　　　　　　　　　　　　837 000
借:长期应付款　　　　　　　　　　　　4 000 000
　　贷:银行存款　　　　　　　　　　　　　　　　　　4 000 000

⑤20×2年12月31日,分摊未确认融资费用、支付设备款时。

借:财务费用　　　　　　　　　　520 700
　　贷:未确认融资费用　　　　　　　　　　　520 700
借:长期应付款　　　　　　　　　3 000 000
　　贷:银行存款　　　　　　　　　　　　　3 000 000

⑥20×3年12月31日,分摊未确认融资费用、支付设备款时。

借:财务费用　　　　　　　　　　272 700
　　贷:未确认融资费用　　　　　　　　　　　272 700
借:长期应付款　　　　　　　　　3 000 000
　　贷:银行存款　　　　　　　　　　　　　3 000 000

(有关设备计提折旧略)

2.自行建造的固定资产

自行建造固定资产的成本,由建造该项资产达到预定可使用状态前所发生的必要支出构成。包括工程用物资成本、人工成本、交纳的相关税费、应予资本化的借款费用以及应分摊的间接费用等。

自建固定资产应先通过"在建工程"账户核算,工程达到预定可使用时,再从"在建工程"账户转入"固定资产"账户。企业自建固定资产,主要有自营和出包两种方式,由于采用的建设方式不同,其会计处理也不同。

(1)自营方式建造的固定资产。自营方式建造的固定资产是指企业自行组织工程物资采购、自行组织施工人员施工的建筑工程和安装工程。购入工程物资时,通过"工程物资"账户核算。"工程物资"账户核算企业为在建工程准备的各种物资的成本,包括工程用材料、尚未安装的设备以及为生产准备的工器具等。借方登记企业购入工程物资的成本,贷方登记企业领用工程物资的成本,期末借方余额反映企业为在建工程准备的各种物资的成本。"工程物资"账户按"专用材料"、"专用设备"、"工器具"等进行明细核算。

购入工程物资时,借记"工程物资"账户,贷记"银行存款"等账户。领用工程物资时,借记"在建工程"账户,贷记"工程物资"账户。在建工程领用本企业原材料时,借记"在建工程"账户,贷记"原材料"等账户。在建工程领用本企业生产的商品时,借记"在建工程"账户,贷记"库存商品"、"应交税费－应交增值税(销项税额)"等账户。自营工程发生的其他费用(如分配工程人员工资等),借记"在建工程"账户,贷记"银行存款"、"应付职工薪酬"等账户。自营工程达到预定课使用状态时,按其成本,借记"固定资产"账户,贷记"在建工程"账户。

【例5-4】 某企业自建厂房一栋,购入为工程准备的各种物资500 000元,支付的增值税税额为85 000元,全部用于工程建设。领用本企业生产的水泥一批,实际成本为80 000元,税务部门确定的计税价格为100 000元,增值税税率为17%,工程人员应计工资100 000元,支付的其他费用30 000元。工程完工并达到预定可使用状态。该企业编制如下的会计分录:

购入工程物资时:

借:工程物资　　　　　　　　　　585 000

贷：银行存款　　　　　　　　　　　　　　　　　585 000
工程领用工程物资时：
借：在建工程　　　　　　　　　585 000
　　贷：工程物资　　　　　　　　　　　　　　　　　585 000
工程领用本企业的生产的水泥，确定应计入在建工程成本的金额为：
　　80 000＋100 000×17％＝97 000（元）
借：在建工程　　　　　　　　　97 000
　　贷：库存商品　　　　　　　　　　　　　　　　　80 000
　　　　应交税费——应缴增值税（销项税额）　　　　17 000
分配工程人员工资时：
借：在建工程　　　　　　　　　100 000
　　贷：应付职工薪酬　　　　　　　　　　　　　　　100 000
支付工程发生的其他费用时：
借：在建工程　　　　　　　　　30 000
　　贷：银行存款　　　　　　　　　　　　　　　　　30 000
工程完工转入固定资产的成本＝585 000＋97 000＋100 000＋30 000＝812 000（元）
借：固定资产　　　　　　　　　812 000
　　贷：在建工程　　　　　　　　　　　　　　　　　812 000

（2）出包方式建造的固定资产。在出包方式下，企业通过招标方式将工程项目发包给建造承包商，由建造承包商（即施工企业）组织工程项目施工。企业以出包方式建造固定资产，其成本由建造该项固定资产达到预定可使用状态前所发生的必要支出构成，在这种方式下，"在建工程"账户主要是企业与建造承包商办理工程价款的结算账户，企业支付给建造承包商的工程价款作为工程成本，通过"在建工程"账户核算。企业按合理估计的发包工程进度和合同规定向建造承包商结算的进度款，借记"在建工程"账户，贷记"银行存款"等账户；工程完工时，按合同规定补付的工程款，借记"在建工程"账户，贷记"银行存款"等账户；工程达到预定可使用状态时，按其成本，借记"固定资产"账户，贷记"在建工程"账户。

【例5－5】　某企业将一幢厂房的建筑工程出包给乙公司承建，按合理估计的发包工程进度和合同规定向乙公司结算进度款500 000元，工程完工后，收到乙公司有关工程结算单据，补付工程款500 000元，工程完工并达到预定可使用状态。该公司会计处理如下：

①预付建造承包商工程款。
借：在建工程　　　　　　　　　500 000
　　贷：银行存款　　　　　　　　　　　　　　　　　500 000
②补付工程款。
借：在建工程　　　　　　　　　500 000
　　贷：银行存款　　　　　　　　　　　　　　　　　500 000

③工程完工并达到预定可使用状态。
借:固定资产   1 000 000
　　贷:在建工程   1 000 000

3. 投资者投入的固定资产

对于接受固定资产投资的企业,在办理了固定资产移交手续后,应按投资合同或协议约定的价值加上应支付的相关税费作为固定资产的入账价值,但合同或协议约定价值不公允的除外。其账务处理为,借记"固定资产"或"在建工程"账户,贷记"股本"或"实收资本"等账户。

4. 租入的固定资产

租入的固定资产分为融资租入固定资产和经营租入固定资产。如果租赁实质上转移了与资产所有权有关的全部风险和报酬,则该项租赁应认定为融资租赁;如果租赁实质上并没有转移与资产所有权有关的全部风险和报酬,则该项租赁应认定为经营租赁。

(1)融资租入固定资产。融资租赁,是指实质上转移了与资产所有权有关的全部风险和报酬的租赁。其所有权最终可能转移,也可能不转移。企业采用融资租赁方式租入的固定资产,虽然在法律形式上资产的所有权在租赁期间仍然属于出租人,但由于资产的租赁期基本上包括了资产的有效使用年限,承租企业实质上获得了租赁资产所能提供的主要经济利益,同时承担了与资产所有权有关的风险。因此,承租企业应将融资租入资产作为一项固定资产入账,同时确认相应的负债,并采用与自有固定资产相一致的折旧政策计提折旧。

在租赁开始日,企业应将租赁开始日租赁资产的公允价值与最低租赁付款额现值两者中较低者,加上在租赁谈判和签订租赁合同过程中发生的、可直接归属于租赁项目的手续费、律师费、差旅费、印花税等初始直接费用,作为租入资产的入账价值,借记"固定资产——融资租入固定资产"账户;按最低租赁付款额,贷记"长期应付款"账户;按发生的初始直接费用,贷记"银行存款"、"库存现金"等账户;按其差额,借记"未确认融资费用"账户。每期支付租金费用时,借记"长期应付款"账户,贷记"银行存款"账户。如果支付的租金中包含履约成本,按履约成本金额,借记"制造费用"、"管理费用"等账户,贷记"银行存款"账户。每期采用实际利率法分摊未确认融资费用时,按当期应分摊的未确认融资费用金额,借记"财务费用"账户,贷记"未确认融资费用"账户。企业在计算最低租赁付款额的现值时,如果知悉出租人的租赁内含利率,应当采用出租人的租赁内含利率作为折现率;否则,应当采用租赁合同规定的利率作为折现率。如果出租人的租赁内含利率和租赁合同规定的利率均无法知悉,应当采用同期银行贷款利率作为折现率。其中,租赁内含利率,是指在租赁开始日,使最低租赁收款额的现值与未担保余值的现值之和等于租赁资产公允价值与出租人的初始直接费用之和的折现率。租赁期满,如合同规定将租赁资产所有权转归承租企业的,企业应进行转账,将固定资产从"融资租入固定资产"明细账户转入有关明细账户。

【例5—6】 20×1年12月1日,甲公司与乙租赁公司签订了一份全新的生产线融资租赁合同。租赁合同规定:起租日为20×1年12月1日;租赁期为2年,每年年末支付租金10 000 000元;租赁期满,该生产线的估计残余价值为2 000 000元,其中甲公司担保余值为 1 000 000 元,未担保余值为 1 000 000 元。该生产线于 20×1 年 12 月 1 日运抵甲公司,当日投入使用;甲公司当日的资产总额为 40 000 000 元;甲公司固定资产均采用年限平均法计提折旧;与租赁有关的未确认融资费用均采用实际利率法在相关资产的折旧期限内摊销;甲公司年末一次确认融资费用并计提折旧。该生产线起租日的公允价值为 20 000 000 元,预计使用年限为 3 年;租赁内含利率为 6%。20×3 年 12 月 31 日,甲公司将该生产线归还给乙租赁公司。甲公司会计处理如下:

①20×1 年 12 月 1 日租入固定资产时。

最低租赁付款现值为:10 000 000×1.8334+10 000 000×0.89=19 224 000(元)

融资租入固定资产入账价值为:19 224 000(元)

未确认融资费用为:21 000 000−19 224 000=1 776 000(元)

借:固定资产——融资租入固定资产　　　　19 224 000
　　未确认融资费用　　　　　　　　　　　 1 776 000
　　　贷:长期应付款——应付融资租赁款　　　　　　　21 000 000

②20×2 年 12 月 31 日,分摊未确认融资费用、支付租金并计提折旧时。

分摊的融资费用为:19 224 000×6%=1 153 440(元)

计提折旧为:(19 224 000−1 000 000)/2=9 112 000(元)

借:财务费用　　　　　　　　　　　　　　 1 153 440
　　　贷:未确认融资费用　　　　　　　　　　　　　　1 153 440
借:长期应付款——应付融资租赁款　　　　10 000 000
　　　贷:银行存款　　　　　　　　　　　　　　　　　10 000 000
借:制造费用　　　　　　　　　　　　　　 9 112 000
　　　贷:累计折旧　　　　　　　　　　　　　　　　　 9 112 000

③20×3 年 12 月 31 日,分摊未确认融资费用、支付租金并计提折旧时。

分摊的融资费用为:(19 224 000−10 000 000+1 153 440)×6%=622 646(元)

计提折旧为:(19 224 000−1 000 000)/2=9 112 000(元)

借:财务费用　　　　　　　　　　　　　　　622 646
　　　贷:未确认融资费用　　　　　　　　　　　　　　　622 646
借:长期应付款——应付融资租赁款　　　　10 000 000
　　　贷:银行存款　　　　　　　　　　　　　　　　　10 000 000
借:制造费用　　　　　　　　　　　　　　 9 112 000
　　　贷:累计折旧　　　　　　　　　　　　　　　　　 9 112 000
借:长期应付款——应付融资租赁款　　　　 1 000 000
　　累计折旧　　　　　　　　　　　　　　18 224 000
　　　贷:固定资产——融资租入固定资产　　　　　　　19 224 000

(2)经营租入固定资产。在经营租赁方式下,由于与租赁资产所有权有关的全部风险和报酬实质上并没有转移给承租企业,因此,承租企业不需承担该租赁资产的主要风险。不需将所取得的经营租赁固定资产的使用权资本化,相应地,也不必将所承担的付款义务列作负债。

5. 接受捐赠固定资产

接受捐赠生产经营固定资产，应按照接受捐赠固定资产的价值，借记"固定资产"账户，按取得增值税专用发票上注明的增值税额，借记"应交税费——应交增值税（进项税额）"，按接受捐赠固定资产的价税合计，贷记"营业外收入"账户。

【例5-7】 某企业20×1年1月2日接受捐赠生产用的固定资产，取得增值税专用发票。发票上注明价款为10 000 000元，增值税为1 700 000元。甲企业1月2日作会计分录：

借：固定资产　　　　　　　　　　　　　10 000 000
　　应交税费——应交增值税（进项税额）　1 700 000
　　贷：营业外收入　　　　　　　　　　　　　　　　11 700 000

6. 以非货币性资产交换取得的固定资产

企业通过非货币性资产交换取得的固定资产，包括以投资换入的固定资产、以存货换入的固定资产、以无形资产换入的固定资产、以固定资产换入的固定资产等。具有商业实质且公允价值能够可靠计量的非货币性资产交换，应当以公允价值和应支付的相关税费等作为换入固定资产的成本；交换不具有商业实质，或者虽具有商业实质但公允价值不能可靠计量的非货币性资产交换，应当以换出资产的账面价值和应支付的相关税费等作为换入固定资产的成本。

7. 通过债务重组取得的固定资产

通过债务重组取得的固定资产，是指企业作为债权人取得的债务人用于偿还债务的非现金资产，且作为企业固定资产管理的资产，应当按照取得时的公允价值入账。

8. 盘盈的固定资产

企业在财产清查中盘盈的固定资产，作为前期差错处理。企业在财产清查中盘盈的固定资产，在按管理权限报经批准前应先通过"以前年度损益调整"账户核算。盘盈的固定资产，应按以下规定确定其入账价值：如果同类或类似固定资产存在活跃市场的，按同类或类似固定资产的市场价格，减去按该项资产的新旧程度估计的价值损耗后的余额，作为入账价值；如果同类或类似固定资产不存在活跃市场的，按该项固定资产的预计未来现金流量的现值，作为入账价值。企业应按上述规定确定的入账价值，借记"固定资产"账户，贷记"以前年度损益调整"账户。

【例5-8】 甲公司在财产清查过程中，发现一台未入账的设备，按同类或类似商品市场价格，减去按该项资产的新旧程度估计的价值损耗后的余额为10 000元。根据规定该盘盈固定资产作为前期差错进行处理。假定甲公司按净利润的10%计提法定盈余公积，不考虑相关税费及其他因素的影响。甲公司会计处理如下：

①盘盈固定资产。

借：固定资产　　　　　　　　　　　　　10 000
　　贷：以前年度损益调整　　　　　　　　　　　　　10 000

②结转留存收益。

借：以前年度损益调整　　　　　　　　　10 000

贷:盈余公积——法定盈余公积　　　　　　　　　　1 000
　　利润分配——未分配利润　　　　　　　　9 000

5.2　固定资产折旧

5.2.1　固定资产折旧的概念

折旧,是指在固定资产使用寿命内,按照确定的方法对应计折旧额进行系统分摊。应计折旧额,是指应当计提折旧的固定资产的原价扣除其预计净残值后的金额。已计提减值准备的固定资产,还应当扣除已计提的固定资产减值准备累计金额。

影响折旧计提的因素主要有:

第一,折旧基数,即原始价值。

第二,预计净残值,是指假定固定资产预计使用寿命已满并处于使用寿命终了时的预期状态,企业目前从该项资产处置中获得的扣除预计处置费用后的金额。

第三,固定资产减值准备,是指固定资产已计提的减值准备累计金额。

第四,固定资产的使用寿命,是指企业使用固定资产的预计期间,或者该固定资产所能生产产品或提供劳务的数量。

总之,企业应当根据固定资产的性质和使用情况,合理确定固定资产的使用寿命和预计净残值。固定资产的使用寿命、预计净残值一经确定,不得随意变更。但是,企业至少应当于每年年度终了,对固定资产的使用寿命、预计净残值和折旧方法进行复核。使用寿命预计数与原先估计数有差异的,应当调整固定资产使用寿命。预计净残值预计数与原先估计数有差异的,应当调整预计净残值;与固定资产有关的经济利益预期实现方式有重大改变的,应当改变固定资产折旧方法。固定资产使用寿命、预计净残值和折旧方法的改变应当作为会计估计变更。

5.2.2　固定资产折旧的范围

企业应当对所有固定资产计提折旧。但是,已提足折旧仍继续使用的固定资产和单独计价入账的土地除外。

在确定计提折旧的范围时,还应注意以下几点:

(1)固定资产应当按月计提折旧,当月增加的固定资产当月不计提折旧,从下月开始计提;当月减少的固定资产当月仍计提折旧,从下月起不再计提折旧。

(2)固定资产提足折旧后,不论能否继续使用,均不再计提折旧;提前报废的固定资产,也不再补提折旧。

(3)已达到预定可使用状态但尚未办理竣工决算手续的固定资产,应当按照估计价值确定其成本,并计提折旧;待办理竣工决算后,再按实际成本调整原来的暂估价值,但不需要调整原已计提的折旧额。

5.2.3　固定资产折旧的计算方法

企业应当根据与固定资产有关的经济利益的预期实现方式,合理选择固定资产折旧方法。可选用的折旧方法包括年限平均法、工作量法、双倍余额递减法和年数总和法等。固定资产的折旧方法一经确定,不得随意变更。

1. 年限平均法

(1) 概念:平均年限法是指按照固定资产的预计使用年限平均计提折旧的方法。

(2) 计算公式。

$$年折旧额 = \frac{资产原值 - (预计残值收入 - 预计清理费用)}{预计使用年限} = \frac{固定资产应计提折旧总额}{预计使用年限}$$

$$月折旧额 = \frac{年折旧额}{12}$$

$$年折旧率 = \frac{1 - 预计净残值率}{预计使用年限} \times 100\%$$

$$月折旧率 = \frac{年折旧率}{12} \times 100\%$$

$$月折旧额 = 固定资产原值 \times 月折旧率$$

【例 5-9】 甲公司某项固定资产原值为 100 000 元,预计净残值率为 4%,预计使用年限为 10 年。其折旧率和月折旧额计算如下:

$$该项固定资产年折旧率 = \frac{1 - 4\%}{10} \times 100\% = 9.6\%$$

$$该项固定资产月折旧率 = \frac{9.6\%}{12} = 0.8\%$$

$$该项固定资产月折旧额 = 100\,000 \times 0.8\% = 800(元)$$

2. 工作量法

(1) 概念:工作量法是指按固定资产预计完成的工作总量平均计提折旧的方法。

(2) 计算公式。

$$某项固定资产单位工作量折旧额 = \frac{该项固定资产应计提折旧总额}{该项固定资产预计完成的工作总量}$$

$$某项固定资产月折旧额 = 该项固定资产单位工作量折旧额 \times 该项固定资产该月实际完成的工作总量$$

不同的固定资产,其工作量有不同的表现形式。对于运输设备来说,其工作量表现为运输里程;对于机器设备来说,其工作量表现为机器工时和机器台班。

【例 5-10】 甲公司运输汽车 1 辆,原值为 500 000 元,预计净残值率为 4%。预计行使总里程为 800 000 公里。该汽车采用工作量法计提折旧。某月该汽车行使 6 000 公里。该汽车的单位工作量折旧额和该月折旧额计算如下:

$$单位工作量折旧额 = \frac{500\,000 \times (1 - 4\%)}{800\,000} = 0.6(元/公里)$$

$$该月折旧额 = 0.6 \times 6\,000 = 3\,600(元)$$

3. 双倍余额递减法

(1) 概念:双倍余额递减法是指按固定资产净值和双倍直线折旧率计提折旧的方法。

(2)计算公式。

$$双倍直线折旧率=\frac{2}{预计使用年限}\times 100\%$$

$$年折旧额=固定资产期初净值\times 双倍直线折旧率$$

$$固定资产月折旧额=\frac{固定资产年折旧额}{12}$$

注意:采用此方法计提折旧不考虑固定资产预计净残值;采用此方法在最后两年改为直线法。

【例5-11】 甲公司一台设备原值100 000元,折旧年限为5年,净残值为4 000元。该项固定资产采用双倍余额递减法计提折旧。年折旧额计算表如下:

表5-2 折旧计算表　　　　　　　　　　单位:元

年份	期初净值	年折旧率	年折旧额	累计折旧	期末净值
1	100 000	40%	40 000	40 000	60 000
2	60 000	40%	24 000	64 000	36 000
3	36 000	40%	14 400	78 400	21 600
4	21 600	—	8 800	87 200	12 800
5	12 800	—	8 800	96 000	4 000

4.年数总和法

(1)概念:年数总和法是指按固定资产应计提折旧总额和某年尚可使用年数占各年尚可使用年数总和的比重(即年折旧率)计提折旧的方法。

(2)计算公式。

$$年折旧率=\frac{该年尚可使用年数}{各年尚可作用年当选总和}\times 100\%$$

$$各年尚可使用年数总和=\frac{预计使用年限\times (预计使用年限+1)}{2}$$

$$年折旧额=应计提折旧额\times 年折旧率$$

【例5-12】承【例5-11】采用年数总和法计提折旧。年折旧额计算表如表5-3所示:

表5-3 折旧计算表　　　　　　　　　　单位:元

年份	应计提折旧总额	年折旧率	年折旧额	累计折旧
1	96 000	5/15	32 000	32 000
2	96 000	4/15	25 600	57 600
3	96 000	3/15	19 200	76 800
4	96 000	2/15	12 800	89 600
5	96 000	1/15	6 400	96 000

加速折旧法的特征:固定资产使用过程中加大前期折旧额,减少后期提折旧额。

5.2.4 固定资产折旧的核算

固定资产折旧的核算通过"累计折旧"账户,"累计折旧"账户核算企业固定资产的累计折旧。贷方登记企业按照规定计提的固定资产折旧,借方登记企业处置固定资产转出的累计折旧,期末贷方余额反映企业固定资产的累计折旧额。"累计折旧"账户按固定资产的类别或项目进行明细核算。固定资产按月计提折旧,并根据用途计入相关资产的成本或者当期损益。借记"制造费用"、"管理费用"、"销售费用"、"其他业务成本"等账户,贷记"累计折旧"账户。为了进行计提折旧的总分类核算,企业应按月根据固定资产计提折旧的范围和采用的折旧计算方法,编制固定资产折旧计算表。固定资产折旧计算表应反映各个使用单位各类固定资产的当月应计提的折旧额。

【例 5—13】 甲公司采用平均年限法计提折旧,该公司 20×1 年 7 月固定资产折旧计算表如表 5—4 所示:

表 5—4　固定资产折旧计算表

20×1 年 7 月　　　　　　　　　　　　　　　　　单位:元

使用单位	上月计提的折旧额	上月增加固定资产计提的折旧额	上月减少固定资产计提的折旧额	本月应计提的折旧额
	(1)	(2)	(3)	(4)=(1)+(2)-(3)
基本生产车间	60 000	5 000	1 000	64 000
企业管理部门	12 000	400	600	11 800
合　　计	72 000	5 400	1 600	75 800

借:制造费用　　　　　　　　　　64 000
　　管理费用　　　　　　　　　　11 800
　贷:累计折旧　　　　　　　　　　　　　　75 800

5.3　固定资产后续支出

固定资产的后续支出,是指固定资产在使用过程中发生的更新改造支出、修理费用等。企业的固定资产投入使用后,为了适应新技术发展的需要,或者为维护或提高固定资产的使用效能,往往需要对现有固定资产进行维护、改建、扩建或者改良。

5.3.1 资本化的后续支出

企业将固定资产进行更新改造的,如符合资本化的条件,应将该固定资产的原价、已计提的累计折旧和减值准备转销,将固定资产的账面价值转入在建工程,并停止计提折旧。固定资产发生的可资本化的后续支出,通过"在建工程"账户核算。在固定资产发生的后续支出完工并达到预定可使用状态时,再从在建工程转为固定资产,并按重新确定的使用寿命、预计净残值和折旧方法计提折旧。

企业在发生可资本化的固定资产后续支出时,可能涉及替换固定资产的某个组成部分。如果满足固定资产的确认条件，应当将用于替换的部分资本化，计入固定资产账面价值，同时终止确认被替换部分的账面价值，以避免将替换部分的成本和被替换部分的账面价值同时计入固定资产成本。

5.3.2 费用化的后续支出

一般情况下，固定资产投入使用之后，由于固定资产磨损、各组成部分耐用程度不同，可能导致固定资产的局部损坏，为了维护固定资产的正常运转和使用，充分发挥其使用效能，企业将对固定资产进行必要的维护。固定资产的日常修理费用等支出只是确保固定资产的正常工作状态，一般不产生未来的经济利益。因此，通常不符合固定资产的确认条件，在发生时应直接计入当期损益。

与固定资产有关的修理费用等后续支出，不符合固定资产确认条件的，应当根据不同情况分别在发生时计入当期管理费用或销售费用。企业生产车间（部门）和行政管理部门等发生的固定资产修理费用等后续支出，计入"管理费用"；企业专设销售机构的，其发生的与专设销售机构相关的固定资产修理费用等后续支出，计入"销售费用"。

对于处于修理、更新改造过程而停止使用的固定资产，如果其修理、更新改造支出不满足固定资产的确认条件，在发生时也应直接计入当期损益。

在具体实务中，对于固定资产发生的下列各项后续支出，通常的处理方法为：

(1)固定资产修理费用，应当直接计入当期损益。

(2)固定资产改良支出，应当计入固定资产账面价值。

(3)如果不能区分是固定资产修理还是固定资产改良，或固定资产修理和固定资产改良结合在一起，则企业应当判断，与固定资产有关的后续支出，是否满足固定资产的确认条件。如果该后续支出满足了固定资产的确认条件，后续支出应当计入固定资产账面价值；否则，后续支出应当确认为当期损益。

(4)固定资产装修费用，如果满足固定资产的确认条件，装修费用应当计入固定资产账面价值，并在"固定资产"账户下单设"固定资产装修"明细账进行核算，在两次装修间隔期间与固定资产尚可使用年限两者中较短的期间内，采用合理的方法单独计提折旧。如果在下次装修时，与该项固定资产相关的"固定资产装修"明细账户仍有账面价值，应将该账面价值一次全部计入当期营业外支出。

(5)融资租入固定资产发生的固定资产后续支出，比照上述原则处理。发生的固定资产装修费用等，满足固定资产确认条件的，应在两次装修间隔期间、剩余租赁期与固定资产尚可使用年限三者中较短的期间内，采用合理的方法单独计提折旧。

(6)经营租入固定资产发生的改良支出，应通过"长期待摊费用"账户核算，并在剩余租赁期与租赁资产尚可使用年限两者中较短的期间内，采用合理的方法进行摊销。

【例5-14】某一般纳税人企业于20×1年8月25日对其所属的一家商场进行装修，发生有关支出如下：领用生产用原材料40 000元，购进该批原材料时支付的增值税6 800元(已列为进项税额)；辅助生产车间为装修工程提供劳务支出20 000元；应付装修人工费用30 000元。该项装修工程于20×1年12月20日完工并交付使用，且符合固定资产的确认条件。假设该企业预计下次装修为20×6年底，该项固定资产预计尚可使用10年。该项装修固定资产的成本采用年数总和法计提折旧，预计净残值率为原价的

5%。假设该企业在20×4年底,因需要对该商场进行装修。假设未提减值准备。会计分录如下:

①借:在建工程——某装修工程　　　　　　96 800
　　贷:原材料　　　　　　　　　　　　　　　　　40 000
　　　　应交税费——应交增值税(进项税额转出)　6 800
　　　　生产成本——辅助生产成本　　　　　　　20 000
　　　　应付职工薪酬　　　　　　　　　　　　　30 000
②借:固定资产——固定资产装修　　　　　　96 800
　　贷:在建工程——某装修工程　　　　　　　　96 800
③该项固定资产的应计折旧额=96 800×(1-5%)= 91 960(元)
根据两个期间孰短原则,应按5年计提折旧
各年折旧额如下:
20×2年 = 91 960×5/15= 30 653.33
20×3年 = 91 960×4/15= 24 522.67
20×4年 = 91 960×3/15= 18 392
20×5年 = 91 960×2/15= 12 261.33
20×6年 = 91 960×1/15= 6 130.67
　　合　计　　　　91 960(元)

每年计提折旧的分录(金额略)
借:销售费用
　贷:累计折旧
④借:营业外支出　　　　　　　　　　　　23 232
　　累计折旧　　　　　　　　　　　　　　73 568
　　贷:固定资产——固定资产装修　　　　　　96 800

5.3.3　固定资产减值

固定资产在资产负债表日存在可能发生减值的迹象时,其可收回金额低于账面价值的,企业应当将该固定资产的账面价值减记至可收回金额,减记的金额确认为减值损失,计入当期损益,同时计提相应的资产减值准备,"固定资产减值准备"账户核算企业固定资产减值准备。贷方登记按规定提取的减值准备,借方登记处置固定资产应同时结转的减值准备,期末贷方余额反映企业已计提但尚未转销的固定资产减值准备。其账务处理为,借记"资产减值损失"账户,贷记"固定资产减值准备"账户。固定资产减值损失一经确认,在以后会计期间不得转回。

【例5-15】　某公司20×1年12月31日的机器设备可能发生减值,经测算,该机器设备的可收回金额合计为1 150 000元,账面价值为1 200 000元,以前年度未对该机器设备计提过减值准备。该公司应作如下会计处理:

借:资产减值损失——计提的固定资产减值准备　　50 000
　贷:固定资产减值准备　　　　　　　　　　　　　　50 000

5.4 固定资产处置

5.4.1 固定资产终止确认的条件

当该固定资产处于处置状态或该固定资产预期通过使用或处置不能产生经济利益时,应当予以终止确认。

5.4.2 固定资产处置的核算

企业出售、转让、报废固定资产或发生固定资产毁损,应当将处置收入扣除账面价值和相关税费后的金额计入当期损益。固定资产的账面价值是固定资产成本扣减累计折旧和累计减值准备后的金额。固定资产处置的核算通过"固定资产清理"账户核算,"固定资产清理"账户核算企业因出售、报废、毁损、对外投资、非货币性资产交换、债务重组等原因转出的固定资产价值以及在清理过程中发生的费用等。借方登记清理过程中发生的各项费用,包括转入清理过程的固定资产净值、清理过程中发生的清理费用以及应支付的相关税费,贷方登记清理过程中发生的各项收入,包括转让收入、残料收入以及应向保险公司或有关责任者收取的赔款等。该账户贷方发生额大于借方发生额的差额为清理净收益,应作为营业外收入从该账户借方转出;反之,则为清理净损失,应作为营业外支出从该账户贷方转出。"固定资产清理"账户按被清理的固定资产项目进行明细核算。

1. 固定资产转入清理

企业因出售、报废、毁损、对外投资、非货币性资产交换、债务重组等转出的固定资产,按固定资产的账面价值,借记"固定资产清理"账户,按已计提的累计折旧,借记"累计折旧"账户,按计提的减值准备,借记"固定资产减值准备"账户,按其账面原价,贷记"固定资产"账户。

2. 发生的清理费用等

固定资产清理过程中应支付的相关税费及其他费用,借记"固定资产清理"账户,贷记"银行存款"、"应交税费——应交营业税"等账户。

3. 收回出售固定资产的价款、残料价值和变价收入等

此项借记"银行存款"、"原材料"等账户,贷记"固定资产清理"账户。

4. 保险赔偿等的处理

应由保险公司或过失人赔偿的损失,借记"其他应收款"等账户,贷记"固定资产清理"账户。

5. 清理净损益的处理

固定资产清理完成后,属于生产经营期间正常的处理损失,借记"营业外支出——处置非流动资产损失"账户,借记"营业外支出——非常损失"账户,贷记"固定资产清理"账户。如为贷方余额,借记"固定资产清理"账户,贷记"营业外收入"账户。

【例5-16】 甲公司出售一座建筑物,原价为1 000 000元,已计提折旧500 000元,未计提减值准备,实际出售价格为600 000元,已通过银行收回价款。甲公司应作如下会计处理:

①将出售固定资产转入清理时。

借:固定资产清理　　　　　　　　　　　500 000
　　累计折旧　　　　　　　　　　　　　500 000
　　贷:固定资产　　　　　　　　　　　　　　　1 000 000

②计算销售该固定资产应交纳的营业税,按规定适用的营业税税率为5%,应纳税额为600 000×5%=30 000(元)。

借:固定资产清理　　　　　　　　　　　30 000
　　贷:应交税费——应交营业税　　　　　　　　30 000

③收回出售固定资产的价款时。

借:银行存款　　　　　　　　　　　　　600 000
　　贷:固定资产清理　　　　　　　　　　　　　600 000

④结转出售固定资产实现的利得。

借:固定资产清理　　　　　　　　　　　70 000
　　贷:营业外收入——非流动资产处置利得　　　70 000

企业持有待售的固定资产,应当对其预计净残值进行调整,使该项固定资产的预计净残值能够反映其公允价值减去处置费用后的金额,但不得超过符合持有待售条件时该项固定资产的原账面价值,原账面价值高于预计净残值的差额,应作为资产减值损失计入当期损益。持有待售的固定资产从划归为持有待售之日起停止计提折旧和减值测试。

5.4.3 固定资产清查

固定资产盘亏造成的损失,应当计入当期损益。盘亏的固定资产发生时,按盘亏固定资产的账面价值,借记"待处理财产损溢——待处理固定资产损溢",按已计提的累计折旧,借记"累计折旧"账户,按已计提的减值准备,借记"固定资产减值准备"账户,按固定资产的原价,贷记"固定资产"账户。按管理权限报经批准后处理时,按可收回的保险赔偿或过失人赔偿,借记"其他应收款"账户,按应计入营业外支出的金额,借记"营业外支出——固定资产盘亏"账户,贷记"待处理财产损溢——待处理固定资产损溢"账户。

【例5-17】 甲公司进行财产清查时发现短缺一台设备,原价为10 000元,已提折旧为6 000元。甲公司应作会计处理如下:

①盘亏固定资产时。

借:待处理财产损溢——待处理固定资产损溢　　4 000
　　累计折旧　　　　　　　　　　　　　　　　6 000
　　贷:固定资产　　　　　　　　　　　　　　　　　10 000

②报经批准转销时。

借:营业外支出——固定资产盘亏　　　　　　　　4 000
　　贷:待处理财产损溢——待处理固定资产损溢　　　　4 000

本章小结

固定资产,是指为生产商品、提供劳务、出租或经营管理而持有的、使用寿命超过一个会计年度的有形资产。固定资产可以按照不同的标准进行分类。固定资产应当按照成本进行初始计量。固定资产的成本,是指企业购建某项固定资产达到预定可使用状态前所发生的一切合理、必要支出。固定资产的取得方式主要包括购买、自行建造、融资租赁等,取得的方式不同,初始计量方法也各不相同。固定资产折旧的计算方法分为年限平均法、工作量法、双倍余额递减法和年数总和法等。固定资产修理费用,通常的处理方法为直接计入当期损益;固定资产改良支出,通常的处理方法为计入固定资产账面价值;如果不能区分是固定资产修理还是固定资产改良,或固定资产修理和固定资产改良结合在一起,则企业应当判断,满足固定资产确认条件的,后续支出应当计入固定资产账面价值,否则,确认为当期损益;固定资产装修费用,满足固定资产确认条件的,应当计入固定资产账面价值。固定资产的处置包括清理处置和盘亏等。

练习题

一、单项选择题

1. 按照《企业会计准则第 4 号——固定资产》的规定:固定资产应当( )计提折旧,并根据用途计入相关资产的成本或者当期损益。
   A. 按月　　　　　　B. 按季　　　　　　C. 按半年　　　　　　D. 按年

2. 某企业购入某项精确度非常高的化学仪器 1 200 000 元,预计使用期满报废时需要特殊处理费用 400 000 元,其会计处理为( )。
   A. 借:固定资产　　　1 600 000
   　　贷:银行存款　　　　　1 600 000
   　　　　预计负债　　　　　　400 000
   B. 借:固定资产　　　1 600 000
   　　贷:银行存款　　　　　1 200 000
   C. 借:在建工程　　　1 600 000
   　　贷:银行存款　　　　　1 600 000
   　　　　预计负债　　　　　　400 000
   D. 借:在建工程　　　1 600 000
   　　贷:银行存款　　　　　1 200 000

3. 下列项目中,不应计入固定资产入账价值的是( )。
   A. 固定资产安装过程中发生的安装调试成本
   B. 固定资产建造过程中领用原材料负担的增值税
   C. 固定资产建造过程中由于正常原因造成的单项工程毁损净损失
   D. 固定资产筹建期间由于非正常原因造成的单位工程报废净损失

4. 下列固定资产中,需要计提折旧的是( )。
   A. 以经营租赁方式租入的车床
   B. 已提足折旧仍继续使用的生产线
   C. 以融资租赁方式租入的机器设备
   D 按照规定单独估价作为固定资产入账的土地

5. 20×2年3月20日,某公司对一项生产用机器设备进行技术改造。该设备账面原价为75 000 000元,20×1年12月31日该设备累计折旧为15 000 000元,已计提减值准备9 600 000元,预计尚可使用寿命为6年,预计净残值为零,采用年限平均法计提折旧。技术改造过程中,领用工程物资42 000 000元,发生人工费用5 700 000元。该设备于20×2年10月25日改造完工并交付生产使用,改造后设备预计可收回金额为9 800 000元,预计尚可使用寿命为10年,预计净残值为0,仍采用年限平均法计提折旧。20×2年度对该设备计提的折旧额为( )。

  A. 2 100 000元   B. 3 700 000元   C. 4 000 000元   D. 8 400 000元

6. 某企业于20×1年12月31日购入的一台设备原价320 000元,预计净残值10 000元,预计使用年限为5年,按双倍余额递减法计算折旧。该设备20×3年计提的折旧额为( )元。

  A. 62 000   B. 82 667   C. 64 000   D. 76 800

7. 某企业生产车间发生的固定资产修理费计入( )。

  A. 管理费用   B. 财务费用   C. 销售费用   D. 制造费用

8. 企业采用出包方式购建固定资产,按合同规定预付的工程款,应通过( )科目核算。

  A. 在建工程   B. 预付账款   C. 应付账款   D. 其他应付款

9. 甲企业的某项固定资产原价为20 000 000元,采用年限平均法计提折旧,使用寿命为10年,预计净残值为0,在第5年年初企业对该项固定资产的某一主要部件进行更换,发生支出合计10 000 000元,并且符合固定资产的确认条件,被更换的部件的原价为8 000 000元。则该项固定资产进行更换后的原价为( )元。

  A. 30 000 000   B. 26 000 000   C. 17 200 000   D. 22 000 000

10. 某企业于20×1年年初购买一项固定资产,合同约定的总价款为20 000 000元,分三年支付,20×1年年末支付8 000 000元,20×2年年末支付6 000 000元,20×3年年末支付6 000 000元。假定按市场利率计算的购买价款的现值为18 000 000元,预计该项固定资产的净残值为200 000元。则该项固定资产的入账价值为( )元。

  A. 17 800 000   B. 18 000 000   C. 18 200 000   D. 20 000 000

二、多项选择题

1. 不计提折旧的固定资产有( )。

  A. 未使用的房屋、建筑物   B. 未使用的机器设备
  C. 已提足折旧仍继续使用的固定资产   D. 单独计价入账的土地

2. 固定资产的折旧方法包括( )。

  A. 年限平均法   B. 工作量法   C. 双倍余额递减法   D. 年数总和法

3. 在确定固定资产成本时,应当考虑的因素包括( )。

  A. 购买价款
  B. 相关税费
  C. 达到预定可使用状态前所发生的借款利息
  D. 预计弃置费用

4. 下列各项中,会引起固定资产账面价值发生变化的有( )。

  A. 计提固定资产减值准备   B. 计提固定资产折旧

C. 固定资产中小修理　　　　　　　　D. 固定资产改扩建

5."固定资产清理"账户贷方核算的内容包括（　　）。
　　A. 固定资产变价收入　　　　　　　B. 转入清理的固定资产净值
　　C. 发生的清理费用　　　　　　　　D. 结转的固定资产清理净损失

6.下列固定资产在购建时,需计入"在建工程"科目的有（　　）。
　　A. 固定资产的改良　　　　　　　　B. 固定资产的清理
　　C. 出包的固定资产工程　　　　　　D. 直接投入使用的设备

7.采用自营方式建造固定资产的情况下,下列项目中应计入固定资产取得成本的有（　　）。
　　A. 工程人员的工资　　　　　　　　B. 工程领用本企业商品的实际成本
　　C. 工程耗用原材料　　　　　　　　D. 生产车间为工程提供的水、电等费用

8.下列各项属于固定资产特征的有（　　）。
　　A. 单位价值在2000元以上
　　B. 使用寿命超过一个会计年度
　　C. 是有形资产
　　D. 为生产商品、提供劳务、出租或经营管理而持有

9.下列固定资产折旧方法中,体现谨慎性要求的有（　　）。
　　A. 年限平均法　　B. 工作量法　　C. 双倍余额递减法　　D. 年数总和法

10.如果某项固定资产满足下列（　　）条件之一的,应当予以终止确认。
　　A. 该固定资产处于未使用状态　　　B. 该固定资产不能产生经济利益
　　C. 该固定资产处于处置状态　　　　D. 该固定资产处于大修理状态

三、判断题

1.采用年限平均法计提折旧时,各月折旧额一定相等。（　　）

2.确定固定资产成本时,不应当考虑预计弃置费用因素。（　　）

3.固定资产的使用寿命、预计净残值一经确定,不得随意变更和调整。（　　）

4.如果已计提减值准备的固定资产的价值又得以恢复,则应当将已恢复的价值全部确认为当期收益。（　　）

5.固定资产如果有各组成部分组成,应将其作为一个整体确认。（　　）

6.自行建造固定资产的成本,由建造该项资产达到预定可使用状态前所发生的必要支出构成。（　　）

7.以一笔款项购入多项没有单独标价的固定资产,应当按照各项固定资产公允价值比例对总成本进行分配,分别确定各项固定资产的成本。（　　）

8.固定资产在进行第二次装修时,如果该项固定资产相关的"固定资产装修"明细科目仍有账面价值,应将该账面价值一次全部计入当期营业外支出。（　　）

9.投资者投入固定资产的成本,应当按照投资合同或协议约定的价值确定。（　　）

10.处于更新改造过程停止使用的固定资产,应将其账面价值转入在建工程,不再计提折旧。（　　）

四、业务计算与核算题

1.甲公司基本生产车间报废设备一台,经批准后进行清理。该设备原价54 000元,已提折旧28 000元,已计提减值准备20 000元,以银行存款支付清理费用350元,取得

残值收入 700 元已存入银行。设备已清理完毕。要求编制全部清理业务的会计分录。

2. 甲公司于 20×2 年 3 月对某生产线进行改造。该生产线的账面原价为 36 000 000 元，已计提折旧为 10 000 000 元，20×1 年 12 月 31 日该生产线计提减值准备 2 000 000 元，在改造过程中，领用工程物资 3 100 000 元，应付人工费用 1 000 000 元，耗用水电等其他费用 1 200 000 元。在试运行中取得试运行净收入 300 000 元。该生产线于 20×3 年 1 月改造完工并投入使用。改造后的生产线可使其产品质量得到实质性提高，该项改造支出应予资本化。

要求：编制必要的会计分录。

3. 甲公司为一般纳税人，于 20×1 年 8 月 25 日对其所属的一家商场进行装修，发生有关支出如下：领用生产用原材料 40 000 元，购进该批原材料时支付的增值税 6 800 元（已列为进项税额）；辅助生产车间为装修工程提供劳务支出 20 000 元；应付装修人工费用 30 000 元。该项装修工程于 20×1 年 12 月 20 日完工并交付使用，且符合固定资产的确认条件。假设该企业预计下次装修为 20×6 年底，该项固定资产预计尚可使用 10 年。该项装修固定资产的成本采用年数总和法计提折旧，预计净残值率为原价的 5%。假设该企业在 20×4 年底，因需要对该商场进行装修。假设未提减值准备。

要求：完成相关的会计分录。

4. 甲公司生产用机械设备一台，原价为 100 000 元，预计使用年限为 5 年，净残值为 4%。

要求：

(1) 按平均年限法计算该设备的月折旧额，并作计提折旧的会计分录。

(2) 按双倍余额递减法计算第二年和第四年的折旧额。

(3) 按年数总和法计算第二年和第四年的折旧额。

五、复习思考题

1. 企业的固定资产包括哪些内容？
2. 固定资产应如何进行初始计量？
3. 自营方式和出包方式建造的固定资产，应当如何进行会计核算？
4. 租赁方式取得的固定资产，如何确定其入账价值？
5. 固定资产的折旧应如何进行会计处理？
6. 固定资产处置应如何进行会计处理？

第6章 无形资产及其他长期资产

□ **学习目标**

通过本章学习,掌握无形资产的确认条件和初始计量,了解无形资产的种类及其内容,熟练掌握无形资产初始计量、后续计量和处置的核算。

6.1 无形资产的确认和初始计量

6.1.1 无形资产的概念和确认条件

1. 无形资产的概念

无形资产,是指企业拥有或者控制的没有实物形态的可辨认非货币性资产,主要包括专利权、非专利技术、商标权、著作权、特许权等。如何判断可辨认非货币性资产,《企业会计准则》规定:资产满足下列条件之一的,符合无形资产定义中的可辨认性标准:①能够从企业中分离或者划分出来,并能单独或者与相关合同、资产或负债一起,用于出售、转移、授予许可、租赁或者交换。②源自合同性权利或其他法定权利,无论这些权利是否可以从企业或其他权利和义务中转移或者分离。

因为商誉的存在无法与企业自身分离,不具有可辨认性,所以不属于本章无形资产的范围。

土地使用权通常作为无形资产核算,但属于投资性房地产或者作为固定资产核算的土地使用权,应当按投资性房地产或固定资产的核算原则进行会计处理。

石油天然气矿区权益,不属于本章无形资产的范围,应当按石油天然气开采的核算原则进行会计处理。

2. 无形资产的确认条件

一项资产在符合无形资产定义的前提下,只有同时满足下列两项条件才能确认为一项无形资产:①与该无形资产有关的经济利益很可能流入企业;②该无形资产的成本能够可靠地计量。

在会计实务工作中,要确定无形资产所创造的经济利益是否很可能流入企业,应当对无形资产在预计使用寿命内可能存在的各种经济因素作出合理估计,并且应当有明确证据支持。同时还需要关注一些外界因素的影响,比如是否存在与该无形资产相关的新技术、新产品冲击,或据其生产的产品是否存在市场等。在会计实务工作中,成本能够可靠地计量是确认资产的一项基本条件,例如,企业自创商誉以及内部产生的品牌、报刊名等,因其成本无法可靠地计量,不应确认为无形资产。对于无形资产来说,这个条件相对而言更为重要。尤其要注意的是,只有这两个条件同时满足才能将其确认为无形资产。

6.1.2 无形资产的初始计量

无形资产应当按照成本进行初始计量。企业取得无形资产的主要方式有外购、自行研究开发、投资者投入等。对于不同来源取得的无形资产,其初始计量不同、会计处理也有所差别。

1. 外购的无形资产

外购无形资产的成本包括购买价款、相关税费以及直接归属于使该项资产达到预定用途所发生的其他支出。其中,直接归属于使该项资产达到预定用途所发生的其他支出,包括使无形资产达到预定用途所发生的专业服务费用,测试无形资产是否能够正常发挥作用的费用等,但不包括为引入新产品进行宣传发生的广告费用、管理费用及其他间接费用,也不包括无形资产已经达到预定用途以后发生的费用。无形资产达到预定用途后所发生的支出,不构成无形资产的成本。

购买无形资产的价款超过正常信用条件延期支付,实质上具有融资性质,无形资产的成本以购买价款的现值为基础确定。实际支付的价款与购买价款的现值之间的差额,除按照《企业会计准则第17号——借款费用》应予资本化的以外,应当在信用期间内计入当期损益。

无形资产核算通过"无形资产"账户。"无形资产"账户核算企业持有的无形资产成本,该账户借方登记取得无形资产的成本,贷方登记出售无形资产转出的账面余额,期末余额在借方,反映企业期末无形资产的成本。"无形资产"账户应按无形资产项目设置明细账进行明细核算。

【例6-1】 A公司购买一项专利,支付款项合计为64 800元。A公司应作如下会计处理:

借:无形资产　　　　　　　　　　　64 800
　　贷:银行存款　　　　　　　　　　　　　64 800

【例6-2】 某A上市公司20×1年1月8日,从B公司购买一项商标权,由于A公司资金周转比较紧张,经与B公司协议采用分期付款方式支付款项。合同规定,该项商标权总计2 000 000元,每年末付款1 000 000元,两年付清。假定银行同期贷款利率为6%,2年期年金现值系数为1.8334。有关会计处理如下:

　　无形资产现值＝1 000 000×1.8334＝1 833 400(元)
　　未确认融资费用＝2 000 000－1 833 400＝166 600(元)
　　第一年应确认的融资费用＝1 833 400×6%＝110 004(元)
　　第二年应确认的融资费用＝166 600－110 004＝56 596(元)

借:无形资产——商标权　　　　　1 833 400
　　未确认融资费用　　　　　　　　166 600
　　贷:长期应付款　　　　　　　　　　　2 000 000

第一年底付款时：
借：长期应付款　　　　　　　　　1 000 000
　　贷：银行存款　　　　　　　　　　　　　　1 000 000
借：财务费用　　　　　　　　　　　110 004
　　贷：未确认融资费用　　　　　　　　　　　110 004
第二年底付款时：
借：长期应付款　　　　　　　　　1 000 000
　　贷：银行存款　　　　　　　　　　　　　　1 000 000
借：财务费用　　　　　　　　　　　56 596
　　贷：未确认融资费用　　　　　　　　　　　56 596

2.自行开发的无形资产

　　企业内部研究开发项目的支出，应当区分研究阶段支出与开发阶段支出。研究是指为获取并理解新的科学或技术知识而进行的独创性的有计划调查。企业内部研究开发项目研究阶段的支出，应当于发生时计入当期损益。开发是指在进行商业性生产或使用前，将研究成果或其他知识应用于某项计划或设计，以生产出新的或具有实质性改进的材料、装置、产品等。企业内部研究开发项目开发阶段的支出，同时满足下列条件的，才能确认为无形资产：①完成该无形资产以使其能够使用或出售在技术上具有可行性；②具有完成该无形资产并使用或出售的意图；③无形资产产生经济利益的方式，包括能够证明运用该无形资产生产的产品存在市场或无形资产自身存在市场，无形资产将在内部使用的，应当证明其有用性；④有足够的技术、财务资源和其他资源支持，以完成该无形资产的开发，并有能力使用或出售该无形资产；⑤归属于该无形资产开发阶段的支出能够可靠地计量。内部研发形成的无形资产的成本，由可直接归属于该资产的创造、生产并使该资产能够以管理层预定的方式运作的所有必要支出组成。可直接归属成本包括，开发该无形资产时耗费的材料、劳务成本、注册费、在开发该无形资产过程中使用的其他专利权和特许权的摊销，以及按照借款费用的处理原则可以资本化的利息支出。在开发无形资产过程中发生的，除上述可直接归属于无形资产开发活动之外的其他销售费用、管理费用等，无形资产达到预定用途前发生的可辨认的无效和初始运作损失，为运行该无形资产发生的培训支出等不构成无形资产的开发成本。对于同一项无形资产在开发过程中达到资本化条件之前已经费用化计入当期损益的支出，不再进行调整。

　　企业自行开发无形资产发生的研发支出，无论是否满足资本化条件，均应先在"研发支出"账户中核算。"研发支出"账户核算企业进行研究与开发无形资产过程中发生的各项支出，分别按"费用化支出"、"资本化支出"进行明细核算。企业自行开发无形资产发生的研发支出，不满足资本化条件的借记"研发支出——费用化支出"账户，满足资本化条件的借记"研发支出——资本化支出"账户，贷记"原材料"、"银行存款"、"应付职工薪酬"等账户。研究开发项目达到预定用途形成无形资产的，应按"研发支出——资本化支出"账户的余额，借记"无形资产"账户，贷记"研发支出——资本化支出"账户。期末，应将研发支出归集的费用化支出金额转入"管理费用"账户，借记"管理费用"账户，贷记"研发支出——费用化支出"账户。

【例 6-3】 20×1 年，A 公司董事会批准公司自行研究开发一项新产品专利技术，该公司在研究开发过程中发生材料费 30 000 000 元、人工工资 10 000 000 元，以及其他费用 20 000 000 元，总计 60 000 000 元，其中，符合资本化条件的支出为 40 000 000 元，年末，该专利技术已经达到预定用途。有关会计处理如下：

(1)借：研发支出——费用化支出　　　　20 000 000
　　　　　　　——资本化支出　　　　　40 000 000
　　贷：原材料　　　　　　　　　　　　　　　　30 000 000
　　　　应付职工薪酬　　　　　　　　　　　　　10 000 000
　　　　银行存款　　　　　　　　　　　　　　　20 000 000

(2)年末：
借：管理费用　　　　　　　　　　　　20 000 000
　　无形资产　　　　　　　　　　　　40 000 000
　　贷：研发支出——费用化支出　　　　　　　　20 000 000
　　　　　　　　——资本化支出　　　　　　　　40 000 000

3. 投资者投入的无形资产

投资者投入的无形资产其成本应当按照投资合同或协议约定的价值确定，但合同或协议约定价值不公允的除外。这里强调了"投资双方确认"的形式是必须有合同价或协议价；强调了合同价或协议价必须公允。

例：某股份有限公司接受 A 公司以其所拥有的专利权作为出资，双方协议约定的价值为 10 000 000 元，该价值公允，A 公司另支付印花税 5 000 元，已办妥相关手续。有关会计处理如下：

借：无形资产　　　　　　　　　　　　10 005 000
　　贷：实收资本　　　　　　　　　　　　　　　10 005 000

4. 以非货币性资产交换取得的无形资产

企业通过非货币性资产交换取得的无形资产，包括以投资换入的无形资产、以存货换入的无形资产、以固定资产换入的无形资产、以无形资产换入的无形资产。

(1)交换具有商业实质，换入资产或换出资产的公允价值能够可靠地计量的，应当以公允价值和应支付的相关税费作为换入无形资产的成本，公允价值与换出资产账面价值的差额计入当期损益，换入无形资产的成本＝换出资产的公允价值＋应支付的相关税费；支付补价的，换入无形资产的成本与换出资产账面价值加支付的补价、应支付的相关税费之和的差额，应当计入当期损益，换入无形资产的成本＝换出资产的公允价值＋补价＋应支付的相关税费；收到补价的，换入无形资产成本加收到的补价之和与换出资产账面价值加应支付的相关税费之和的差额，应当计入当期损益，换入无形资产的成本＝换出资产的公允价值－补价＋应支付的相关税费。

(2)交换不具有商业实质，或者虽具有商业实质但公允价值不能可靠计量的，应当以换出资产的账面价值和应支付的相关税费作为换入无形资产的成本，不确认损益，换入无形资产的成本＝换出资产的账面价值＋应支付的相关税费；支付补价的，应当以换出资产的账面价值，加上支付的补价和应支付的相关税费，作为换入无形资产的成本，不确认损益,换入无形资产的成本＝换出资产的账面价值＋支付的补价＋应支付的相关税费;收到补价的,应当以换出资产的账面价值,减去收到的补价并加上应支付的相关税费,作为换入无形资产的成本,不确认损益,换入无形资产的成本＝换出资产的账面价值－收到的补价＋应支付的相关税费。

5. 通过债务重组取得的无形资产

通过债务重组取得的无形资产,是指企业作为债权人取得的债务人用于偿还债务的非现金资产,且企业作为无形资产管理的资产,应当按照取得时的公允价值入账。

6. 企业取得的土地使用权

企业取得的土地使用权,通常应当按照取得时所支付的价款及相关税费确认为无形资产。土地使用权用于自行开发建造厂房等地上建筑物时,土地使用权的账面价值不与地上建筑物合并计算其成本,而仍作为无形资产进行核算。如果房地产开发企业取得的土地使用权用于建造对外出售的房屋建筑物,其相关的土地使用权的价值应当计入所建造的房屋建筑物成本。企业外购的房屋建筑物,实际支付的价款中包括土地以及建筑物的价值,则应当对支付的价款按照合理的方法(如公允价值)在土地和地上建筑物之间进行分配;无法在地上建筑物与土地使用权之间分配的,按照《企业会计准则第 4 号——固定资产》规定,确认为固定资产原价。

企业改变土地使用权的用途,将其作为出租或增值目的时,应将其转为投资性房地产。

6.2 无形资产的后续计量

6.2.1 无形资产的分类

1. 按无形资产取得的途径划分

分为外来无形资产和自创无形资产。外来无形资产包括外购的无形资产、投资者投入的无形资产等。自创无形资产是指企业自行研制、开发创造而获取的,如专利权、商标权等。

2. 按无形资产的使用寿命是否有限划分

分为使用寿命有限的无形资产和使用寿命不确定的无形资产。使用寿命有限的无形资产企业可以预见无形资产为企业带来经济利益的期限,无法预见无形资产为企业带来经济利益期限的,应当视为使用寿命不确定的无形资产。

6.2.2 使用寿命有限的无形资产

企业应当于取得无形资产时分析判断其使用寿命。无形资产使用寿命的确定:源自合同性权利或其他法定权利取得的无形资产,其使用寿命不应超过合同性权利或其他法定权利的期限;没有明确的合同或法律规定的,企业应当综合各方面情况,来确定无形资产为企业带来未来经济利益的期限;如果经过以上努力,确实无法合理确定无形资产为企业带来经济利益期限,再将其作为使用寿命不确定的无形资产。

根据《企业会计准则第6号——无形资产》的规定:无形资产的使用寿命为有限的,应当估计该使用寿命的年限或者构成使用寿命的产量等类似计量单位数量。使用寿命有限的无形资产,其摊销金额应当在使用寿命内系统合理摊销。摊销方法包括直线法、生产总量法等。企业选择的无形资产摊销方法,应当反映与该项无形资产有关的经济利益的预期实现方式。无法可靠确定预期实现方式的,应当采用直线法摊销。企业应当按月对无形资产进行摊销,其摊销期应当自无形资产可供使用当月起开始,至不再作为无形资产确认时终止。摊销金额一般应当计入当期损益(其他会计准则另有规定的除外)。无形资产的摊销金额为其成本扣除预计残值后的金额。已计提减值准备的无形资产,还应扣除已计提的无形资产减值准备累计金额。使用寿命有限的无形资产,其残值应当视为零,但下列情况除外:①有第三方承诺在无形资产使用寿命结束时购买该无形资产;②可以根据活跃市场得到预计残值信息,并且该市场在无形资产使用寿命结束时很可能存在。企业至少应当于每年年度终了,对使用寿命有限的无形资产的使用寿命及摊销方法进行复核。无形资产的使用寿命及摊销方法与以前估计不同的,应当改变摊销期限和摊销方法。使用寿命有限的无形资产,其使用寿命的估计情况以及无形资产的摊销方法应在附注中加以披露。

无形资产的摊销通过"累计摊销"账户核算。"累计摊销"账户属于"无形资产"账户的调整账户,该账户核算企业对使用寿命有限的无形资产计提的累计摊销额,贷方登记企业计提的无形资产摊销额,借方登记处置无形资产转出的累计摊销额,期末余额在贷方,反映企业无形资产的累计摊销额。企业自用的无形资产,其摊销金额计入管理费用;出租的无形资产,其摊销金额计入其他业务成本;某项无形资产包含的经济利益通过所生产的产品或其他资产实现的,其摊销金额应当计入相关成本。

【例6-4】接【例6-1】假定该公司购买的专利,在9年内采用直线法进行摊销。A公司应作如下摊销的会计处理:

每月摊销时
借:管理费用(64 800/12/9) 600
　　贷:累计摊销 600

6.2.3 使用寿命不确定的无形资产

使用寿命不确定的无形资产,在持有期间内不应摊销,但应当在每个会计期间进行减值测试。其减值测试的方法按照判断资产减值的原则进行处理,如经减值测试表明已发生减值,则需要计提相应的减值准备。企业应当在每个会计期间对使用寿命不确定的无形资产的使用寿命进行复核。如果有证据表明无形资产的使用寿命是有限的,应当估计其使用寿命,并按使用寿命有限的无形资产规定处理。使用寿命不确定的无形资产,其使用寿命不确定的判断依据应在附注中进行披露。

6.2.4 无形资产的减值

无形资产在资产负债表日存在可能发生减值迹象的,其可收回金额低于账面价值时,企业应当将该无形资产的账面价值减记至可收回金额,减记的金额确认为减值损失,计入当期损益,同时计提相应的资产减值准备,按应减记的金额,借记"资产减值损失——计提的无形资产减值准备"账户,贷记"无形资产减值准备"账户。无形资产减值损失一经确认,在以后会计期间不得转回。

【例 6-5】接【例 6-1】假定该公司购买的专利,第二年末,经减值测试,该专利的可收回金额为 49 000 元。A 公司应作如下会计处理:

该无形资产第二年末账面价值为:64 800—600×24=50 400(元)

应提取的减值准备为:50 400—49 000=1 400(元)

会计处理:

借:资产减值损失——计提的无形资产减值准备　　1 400
　　贷:无形资产减值准备　　　　　　　　　　　　　　　　1 400

6.3　无形资产的处置

6.3.1　无形资产的出售

企业处置无形资产,应当将取得的价款与该无形资产账面价值的差额计入当期损益。

【例 6-6】接【例 6-5】假定该公司购买的专利,买入 3 年后将其所有权转让给甲公司,协商作价 50 000 元。A 公司应作如下会计处理:

借:银行存款　　　　　　　　　　　　　　　　　　50 000
　　累计摊销　　　　　　　　　　　　　　　　　　21 400
　　无形资产减值准备——计提的无形资产减值准备　1 400
　　贷:无形资产　　　　　　　　　　　　　　　　　　　64 800
　　　　应交税费——应交营业税　　　　　　　　　　　　2 500
　　　　营业外收入——处置非流动资产利得　　　　　　　5 500

6.3.2　无形资产的出租

企业将所拥有的无形资产的使用权让渡给他人,并收取租金,在满足收入准则规定的确认标准的情况下,应确认相关的收入及成本。

出租无形资产时,取得的租金收入,借记"银行存款"等账户,贷记"其他业务收入"等账户;摊销出租无形资产的成本并发生与转让有关的各项费用支出时,借记"其他业务成本"账户,贷记"累计摊销"等账户。

6.3.3　无形资产的报废

如果无形资产预期不能为企业带来未来经济利益,不再符合无形资产的定义,应将其转销。例如,该无形资产已被其他新技术所替代或超过法律保护期,不能再为企业带来经济利益等应予转销。转销时,应按已计提的累计摊销,借记"累计摊销"账户,按已计提的减值准备,借记"无形资产减值准备"账户,按其账面余额,贷记"无形资产"账户,按其差额,借记"营业外支出"账户。

【例6—7】接【例6—1】假定该公司购买的专利,摊销6年后,用其生产的产品已没有市场,决定应予转销。假定未计提减值准备。则该公司的会计处理如下:

借:累计摊销　　　　　　　　　　　　49 200
　　营业外支出　　　　　　　　　　　　15 600
　　贷:无形资产　　　　　　　　　　　　　　　64 800

6.4　其他长期资产

6.4.1　其他长期资产概述

其他长期资产是指除长期股权投资、固定资产、无形资产等以外的长期资产,如长期待摊费用、国家批准储备的特种物资、银行冻结存款等。

6.4.2　其他长期资产的核算

长期待摊费用是指企业已经发生但应由本期和以后各期负担的分摊期限在一年以上的各项费用,如以经营租赁方式租入的固定资产发生的改良支出等,可通过"长期待摊费用"账户核算。该账户借方登记企业发生的长期待摊费用,贷方登记摊销的长期待摊费用,期末借方余额反映企业尚未摊销完毕的长期待摊费用。企业发生的长期待摊费用,借记"长期待摊费用"账户,贷记"银行存款"、"原材料"等账户。摊销长期待摊费用,借记"管理费用"、"销售费用"等账户,贷记"长期待摊费用"账户。

【例6—8】　20×1年3月1日,甲公司对其以经营租赁方式新租入的办公楼进行装修,发生以下有关支出:领用生产用材料500 000元,购进该批原材料时支付的增值税进项税额为85 000元;辅助生产车间为该装修工程提供的劳务支出为185 000元;有关人员工资等职工薪酬430 000元。20×1年12月1日,该办公楼装修完工,达到预定可使用状态并交付使用,并按租赁期10年开始进行摊销。假定不考虑其他因素,甲公司的会计处理如下:

(1)装修领用原材料时。

借:长期待摊费用　　　　　　　　　　585 000
　　贷:原材料　　　　　　　　　　　　　　　500 000
　　　　应交税费——应交增值税(进项税额转出)　85 000

(2)辅助生产车间为该装修工程提供劳务时。

借:长期待摊费用　　　　　　　　　　185 000
　　贷:生产成本——辅助生产成本　　　　　　185 000

(3)确认工程人员职工薪酬时。

借:长期待摊费用　　　　　　　　　　430 000
　　贷:应付职工薪酬　　　　　　　　　　　　430 000

(4)20×1年摊销装修支出时。

借:管理费用　　　　　　　　　　　　10 000
　　贷:长期待摊费用　　　　　　　　　　　　10 000

其他长期资产可以根据资产的性质及特点单独设置科目核算。

本章小结

无形资产,是指企业拥有或者控制的没有实物形态的可辨认非货币性资产,主要包括专利权、非专利技术、商标权、著作权、特许权等。无形资产的初始计量与核算因取得方式的不同而不同,企业内部研究开发项目的支出,应当区分研究阶段支出与开发阶段支出,研究阶段支出和开发阶段支出的核算不同;研究阶段的支出全部费用化,计入当期损益(管理费用);开发阶段的支出符合资本化条件的,资本化;不符合资本化条件的,计入当期损益。对于使用寿命不确定的无形资产不摊销;使用寿命有限的无形资产摊销,其摊销方法包括直线法、生产总量法等。摊销金额为其成本扣除预计残值后的金额。已计提减值准备的无形资产,还应扣除已计提的无形资产减值准备累计金额。对无形资产的处置根据不同的方式采用相应的核算方法,期末,应对无形资产逐项检查,并按规定的条件转销或计提减值准备。

本章的学习重点与难点是无形资产的确认和初始计量以及无形资产的核算。

练习题

一、单项选择题

1. 无形资产预期不能为企业带来经济利益的,应当将该无形资产的账面价值予以转销,转销时应借记( )科目。
   A. 营业外支出　　　　B. 管理费用　　　　C. 财务费用　　　　D. 营业费用
2. 企业摊销无形资产时应借记( )科目。
   A. 营业外支出　　　　B. 管理费用　　　　C. 财务费用　　　　D. 营业费用
3. 企业出售无形资产的净收入,会计上应确认为( )。
   A. 投资收益　　　　B. 营业收入　　　　C. 营业外收入　　　　D. 其他业务收入
4. 无形资产应当按照进行( )初始计量。
   A. 成本　　　　B. 公允价值　　　　C. 可变现净值　　　　D. 重置成本
5. 企业摊销无形资产时应贷记( )科目。
   A. 营业外支出　　　　B. 管理费用　　　　C. 累计摊销　　　　D. 无形资产
6. 甲股份有限公司接受乙公司以其所拥有的专利权作为出资,双方协议约定的价值为 8 000 000 元,按照市场情况估计其公允价值为 6 000 000 元,双方已办妥相关手续。则甲公司该项专利权的入账价值为( )元。
   A. 8 000 000　　　　B. 6 000 000　　　　C. 7 000 000　　　　D. 2 000 000
7. 某企业以 2 200 000 元的价格转让一项专利权,该专利权原取得成本为 1 600 000 元,已摊销 500 000 元,已计提无形资产减值准备 200 000 元,转让过程中的应交营业税为 110 000 元,不考虑其他相关税费。企业在转让无形资产时确认的净收益为( )元。
   A. 1 190 000　　　　B. 1 390 000　　　　C. 1 300 000　　　　D. 1 500 000
8. 甲公司预计使用乙公司专利后可使其未来利润增长 20%。为此,甲公司与乙公司协议商定,乙公司以其专利权投资于甲公司,双方协议价格为9 000 000元,且等于公允价值。甲公司另外支付印花税等相关税费20 000元,款项乙通过银行转账支付。则甲公司该项无形资产的入账价值为( )元。

  A.9 000 000   B.9 180 000   C.9 600 000   D.9 020 000

9.企业出租无形资产取得的收入,应当计入( )。

  A.主营业务收入   B.其他业务收入   C.投资收益   D.营业外收入

10.甲股份有限公司于20×4年1月1日,以500 000元的价格转让一项无形资产,同时发生相关税费30 000元。无形资产系20×1年1月1日购入并投入使用,其入账价值为3 000 000元,摊销年限为5年。则甲公司转让该无形资产发生的净损失为( )元。

  A.1 030 000   B.1 000 000   C.700 000   D.730 000

二、多项选择题

1.下列各项中,会引起无形资产账面价值发生增减变动的有( )。

  A.发生无形资产研究支出   B.对无形资产计提减值准备
  C.摊销无形资产成本   D.转让无形资产所有权

2.下列各项不应计入外购的无形资产初始成本的是( )。

  A.购买价款
  B.为引入新产品进行宣传发生的广告费
  C.使该项资产达到预定用途所发生的其他费用
  D.无形资产已经达到预定用途以后发生的费用

3.下列资产符合无形资产定义中可辨认性标准的有( )。

  A.能够从企业中分离出来,并能单独出售
  B.能够从企业中划分出来并能与相关负债一起用于交换
  C.能够从企业中划分出来并能与相关资产一起用于转移
  D.不能从企业中分离的合同性权益

4."研发支出"账户分别按( )进行明细核算。

  A.费用化支出   B.资本化支出   C.累计摊销   D.研究开发支出

5.无形资产包括( )。

  A.专利权   B.商标权   C.著作权   D.特许权

6.企业内部研究开发项目开发阶段的支出确认为无形资产应同时满足的条件有( )。

  A.完成该无形资产以使其能够使用或出售在技术上具有可行性
  B.具有完成该无形资产并使用或出售的意图
  C.无形资产产生经济利益的方式能够得到证明
  D.归属于该无形资产开发阶段的支出能够可靠地计量

7.下列各项属于无形资产特征的有( )。

  A.没有实物形态   B.可辨认   C.使用寿命有限   D.非货币性资产

8.某公司拥有的一项专利报废,该无形资产账面余额为1 200 000元,累计摊销额为600 000元,已计提减值准备为200 000元。则该公司下列账务处理正确的有( )。

  A.借记"累计摊销"600 000元   B.借记"无形资产减值准备"200 000元

C.借记"营业外支出"400 000元　　　　D.贷记"无形资产"1 200 000元

9.下列可以确认为无形资产的有(　　)。
　A.计算机公司购入的为客户开发的软件　B.高级专业技术人才
　C.企业通过行政划拨无偿取得的土地使用权　D.购买的商标权

10.下列有关无形资产的后续计量中,说法不正确的是(　　)。
　A.使用寿命不确定的无形资产,其应摊销的金额应该按照10年进行摊销
　B.无形资产的摊销方法必须采用直线法进行摊销
　C.使用寿命不确定的无形资产应该按照系统合理的方法摊销
　D.企业无形资产的摊销方法应当反映与该项无形资产有关的经济利益的预期实现方式

三、判断题

1.企业自创商誉以及内部产生的品牌、报刊名等,不应确认为无形资产。(　　)
2.对自用无形资产进行摊销时,相应的账务处理是:借记"管理费用",贷记"无形资产"。(　　)
3.企业合并中产生的商誉不在无形资产准则中进行规范,因此不属于无形资产的范畴。(　　)
4.无形资产,是指企业拥有或者控制的没有实物形态的非货币性资产。(　　)
5.企业内部研究开发项目研究阶段的支出,应当于发生时计入当期损益。(　　)
6.企业无形资产开发阶段的支出平时在研发支出中归集,期末结转管理费用。(　　)
7.购入无形资产超过正常信用条件延期支付价款,实质上具有融资性质的,该项无形资产的计量应以购买价款的现值为基础。(　　)
8.通常,对无形资产的摊销应采用直线法。(　　)
9.对于使用寿命不确定的无形资产,在持有期间内不需要摊销,也不需要进行减值测试。(　　)
10.无形资产应当按照公允价值进行初始计量。(　　)
11.使用寿命有限的无形资产,残值一定为零。(　　)

四、业务计算与核算题

1.20×1年1月1日,甲公司外购A无形资产,实际支付价款为1 200 000元,法律规定:A无形资产的有效年限为10年,已使用1年,甲公司估计A无形资产预计使用年限为6年,20×2年12月31日,由于外部因素发生不利变化,致使A无形资产发生价值减损,甲公司据此估计其可收回金额为250 000元。甲公司对A无形资产摊销方法采用直线法,预计A无形资产残值为零。

要求:作出下列会计分录(以元为金额单位)
(1)20×1年1月1日购入。
(2)20×1年12月31日与2002年12月31日摊销。
(3)20×2年12月31日计提无形资产减值准备。
(4)20×3年12月31日与20×4年12月31日摊销。

2.甲公司自行研究、开发一项技术,截至20×1年12月31日,发生研发支出合计1 000 000元,所有款项全部通过银行转账支付,经测试该项研发活动完成了研究阶段,从20×2年1月1日开始进入开发阶段。20×2年发生研发支出200 000元,假定符合

《企业会计准则第 6 号——无形资产》规定的开发支出资本化条件。20×2 年 6 月 30 日,该项研发活动结束,最终开发出一项非专利技术。

要求:作甲公司有关研发支出的账务处理。

3.甲公司将其购买的专利权转让给乙公司,该专利权的成本为 500 000 元,已摊销 200 000 元,应交税费 20 000 元,实际取得的转让价款为 400 000 元,款项已存入银行。

要求:作甲公司出售该专利权的账务处理。

五、思考题

1.何谓"无形资产"?无形资产通常包括哪些项目?
2.企业将某个项目确认为无形资产应当满足哪些条件?
3.无形资产的摊销应如何进行会计处理?
4.研究阶段和开发阶段如何进行区分?账务处理有何不同?
5.简述无形资产出售和报废的账务处理。

第7章 投资性房地产

□学习目标

通过本章学习,掌握投资性房地产的确认条件和初始计量,了解投资性房地产的内容,熟练掌握投资性房地产的核算。

7.1 投资性房地产的确认和计量

7.1.1 投资性房地产的概念

投资性房地产,是指为赚取租金或资本增值,或两者兼有而持有的房地产。"房地产"是土地和房屋及其权属的总称。其中,土地是指土地使用权;房屋是指土地上的房屋建筑物。企业持有房地产除了自用和作为存货销售外,出现了将房地产用于赚取租金或增值收益的活动,其主要涉及已出租的土地使用权、持有并准备增值后转让的土地使用权和已出租的建筑物等。因此,投资性房地产应当能够单独计量和出售。

1. 属于投资性房地产的项目

通常情况下,投资性房地产包括:

(1)已出租的土地使用权。已出租的土地使用权,是指企业通过出让或转让方式取得,并以经营租赁方式出租的土地使用权。企业计划用于出租但尚未出租的土地使用权不属于投资性房地产。对于以经营租赁方式租入的土地使用权再转租给其他单位的,也不能确认为投资性房地产。

(2)持有并准备增值后转让的土地使用权。持有并准备增值后转让的土地使用权,是指企业通过出让或转让方式取得并准备增值后转让的土地使用权。按照国家有关规定认定的闲置土地,不属于持有并准备增值后转让的土地使用权。

根据《闲置土地处置办法》(中华人民共和国国土资源部令第5号)的规定,闲置土地是指土地使用者依法取得土地使用权后,未经原批准用地的人民政府同意,超过规定的期限未动工开发建设的建设用地。具有下列情形之一的,可以认定为闲置土地:

①国有土地有偿使用合同或者建设用地批准书未规定动工开发建设日期,自国有土地有偿使用合同生效或者土地行政主管部门建设用地批准书颁发之日起满1年未动工开发建设的。

②已动工开发建设,但开发建设的面积占应动工开发建设总面积不足三分之一或者

已投资额占总投资额不足25%,且未经批准中止开发建设连续1年的。

(3)已出租的建筑物。已出租的建筑物,是指企业拥有产权并以经营租赁方式出租的房屋等建筑物。企业计划用于出租但尚未出租的建筑物不属于投资性房地产。

对于企业持有以备经营租出的空置建筑物,只有企业管理当局(董事会或类似机构)作出正式书面决议,明确表明将其用于经营出租且持有意图短期内不再发生变化的,可视为投资性房地产。空置建筑物是指企业新购入、自行建造或开发完工但尚未使用的建筑物,以及不再用于日常生产经营活动且经整理后达到可经营出租状态的建筑物。

企业将建筑物出租,按租赁协议向承租人提供的相关辅助服务在整个协议中不重大的,如企业将办公楼出租并向承租人提供保安、维修等辅助服务,应当将该建筑物确认为投资性房地产。

2. 不属于投资性房地产的项目

下列房地产不属于投资性房地产:

(1)自用房地产。即为生产商品、提供劳务或者经营管理而持有的房地产,包括自用建筑物(固定资产)和自用土地使用权(无形资产)。

例如,企业拥有并自行经营的旅馆饭店,其经营目的主要是通过提供客房服务赚取服务收入,该旅馆饭店不确认为投资性房地产。企业出租给本企业职工居住的宿舍,即使按照市场价格收取租金,也不属于投资性房地产,这部分房地产间接为企业自身的生产经营服务,具有自用房地产的性质。

(2)作为存货的房地产。通常是指房地产开发企业在正常经营过程中销售的或为销售而正在开发的商品房和土地。

某项房地产,部分用于赚取租金或资本增值、部分用于生产商品、提供劳务或经营管理,能够单独计量和出售的、用于赚取租金或资本增值的部分,应当确认为投资性房地产;不能够单独计量和出售的、用于赚取租金或资本增值的部分,不确认为投资性房地产。该项房地产自用的部分,以及不能够单独计量和出售的、用于赚取租金或资本增值的部分,应当确认为固定资产、无形资产或存货。

7.1.2 投资性房地产的确认和初始计量

1. 投资性房地产的确认条件

将某个项目房地产确认为投资性房地产,首先应当符合投资性房地产的概念,其次要同时满足投资性房地产的两个确认条件:

(1)与该投资性房地产相关的经济利益很可能流入企业。

(2)该投资性房地产的成本能够可靠地计量。

2. 投资性房地产的初始计量

投资性房地产应当按照成本进行初始计量。不同来源的房地产其成本构成不同:

(1)外购的投资性房地产。对于企业外购的房地产,只有在购入房地产的同时开始对外出租(自租赁期开始日起,下同)或用于资本增值,才能称之为外购的投资性房地产。外购投资性房地产的成本,包括购买价款、相关税费和可直接归属于该资产的其他支出。

企业购入房地产,自用一段时间之后再改为出租或用于资本增值的,应当先将外购的房地产确认为固定资产或无形资产,自租赁开始日或用于资本增值之日起,再从固定资产或无形资产转换为投资性房地产。

在采用公允价值模式计量下,企业应当在"投资性房地产"科目下设置"成本"和"公允价值变动"两个明细科目。

【例7-1】 甲公司于20×1年1月1日以银行存款购得位于商业区的一层商务楼,并当即出租给乙公司。该层商务楼的买价为10 000 000元,相关税费为100 000元。

该商务楼的入账价值＝买价＋相关税费＝10 000 000＋100 000＝10 100 000(元)

借:投资性房地产　　　　　　10 100 000
　　贷:银行存款　　　　　　　　　　　　10 100 000

(2)自行建造的投资性房地产。企业自行建造(或开发,下同)的房地产,只有在自行建造或开发活动完成(即达到预定可使用状态)的同时开始对外出租或用于资本增值,才能将自行建造的房地产确认为投资性房地产。自行建造投资性房地产的成本,由建造该项房地产达到预定可使用状态前发生的必要支出构成。

企业自行建造房地产达到预定可使用状态后一段时间才对外出租或用于资本增值的,应当先将自行建造的房地产确认为固定资产、无形资产或存货,自租赁期开始日或用于资本增值之日起,从固定资产、无形资产或存货转换为投资性房地产。

【例7-2】 甲公司采用自营方式建造一栋办公楼,并对外出租。工程期为1年,20×1年1月1日开工,20×1年12月31日达到预定可使用状态。工程建造过程中领用工程物资30 000 000元,发生人工费用10 000 000元,用银行存款支付其他费用等2 000 000元。

该办公楼的入账价值＝30 000 000＋10 000 000＋2 000 000＝42 000 000(元)

借:投资性房地产　　　　　　42 000 000
　　贷:在建工程　　　　　　　　　　　　42 000 000

(3)以其他方式取得的投资性房地产。原则上也是按照取得时的实际成本作为入账价值,但符合其他相关准则规定的按照相应的准则规定予以确认。如债务重组转入的投资性房地产应按照债务重组准则的规定来处理;非货币性资产交换方式换入的投资性房地产应按照非货币性资产交换准则的规定来处理等。

7.2 投资性房地产的后续计量

投资性房地产的后续计量有成本模式和公允价值模式两种。企业通常应当采用成本模式对投资性房地产进行后续计量;如果有确凿证据表面投资性房地产的公允价值能够持续可靠地取得,也可以采用公允价值模式对投资性房地产进行后续计量。但是,同一企业只能采用一种模式对所有投资性房地产进行后续计量,不得同时采用两种计量模式。

7.2.1 成本计量模式下的会计处理

在成本模式下,应当比照固定资产或无形资产的有关规定,对投资性房地产进行后续计量,计提折旧或摊销,借记"其他业务支出"等,贷记"投资性房地产累计折旧"或"投资性房地产累计摊销";存在减值迹象的,还应当比照资产减值的有关规定进行处理,借记"资产减值损失",贷记"投资性房地产减值准备"。投资性房地产取得的租金收入,确认为其他业务收入。

【例7-3】 甲公司于20×1年1月1日支付20 000 000元土地出让金取得一块土地使用权,使用年限50年,并立即对外出租。每年租金600 000元,每年年末一次性支付。

甲公司在年末时的账务处理:

借:其他业务支出	400 000	
贷:投资性房地产累计摊销		400 000
借:银行存款	600 000	
贷:其他业务收入		600 000

【例7-4】 20×1年1月1日A公司与B公司签订租赁协议,将写字楼整体出租给B公司,租期为3年,年租金2 000 000元,每年年末支付。该写字楼总价款为60 000 000元,预计使用年限为50年,采用直线法折旧。20×1年12月31日,预计可收回金额为58 000 000元。

A公司在年末时的账务处理:

借:其他业务支出	1 100 000	
贷:投资性房地产累计折旧		1 100 000
借:资产减值损失	900 000	
贷:投资性房地产减值准备		900 000
借:银行存款	2 000 000	
贷:其他业务收入		2 000 000

7.2.2 公允价值计量模式下的会计处理

企业采用公允价值模式进行后续计量的,不对投资性房地产计提折旧或进行摊销,应当以资产负债表日投资性房地产的公允价值为基础调整其账面价值,公允价值与原账面价值之间的差额计入当期损益(公允价值变动损益)。资产负债表日,投资性房地产的公允价值高于原账面价值的差额,借记"投资性房地产(公允价值变动)",贷记"公允价值变动损益";公允价值低于原账面价值的差额,做相反的会计分录。投资性房地产取得的租金收入,确认为其他业务收入。

企业只有存在确凿证据表明投资性房地产的公允价值能够持续可靠取得,才可以采用公允价值模式对投资性房地产进行后续计量。企业一旦选择采用公允价值计量模式,就应当对其所有投资性房地产均采用公允价值模式进行后续计量。

采用公允价值模式进行后续计量的投资性房地产,应当同时满足下列条件:

1.投资性房地产所在地有活跃的房地产交易市场

所在地,通常是指投资性房地产所在的城市。对于大中城市,应当为投资性房地产所在的城区。

2.企业能对同类或类似房地产的公允价值作出合理的估计

企业能够从活跃的房地产交易市场上取得同类或类似房地产的市场价格及其他相关信息,从而对投资性房地产的公允价值作出合理的估计。

同类或类似的房地产,对建筑物而言,是指所处地理位置和地理环境相同、性质相同、结构类型相同或相近、新旧程度相同或相近、可使用状况相同或相近的建筑物;对土地使用权而言,是指同一城区、同一位置区域、所处地理环境相同或相近、可使用状况相同或相近的土地。

【例 7-5】 甲公司采用公允模式计量投资性房地产。20×1 年 1 月 1 日支付 30 000 000 元取得一栋办公用房,并当即对外出租,每年租金 10 000 000 元,每年年初收取。20×1 年 12 月 31 日该投资性房地产的公允价值为 32 000 000 元。

甲公司在年初的账务处理:

借:投资性房地产　　　　　　　　　　30 000 000
　　贷:银行存款　　　　　　　　　　　　　　　　　30 000 000
借:银行存款　　　　　　　　　　　　10 000 000
　　贷:预收账款　　　　　　　　　　　　　　　　　10 000 000

甲公司在年末的账务处理:

借:预收账款　　　　　　　　　　　　10 000 000
　　贷:其他业务收入　　　　　　　　　　　　　　　10 000 000
借:投资性房地产　　　　　　　　　　 2 000 000
　　贷:公允价值变动损益　　　　　　　　　　　　　 2 000 000

7.3　投资性房地产后续计量模式的变更

企业对投资性房地产的计量模式一经确定,不得随意变更。

以成本模式转为公允价值模式的,按照《企业会计准则第 28 号——会计政策、会计估计变更和差错更正》处理,将计量模式变更时公允价值与账面价值的差额,调整期初留存收益(未分配利润)。借记"投资性房地产(成本)"、"投资性房地产累计折旧(摊销)"、"投资性房地产减值准备"科目,按原账面余额,贷记"投资性房地产"科目,按照公允价值与账面价值的差额,贷记或借记"利润分配——未分配利润"、"盈余公积"等科目。

已采用公允价值模式计量的投资性房地产,不得从公允价值模式转为成本模式。

【例 7-6】 甲公司将一栋写字楼租赁给乙公司使用,并一直采用成本模式进行后续计量。20×1 年 1 月 1 日,甲企业认为其所在地的房地产交易市场比较成熟,具备了采用公允价值模式计量的条件,决定对该项投资性房地产从成本模式转换为公允价值模式计量。该写字楼的原价为 40 000 000 元,已提折旧 15 000 000 元,账面价值为 25 000 000 元。20×1 年 1 月 1 日,该写字楼的公允价值为 30 000 000 元。假设甲公司按净利润的 10% 计提盈余公积。

甲公司的账务处理:

借:投资性房地产——成本　　　　　　30 000 000
　　投资性房地产累计折旧　　　　　　15 000 000
　　贷:投资性房地产　　　　　　　　　　　　　　　40 000 000
　　　　盈余公积　　　　　　　　　　　　　　　　　　　500 000
　　　　利润分配——未分配利润　　　　　　　　　　 4 500 000

7.4 投资性房地产的转换

房地产的转换,实质上是因房地产用途发生改变而对房地产进行的重新分类。企业有确凿证据表明房地产用途发生改变,且满足下列条件之一的,应当将投资性房地产转换为其他资产或者将其他资产转换为投资性房地产:

1. 投资性房地产开始自用

即将投资性房地产转为自用房地产。在此种情况下,转换日为房地产达到自用状态,企业开始将其用于生产商品、提供劳务或者经营管理的日期。

2. 作为存货的房地产,改为出租

通常指房地产开发企业将其持有的开发产品以经营租赁的方式出租,存货相应地转换为投资性房地产。在此种情况下,转换日为房地产的租赁期开始日。租赁期开始日是指承租人有权行使其使用租赁资产权利的日期。

3. 自用建筑物停止自用,改为出租

即企业将原本用于生产商品、提供劳务或者经营管理的房地产改用于出租,固定资产相应地转换为投资性房地产。在此种情况下,转换日为租赁期开始日。

4. 自用土地使用权停止自用,用于赚取租金或资本增值

即企业将原本用于生产商品、提供劳务或者经营管理的土地使用权改用于资本增值,土地使用权相应地转换为投资性房地产。在此种情况下,转换日为自用土地使用权停止自用后,租赁开始日或确定用于资本增值的日期。

7.4.1 成本计量模式下的转换

投资性房地产采用成本模式下,应当将房地产转换前的账面价值作为转换后的入账价值。

1. 采用成本模式计量的投资性房地产转为自用房地产

【例 7-7】 甲公司采用成本模式计量投资性房地产。20×1 年 6 月 30 日将出租在外的厂房收回,开始自用。该房地产原价为 10 000 000 元,累计已提折旧为 2 000 000 元,账面价值为 8 000 000 元。

甲公司 20×1 年 6 月 30 日的账务处理:

借:固定资产	10 000 000	
投资性房地产累计折旧	2 000 000	
贷:投资性房地产		10 000 000
累计折旧		2 000 000

2. 将自用房地产转为采用成本模式计量的投资性房地产

【例 7-8】 20×1 年 7 月 1 日甲公司将自用的办公楼用于出租,租赁开始日转为投资性房地产。该办公楼的账面原值为 20 000 000 元,已提折旧为 2 000 000 元,账面价值为 18 000 000 元。假设甲企业所在城市没有活跃的房地产交易市场。

甲公司 20×1 年 7 月 1 日的账务处理：

借：投资性房地产	20 000 000	
累计折旧	2 000 000	
贷：固定资产		20 000 000
投资性房地产累计折旧		2 000 000

3. 作为存货的房地产转为采用成本模式计量的投资性房地产

【例 7—9】 A 公司是从事房地产开发业务的企业。20×1 年 5 月 20 日，A 公司与 B 公司签订了租赁协议，将开发的一栋办公楼出租给 B 公司，租赁开始日为 20×1 年 6 月 1 日。该办公楼的账面余额为 40 000 000 元，未计提存货跌价准备，转换后采用成本模式计量。

A 公司 20×1 年 6 月 1 日的账务处理：

借：投资性房地产	40 000 000	
贷：开发产品		40 000 000

7.4.2 公允价值模式下的转换

投资性房地产所在地有活跃的房地产交易市场，企业能够从活跃的房地产交易市场上取得同类或类似房地产的市场价格及其他相关信息，从而对投资性房地产的公允价值作出合理的估计，此时投资性房地产可以采用公允价值计量。

1. 转换为自用房地产

采用公允价值模式计量的投资性房地产转换为自用房地产时，应当以其转换当日的公允价值作为自用房地产的账面价值，公允价值与原账面价值的差额计入当期损益（公允价值变动损益）。

【例 7—10】 甲公司采用公允价值模式计量投资性房地产。20×1 年 12 月 31 日将出租在外的办公楼收回，20×2 年 1 月 1 日开始自用。该房地产的原账面价值为 30 000 000 元，转换当日的公允价值为 35 000 000 元。

甲公司 20×2 年 1 月 1 日的账务处理：

借：固定资产	35 000 000	
贷：投资性房地产		30 000 000
公允价值变动损益		5 000 000

假设转换当日的公允价值为 28 000 000 元，则甲公司的账务处理：

借：固定资产	28 000 000	
公允价值变动损益	2 000 000	
贷：投资性房地产		30 000 000

2. 转换为公允价值模式计量的投资性房地产

自用房地产或存货转换为采用公允价值模式计量的投资性房地产时，投资性房地产按照转换当日的公允价值计价，转换当日的公允价值小于原账面价值的，其差额计入当期损益（公允价值变动损益）；转换当日的公允价值大于原账面价值的，其差额计入所有者权益（资本公积）。

【例 7—11】 甲公司采用公允价值模式计量投资性房地产。20×1 年 12 月 31 日将自用的办公楼用于出租,租赁开始日为20×2年1月1日。该办公楼的原价为50 000 000元,已提折旧为20 000 000元,账面价值为30 000 000元,转换当日的公允价值为29 000 000元。

甲公司20×2年1月1日的账务处理:

借:投资性房地产　　　　　　　　　　29 000 000
　　公允价值变动损益　　　　　　　　 1 000 000
　　累计折旧　　　　　　　　　　　　20 000 000
　　贷:固定资产　　　　　　　　　　　　　　　　50 000 000

假设转换当日的公允价值为32 000 000元,则甲公司的账务处理:

借:投资性房地产　　　　　　　　　　32 000 000
　　累计折旧　　　　　　　　　　　　20 000 000
　　贷:固定资产　　　　　　　　　　　　　　　　50 000 000
　　　　资本公积——其他资本公积　　　　　　　 2 000 000

【例7-12】 A公司是从事房地产开发业务的企业。20×1年6月25日,A公司与C公司签订了租赁协议,将开发的一栋办公楼出租给C公司,租赁开始日为20×1年7月1日。该办公楼的账面余额为60 000 000元,未计提存货跌价准备,转换后采用公允价值模式计量,转换当日的公允价值为58 000 000元。

A公司20×1年7月1日的账务处理:

借:投资性房地产　　　　　　　　　　58 000 000
　　公允价值变动损益　　　　　　　　 2 000 000
　　贷:开发产品　　　　　　　　　　　　　　　　60 000 000

假设转换当日的公允价值为65 000 000元,则A公司的账务处理:

借:投资性房地产　　　　　　　　　　65 000 000
　　贷:开发产品　　　　　　　　　　　　　　　　60 000 000
　　　　资本公积——其他资本公积　　　　　　　 5 000 000

7.5　投资性房地产的处置

当投资性房地产被处置,或者永久退出使用且预计不能从其处置中取得经济利益时,应当终止确认该项投资性房地产。

企业出售、转让、报废投资性房地产或者发生投资性房地产毁损时,应当将处置收入扣除其账面价值和相关税费后的金额计入当期损益(将实际收到的处置收入计入其他业务收入,所处置投资性房地产的账面价值计入其他业务成本)。

1.处置采用成本模式计量的投资性房地产

处置采用成本模式计量的投资性房地产时,应该按实际收到的金额,借记"银行存款"等科目,贷记"其他业务收入"科目;按该项投资性房地产的累计折旧或累计摊销,借记"投资性房地产累计折旧(摊销)"科目,按该项投资性房地产的账面余额,贷记"投资性房地产"科目,按其差额,借记"其他业务成本"科目。已计提减值准备的,应同时接转减值准备。

【例7-13】 甲公司采用成本模式计量投资性房地产。20×1年12月31日将出租的办公楼出售。合同价款为12 000 000元,已收存银行,同时按5%交纳营业税。出售时,该办公楼的账面原值为20 000 000元,已提折旧10 000 000元。

甲公司20×1年12月31日的账务处理:

借:银行存款 12 000 000
  贷:其他业务收入 12 000 000
借:其他业务成本 10 600 000
  投资性房地产累计折旧 10 000 000
  贷:投资性房地产 20 000 000
    应交税费——应交营业税 600 000

2. 处置采用公允价值模式计量的投资性房地产

处置采用公允价值模式计量的投资性房地产时,应按实际收到的金额,借记"银行存款"等科目,贷记"其他业务收入"科目。按该项投资性房地产的账面余额,借记"其他业务成本"科目,贷记"投资性房地产(成本)"科目、借记或贷记"投资性房地产(公允价值变动)"科目;同时,按该项投资性房地产的公允价值变动,借记或贷记"公允价值变动损益"科目,贷记或借记"其他业务成本"科目。按该项投资性房地产在转换日计入资本公积的金额,借记"资本公积——其他资本公积"科目,贷记"其他业务成本"科目。

【例7-14】 甲公司采用公允价值模式计量投资性房地产。20×1年12月31日将出租的办公楼出售。合同价款为20 000 000元,已收存银行,同时按5%交纳营业税。出售时,该办公楼的成本为10 000 000元,公允价值变动增值为5 000 000元。

甲公司20×1年12月31日的账务处理:

借:银行存款 20 000 000
  贷:其他业务收入 20 000 000
借:其他业务成本 16 000 000
  贷:投资性房地产——成本 10 000 000
    投资性房地产——公允价值变动 5 000 000
    应交税费——应交营业税 1 000 000
借:公允价值变动损益 5 000 000
  贷:其他业务成本 5 000 000

假设出售时,该办公楼成本为10 000 000元,公允价值变动为减值2 000 000元。

则甲公司20×1年12月31日的账务处理:

借:银行存款 20 000 000
  贷:其他业务收入 2 0000 000
借:其他业务成本 6 000 000
  投资性房地产——公允价值变动 5 000 000
  贷:投资性房地产——成本 10 000 000
    应交税费——应交营业税 1 000 000
借:其他业务成本 5 000 000
  贷:公允价值变动损益 5 000 000

本章小结

本章主要阐述投资性房地产的概念、范围、确认和计量、转换和处置等问题。投资性房地产是指为赚取租金或资本增值,或两者兼有而持有的房地产。其主要包括已出租的土地使用、持有并准备增值后转让的土地使用权、已出租的建筑物。投资性房地产的确认和初始计量,与固定资产、无形资产一致,按照成本进行初始计量。企业对投资性房地产通常应当采用成本模式进行后续计量;但有确凿证据表面投资性房地产的公允价值能够持续可靠取得,也可以采用公允价值模式进行后续计量。但是,企业只能选择一种计量模式对其所有投资性房地产进行后续计量,不得同时采用两种计量模式。房地产的转换是因为房地产的用途发生了变化,即投资性房地产转换为自用房地产,自用房地产或作为存货的房地产转换为投资性房地产。企业将投资性房地产出售、转让、报废或发生毁损时,应当终止确认该项投资性房地产。

练习题

一、单项选择题

1. 下列项目中,属于投资性房地产的是( )。
   A. 自用的房地产
   B. 房地产开发企业在正常经营活动中销售的或为销售而正在开发的商品房和土地
   C. 已出租的建筑物
   D. 出租给本企业职工居住的宿舍

2. 下列项目中,不属于投资性房地产的是( )。
   A. 已出租的建筑物
   B. 房地产开发企业在正常经营活动中销售的或为销售而正在开发的商品房和土地
   C. 持有并准备增值后转让的土地使用权
   D. 房地产开发企业将作为存货的商品房以经营租赁方式出租

3. 在对企业外购或自行建造的投资性房地产进行初始计量时,其正确的处理方法是( )。
   A. 无论采用公允价值模式还是成本模式进行后续计量的投资性房地产,均应按照成本进行初始计量
   B. 采用公允价值模式进行后续计量的投资性房地产,取得时按照公允价值进行初始计量
   C. 自行建造投资性房地产的成本,由建造该项资产的必要支出构成
   D. 外购投资性房地产的成本,包括购买价款、相关税费、谈判费、差旅费和可直接归属于该资产的其他支出

4. 关于投资性房地产计量模式的改变,下列说法中正确的是( )。
   A. 投资性房地产从成本模式转换为公允价值模式属于会计估计变更
   B. 投资性房地产可以同时采用两种模式进行计量
   C. 投资性房地产只能采用一种模式进行计量

D. 投资性房地产可以从公允价值模式转换为成本模式

5. 投资性房地产的租金收入记入的会计科目为（　　），计提的折旧记入的会计科目为（　　）。
   A. 营业外收入、管理费用　　　　　　　　B. 营业外收入、其他业务成本
   C. 其他业务收入、其他业务成本　　　　　D. 其他业务收入、管理费用

6. 甲企业20×2年1月1日外购一建筑物，取得发票上注明的价款为3 000 000元，该建筑用于出租，年租金120 000元。该企业采用公允价值模式对其进行后续计量。20×2年12月31日该建筑物的公允价值为4 200 000元，20×3年12月31日该建筑物的公允价值为5 000 000元，2010年11月1日甲企业出售该建筑物，售价5 100 000元，不考虑相关税费，2010年影响损益的金额合计是（　　）元。
   A. 0　　　　　B. 100 000　　　　　C. 200 000　　　　　D. 300 000

7. 长江公司20×2年1月1日将一幢厂房和一项土地使用权对外出租并采用成本模式进行后续计量，租期均为3年，该厂房20×6年1月1日取得时的价值为15 000 000元，预计使用年限10年，净残值为0，采用双倍余额递减法计提折旧；该项土地使用权20×1年1月1日取得时的价值为12 000 000元，采用直线法进行摊销，预计使用年限为5年，无残值；则2010年记入"其他业务成本"的金额是（　　）元。
   A. 3 654. 400　　　B. 366. 45　　　C. 3 645 500　　　D. 3 674 400

8. 北方公司于20×2年1月1日将一项土地使用权对外出租并采用公允价值模式进行后续计量，租期为2年，每年12月31日收到租金2 000 000元，出租时，该项土地使用权的成本为50 000 000元，公允价值为48 000 000元，20×2年年末该土地使用权的公允价值为50 000 000元，20×3年年末该项土地使用权的公允价值为38 000 000元，2010年年末该项土地使用权的公允价值为40 000 000元，2010年年末因该项土地使用权确认的公允价值变动损益为（　　）元。
   A. 2 000 000　　　B. −2 000 000　　　C. −8 000 000　　　D. 8 000 000

9. 自用厂房转换为采用公允价值模式计量的投资性房地产，投资性房地产在转换日应当采用（　　）计量，转换日公允价值大于原账面价值的差额记入（　　）科目进行核算。
   A. 成本模式、公允价值变动损益　　　　　B. 账面价值、营业外收入
   C. 公允价值、资本公积　　　　　　　　　D. 公允价值、公允价值变动损益

10. 关于投资性房地产后续计量模式，下列说法中错误的是（　　）。
    A. 成本模式转换为公允价值模式属于会计政策变更
    B. 企业对投资性房地产只能采用一种模式进行计量
    C. 企业对投资性房地产同时可以采用公允价值计量也可以采用成本模式计量
    D. 成本模式转换为公允价值模式后，不得从公允价值转换为成本模式

二、多项选择题
1. 根据《企业会计准则——投资性房地产》，下列项目属于投资性房地产的有（　　）。
   A. 已出租的建筑物
   B. 持有并准备增值后转让的空置建筑物
   C. 已出租的土地使用权

D. 持有并准备增值后转让的闲置土地使用权
2. 下列各项中关于投资性房地产的转换日的说法正确的有(　　)。
   A. 土地使用权停止自用,改为出租,转换日为租赁期开始日
   B. 作为存货的房地产改为出租,其转换日为收到第一笔租金时为开始日
   C. 作为自用的建筑物停止自用改为出租,其转换日为租赁期开始日
   D. 闲置的建筑物用于出租,其转换日为董事会明确作出书面决议用于出租的当天
3. 下列情况下,企业不能将其作为投资性房地产的有(　　)。
   A. 房地产开发企业正在开发的商品房
   B. 房地产开发企业作为存货的房地产
   C. 房地产开发企业将其建筑物用于出租,并为承租人提供相关辅助服务是重大的
   D. 企业将租来的厂房转租给另一个企业
4. 下列各项中,影响企业当期损益的有(　　)。
   A. 企业每年的租金收入
   B. 采用公允价值模式计量的投资性房地产期末公允价值高于或低于账面价值
   C. 交易性金融资产期末公允价值低于账面价值
   D. 将自用的土地使用权转换为采用公允价值模式计量的投资性房地产,转换日公允价值低于账面价值
5. 下列各项中,影响资本公积的有(　　)。
   A. 企业将自用的土地使用权停止自用转换为采用公允价值模式计量的投资性房地产,转换日公允价值大于账面价值
   B. 直接计入所有者权益的利得和损失
   C. 可供出售金融资产期末公允价值高于账面价值
   D. 存在减值迹象的持有至到期投资,减值迹象消失,转回计提的减值损失
6. 下列各项中,不属于投资性房地产的有(　　)。
   A. 房地产企业拥有的闲置土地使用权　　B. 房地产开发企业拥有的存货
   C. 持有并准备增值后转让的空置建筑物　　D. 持有并准备增值后转让的土地使用权
7. 下列关于投资性房地产的入账价值的说法中,正确的有(　　)。
   A. 外购的投资性房地产,其入账价值仅为购买价款
   B. 外购的投资性房地产的入账价值为其成本,包括购买价款、相关税费和可直接归属于该项资产的其他费用
   C. 外购的投资性房地产,其入账价值要包括直接相关税费
   D. 自行建造的投资性房地产,其入账价值包括达到使用状态后的支出
8. 下列各项中,关于投资性房地产的说法中错误的有(　　)。
   A. 采用成本模式计量的投资性房地产,需要计提折旧或摊销,存在减值迹象的不需要计提减值准备
   B. 采用公允价值模式计量投资性房地产,公允价值变动计入资本公积
   C. 采用成本模式计量的投资性房地产,公允价值的变动对其账面价值产生影响
   D. 房地产企业对其投资性房地产只能采用成本模式计量

9. 关于投资性房地产后续计量的说法中错误的有（   ）。

　　A. 企业只能采用公允价值模式进行后续计量

　　B. 企业能同时采用两种模式对其投资性房地产进行后续计量

　　C. 房地产企业可以从成本模式转换为公允价值模式，也可以从公允价值模式转换为成本模式

　　D. 投资性房地产从成本模式转换为公允价值模式是会计估计变更

10. 企业将自用房地产转换为采用成本模式计量的投资性房地产，下列说法中正确的有（   ）。

　　A. 自用的房地产转换为采用成本模式计量的投资性房地产，转换日投资性房地产按照公允价值入账

　　B. 自用的房地产转换为采用成本模式计量的投资性房地产，转换日自用房地产存在折旧或摊销的，要转入投资性房地产累计折旧（摊销）

　　C. 自用的房地产转换为采用成本模式计量的投资性房地产，转换日自用房地产存在减值准备的，要转入投资性房地产减值准备

　　D. 自用的房地产转换为采用成本模式计量的投资性房地产，转换日"投资性房地产"科目按照自用房地产的原值入账

三、判断题

1. 投资性房地产只能采用一种模式进行计量。（   ）
2. 投资性房地产从成本模式变为公允价值模式属于会计估计变更。（   ）
3. 投资性房地产处置时，取得收入计入其他业务收入。（   ）
4. 房地产开发企业拥有的空置建筑物作为投资性房地产核算。（   ）
5. 企业决定将空置建筑物用于出租，作为投资性房地产核算的日期为租赁期开始日。（   ）
6. 企业将自用房地产转换为采用公允价值模式计量的投资性房地产，转换日公允价值大于账面价值的差额计入资本公积。（   ）
7. 企业将自用房地产转换为采用公允价值模式计量的投资性房地产，转换日公允价值大于账面价值的差额计入当期损益。（   ）
8. 企业将自用房地产转换为采用成本模式计量的投资性房地产，"投资性房地产"科目按照转换前的自用房地产的原值入账。（   ）
9. 投资性房地产企业持有的准备增值后转让的闲置土地使用权，作为投资性房地产核算。（   ）
10. 采用公允价值模式计量的投资性房地产处置时，若在转换日存在资本公积的，资本公积要转入投资收益。（   ）

四、计算分析题

1. 淮河公司20×1年12月31日将其一栋自用房产出租给甲公司并采用成本模式进行后续计量，租期为4年，每年收取租金2 400 000元，出租时，该建筑物的成本为30 000 000元，已经计提折旧4 000 000元，没有计提减值准备，尚可使用年限为10年，淮河公司对该房产采用双倍余额递减法计提折旧，净残值为100 000元。20×2年年末该建筑物的公允价值减去处置费用后的净额为20 000 000元，预计未来现金流量的现值为

20 100 000元,计提减值准备后尚可使用年限为10年;20×3年年末由于房地产交易市场成熟,淮河公司决定对该项房产采用公允价值模式计量,当日该项房产的公允价值为17 000 000元,淮河公司按照净利润的10%提取盈余公积。20×4年年末的公允价值为18 000 000元,20×5年12月31日将该项房产租赁期满,淮河公司将其转入改扩建,20×6年2月1日工程完工,共发生支出2 000 000元,即日起将其出租给另一公司乙公司,仍采用公允价值模式计量。

要求:编制与淮河公司相关的会计分录。

2.淮河房地产开发公司对投资性房地产按照公允价值模式计价,该类业务属于淮河公司的主营业务。该公司有以下业务:

(1)20×1年7月1日将部分已经开发完成作为存货的房产转换为经营性出租,承租方为丁公司。该项房产总价值80 000 000元,其中用于出租部分价值25 000 000元,20×1年7月1日公允价值28 000 000元;12月31日收到半年度租金1 000 000元,当日该房产的公允价值为27 500 000元。

(2)20×2年12月31日收到2 000 000元租金存入银行,同日该房产公允价值27 200 000元。

(3)20×3年12月31日收到2 000 000元租金存入银行,同日该房产公允价值26 500 000元。

(4)20×4年6月30日,淮河公司收到1 000 000元租金后停止该项房产租用,且与原承租方丁公司签订协议将这部分房产出售给甲公司,协议规定,淮河公司以分期收款方式出售,丁公司需要在20×4年末至20×6年末每年末6月30日支付9 800 000元款项,假设实际利率为6.41%,当日公允价值为26 000 000元。

【要求】假设不考虑其他相关税费,要求做出淮河公司的相关会计处理。

五、思考题

1.什么是投资性房地产?哪些属于投资性房地产?
2.哪些不属于投资性房地产?
3.投资性房地产如何进行初始计量?
4.投资性房地产采用公允价值模式计量的条件是什么?
5.投资性房地产采用成本模式和公允价值模式进行后续计量有何不同?
6.采用公允价值模式计量的投资性房地产处置时,应该注意什么?

第8章 长期股权投资

□ 学习目标

通过本章学习,了解投资的分类与内容,掌握长期股权投资的确认条件和初始计量,熟练掌握企业合并形成的长期股权投资和非企业合并形成的长期股权投资的核算;掌握长期股权投资后续计量核算。

8.1 长期股权投资概述

8.1.1 长期股权投资的概念

企业除了从事自身的生产经营活动外,还可以通过对外投资获得利益,以实现其经营目标。投资是企业为了获得收益或实现资本增值向投资单位投放资金的经济行为。企业对外进行的投资,可以按不同的标准进行分类。按照不同的投资性质,可以分为股权性投资、债权性投资和混合性投资;按照管理层持有意图划分,可以分为交易性投资、可供出售投资、持有至到期投资和长期股权投资等;按照不同的投资对象,可以分为股权投资、债权投资和其他投资;按照持有时间的长短,可以分为短期投资和长期投资。企业会计准则按照投资的目的对投资进行分类,并设置相应的会计科目进行核算;在资产负债表中,各类投资分项单独列示。

长期股权投资是指企业准备长期持有的权益性投资,包括:①企业持有和能够对被投资单位实施控制的权益性投资,即对子公司投资;②企业持有的能够与其他合营方一同对被投资单位实施共同控制的权益性投资,即对合营企业投资;③企业持有的能够对被投资单位施加重大影响的权益性投资,即对联营企业投资;④企业对被投资单位不具有控制、共同控制或重大影响,且在活跃市场中没有报价、公允价值不能可靠计量的权益性投资。

8.1.2 企业合并的概念与种类

1. 企业合并的概念

企业合并是将两个或两个以上单独的企业合并形成一个报告主体交易或事项。

从企业合并的定义看,是否形成企业合并,关键要看有关交易或事项发生前后,是否引起报告主体的变化。报告主体的变化产生于控制权的变化。在交易事项发生以后,一方能够对另一方的生产经营决策实施控制,形成母子公司关系,涉及控制权的转移,该交易或事项发生以后,子公司需要纳入母公司合并财务报表的范围中,从合并财务报告角度形成报告主体的变化;交易事项发生以后,一方能够控制另一方的全部净资产,被合并的企业在合并后失去其法人资格,也涉及控制权的变化及报告主体的变化,形成企业合并。

除了一个企业对另一个或多个企业的合并以外,一个企业对其他企业某项业务的合并也视同企业合并。业务是指企业内部某些生产经营活动或资产、负债的组合,该组合具有投入、加工处理过程和产出能力,能够独立计算其成本费用或所产生的收入,但不构成一个企业、不具有独立的法人资格,如企业的分公司、独立的生产车间、不具有独立法人资格的分部等。

2. 企业合并的种类

(1)按合并方式划分,企业合并包括控股合并、吸收合并和新设合并。①控股合并。合并方(或购买方)通过企业合并交易或事项取得对被合并方(或被购买)的控制权,企业合并后能够通过取得的股权等主导被合并方的生产经营决策并在被合并方的生产经营活动中获益,被合并方企业合并后仍维持其独立法人资格继续经营的,为控股合并。该类企业合并中,因合并方通过企业合并交易或事项取得了对被合并方的控制权,被合并方成为其子公司,在企业合并发生后,被合并方应当纳入合并方合并财务报表的编制范围,从合并财务报表角度,形成报告主体的变化。②吸收合并。合并方在企业合并中取得被合并方的全部净资产,并将有关资产、负债并入合并方自身的账簿和报表进行核算。企业合并后,注销被合并方的法人资格,由合并方持有合并中取得的被合并方的资产、负债,在新的基础上继续经营,该类合并为吸收合并。吸收合并中,因被合并方(或被购买方)在合并发生以后被注销,从合并方(或被购买方)的角度需要解决的问题是,其在合并日(或被购买日)取得的被合并方有关资产、负债入账价值的确定,以及为进行企业合并支付的对价与所取得合并方资产、负债的入账价值之间存在差额的处理。企业合并继后期间,合并方应将合并中取得资产、负债作为本企业的资产、负债核算。③新设合并。参与合并的各方在企业合并后法人资格均被注销,重新注册成立一家新企业,由新注册成立的企业持有参与合并各企业的资产、负债在新的基础上经营,为新设合并。

(2)以是否在同一控制下进行企业合并为基础对企业合并的分类。我国的企业合并准则以是否在同一控制下进行企业合并为基础对企业合并的分类,将企业合并分为两大基本类型,即同一控制下的企业合并与非同一控制下的企业合并。企业合并的类型划分不同,所遵循的会计处理原则也不同。

8.2 企业合并形成的长期股权投资的初始计量

长期股权投资可以通过企业合并形成,也可以通过支付现金、发行权益证券、投资者投入、非货币性资产交换、债务重组等企业合并以外的其他方式取得。在不同的取得方式下,长期股权投资初始成本的确定方法有所不同。但是,无论企业以何种方式取得长期股权投资,实际支付的价款或对价中包含的已宣告但尚未领取的现金股利或利润,都应作为应收项目单独入账,不构成取得长期股权投资的成本。

8.2.1 同一控制下的企业合并

参加合并的企业在合并前后均受同一方或相同的多方最终控制且该控制并非暂时性的,为同一控制下的企业合并。同一控制下的企业合并,在合并日取得对其他参与合并企业控制权的一方为合并方,参与合并的其他企业为被合并方。合并日是指合并方实际取得对被合并方控制权的日期。

同一控制下的企业合并主要包括以下几种情况:

(1)母公司将其持有的对子公司的股权投资用于交换非全资子公司增加发行的股份。

(2)母公司将其持有的对某一子公司的控制权出售给另一子公司。

(3)集团内某子公司自另一孙公司处取得对某一子公司的控制权。在实务操作中,企业应当根据企业会计准则中对于同一控制下企业合并的界定,按照实质重于形式的原则进行判断。

对于同一控制下的企业合并,从能够对参与合并各方在合并前及合并后均实施最终控制的一方来看,最终控制方在企业合并前及合并后能够控制的资产并没有发生变化,因此,在同一控制下的企业合并,合并方在企业合并中取得的资产和负债,应当按照合并日其在被合并方的账面价值计量。合并方取得的净资产账面价值与支付的合并对价账面价值(或发行股份面值总额)的差额,应当调整资本公积(仅指资本溢价或股本溢价);资本公积不足冲减的,调整留存收益。

基于上述原则,同一控制下的企业合并,合并方以支付现金、转让非现金资产或承担债务方式作为合并对价的,应当在合并日按照取得被合并方所有者权益账面价值的份额作为长期股权投资的初始投资成本。长期股权投资初始投资成本与支付的现金、转让的非现金资产以及所承担债务账面价值之间的差额,应当调整资本公积;资本公积(资本溢价或股本溢价)不足冲减的,调整留存收益。

合并方以发行权益性证券作为合并对价的,应当在合并日按照取得被合并方所有者权益账面价值的份额作为长期股权投资的初始投资成本。按照发行股份的面值总额作为股本,长期股权投资初始投资成本与所发行股份面值总额之间的差额,应调整资本公积;资本公积(资本溢价或股本溢价)不足冲减的,调整留存收益。

应予关注的是,上述在按照合并日应享有被合并方账面所有者权益的份额确定长期股权投资的初始投资成本时,前提是合并前合并方与被合并方采用的会计政策应当一致。企业合并前合并方与被合并方采用的会计政策不同的,在以被合并方账面所有者权益为基础确定形成的长期股权投资成本时,首先应基于重要性原则,统一合并方与被合并方的会计政策。在按照合并方的会计政策对被合并方资产、负债的账面价值进行调整的基础上,计算确定形成长期股权投资的初始投资成本。

相关账务处理如下:同一控制下的企业合并形成的长期股权投资,合并方应在合并日按取得被合并方所有者权益账面价值的份额,借记:"长期股权投资——成本"科目,按享有被投资单位已宣告但尚未发放的现金股利或利润,借记"应收股利"科目,按支付的合并对价的账面价值,贷记有关资产或"股本"等科目,按其贷方差额,贷记"资本公积——资本溢价或股本溢价"科目。如为借方差额,应借记"资本公积——资本溢价或股本溢价"科目,资本公积(资本溢价或股本溢价)不足冲减的,应依次借记"盈余公积"、"利润分配——未分配利润"科目。

【例8-1】 A、B公司分别为P公司控制下的两家子公司。A公司于20×1年6月30日自母公司P公司处取得100%的股权,合并后B公司仍维持其独立法人资格继续经营。为进行该项企业合并,A公司发行了15 000 000股本公司普通股(每股面值1元)作为对价。假定A、B公司采用的会计政策相同,合并日,A公司及B公司的所有者权益构成如下:

表8-1　　　　　　　　　　　　　　　　　　　　　　　　单位:元

项目	A公司	B公司
股本	90 000 000	15 000 000
资本公积	25 000 000	5 000 000
盈余公积	20 000 000	10 000 000
未分配利润	40 000 000	10 000 000
合计	175 000 000	40 000 000

B公司在合并后维持其法人资格继续经营,合并日A公司在其账簿及个别财务报表中应确认对S公司的长期股权投资,其成本为合并日享有B公司账面所有者权益的份额,A公司在合并日应进行的账务处理为:

借:长期股权投资　　　　　　　　　40 000 000
　　贷:股本　　　　　　　　　　　　　　　　　　　15 000 000
　　　　资本公积　　　　　　　　　　　　　　　　 25 000 000

需要说明的是,合并方为进行企业合并发生的有关费用的按如下处理:

合并方为企业合并发生的有关费用,指合并方为进行企业合并发生的各项直接相关费用,如为进行企业合并支付的审计费用、进行资产评估的费用以及有关的法律咨询费用等增量费用。

同一控制下企业合并进行过程中发生的各项直接相关的费用,应于发生时费用化计入当期损益。借记"管理费用"等科目,贷记"银行存款"等科目。但以下两种情况除外:

(1)以发行债券方式进行的企业合并,与发行债券相关的佣金、手续费等应按照《企业会计准则第22号——金融工具确认和计量》的规定进行核算。即该部分费用,虽然与筹集用于企业合并的对价直接相关,但其核算应遵照金融工具准则的原则,有关的费用应计入负债的初始计量金额中。其中债券如为折价发行的,该部分费用应增加折价的金额;债券如为溢价发行的,该部分费用应减少溢价的金额。

(2)发行权益性证券作为合并对价的,与所发行权益性证券相关的佣金、手续费等应按照《企业会计准则第37号——金融工具列报》的规定进行核算。即与发行权益性证券相关的费用,不管其是否与企业合并直接相关,均应自所发行权益性证券的发行收入中扣减,在权益性工具发行有溢价的情况下,自溢价收入中扣除;在权益性证券发行无溢价或溢价金额足以扣减的情况下,应当冲减盈余公积和未分配利润。

8.2.2 非同一控制下的企业合并

非同一控制下的企业合并是指参与合并的各方在合并前后不受同一方或相同的多方最终控制的企业合并。非同一控制下的企业合并,在购买日取得对其他参与合并企业控制权的一方为购买方,参与合并的其他企业为被购买方。购买日,是指购买方实际取得被购买方控制权的日期。

非同一控制下的企业合并中,购买方为了取得对被购买方的控制权而放弃的资产、发生或承担的负债、发行的权益性证券等均应按其在购买日的公允价值计量。

非同一控制下的企业合并,购买方应将企业合并作为一项购买交易,合理确定合并成本,作为长期股权投资的初始投资成本。合并成本核算应当按以下原则确定:

1. 一次交换交易实现的企业合并

合并成本为购买方在购买日为取得对被购买方的控制权而付出的资产、发生或承担的负债以及发行的权益性证券的公允价值。

2. 通过多次交换交易分步实现的企业合并

合并成本为每一单项交易成本之和。

3. 购买方为进行企业合并发生的各项直接相关费用也应当计入企业合并成本

该直接相关费用不包括为企业合并发行的债券或承担其他债务支付的手续费、佣金等,也不包括企业合并中发行权益性证券发生的手续费、佣金等费用。

4. 购买方应将对未来有影响且能可靠计量的数额计入合并成本

在合并合同或协议中对合并成本的未来事项作出约定的,购买日估计未来事项很可能发生且对合并成本的影响金额能够可靠计量的费用,购买方应当将其计入合并成本。

购买方作为合并对价付出的资产为固定资产、无形资产的,付出资产公允价值与其账面价值的差额,记入"营业外收入"或"营业外支出"。付出的资产为存货的,应当作为销售处理,以其公允价值确认收入,同时结转相应的成本,涉及增值税的,还应进行相应的处理。

购买方应在购买日按确定的企业合并成本(不含应自被投资单位收取的现金或利润),借记"长期股权投资——成本"科目,按享有被投资单位已宣告但尚未发放的现金股利或利润,借记"应收股利"科目,按支付的合并对价的账面价值,贷记有关资产等科目,按发生的直接相关费用,贷记"银行存款"等科目,按其差额,贷记"营业外收入"或"营业外支出"等科目。

【例8—2】 A公司于20×1年6月30日取得了C公司60%的股权(假设A公司C公司之间不存在任何关联方关系),取得该部分股权后能够控制C公司的生产经营决策。为核实C公司的资产价值,A公司聘请专业资产评估机构对C公司的资产进行评估,支付评估费用1 000 000元。合并中,A公司支付的有关资产在购买日的账面价值与公允价值如表8—2所示。

表8-2　　　　20×1年6月30日　　　　　　　　　　　　　　　单位：元

项目	账面价值	公允价值
土地使用权	50 000 000	60 000 000
专利技术	1 000 000	1 200 000
银行存款	900 000	900 000
合计	51 900 000	62 100 000

因A公司与C公司之间不存在任何关联方关系，故应按非同一控制下的企业合并进行会计处理。A公司对于合并形成的对C公司的长期股权投资应按公允价值确定其初始投资成本。A公司应进行的账务处理为：

借：长期股权投资　　　　　　　　63 100 000
　　贷：无形资产　　　　　　　　　　　　　　51 000 000
　　　　银行存款　　　　　　　　　　　　　　 1 900 000
　　　　营业外收入　　　　　　　　　　　　　10 200 000

8.3　非企业合并形成的长期股权投资的初始计量

除企业合并形成的长期股权投资以外，其他方式取得的长期股权投资，应当按照下列规定确定其初始投资成本。

8.3.1　以支付现金取得的长期股权投资

以支付现金取得的长期股权投资，应当按照实际支付的购买价款作为初始投资成本。初始投资成本包括与取得长期股权投资直接相关的费用、税金及其他必要支出。企业取得长期股权投资，实际支付的价款或对价中包含的已宣告但尚未发放的现金股利或利润，应作为应收项目处理。

企业支付现金取得长期股权投资时，按照确定的初始投资成本，借记"长期股权投资"科目，按应享有被投资单位已宣告但尚未发放的现金股利或利润，借记"应收股利"科目，按照实际支付的买价、直接相关的费用及税金等，贷记"银行存款"等科目。

【例8-3】　20×1年4月1日，A公司从证券市场上购入D公司发行在外10 000 000股股票作为长期股权投资，占D公司20%的股份，每股8元（含已宣告但尚未发放的现金股利0.5元），实际支付价款80 000 000元，另支付相关税费400 000元。

甲公司的会计处理如下：
(1)购买股票时。
　　初始投资成本＝80 400 000－5 000 000＝75 400 000
借：长期股权投资　　　　　　　　75 400 000
　　应收股利　　　　　　　　　　 5 000 000
　　贷：银行存款　　　　　　　　　　　　　　80 400 000

(2) 收到现金股利时。

借：银行存款　　　　　　　　　　　　　　80 400 000
　　贷：应收股利　　　　　　　　　　　　　　　　　80 400 000

8.3.2　以发行权益性证券方式取得长期股权投资

以发行权益性证券取得的长期股权投资,应当按照发行权益性证券的公允价值作为初始投资成本。为发行权益性证券支付的手续费、佣金等应自权益性证券的溢价发行收入中扣除,溢价收入不足的,应冲减盈余公积和未分配利润。

企业发行权益性证券取得的长期股权投资时,按照确定的初始投资成本,借记"长期股权投资"科目,按应享有被投资单位已宣告但尚未发放的现金股利或利润,借记"应收股利"科目,按照权益性证券的面值,贷记"股本"科目,按照权益性证券的公允价值与账面价值之间的差额,贷记"资本公积——股本溢价"科目。发行权益性证券所支付的税费及其他直接相关支出,借记"资本公积——股本溢价"科目,贷记"银行存款"等科目。

【例8-4】　20×1年7月1日,A公司发行股票10 000 000股作为对价向E公司投资,每股面值为1元,实际发行价为每股3元。A公司另支付的手续费、佣金等相关税费1 000 000元。

甲公司的会计处理如下：

借：长期股权投资　　　　　　　　　　　　30 000 000
　　贷：股本　　　　　　　　　　　　　　　　　　　10 000 000
　　　　资本公积——股本溢价　　　　　　　　　　　20 000 000
借：资本公积——股本溢价　　　　　　　　 1 000 000
　　贷：银行存款　　　　　　　　　　　　　　　　　10 000 000

8.3.3　投资者投入的长期股权投资

投资者投入的长期股权投资,是指投资者以其持有的对第三方的投资作为出资投入企业,接受投资的企业在确定所取得的长期股权投资的初始成本时,原则上应按照投资各方在投资合同或协议中约定的价值作为其初始成本,但如果投资各方在投资合同或协议中约定的价值明显高于或低于该项公允价值的,即合同或协议约定价值不公允的,应以公允价值作为长期股权投资的初始投资成本。

在确定长期股权投资的公允价值时,如果存在活跃的市场,其价值可以按照活跃市场中的信息直接取得,即参照市价确定其公允价值；不存在活跃市场的情况下,无法按照市场信息确定其公允价值的,应当按照一定的估价技术等合理的方法确定的价值作为其公允价值。

收到投资者投入的长期股权投资时,按照确定的初始投资成本,借记"长期股权投资"科目,按应享有被投资单位已宣告但尚未发放的现金股利或利润,借记"应收股利"科目,按照投资者出资占实收资本(或股本)的份额,贷记"实收资本"或"股本"科目,按其差额,贷记"资本公积——股本溢价"科目。

【例8-5】　20×1年8月1日,A公司接受B公司投资,B公司将持有的对C公司的长期股权投资投入到A公司。B公司持有的对C公司的长期股权投资的账面余额为

8 000 000元,未计提减值准备。A公司和B公司投资合同约定的价值为10 000 000元,A公司的注册资本为50 000 000元,B公司投资持股比例为20%。A公司的会计处理如下：

  借:长期股权投资   10 000 000
    贷:实收资本   10 000 000

8.3.4 债务重组、非货币性资产交换等方式取得的长期股权投资

以债务重组、非货币性资产交换等方式取得的长期股权投资,其初始投资成本应按照《企业会计准则第12条——债务重组》和《企业会计准则第7号——非货币性资产交换》的规定确定。

8.4 长期股权投资的后续计量

企业取得的长期股权投资在持有期间,要根据所持股份的性质,占被子投资单位股份总额比例的大小以及对被投资单位财务和经营政策的影响程度,选择适当的方法进行会计处理。

8.4.1 长期股权投资核算的成本法

长期股权投资的成本法。成本法是指长期股权投资的账面价值通常按照初始投资成本计量,除追加或收回投资外,一般不对长期股权投资的账面价值进行调整的一种会计处理方法。

1.成本法的适应范围

企业取得的下列长期股权投资,应当采用成本法核算。

(1)投资企业能够对被投资单位实施控制的长期股权投资。控制,是指有权决定一个企业的财务和经营政策,并能据以从该企业的经营活动中获取利益。控制一般存在于以下情况,如：

第一种情况,投资企业拥有被投资单位50%以上的表决权资本。这种情形具体又包括:投资企业直接拥有被投资单位50%以上的表决权资本;投资企业间接拥有被投资单位50%以上的表决权资本;投资企业直接和间接拥有被投资单位50%以上的表决权资本。

第二种情况,投资企业虽然直接拥有被投资单位50%或以下的表决权资本,但具有实质控制权的。投资企业对被投资单位是否具有实质控制权,可以通过以下一种或一种以上情形来判定：

①通过与其他投资者的协议,投资企业拥有被投资单位50%以上表决权资本的控制权。例如,A公司拥有B公司40%的表决权资本,C公司拥有B公司30%的表决权资本,D公司拥有B公司30%的表决权资本。A公司与C公司达成协议,C公司在B公司70%表决权资本的控制权,表明A公司实质上控制B公司。

②根据章程或协议,投资企业有权控制被投资单位的财务和经营政策。例如,A公

司拥有B公司45%的表决权资本,同时,根据协议,B公司的生产经营决策由A公司控制。

③有权任免被投资单位董事会等类似权力机构的多数成员。这种情况是指,虽然投资企业拥有被投资单位50%或以下表决权资本,但根据章程、协议等有权任免董事会的董事,以达到实质上控制的目的。

④在董事会或类似权力机构会议上有半数以上投票权。这种情况是指,虽然投资企业拥有被投资单位50%或以下表决权资本,但能够控制被投资单位董事会等类似权力机构的会议,从而能够控制其财务和经营政策,使其达到实质上的控制。

投资企业能够对被投资单位实施控制的,被投资企业对子公司的长期股权投资,应当采用成本法核算,编制合并财务报表时按照权益法进行调整。

(2)投资企业对被投资单位不具有共同控制或重大影响,并且在活跃市场中没有报价、公允价值不能可靠计量的长期股权投资。共同控制,是指按照合同约定对某项经济活动所共有的控制,仅在该项经济活动相关的重要财务和经营决策需要分享控制权的投资方一致同意时存在。投资企业与其他方对被投资单位实施共同控制的,被投资单位为其合营企业。

重大影响,是指对一个企业的财务和经营政策有参与决策的权力,但并不能够控制或者与其他方一起共同控制这些政策的制定。投资企业能够对被投资单位施加重大影响的,被投资单位为其联营企业。当投资企业直接拥有被投资单位20%或以上至50%的表决权资本时,一般认为对被投资单位具有重大影响。此外,虽然投资企业直接拥有被投资单位20%以下的表决权资本,但符合下列情况之一的,也应确认为对被投资单位具有重大影响:

①在被投资单位的董事会或类似的权力机构中派有代表。在这种情况下,由于在被投资单位的董事会或类似的权力机构中派有代表,并享有相应的实质性的参与决策权,投资企业可以通过该代表参与被投资单位政策的制定,从而达到对投资单位施加重大影响。

②参与被投资单位的政策制定过程。在这种情况下,由于可以参与被投资单位的政策制定过程,在制定政策过程中可以为其自身利益而提出建议和意见,由此可以对该投资单位施加重大影响。

③向被投资单位派出管理人员。在这种情况下,通过投资企业对被投资单位派出管理人员,管理人员有权力并负责被投资单位的财务和经营活动,从而能对被投资单位施加重大影响。

④依赖投资企业的技术资料。在这种情况下,由于被投资单位的生产经营需要依赖对方的技术或技术资料,从而表明投资企业对被投资单位具有重大影响。

⑤其他能足以证明投资企业对被投资单位具有重大影响的情形。

企业在确定能否对被投资单位实施控制或施加重大影响时,应当考虑投资企业或其他方持有的被投资单位当期可转换公司债券、当期可执行认股权证等潜在表决权因素。

①投资企业在当前情况下,根据已持有股份及现行可实施潜在表决权转换后的综合持有水平,有能力对另外一个企业的生产、经营决策施加重大影响或共同控制的,不应当对长期股权投资采用成本核算,而应采用权益法核算。

②在考虑现行被投资单位发行在外可执行潜在表决权的影响时,不应考虑企业管理层对潜在表决权的持有意图及企业在转换潜在表决权时的财务承受能力,但应注重潜在表决权的经济实质。

③考虑现行可执行的潜在表决权在转换为实际表决权后能否对被投资单位形成控制或重大影响时,应考虑本企业及其他企业持有的被投资单位潜在表决权的影响。

④考虑现行可执行被投资单位潜在表决权为确定投资企业对被投资单位的影响能力,而不是用于确定投资企业享有或承担被投资单位净损益的份额。在确定了投资企业对被投资单位的影响能力后,如果投资企业对被投资单位具有共同控制、重大影响的,应按照权益法核算,但在按照权益法确认投资收益或投资损失时,应以现行实际持股比例为基础计算确定,不考虑可行潜在表决权的影响。

2. 成本法的基本核算程序

(1)设置"长期股权投资"科目,反映长期股权投资的初始投资成本。在未收回投资前,无论被投资单位经营情况如何,净资产是否增减,投资企业一般不对股权投资的账面价值进行调整。

(2)如果发生追加投资、将应分得的现金股利或利润转为投资、收回投资等情况,应按照追加或收回投资的数额调整股权的初始投资成本,并按调整后的成本作为长期股权投资的账面价值。

(3)除取得投资时实际支付的价款或对价中包含的已宣告但尚未发放的现金股利或利润外,投资企业应当按照被投资单位宣告发放的现金股利或利润中属于本企业享有的部分确认投资收益。

(4)被投资单位宣告分派股票股利,投资企业应于除权日只做备忘记录;被投资单位未分派股利,投资企业不作任何会计处理。

3. 成本法的应用

长期股权投资采用成本法核算的情况下,长期股权投资应当按照初始投资成本计价。追加或收回投资时,应当调整长期股权投资的初始投资成本。

除取得投资时实际支付的价款中包含的已宣告但尚未发放的现金股利或利润外,投资企业应当按照享有被投资单位宣告发放的现金股利或利润确认投资收益,不管有关的利润分配是属于投资前还是取得投资后被投资单位实现净利润的分配。

投资企业在确认自被投资单位应分得现金股利或利润后,应当考虑有关长期股权投资是否发生减值。在判断该类长期股权投资是否存在减值迹象时,应当关注长期股权投资的账面价值是否大于享有被投资单位净资产(包括相关商誉)账面价值的份额等情况。出现类似情况时,企业应当按照《企业会计准则第8号——资产减值》的规定对长期股权投资进行减值测试,可收回金额低于长期股权投资账面价值的,应当计提减值准备。

【例8-6】 20×1年6月20日,A公司以15 000 000元购入乙公司8%的股权。A公司取得该部分股权后,未派出人员参与乙公司的财务和生产经营决策,同时也未以任何其他方式对乙公司施加控制、共同控制或重大影响。同时,该股权不存在活跃市场,其公允价值不能可靠计量。

20×1年9月30日,乙公司宣告分派现金股利,A公司按照其持有比例确定可分回

200 000元。

A公司对乙公司长期股权投资应进行的账务处理如下：

借：长期股权投资　　　　　　　　　15 000 000
　　贷：银行存款　　　　　　　　　　　　　　15 000 000
借：应收股利　　　　　　　　　　　200 000
　　贷：投资收益　　　　　　　　　　　　　　200 000

8.4.2　长期股权投资核算的权益法

权益法，是指投资以初始投资成本计量后，在投资持有期间根据投资企业享有被投资单位所有者权益份额的变动对投资的账面价值进行调整的方法。

1. 权益法的适用范围

投资企业对被投资单位具有共同控制或重大影响的长期股权投资，应当采用权益法核算。

2. 长期股权投资核算的一般程序

（1）初始投资或追加投资时，按照初始投资成本或追加投资的投资成本，增加长期股权投资的账面价值。

（2）比较初始投资成本与投资时应享有被投资单位可辨认净资产公允价值的份额，对于初始投资成本大于应享有被投资单位可辨认净资产公允价值份额的，不需要对长期股权投资的账面价值进行调整；对于初始投资成本小于应享有被投资单位可辨认净资产公允价值份额的，应对长期股权投资的账面价值进行调整，计入取得投资当期的损益。

（3）持有投资期间，随着被投资单位所有权益的变动相应调整增加或减少长期股权投资的账面价值，并分别情况处理：对属于因被投资单位实现净损益产生的所有者权益的变动，投资企业按照持股比例计算应享有的份额，增加或减少长期股权投资的账面价值，同时确认为当期投资损益；对被投资单位除净损益以外其他因素导致的所有者权益变动，在持股比例不变的情况下，按照持股比例计算应享有或应分担的份额，增加或减少长期股权投资的账面价值，同时确认为资本公积（其他资本公积）。

（4）被投资单位宣分派利润或现金股利时，投资企业按持股比例计算应分得的部分，一般应冲减长期股权投资的账面价值。

3. 长期股权投资下权益法的核算

（1）取得长期股权投资的会计处理。企业在取得长期股权投资时，按照确定的初始投资成本入账。如果取得长期股权投资的初始投资成本与应享有被投资单位可辨认净资产公允价值份额之间不一致时，两者之间的差额，应区别情况处理。

①初始投资成本大于取得投资时应享有被投资单位可辨认净资产公允价值份额的，该部分差额是投资企业在取得投资过程中通过作价体现出的与所取得股权份额相对应的商誉及不符合确认条件的资产价值，这种情况下不要求对长期股权投资的成本进行调整。

②初始投资成本小于取得投资时应享有被投资单位可辨认净资产公允价值份额的，两者之间的差额体现为双方在交易作价过程中转让方的让步，该部分经济利益流入应作为收益处理，计入取得投资当期的营业外收入，同时调整增加长期股投资的账面价值。

同时企业采用权益法核算时,在"长期股权投资"科目下应当设置"成本"、"损益调整"、"其他权益变动"明细科目,分别反映长期股权投资的初始投资成本以及因被投资单位所有者权益发生增减变动对长期股权投资的账面价值进行调整的金额。其中:

①成本,反映长期股权投资的初始投资成本,以及在长期股权投资的初始投资成本小于投资时享有被投资单位可辨认净资产公允价值份额的情况下,按其差额调整初始投资成本后形成的新的投资成本。

②损益调整,反映投资企业应享有或应分担的投资单位实现的净损益的份额,以及被投资单位分派的现金股利或利润中投资企业应获得的份额。

③其他权益变动,反映被投资单位除净损益以外所有者权益的其他变动中,投资企业应享有或承担的份额。

长期股权投资的初始投资成本大于投资时应享有被投资单位可辨认净资产公允价值份额的,不调整长期股权投资的初始投资成本;长期股权投资的初始投资成本小于投资时应享有被投资单位可辨认净资产公允价值份额的,应按其差额,借记"长期股权投资——XX公司"科目,贷记"营业外收入"科目。

【例8-7】 A公司20×1年1月1日以银行存款10 000 000元取得B公司30%的股权,能够对B公司施加重大影响,采用权益法核算,则A公司应进行的会计处理如下(金额单位以元表示):

①如取得投资时B公司可辨认净资产的公允价值为30 000 000元(假定被投资单位各项可辨认净资产的公允价值与其账面价值相同)。

初始投资成本=10 000 000(元)

应享有B公司可辨认净资产的公允价值的份额外负担=30 000 000×30%=9 000 000(元)

由于长期股权投资的初始投资成本大于取得投资时应享有被投资单位可辨认净资产公允价值份额,因此,不要求对长期股权投资的成本进行调整。则A公司应进行的会计处理为:

借:长期股权投资——B公司(成本)　　10 000 000
　　贷:银行存款　　　　　　　　　　　　　　　　　　10 000 000

注:差额1 000 000元(10 000 000-30 000 000×30%)为商誉等,体现在长期股权投资成本中。

②如取得投资时B公司可辨认净资产的公允价值为35 000 000元(假定被投资单位各项可辨认净资产的公允价值与其账面价值相同)。

初始投资成本=10 000 000(元)

应享有B公司可辨认净资产的公允价值的份额外负担=35 000 000×30%=10 500 000(元)

由于长期股权投资的初始投资成本小于取得投资时应享有被投资单位可辨认净资产公允价值份额,因此,应按此差额调整长期股权投资的初始投资成本。则A公司应进行的处理为:

借:长期股权投资——B公司(成本)　　10 000 000
　　贷:银行存款　　　　　　　　　　　　　　　　　　10 000 000
借:长期股权投资——B公司(成本)　　500 000
　　贷:营业外收入　　　　　　　　　　　　　　　　　500 000

(2)持有长期股权投资期间投资损益的确认。投资企业取得长期股权投资后,应当按照被投资单位实现的净利润或发生的净亏损中,投资企业应当按照应享有或应分担的被投资单位实现的净损益的份额,确认投资损益并调整长期股权投资的账面价值。

采用权益法核算的长期股权投资,在确认应享有或应分担被投资单位的净利润或净亏损时,在被投资单位账面净利润的基础上,应考虑以下因素的影响进行适当调整。

一是被投资单位采用的会计政策及会计期间与投资企业不一致的,应按投资企业的会计政策及会计期间对被投资单位的财务报表进行调整。

二是以取得投资时被投资单位固定资产、无形资产的公允价值为基础计提的折旧额或返销额,以及以投资企业取得投资时有关资产的公允价值为基础计算确定的资产减值准备金额等对被投资单位净利润的影响。

被投资单位个别利润表中净利润是以其持有的资产、负债账面价值为基础持续计算的,而投资企业在取得投资时,是以被投资单位有关资产、负债的公允价值为基础确定投资成本,取得投资后确认的投资收益代表的是被投资单位资产、负债在公允价值计量的情况下在未来期间通过经营产生的损益中归属于投资企业的部分。取得投资时有关资产、负债的公允的公允价值与其账面价值不同的,未来期间,在计算归属于投资企业应享有的净利润或承担的净亏损时,应考虑对被投资单位计提的折旧额、摊销额以及资产减值准备金额等进行调整。

应予关注的是,在对被投资单位的净利润进行调整时,应考虑重要性原则,不具有重要性的项目可不予调整。符合下列条件之一的,投资企业可以被投资单位的账面净利润为基础,计算确认投资损益,同时应在附注中说明不能按照准则中规定进行核算的原因:

①投资企业无法合理确定取得投资时被投资单位各项可辨认资产等的公允价值,某些情况下,投资的作价可能因为受到一些因素的影响,不是完全以被投资单位可辨认净资产的公允价值为基础,或者因为被投资单位持有的可辨认资产相对比较特殊,无法取得其公允价值。这种情况下,因被投资单位可辨认资产的公允价值无法取得,则无法以公允价值为基础对被投资单位的净损益进行调整。

②投资时被投资单位可辨认资产的公允价值与其账面价值相比,两者之间的差额不具重要性的。该种情况下,因为被投资单位可辨认的资产的公允价值与其账面价值差额不大,要求进行调整不符合重要性原则及成本效益原则。

③其他原因导致无法取得被投资单位的有关资料,不能按照准则中规定的原则对被投资单位的净损益进行调整的。例如,要对被投资单位的净利润按照准则中规定进行调整,需要了解被投资单位的会计政策以及对有关资产价值量的判断等信息,在无法获得被投资单位相关信息的情况下,则无法对净利润进行调整。

【例8—8】 A公司20×1年1月1日以银行存款10 000 000元取得B公司30%的股权,能够对B公司施加重大影响,采用权益法核算。假定投资时,长期股权投资的初始投资成本大于取得投资时应享有被投资单位可辨认净资产公允价值份额,被投资单位各项资产、负债的账面价值与其公允价值相同,投资企业与被投资单位均以公历年度作为会计年度,两者之间采用的会计政策相同。20×1年12月31日B公司实现净利润8 000 000元。则A公司应进行的会计处理如下(金额单位以元表示):

由于投资时,被投资单位各项资产、负债的账面价值与其公允价值相同,投资企业与被投资单位均以公历年度作为会计年度,两者之间采用的会计政策相同,故不需要对有被投资单位实现净利润进行调整。

A公司应确认的投资收益 = 8 000 000 × 30% = 2 400 000(元)

借:长期股权投资——B公司(损益调整)   2 400 000
　　贷:投资收益   2 400 000

【例8-9】 A公司20×1年1月1日以银行存款22 000 000元取得C公司30%的股权,能够对C公司施加重大影响,采用权益法核算。假定投资时,C公司净资产公允价值为60 000 000元,除表8-3所列项目外,C公司其他资产、负债的账面价值与其公允价值相同。

表8-3   单位:元

	账面原价	已提折旧或摊销	C公司预计使用年限	公允价值	A公司取得投资后剩余使用年限
存货	6 000 000			8 000 000	
固定资产	20 000 000	4 000 000	20	24 000 000	16
无形资产	8 000 000		10	10 000 000	10
小计	34 000 000	4 000 000		42 000 000	

20×1年12月31日C公司实现净利润10 000 000元,其中在A公司取得投资时的账面存货有70%对外销售,A公司与C公司均以公历年度作为会计年度,两者之间采用的会计政策相同,固定资产与无形资产均按直线法提取折旧或摊销,预计净残值均为0。则A公司应进行的会计处理如下(金额单位以元表示):

A公司在确定其应享有的投资收益时,应在C公司实现净利润的基础上,根据取得投资时C公司有关资产的账面价值与其公允价值差额的影响进行进行调整(假设不考虑所得税影响):

存货账面价值与公允价值的差额应调减的利润 = (8 000 000 - 6 000 000) × 70% = 1 400 000(元)

固定资产账面价值与公允价值的差额应调整增加的折旧额 = 24 000 000/16 - 20 000 000/20 = 500 000(元)

无形资产账面价值与公允价值的差额应调整增加的摊销额 = (10 000 000 - 8 000 000)/10 = 200 000(元)

调整后的净利润 = 10 000 000 - (1 400 000 + 500 000 + 200 000) = 7 900 000(元)

A公司应确认的投资收益 = 7 900 000 × 30% = 2 370 000(元)

确认投资收益时A公司应进行的会计处理如下:

借:长期股权投资——B公司(损益调整)   2 370 000
　　贷:投资收益   2 370 000

三是应考虑投资企业与联营企业及合营企业之间发生的未实现内部交易损益的影响。

投资企业与联营企业及合营企业之间发生的未实现内部交易损益按照持股比例计算归属于投资企业的部分应当予以抵消,在此基础上确认投资损益。投资企业与被投单位发生的未实现内部交易损失,属于所转让资产发生的减值损失,应当全额确认,不应予以抵消。

投资企业与联营企业及合营企业之间的未实现内部交易损益的抵消与母子公司之间的未实现内部交易损益的抵消有所不同。母子公司之间的未实现内部交易损益在合并财务报表中是全额抵消的,而投资企业与其联营企业及合营企业之间未实现内部交易损益仅仅是将按照投资企业持股比例计算的归属于投资企业的部分予以抵消。

投资企业与联营企业及合营企业之间未实现内部交易可以分为顺流交易和逆流交易。顺流交易,是指投资企业向其联营企业或合营企业出售资产;逆流交易,是指联营企业或合营企业向投资企业出售资产。未实现内部交易的抵消,应当区分顺流交易和逆流交易分别进行。

①对于顺流交易,如果形成了未实现内部交易损益(即有关资产未对外部独立第三方出售),投资企业在计算确认应享有联营企业或合营企业的投资损益时,应抵消该未实现内部交易损益的影响,同时调整对联营企业或合营企业长期股权投资的账面价值。当投资企业向联营企业或合营企业出资或是将资产出售给联营企业或合营企业,同时有关资产由联营企业或合营企业持有时,投资方因投出或出售资产应确认的损益仅限于与联营企业其他投资者交易的部分。即在顺流交易中,投资方投出资产或出售资产给其联营企业或合营企业产生的损益中,按照持股比例计算确定归属于本企业的部分不予确认。

【例 8—10】 A公司持有B公司20%有表决股份,能够对B公司生产经营决策施加重大影响,采用权益法核算。20×1年11月,A公司将其账面价值为5 000 000元的甲产品以8 000 000元的价格出售B公司,B公司将购入的甲产品作为管理用固定资产使用,预计使用寿命为10年,无净残值。A公司取得该项投资时,B公司各项可辨认资产、负债的公允价值与账面价值相同,双方在以前期间未发生过内部交易。20×1年度,B公司实现净利润9 000 000元。假定不考虑所得税影响。

根据上列资料,A公司在该内部交易中形成了3 000 000元(8 000 000−5 000 000)的利润,其中,有600 000元(3 000 000×20%)是相对A公司对B公司所持股份的部分,在确认投资损益时应予抵消;同时,还应当考虑B公司按内部交易损益形成的固定资产原价所计提的折旧额25 000元(3 000 000/10/12×1)对净利润的影响。A公司对B公司的净利润应作如下调整:

调整后的净利润=9 000 000−3 000 000+25 000=6 025 000(元)

根据调整后净利润,华联公司确认投资收益的会计处理如下:

应享有收益份额=6 025 000×20%=1 205 000(元)

借:长期股权投资——B公司(损益调整)　　1 205 000
　　贷:投资收益　　　　　　　　　　　　　　　　　　1 205 000

为了在账面上明确体现对未实现内部交易损益影响的抵消,A公司也可作如下会计处理:

按账面利润应享有的收益份额=9 000 000×20%=1 800 000(元)

未实现内部交易损益应抵消的收益份额=(3 000 000−25 000)×20%=595 000(元)

借:长期股权投资——B公司(损益调整)　　1 800 000
　　贷:投资收益　　　　　　　　　　　　　　　　　　1 800 000

借：投资收益　　　　　　　　　　　　　　595 000
　　　　贷：长期股权投资——B公司（损益调整）　　　　595 000
　　②对于逆流交易，如果形成了未实现内部交易损益，投资企业在计算确认应享有联营企业或合营企业的投资损益时，应抵消该未实现内部交易损益的影响。当投资企业自其联营企业或合营企业购买资产时，在将该资产出售外部独立第三方之前，不应确认联营企业或合营企业因该交易产生的损益中本企业应享有的部分。

　　【例8-11】 A公司公司持有C公司20%有表决权股份，能够对C公司生产经营决策施加重大影响，采用权益法核算。20×1年11月，C公司将其成本为4 000 000元的乙商品以6 000 000元的价格出售给A公司，A公司将取得的乙商品作为存货。至20×1年12月31日，A公司仍未对外出售该批乙商品。A公司取得该项投资时，C公司各项可辨认资产、负债的公允价值与其账面价值相同，双方在以前期间未发生过内部交易。2011年度，C公司实现净利润10 000 000元。假定不考虑所得税影响。
　　根据上列资料，C公司在该项内部交易中形成了2 000 000元（6 000 000－4 000 000）的利润，其中，有400 000元（2 000 000×20%）归属于A公司，在确认投资损益时应予抵消。A公司对C公司的净利润应作如下调整：
　　调整后的净利润＝10 000 000－2 000 000＝8 000 000（元）
　　根据调整后的净利润，A公司确认投资收益的会计处理如下：
　　应享有收益份额＝8 000 000×20%＝1 600 000（元）
　　借：长期股权投资——C公司（损益调整）　　1 600 000
　　　　贷：投资收益　　　　　　　　　　　　　　　　1 600 000
　　或者，A公司作如下会计处理：
　　按账面利润享有的收益份额＝10 000 000×20%＝2 000 000（元）
　　未实现内部交易损益应抵消的收益份额＝2 000 000×20%＝400 000（元）
　　借：长期股权投资——C公司（损益调整）　　2 000 000
　　　　贷：投资收益　　　　　　　　　　　　　　　　2 000 000
　　借：投资收益　　　　　　　　　　　　　　400 000
　　　　贷：长期股权投资　　　　　　　　　　　　　　400 000

　　需要注意的是，投资企业与其联营企业及合营企业之间无论是顺流交易还是逆流交易产生的未实现内部交易损失，如果属于所转让资产发生的减值损失，有关的未实现内部交易损失都不应予以抵消。

　　【例8-12】 A公司持有F公司20%有表决权股份，能够对F公司生产经营决策施加重大影响，采用权益法核算。20×1年，A公司将其成本为5 000 000元的丙商品以4 000 000元的价格出售给F公司，F公司将取得的丙商品作为存货。至20×1年12月31日，F公司仍未对外出售该批丙商品。A公司取得该项投资时，F公司各项可辨认资产、负债的公允价值与其账面价值相同，双方在以前期间未发生过内部交易。20×1年度，F公司实现净利润10 000 000元。
　　根据上列资料，A公司在确认应享有F公司20×2年净利润时，如果有证据表明丙商品的交易价格4 000 000元与其账面价值5 000 000元之间的差额是该资产发生的减值损失，在确认投资损益时不应予以抵消。A公司应作如下会计处理：

应享有收益份额＝1 000 000×20%＝2 000 000(元)
借：长期股权投资——F公司(损益调整)   2 000 000
　　贷：投资收益   2 000 000

　　投资企业在确认应享有或应分担的损失份额时，应当以被投资单位的年度财务会计报告为依据。如果投资企业与被投资单位对年度财务会计报告的编制时间有不同要求，或投资企业与被投资单位采用不同的会计年度，则投资企业在编制年度财务报告时，可能无法及时取得被投资单位当年的有关会计资料。在这种情况下，投资企业应于下一年度取得有关会计资料时，将应享有或分担的损益份额确认为下一年度的投资损益，但应遵循一贯性会计原则，并在会计报表附注中加以说明。

　　(3)取得现金股利或利润的会计处理。按照权益法核算的长期股权投资，当被投资单位宣告分派现金股利或利润时，投资企业按应获得的现金股利或利润抵减长期股权投资的账面价值，借记"应收股利"科目，贷记"长期股权投资(损益调整)"科目；自被投资单位取得的现金股利或利润超过已确认损益调整的部分应视同投资成本上升的收回，抵减长期股权投资的成本，借记"应收股利"科目，贷记"长期股权投资(成本)"科目。被投资单位分派股票股利时，投资企业不进行账务处理，但应于除权日在备查簿中登记增加的部分。

　　(4)取得长期股权投资后被投资单位形成超额亏损时的会计处理。长期股权投资准则规定，投资企业确认应分担被投资单位发生的损失，原则上应以长期股权投资及其他实质上构成对被投资单位净投资的长期权益减记至零为限，投资企业负有承担额外损失义务的除外。这里所讲"其他实质上构成对被投资单位净投资的长期权益"通常是指长期应收项目，比如，企业对被投资单位的长期债权，该债权没有明确的清收计划、且在可预见未来期间准备收回的，实质上构成对被投资单位的净投资。

　　投资企业在确认应分担被投资单位发生的亏损时，应当按照以下顺序进行处理：

　　其一，冲减长期股权投资的账面价值。

　　其二，在长期股权投资的账面价值减记至零的情况下，对于未确认的投资损失，考虑除长期股权投资以外，账面上是否有其他实质上构成对被投资单位净投资的长期权益项目，如果有，则应以其他长期权益的账面价值为限，继续确认投资损失，冲减长期应收项目等的账面价值。

　　其三，经过上述处理，按照投资合同或协议约定，投资企业仍需要承担额外损失弥补等义务的，应按预计将承担的义务金额确认预计负债，计入当期投资损失。

　　如果经过上列顺序确认应分担的亏损额后，仍有未确认的亏损分担额，投资企业应先作备忘记录，待被投资单位以后年度实现盈利时，再按应享有的收益份额，先扣除未确认的亏损分担额，然后按与上述相反顺序进行处理，减记已确认的预计负债、恢复其他实质上构成对被投资单位净投资的长期权益及长期股权投资的账面价值，同时确认投资收益。

　　企业在实务操作过程中，在发生投资损失时，应借记"投资收益"科目，贷记"长期股权投资——损益调整"科目。在长期股权投资的账面价值减记至零以后，应借记"投资收益"科目，贷记"长期应收款"科目；因投资合同或协议约定导致投资企业需要承担额外义务的，按照或有事项准则的规定，对于符合确认条件的义务，应确认当期损失，同时确认预计负债,借记"投资收益"科目,贷记"预计负债"科目。

在确认了有关的投资损失以后,被投资单位于以后期间实现盈利的,应按以上相反顺序进行会计处理,即借记"预计负债"、"长期应收款"、"长期股权投资"等科目,贷记"投资收益"科目。

【例8-14】 A公司20×1年1月1日以银行存款10 000 000元取得G公司30%的股权,能够对G公司施加重大影响,采用权益法核算。假定投资时,长期股权投资的初始投资成本大于取得投资时应享有被投资单位可辨认净资产公允价值份额,被投资单位各项资产、负债的账面价值与其公允价值相同,投资企业与被投资单位均以公历年度作为会计年度,两者之间采用的会计政策相同。A公司除了对G公司的长期股权投资外,还有一笔金额为2 000 000元的应收G公司的长期债权,该项债权没有明确的清收计划,且在可预见的未来期间不准备收回。假设以后几年经营情况如下(金额单位以元表示):

①20×1年12月31日,G公司实现净利润2 000 000元。
②20×2年12月31日,G公司经营不善当年亏损10 000 000元。
③20×3年12月31日,G公司经营不善当年继续亏损12 000 000元。
④20×4年12月31日,G公司经营不善当年继续亏损13 000 000元。
⑤20×5年12月31日,G公司经营不善当年继续亏损12 000 000元。
⑥20×6年12月31日,G公司经过资产重组,经营状况有所好转,当年实现净利润4 000 000元。
⑦20×7年12月31日,G公司实现净利润15 000 000元。

则A公司的会计处理如下:

①20×1年1月1日,A公司投资时。由于长期股权投资的初始投资成本大于取得投资时应享有被投资单位可辨认净资产公允价值份额,因此,不要求对长期股权投资的成本进行调整。则A公司应进行的会计处理为:

借:长期股权投资——B公司(成本)　　10 000 000
　　贷:银行存款　　　　　　　　　　　　　　　　10 000 000

②20×1年12月31日,A公司确认投资收益时。由于投资时,被投资单位各项资产、负债的账面价值与其公允价值相同,投资企业与被投资单位均以公历年度作为会计年度,两者之间采用的会计政策相同,故不需要对有被投资单位实现净利润进行调整。

A公司应确认的投资收益=2 000 000×30%=600 000(元)

借:长期股权投资——B公司(损益调整)　　600 000
　　贷:投资收益　　　　　　　　　　　　　　　　600 000

③20×2年12月31日,A公司确认应分担的亏损份额时,应分担的亏损份额=10 000 000×30%=3 000 000(元)。

由于A公司此时长期股权投资的账面价值为10 600 000元,应分担的亏损份额为3 000 000元小于长期股权投资的账面价值,故应全部冲减长期股权投资(损益调整)。

A公司确认投资损失时的会计处理:

借:投资收益　　　　　　　　　　　　　　　3 000 000
　　贷:长期股权投资——B公司(损益调整)　　　　3 000 000

④20×3年12月31日,A公司确认应分担的亏损份额时,应分担的亏损份额=

12 000 000×30％＝3 600 000（元）。

由于A公司此时长期股权投资的账面价值为7 600 000元，应分担的亏损份额为3 600 000元小于长期股权投资的账面价值，故应全部冲减长期股权投资（损益调整）。

A公司确认投资损失时的会计处理：

借：投资收益　　　　　　　　　　　　　　　　　　3 600 000
　　贷：长期股权投资——B公司（损益调整）　　　　　　　3 600 000

⑤20×4年12月31日，A公司确认应分担的亏损份额时，应分担的亏损份额＝13 000 000×30％＝3 900 000（元）。

由于A公司此时长期股权投资的账面价值为4 000 000元，应分担的亏损份额为3 900 000元，小于长期股权投资的账面价值，故应全部冲减长期股权投资（损益调整）。

A公司确认投资损失时的会计处理：

借：投资收益　　　　　　　　　　　　　　　　　　3 900 000
　　贷：长期股权投资——B公司（损益调整）　　　　　　　3 900 000

⑥20×5年12月31日，A公司确认应分担的亏损份额时，应分担的亏损份额＝12 000 000×30％＝3 600 000（元）。

由于A公司此时长期股权投资的账面价值为100 000元，应分担的亏损份额为3 900 000元，大于长期股权投资的账面价值，故应以A公司长期股权投资的账面价值减记至零为限投资损失，剩余应分担的亏损份额3 500 000元，应继续冲减其他实质上构成对被投资单位净投资的长期权益项目2 000 000元，并确认投资损失。经过上列顺序确认应分担的亏损额后，仍有未确认的亏损分担额1 500 000元，投资企业应先作备忘记录，待被投资单位以后年度实现盈利时，按应享有的收益份额，再予以弥补。

A公司确认投资损失时的会计处理：

借：投资收益　　　　　　　　　　　　　　　　　　100 000
　　贷：长期股权投资——B公司（损益调整）　　　　　　　100 000
借：投资收益　　　　　　　　　　　　　　　　　　2 000 000
　　贷：长期应收款——B公司　　　　　　　　　　　　　2 000 000

⑦20×6年12月31日，A公司确认投资收益时，A公司应享有的收益份额＝4 000 000×30％＝1 200 000（元）。由于A公司以前年度未确认的亏损分担额为1 500 000元，而当年应享有的收益份额为1 200 000元小于未确认的亏损分担额，因此，不能按照当年应享有的收益份额恢复长期应收款及长期股权投资的账面价值。A公司当年不作正式的会计处理，但应在备查登记簿中记录已抵消的未确认的亏损分担额1 200 000元，以及尚未抵消的未确认的亏损分担额300 000元。

⑧20×7年12月31日，A公司确认投资收益时，A公司应享有的收益份额＝15 000 000×30％＝4 500 000（元）。

由于A公司当年应享有的收益份额为4 500 000元，大于尚未抵消的未确认的亏损分担额300 000元，因此，应在备查登记簿中记录对以前尚未抵消的未确认的亏损分担额300 000元的抵消，超过部分4 200 000元按与上述相反的顺序进行处理，恢复其他实质上构成对被投资单位净投资的长期应收款2 000 000元及长期股权投资的账面价值2 200 000元，同时确认投资收益。

借:长期应收款——B公司　　　　　　　　2 000 000
　　贷:投资收益　　　　　　　　　　　　　　　　2 000 000
同时:
借:长期股权投资——B公司(损益调整)　　2 200 000
　　贷:投资收益　　　　　　　　　　　　　　　　2 200 000

投资企业在确认应享有或应分担的损益份额时,应当以被投资单位的年度财务报告为依据。

(5)被投资单位除净损益以外所有者权益的其他变动。采用权益法核算时,投资企业对于被投资单位除净损益以外所有权益的其他变动,在持股比例不变的情况下,应按照持股比例与被投资单位净损益以外所有者权益的其他变动中归属于本企业的部分,相应调整长期股权投资的账面价值,同时增加或减少资本公积(其他资本公积)。

【例8-15】　A公司对H公司的投资占其有表决权资本的比例为40%,采用权益法核算。20×1年12月31日,H公司持有一项成本为10 000 000元的可供出售金融资产,公允价值升到11 000 000元。H公司按照公允价值超过成本的差额1 000 000元调增可供出售金融资产的账面价值,并计入资本公积。(金额单位以元表示)

A公司应享有资本公积份额=1 000 000×40%=400 000(元)
A公司的会计处理如下:
借:长期股权投资——H公司(其他权益变动)　　400 000
　　贷:资本公积——其他资本公积　　　　　　　　　　400 000

8.4.3　长期股权投资核算方法的转换

长期股权投资在持有期间,因追加投资或处置长期股权投资等各方面情况的变化,可能导致其核算需要由一种方法转换为另外的方法,即成本法转换为权益法或权益法转换为成本法,下面分别加以说明。

1. 成本法转换为权益法

长期股权投资的核算由成本法转为权益法时,应区别形成该转换的不同情况分别进行处理。

原持有的对被投资单位不具有控制、共同控制或重大影响、在活跃市场中没有报价、公允价值不能可靠计量的长期股权投资,因追加投资导致持股比例上升,能够对被投资单位施加重大影响或是实施共同控制的,在自成本法转为权益法时,应区分原持有的长期股权投资以及新增长期股权投资两部分分别处理:

(1)原持有长期股权投资的账面余额与按照原持股比例计算确定应享有原取得投资时被投资单位可辨认净资产公允价值份额之间的差额,如果属于原取得投资时因投资成本大于应享有被投资单位可辨认净资产公允价值份额的差额,属于通过投资作价体现的商誉部分,不调整长期股权投资的账面价值;如果属于原取得投资时因投资成本小于应享有被投资单位可辨认净资产公允价值份额的差额,一方面应调整长期股权投资的账面价值,另一方面应同时调整留存收益。

(2)对于追加投资新取得的长期股权投资部分,应当将追加投资的成本与按照追加投资比例计算确定的追加投资时应享有被投资单位可辨认净资产公允价值的份额进行比较,二者之间存在差额的,如果属于追加投资成本大于投资时应享有被投资单位可辨认净资产公允价值份额的,不调整长期股权投资的成本;如果属于追加投资成本小于追加投资时应享有被投资单位可辨认净资产公允价值份额的差额,应按其差额调整增加长期股权投资的成本,同时计入追加投资当期的营业外收入。

在对原投资成本和追加投资成本进行上述调整时,应综合考虑与原投资相关的商誉或是应计入留存收益的金额和与追加投资相关的商誉或是应计入当期损益的金额,在此基础上确定与整体投资相关的商誉或是应计入留存收益、当期损益的金额。

(3)对于取得原投资后至追加投资交易日之间被投资单位可辨认净资产公允价值的变动中投资企业按原持股比例计算的应享有份额,应根据下列不同情况分别进行会计处理。

①属于在此期间被投资单位实现净损益中投资企业按原持股比例计算的应享有份额,一方面应当调整长期股权投资的账面价值,同时对于原取得投资时至新增投资当期期初按照原持股比例应享有被投资单位实现的净损益,应调整留存收益;对于新增投资当期期初至新增投资交易日之间应享有被投资单位,应计入当期损益;属于其他原因导致的被投资单位可辨认净资产公允价值变动中应享有的份额,在调整长期股权投资账面价值的同时,应当计入"资本公积——其他资本公积"。

【例8-16】 A公司20×1年1月1日,以银行存款10 000 000元购入I公司10%的股权,并准备长期持有,取得投资时I公司可辨认净资产公允价值的总额为90 000 000元(假定公允价值怀账面价值相同)。因对被投资单位不具有重大影响且无法可靠确定该项投资的公允价值,A公司采用成本法核算。(假设A公司按照净利润10%的比例提取盈余公积)

20×2年1月1日,A公司又以银行存款20 000 000元购入I公司15%的股权,当日I公司可辨认净资产公允价值的总额为130 000 000元。取得该部分股权后,按照I公司章程规定,A公司能够派人参与I公司的生产经营决策,对该项长期股权投资转为采用权益法核算。本例中假定A公司在取得对I公司10%的股权后至新增股权投资日,I公司通过生产经营活动实现的净利润为5 000 000元,未派发现金股利或利润。除所实现净利润外,未发生其他计入资本公积的交易或事项。A公司按照净利润的10%提取盈余公积。

则A公司全部的账务处理如下:

(1)20×1年1月1日,A公司投资时。

借:长期股权投资——I公司　　　　　　10 000 000
　　贷:银行存款　　　　　　　　　　　　　　　　　10 000 000

(2)20×2年1月1日,A公司又追加投资时。

借:长期股权投资——I公司　　　　　　20 000 000
　　贷:银行存款　　　　　　　　　　　　　　　　　20 000 000

此时,确认该部分长期股权投资后,长期股权投资的账面价值累计已达30 000 000元。

(3)对长期股权投资的账面价值进行调整。

①对于原10%股权的成本10 000 000元与原投资时应享有被投资单位可辨认净资

产公允价值份额9 000 000元(9 000 000×10%)之间的差额1 000 000元,属于原通过投资作价体现的商誉部分,不调整长期股权投资的账面价值。

对于被投资单位可辨认净资产在原投资时至新增投资交易日之间公允价值的变动(130 000 000－90 000 000)相对于原持股比例的部分4 000 000元,属于在此期间被投资单位实现净损益中应享有的份额500 000元(5 000 000元×10%),应当调整长期股权投资的账面价值,同时调整留存收益;属于其他原因导致的被投资单位可辨认净资产公允价值变动中应享有的份额3 500 000元,应当调整长期股权投资的账面价值,同时计入"资本公积——其他资本公积"。

故A公司的账务处理如下:

借:长期股权投资——I公司　　　　　　4 000 000
　　贷:资本公积——其他资本公积　　　　　　　　　3 500 000
　　　　盈余公积　　　　　　　　　　　　　　　　　　50 000
　　　　利润分配——未分配利润　　　　　　　　　　450 000

②对于新取得的股权部分,新增投资的成本20 000 000与取得该部分投资时应享有被投资单位可辨认净资产公允价值的份额19 500 000元(130 000 000×15%)之间的差额500 000元,视为投资作价体现的商誉部分,不调整长期股权投资的账面价值。

2. 处置投资导致成本法转换为权益法

因处置投资导致对被投资单位的影响能力由控制转为具有重大影响或是其他投资方一起实施共同控制的情况下,首先应按处置或收回投资的比例结转应终止确认的长期股权投资成本。

在此基础上,应当比较剩余的长期股权投资成本与按照剩余持股比例计算原投资时应享有被投资单位可辨认净资产公允价值的份额,属于投资作价中体现的商誉部分,不调整长期股权投资的账面价值;属于投资成本小于应享有被投资单位可辨认净资产公允价值的份额的,在调整长期股权投资成本的同时,应调整留存收益。

对于原取得投资后至转变为权益法核算之间被投资单位实现净损益中按照持股比例计算应享有的份额,一方面应当调整长期股权投资的账面价值,同时对于原取得投资时至处置投资当期期初被投资单位实现的净损益(扣除已发放及已宣告发放的现金股利及利润)中应享有的份额,调整留存收益,对于处置投资当期期初至处置投资之日被投资单位实现的净损益中享有的份额,调整当期损益;对于被投资单位在此期间所有者权益的其他变动应享有的份额,在调整长期股权投资账面价值的同时,应当计入"资本公积——其他资本公积"。

【例8－17】 A公司原持有J公司60%的股权,其账面余额为80 000 000元,未计提减值准备。20×1年12月6日,A公司将其持有的以J公司长期股权投资中的1/2售给某企业,出售取得价款56 000 000元,当日被投资单位可辨认净资产公允价值总额为160 000 000元。A公司原取得J公司60%股权时,J公司可辨认净资产公允价值总额为90 000 000元(假定公允价值与账面价值相同)。自A公司取得对J公司长期股权投资后至部分处置投资前,J公司实现净利润60 000 000元。假定J公司一直未进行利润分配。除所实现净损益外,J公司未发生其他计入资本公积的交易或事项。(假设A公司按净利润的10%提取盈余公积)。

在出售30%的股权后,A公司对J公司的持股比例为30%,在被投资单位董事会中派有代表,但不能对J公司生产经营决策实施控制。对J公司长期股权投资应由成本法改为按照权益法核算,则A公司的会计处理如下:

(1)在出售30%的股权时,A公司确认长期股权投资处置损益。

A公司应结转长期股权投资的成本=80 000 000×50%=40 000 000(元)

A公司确认长期股权投资处置收益=56 000 000-40 000 000=16 000 000(元)

借:银行存款　　　　　　　　　　　　　　56 000 000
　　贷:长期股权投资　　　　　　　　　　　　　　40 000 000
　　　　投资收益　　　　　　　　　　　　　　　　16 000 000

(2)调整长期股权投资账面价值。剩余长期股权投资账面价值为40 000 000元,与原投资时应享有被投资单位可辨认净资产公允价值份额之间的差额13 000 000元(40 000 000-90 000 000×30%)为商誉的价值不需要对长期股权投资的成本进行调整。

处置投资以后按照持股比例计算享有被投资单位自购买日至处置投资日期间实现的净损益为18 000 000元(60 000 000×30%),应调整增加长期股权投资的账面价值,同时调整留存收益。则A公司的会计处理如下:

借:长期股权投资　　　　　　　　　　　　18 000 000
　　贷:盈余公积　　　　　　　　　　　　　　　　 1 800 000
　　　　利润分配——未分配利润　　　　　　　　 16 200 000

(二)权益法转换为成本法

1. 追加投资导致的权益法转换为成本法

投资企业因追加投资等原因持有的对联营企业或合营企业的投资转变为对子公司的投资,应在追加投资时对原采用权益法核算的长期股权投资账面余额进行调整,将有关长期股权投资的账面余额调整至最初取得成本,在此基础上再加上追加投资的成本作为按照成本法核算的初始投资成本。

【例8-17】 20×1年1月5日,A实业股份有限公司以64 000 000元的价款取得R公司30%的股份,能够对R公司施加重大影响,采用权益法核算;20×2年2月10日,A公司又以80 000 000元的价款取得R公司30%的股份。由于A公司对R公司的持股比例增至60%,R公司成为A公司的子公司,因此,改按成本法核算。20×1年度,R公司实现净收益10 000 000元,A公司已按权益法确认了应享有的收益份额3 000 000元,R公司未分配现金股利。除所实现净损益外,R公司未发生其他导致所有者权益发生变动的交易或事项。A公司按照净利润的10%提取盈余公积。

(1)调整权益法核算的长期股权投资账面余额。

借:盈余公积　　　　　　　　　　　　　　 300 000
　　利润分配——未分配利润　　　　　　　 2 700 000
　　贷:长期股权投资——R公司(成本)　　　　　　 3 000 000

(2)追加投资。
借:长期股权投资——R公司(成本)　　　80 000 000
　　贷:银行存款　　　　　　　　　　　　　　　　80 000 000

2. 处置投资导致的权益法转换为成本法

企业原持有的对联营企业或合营企业的投资,因处置投资等原因对被投资单位不再具有共同控制或重大影响,并且该投资在活跃市场中没有报价、公允价值不能可靠计量,应将长期股权投资的核算由权益法转换为成本法,并以转换时长期股权投资的账面价值作为按照成本法核算的基础。随后期间,自被投资单位分得的现金股利或利润未超过转换时被投资单位可供分配利润中本企业应享有份额的,分得的现金股利或利润应冲减长期股权投资的成本,不作为投资收益;自被投资单位分得的现金股利或利润超过转换时被投资单位可供分配利润中本企业应享有份额的部分,确认为当期损益。

【例8-18】 A公司持有H公司股份20 000 000股,占H公司有表决权股份的20%,能够对H公司施加重大影响,采用权益法核算;截至20×1年3月31日,该项股权投资的账面价值为25 000 000元,其中,成本22 000 000元,损益调整3 000 000元。20×1年4月1日,A公司将持有的H公司股份中15 000 000股转让给其他企业,收到转让价款19 500 000元。由于A公司对H公司的持股比例已降为5%,不再具有重大影响,并且H公司股份在活跃市场中没有报价,公允价值不能可靠计量,因此,A公司仍将其作为长期股权投资并改按成本法核算,转换核算方法时被投资单位的可供分配利润为18 000 000元。20×1年4月20日,H公司宣告20×0年度利润分配方案,每股分派现金股利0.01元。

(1)20×1年4月1日,转让H公司股份。
转让股份的账面价值=25 000 000×15 000 000/20 000 000=18 750 000(元)
其中:成本=22 000 000×15 000 000/20 000 000=16 500 000(元)
损益调整=3 000 000×15 000 000/20 000 000=2 250 000(元)
借:银行存款　　　　　　　　　　　　　19 500 000
　　贷:长期股权投资——H公司(成本)　　　　　　16 500 000
　　　　　　　　　　——H公司(损益调整)　　　　　2 250 000
　　　　投资收益　　　　　　　　　　　　　　　　　　750 000

(2)权益法转换为成本法。
剩余股份的账面价值=25 000 000-18 750 000=6 250 000(元)
其中:成本=22 000 000-16 500 000=5 500 000(元)
损益调整=3 000 000-2 250 000=750 000(元)
借:长期股权投资——H公司(成本)　　　750 000
　　贷:长期股权投资——H公司(损益调整)　　　　　750 000

处置投资后,该项长期股权投资的账面价值为6 250 000元,其中包括投资成本5 500 000元,原确认的损益调整750 000元。

(3)20×1年4月20日,H公司宣告分派现金股利。
A公司转换核算方法时被投资单位可供分配利润为18 000 000元,其中由A公司享有的份额为 900 000 元(18 000 000×5%);20×1 年 4 月 20 日,自被投资单位分得的现金股利为 500 000 元(5 000 000×0.01),未超过转换核算方法时被投资单位可供分配利润中本企业应享有的份额,应冲减长期股权投资的成本。其账务处理如下:

借:应收股利　　　　　　　　　　　　　　　500 000
　　贷:长期股权投资——H 公司(成本)　　　　　　　500 000

8.4.4　长期股权投资的处置

1. 长期股权投资处置损益的构成

长期股权投资的处置,主要指通过证券市场售出股权,也包括抵偿债务转出、非货币性资产交换转出以及因被投资企业破产清算而被迫清算股权等情形。

处置长期股权投资发生的损益应当在符合股权转让条件时予以确认,计入处置当期投资损益。长期股权投资的处置损益,是指取得的处置收入扣除长期股权投资的账面价值和已确认但尚未收到的现金股利之后的差额。其中,处置收入是指企业处置长期股权投资实际收到的价款,该价款已经扣除了手续费、佣金等交易费用;长期股权投资的账面价值是指长期股权投资的账面余额扣除相应的减值准备后的金额,该项已计提的减值准备应在处置长期股权投资的同时予以转出;已确认但尚未收到的现金股利是指投资企业已于被投资单位宣告分派现金股利时按应享有的份额确认了应收债权,但至处置投资时被投资单位尚未实际派发的现金股利。采用权益法核算的长期股权投资,处置时还应将原计入资本公积项目的相关金额,转为处置投资收益。

在部分处置某项长期股权投资时,按该项投资的总平均成本确定处置部分的成本,并按相同的比例结转已计提的长期股权投资减值准备和相关的资本公积金额。

2. 处置长期股权投资的会计处理

企业处置长期股权投资时,按实际收到的价款,借记"银行存款"科目,按已计提的长期股权投资减值准备,借记"长期股权投资减值准备"科目,按长期股权投资的账面余额,贷记"长期股权投资"科目,按已确认但尚未收到的现金股利,贷记"应收股利"科目,按上述贷方差额,贷记"投资收益"科目,如为借方差额,借记"投资收益"科目。

采用权益法核算的长期股权投资,处置时还应将所处置投资原计入资本公积项目的金额转出,按其贷方金额,借记"资本公积——其他资本公积"科目,贷记"投资收益"科目,或者按其借方金额,借记"投资收益"科目,贷记"资本公积——其他资本公积"科目。

【例 8-19】 A 公司购入 N 公司股票 150 000 股,实际支付购买价款 285 000 元(包括交易税费)。N 公司的股票在活跃市场中没有报价,公允价值不能可靠计量,A 公司将其划分为长期股权投资,并采用成本法核算;20×1 年 12 月 31 日,A 公司为该项股权投资计提了减值准备 95 000 元;20×1 年 9 月 25 日,A 公司将持有的 N 公司股票全部转让,实际收到转让价款 180 000 元。

转让损益=180 000-(285 000-95 000)=-10 000(元)

借:银行存款　　　　　　　　　　　　　　　180 000
　　长期股股投资减值准备　　　　　　　　　　95 000
　　投资收益　　　　　　　　　　　　　　　　10 000
　　贷:长期股权投资——N 公司(成本)　　　　　　　285 000

【例8—20】 A公司对持有L公司股份采用权益法核算。

20×1年4月5日,A公司将持有的L公司股份全部转让,收到转让价款45 000 000元,其中包括A公司应收L公司已宣告但尚未发放的现金股利3 000 000元。转让日,该项股权投资的账面价值为36 500 000元,其中,成本22 000 000元,损益调整(借方)12 000 000元,其他权益变动(借方)2 500 000元。A公司未对该项股权投资计提减值准备。其账务处理如下:

转让损益=45 000 000−36 500 000−3 000 000=5 500 000(元)

借:银行存款　　　　　　　　　　　　　　45 000 000
　　贷:长期股权投资——L公司(成本)　　　　　　　22 000 000
　　　　　　——L公司(损益调整)　　　　　　　12 000 000
　　　　　　——L公司(其他权益变动)　　　　　　2 500 000
　　　　应收股利　　　　　　　　　　　　　　3 000 000
　　　　投资收益　　　　　　　　　　　　　　5 500 000
借:资本公积——其他资本公积　　　　　2 500 000
　　贷:投资收益　　　　　　　　　　　　　　　2 500 000

本章小结

1.投资是企业为了获得收益或实现资本增值向投资单位投放资金的经济行为。企业对外进行的投资,可以按不同的标准进行分类。按照不同的投资性质,可以分为股权性投资、债权性投资和混合性投资;按照管理层持有意图划分,可以分为交易性投资、可供出售投资、持有至到期投资和长期股权投资等;按照不同的投资对象,可以分为股权投资、债权投资和其他投资;按照持有时间的长短,可以分为短期投资和长期投资。

2.企业合并是将两个或两个以上单独的企业合并形成一个报告主体交易或事项。

按不同标准有不同的分类,从合并方式划分,企业合并包括控股合并、吸收合并和新设合并;以是否在同一控制下进行企业合并为基础对企业合并的分类,分为同一控制下的企业合并与非同一控制下的企业合并。

3.同一控制下的企业合并是指参加合并的企业在合并前后均受同一方或相同的多方最终控制且该控制并非暂时性。同一控制下的企业合并,合并方在企业合并中取得的资产和负债,应当按照合并日其在被合并方的账面价值计量。合并方取得的净资产账面价值与支付的合并对价账面价值(或发行股份面值总额)的差额,应当调整资本公积(仅指资本溢价或股本溢价);资本公积不足冲减的,调整留存收益。

4.非同一控控制下的企业合并是指参与合并的各方在合并前后不受同一方或相同的多方最终控制的企业合并。非同一控控制下的企业合并中,购买方为了取得对被购买方的控制权而放弃的资产、发生或承担的负债、发行的权益性证券等均应按其在购买日的公允价值计量。

5.长期股权投资核算方法有成本法和权益法。

6.成本法是指长期股权投资的账面价值通常按照初始投资成本计量,除追加或收回投资外,一般不对长期股权投资的账面价值进行调整的一种会计处理方法。适应范围为控制或投资企业对被投资单位不具有共同控制或重大影响,并且在活跃市场中没有报价、公允价值不能可靠计量的长期股权投资。

7.权益法,是指投资以初始投资成本计量后,在投资持有期间根据投资企业享有被投资单位所有者权益份额的变动对投资的账面价值进行调整的方法。适用范围为投资企业对被投资单位具有共同控制或重大影响的长期股权投资,应当采用权益法核算。

8.长期股权投资在持有期间,因追加投资或处置长期股权投资等各方面情况的变化,可能导致其核算需要由一种方法转换为另外的方法,即成本法转换为权益法或权益法转换为成本法。

练习题

一、单项选择题

1. 成本法下,被投资单位宣告分派现金股利时,投资企业应按享有的部分计入( )科目。
   A.长期股权投资   B.投资收益   C.资本公积   D.营业外收入

2. 根据《企业会计准则第2号——长期股权投资》的规定,长期股权投资采用权益法核算时,下列各项最终不会引起长期股权投资账面价值变动的是( )。
   A.被投资单位持有的可供出售权益工具的公允价值上升
   B.被投资单位发生净亏损
   C.被投资单位计提盈余公积
   D.被投资单位宣告发放现金股利

3. 企业采用成本法核算长期股权投资时,收到被投资单位分派的现金股利时,若为投资后产生的净利润分配的,应当( )。
   A.减少长期股权投资   B.冲减应收股利
   C.增加实收资本   D.计入投资收益

4. 采用权益法核算长期股权投资时,被投资单位发生亏损投资企业按应分担的份额应当( )。
   A.减少长期股权投资账面价值   B.冲减应收股息
   C.冲减资本公积   D.计入营业外支出

5. 关于长期股权投资的成本法和权益法核算,下列说法正确的是( )。
   A.取得长期股权投资时投资成本的入账价值相同
   B.被投资企业发生净损益时的处理方法相同
   C.计提减值准备的条件相同
   D.确认的投资收益金额相同

6. 企业采用成本法核算长期股权投资时,股票持有期间被投资单位发放的现金股利,确认投资收益的时点是( )。
   A.实际收到现金股利时
   B.被投资单位宣告发放现金股利的股权登记日
   C.被投资单位发放现金股利的除息日

D. 被投资单位宣告发放现金股利时

7. 对同一控制下的企业合并,合并方以发行权益性证券作为合并对价的,下列说法中正确的是（　　）。
   A. 应当在合并日按照取得被合并方所有者权益公允价值的份额作为长期股权投资的初始投资成本,按照发行股份的面值总额作为股本
   B. 应当在合并日按照取得被合并方可辨认净资产公允价值的份额作为长期股权投资的初始投资成本,按照发行股份的面值总额作为股本
   C. 应当在合并日按照取得被合并方所有者权益账面价值的份额作为长期股权投资的初始投资成本,按照发行股份的面值总额作为股本
   D. 应当在合并日按照取得被合并方所有者权益账面价值的份额作为长期股权投资的初始投资成本,按照发行股份的面值总额作为股本,长期股权投资初始投资成本与所发行股份面值总额之间的差额,应当计入当期损益

8. 甲公司出资10 000 000元,取得了乙公司80%的控股权,假如购买股权时乙公司的账面净资产价值为15 000 000元,甲、乙公司合并前后同受一方控制。则甲公司确认的长期股权投资成本为（　　）元。
   A. 10 000 000　　　B. 15 000 000　　　C. 8 000 000　　　D. 12 000 000

9. 甲公司出资10 000 000元,取得了乙公司80%的控股权,假如购买股权时乙公司的账面净资产价值为15 000 000元,甲、乙公司合并前后不受同一方控制。则甲公司确认的长期股权投资成本为（　　）元。
   A. 10 000 000　　　B. 15 000 000　　　C. 8 000 000　　　D. 12 000 000

10. 非企业合并,且以支付现金取得的长期股权投资,应当按照（　　）作为初始投资成本。
    A. 实际支付的购买价款　　　　　　B. 被投资企业所有者权益账面价值的份额
    C. 被投资企业所有者权益公允价值的份额　　D. 被投资企业所有者权益

二、多项选择题

1. 对长期股权投资采用权益法核算时,被投资企业发生的下列事项中,投资企业应该调整长期股权投资账面价值的有（　　）。
   A. 实现净利润　　　　　　　　B. 宣告分配现金股利
   C. 购买固定资产　　　　　　　D. 计提盈余公积

2. 下列各项中,投资方应确认投资收益的事项有（　　）。
   A. 采用权益法核算长期股权投资,被投资方实现的净利润
   B. 采用权益法核算长期股权投资,被投资方取得的直接计入所有者权益的利得和损失
   C. 采用权益法核算长期股权投资,收到被投资方实际发放的现金股利
   D. 采用成本法核算长期股权投资,被投资方宣告发放现金股利

3. 长期股权投资采用权益法核算的,应当设置的明细科目有（　　）。
   A. 成本　　　　　　　　　　　B. 长期股权投资减值准备
   C. 损益调整　　　　　　　　　D. 其他权益变动

4. 投资企业与被投资单位存在（　　）关系时,投资方应采用权益法核算该长期股权投资。

A. 控制　　　　　　　　　　　　B. 重大影响
　　C. 行政隶属关系　　　　　　　　D. 共同控制

5. 采用权益法核算时,可能记入"长期股权投资"科目贷方发生额的是(　　)。
　　A. 被投资单位宣告现金股利　　　B. 被投资单位收回长期股权投资
　　C. 被投资单位发生亏损　　　　　D. 被投资单位实现净利润

6. 采用权益法核算时,和"投资收益"账户有关的因素包括(　　)。
　　A. 被投资单位实现净利润　　　　B. 被投资单位发生亏损
　　C. 被投资单位接受的捐赠　　　　D. 被投资单位宣告分派股票股利

7. 投资企业与被投资单位存在(　　)关系时,投资方应采用成本法核算该长期股权投资。
　　A. 控制　　　B. 重大影响　　　C. 无重大影响　　　D. 共同控制

8. 关于长期股权投资成本法核算,下列说法正确的有(　　)。
　　A. 现金购入时以支付的全部价款作为投资成本入账,已宣告尚未领取的现金股利除外
　　B. 收到的现金股利属于投资后被投资单位累计实现的净利润的分配确认为投资收益,否则调整投资成本
　　C. 被投资企业实现净利润应调增长期股权投资的账面价值
　　D. 期末计提减值准备

9. 在非企业合并情况下,下列各项中构成长期股权投资初始投资成本的有(　　)。
　　A. 投资时支付的不含应收股利的价款
　　B. 为取得长期股权投资而发生的评估、审计、咨询费
　　C. 投资时支付的税金及其他必要支出
　　D. 投资时支付款项中所含的已宣告而尚未领取的现金股利

10. 长期股权投资采用权益法核算的,应当设置的明细科目有(　　)。
　　A. 成本　　　　　　　　　　　　B. 长期股权投资减值准备
　　C. 损益调整　　　　　　　　　　D. 其他权益变动

三、判断题

1. 无论是长期股权投资核算的成本法,还是权益法,均应在实际收到利润时确认投资收益。(　　)

2. 股票持有期限超过一年就应按长期股权投资的有关规定进行核算。(　　)

3. 对长期股权投资采用成本法核算,投资后收到的现金股利和股票股利均应确认为投资收益。(　　)

4. 采用权益法时,投资前被投资单位实现的净利润应包括在投资成本中,不单独核算。(　　)

5. 为进行长期投资而发生的借款费用,不应计入长期投资的成本,而应作为财务费用处理。(　　)

6. 投资企业只要持有被投资企业的股权比例超过20%就应采用权益法核算,反之,则采用成本法核算。(　　)

7. A公司购入B公司5%的股份,买价322 000元,其中含有已宣告发放、但尚未领取的现金股利8 000元。那么A公司取得长期股权投资的成本为322 000元。(　　)

8.采用权益法核算的长期股权投资的初始投资成本大于投资时应享有被投资单位可辨认净资产公允价值份额的,其差额计入长期股权投资(股权投资差额)中。（　　）

9.在成本法下,当被投资企业发生盈亏时,投资企业并不做账务处理;当被投资企业宣告分配现金股利时,投资方应将分得的现金股利确认为投资收益。（　　）

10.长期股权投资采用成本法核算的,应按被投资单位宣告发放的现金股利或利润中属于本企业的部分,借记"应收股利"科目,贷记"投资收益"科目;属于被投资单位在本企业取得投资前实现净利润的分配额,应该借记"应收股利"科目,贷记"资本公积"科目。
（　　）

四、业务计算与核算题

1.A公司2×10年至2×12年有关长期股权投资的业务如下:

(1)2×10年1月1日,A公司以银行存款12 000 000元取得B公司30%的股权,A公司采用权益法核算该项长期股权投资。2×10年1月1日B公司可辨认净资产公允价值为50 000 000元。取得投资时B公司各项可辨认资产.负债的公允价值与账面价值均相等。

(2)2×10年4月3日,A公司销售给B公司一批甲商品,该批商品成本为4 000 000元,售价为6 000 000元,截至2×10年末,B公司将该批商品的30%出售给外部第三方。

(3)2×10年B公司实现净利润4 400 000元。

(4)2×11年5月3日,B公司销售给A公司一批乙商品,该批商品成本为5 000 000元,售价为8 000 000元,截至2×11年末,A公司购入的该批乙商品均未对外出售。B公司2×10年从A公司购入的甲商品剩余部分在2×11年未对外出售。

(5)2×11年B公司发生亏损2 000 000元。

(6)截止2×12年末,B公司2×10年从A公司购入的甲商品剩余部分已全部出售给外部第三方;A公司2×11年自B公司购入的乙商品已全部出售给外部第三方。

(7)2×12年B公司实现净利润2 500 000元。

要求:编制A公司上述有关投资业务的会计分录(金额单位以元表示)。

2.甲公司为一般纳税人,适用的增值税税率为17%,甲公司2×10年至2×11年有关长期股权投资资料如下:

(1)2×10年1月1日,甲公司以一项固定资产(设备)与一批库存商品作为对价,取得乙公司60%的股权。甲公司所付出固定资产的原价为30 000 000元,累计折旧为18 000 000元,公允价值为15 000 000元,商品的成本为5 000 000元,公允价值为6 000 000元。合并日乙公司所有者权益账面价值总额为50 000 000元,可辨认净资产的公允价值为54 000 000元。在企业合并过程中,甲公司支付相关法律咨询费用400 000元,相关手续均已办理完毕。

(2)2×10年4月21日,乙公司宣告分派20×9年度的现金股利3 000 000元。

(3)2×10年5月10日,甲公司收到乙公司分派的20×9年度现金股利。

(4)2×10年度,乙公司实现净利润6 000 000元。

(5)2×11年4月25日,甲公司处置该项股权投资,取得价款35 000 000元。

要求:

(1)假定合并前,甲公司与乙公司属于同一集团,编制甲公司2×10年至2×11年与该项长期股权投资有关的会计分录；

（2）假定合并前，甲公司与乙公司不具有关联方关系，编制甲公司取得该项长期股权投资时的会计分录。（单位用元表示）

五、思考题

1. 什么叫成本法？什么叫权益法？
2. 成本法与权益法各自的适应范围是什么？
3. 成本法与权益法会计处理的主要区别是什么？
4. 如何确认长期股权投资的处置损益？

第 9 章 非货币性资产交换

□学习目标

通过本章的学习,掌握什么是非货币性资产之间的交换以及对非货币性资产交换根据不同的种类做出正确的会计处理。

9.1 非货币性资产交换的认定

9.1.1 非货币性资产交换的概念

非货币性资产是相对于货币性资产而言的,货币性资产,是指企业持有的货币资金和将以固定或可确定的金额收取的资产,包括现金、银行存款、应收账款和应收票据以及准备持有至到期的债权投资等。非货币性资产是指货币性资产以外的资产,包括存货、固定资产、无形资产、长期股权投资、不准备持有至到期的债权投资等。非货币性资产有别于货币性资产的最基本特征是其在将来为企业带来的经济利益,即货币金额是不固定的或不可确定的,例如,企业持有固定资产的主要目的是用于生产经营,通过折旧方式将其磨损价值转移到产品成本中,然后通过产品销售获利,固定资产在将来为企业带来的经济利益,即货币金额是不固定的或不可确定的,因此,固定资产属于非货币性资产,资产负债表列示的项目中属于非货币性资产的项目通常包括存货(原材料、包装物、低值易耗品、库存商品、委托加工物资、委托代销商品等)、长期股权投资、投资性房地产、固定资产、在建工程、工程物资、无形资产等。

9.1.2 非货币性资产交换的认定

非货币性资产交换一般不涉及货币性资产,或只涉及少量货币性资产即补价。非货币性资产交换准则规定,认定涉及少量货币性资产的交换为非货币性资产交换,通常以补价占整个资产交换金额(整个资产交换金额即为在整个非货币性资产交换中最大的公允价值)的比例是否低于 25% 作为参考比例。也就是说,支付的货币性资产占换入资产公允价值(或占换出资产公允价值与支付的货币性资产之和)的比例,或者收到的货币性资产占换出资产公允价值(或占换入资产公允价值和收到的货币性资产之和)的比例低于 25% 的,视为非货币性资产交换;高于 25%(含 25%)的,视为货币性资产交换,适用《企业会计准则第 14 号——收入》等相关准则的规定。

【例 9-1】 以公允价值 350 000 元的专利权换取一辆小汽车,同时支付 150 000 元的补价。判断是否属于非货币性资产交换？

按非货币性资产交换准则的规定要计算货币性资产占整个交换资产的比重，即：
150 000/(150 000＋350 000)＝30％大于25％，因此，该交换不属于非货币性资产交换。

9.2 非货币性资产交换的确认和计量

非货币性资产交换无非是一项资产换入一项资产、一项资产换入多项资产、多项资产换入一项资产或多项资产换入多项资产。无论哪一种交换，对换入资产的成本有两种计量基础，即公允价值或账面价值。至于采用哪种计量基础，要判断交换是否具有商业实质以及换入或换出资产的公允价值是否能可靠计量。

9.2.1 公允价值计量

1. 公允价值计量应该满足的条件

非货币性资产交换同时满足下列两个条件的，应当以公允价值和应支付的相关税费作为换入资产的成本，公允价值与换出资产账面价值的差额计入当期损益：

(1)该项交换具有商业实质。
(2)换入资产或换出资产的公允价值能够可靠地计量。

2. 商业实质的判断

非货币性资产交换具有商业实质，是换入资产能够采用公允价值计量的重要条件之一。在确定资产交换是否具有商业实质时，企业应当重点考虑由于发生了该项资产交换预期使企业未来现金流量发生变动的程度，通过比较换出资产和换入资产预计产生的未来现金流量或其现值，确定非货币性资产交换是否具有商业实质。只有当换出资产和换入资产预计未来现金流量或其现值两者之间的差额较大时，才能表明交易的发生使企业经济状况发生了明显改变时，非货币性资产交换因而具有商业实质。

(1)判断条件。企业发生的非货币性资产交换，符合下列条件之一的，视为具有商业实质：

①换入资产的未来现金流量在风险、时间和金额方面与换出资产显著不同。

换入资产的未来现金流量在风险、时间和金额方面与换出资产显著不同，通常包括但不仅限于以下几种情况：

第一，未来现金流量的风险、金额相同，时间不同。比如，某企业以一批存货换入一项设备，因存货流动性强，能够在较短的时间内产生现金流量，设备作为固定资产要在较长的时间内为企业带来现金流量，两者产生现金流量的时间相差较大，则可以判断上述存货与固定资产的未来现金流量显著不同，因而该两项资产的交换具有商业实质。

第二，未来现金流量的时间、金额相同，风险不同。比如，A企业以其用于经营出租的一幢公寓楼，与B企业同样用于经营出租的一幢公寓楼进行交换，两幢公寓楼的租期、每期租金总额均相同，但是A企业是租给一家财务及信用状况良好的企业(该企业租用该公寓是给其单身职工居住)，B企业的客户则都是单个租户，相比较而言，A企业取得租金的风险较小,B 企业由于租给散户,租金的取得依赖于各单个租户的财务和信用状况。因此,两者现金流量流入的风险或不确定性程度存在明显差异,则两幢公寓楼的未来现金流量显著不同,进而可判断该两项资产的交换具有商业实质。

第三,未来现金流量的风险、时间相同,金额不同。比如,某企业以一项商标权换入另一企业的一项专利技术,预计两项无形资产的使用寿命相同,在使用寿命内预计为企业带来的现金流量总额相同,但是换入的专利技术是新开发的,预计开始阶段产生的未来现金流量明显少于后期,而该企业拥有的商标每年产生的现金流量比较均衡,两者产生的现金流量金额差异明显,则上述商标权与专利技术的未来现金流量显著不同,因而该两项资产的交换具有商业实质。

②换入资产与换出资产的预计未来现金流量现值不同,且其差额与换入资产和换出资产的公允价值相比是重大的。

企业如按照上述第一个条件难以判断某项非货币性资产交换是否具有商业实质,即可根据第二个条件,通过计算换入资产和换出资产的预计未来现金流量现值进行比较后判断。资产预计未来现金流量现值,应当按照资产在持续使用过程和最终处置时预计产生的税后未来现金流量,选择恰当的折现率对预计未来现金流量折现后的金额加以确定,即国际财务报告准则所称的"主体特定价值"。

从市场参与者的角度分析,换入资产和换出资产预计未来现金流量在风险、时间和金额方面可能相同或相似,但是,鉴于换入资产的性质和换入企业经营活动的特征等因素,换入资产与换入企业其他现有资产相结合,能够比换出资产产生更大的作用,使换入企业受该换入资产影响的经营活动部分产生的现金流量,与换出资产明显不同,即换入资产对换入企业的使用价值与换出资产对该企业的使用价值明显不同,使换入资产预计未来现金流量现值与换出资产发生明显差异,因而表明该两项资产的交换具有商业实质。

某企业以一项专利权换入另一企业拥有的长期股权投资,假定从市场参与者来看,该项专利权与该项长期股权投资的公允价值相同,两项资产未来现金流量的风险、时间和金额亦相同,但是,对换入企业来讲,换入该项长期股权投资使该企业对被投资方由重大影响变为控制关系,从而对换入企业产生的预计未来现金流量现值与换出的专利权有较大差异;另一企业换入的专利权能够解决生产中的技术难题,从而对换入企业产生的预计未来现金流量现值与换出的长期股权投资有明显差异,因而该两项资产的交换具有商业实质。

(2)关联方之间交换资产与商业实质的关系。在确定非货币性资产交换是否具有商业实质时,企业应当关注交易各方之间是否存在关联方关系。关联方关系的存在可能导致发生的非货币性资产交换不具有商业实质。

3. 公允价值的判断

资产存在活跃市场,是资产公允价值能够可靠计量的明显证据,但不是唯一要求。属于以下三种情形之一的,公允价值视为能够可靠计量:

(1)换入资产或换出资产存在活跃市场。

(2)换入资产或换出资产不存在活跃市场,但同类或类似资产存在活跃市场。

(3)换入资产或换出资产不存在同类或类似资产可比市场交易、采用估值技术确定的公允价值满足一定的条件。采用估值技术确定的公允价值必须符合以下条件之一,视为能够可靠计量。

①采用估值技术确定的公允价值估计数的变动区间很小。

②在公允价值估计数变动区间内,各种用于确定公允价值估计数的概率能够合理确定。这种情况是指采用估值技术确定的资产公允价值在一个变动区间内,区间内出现各种情况的概率或可能性能够合理确定,企业可以采用类似《企业会计准则第13号——或有事项》计算最佳估计数的方法,确定资产的公允价值,这种情况视为公允价值能够可靠计量。

换入资产和换出资产公允价值均能够可靠计量的,应当以换出资产公允价值作为确定换入资产成本的基础,一般来说,取得资产的成本应当按照所放弃资产的对价来确定,在非货币性资产交换中,换出资产就是放弃的对价,如果其公允价值能够可靠确定,应当优先考虑按照换出资产的公允价值作为确定换入资产成本的基础;如果有确凿证据表明换入资产的公允价值更加可靠,则应当以换入资产公允价值为基础确定换入资产的成本。这种情况多发生在非货币性资产交换存在补价的情况,因为存在补价表明换入资产和换出资产公允价值不相等,一般不能直接以换出资产的公允价值作为换入资产的成本。

9.2.2 账面价值计量

不具有商业实质或交换涉及资产的公允价值均不能可靠计量的非货币性资产交换,应当按照换出资产的账面价值和应支付的相关税费,作为换入资产的成本,无论是否支付补价,均不确认损益;收到或支付的补价作为确定换入资产成本的调整因素,其中,收到补价方应当以换出资产的账面价值减去补价作为换入资产的成本;支付补价方应当以换出资产的账面价值加上补价作为换入资产的成本。

9.3 非货币性资产交换的会计处理

9.3.1 以公允价值计量的会计处理

1. 换入资产入账价值的确定

(1)不涉及补价的情况。换入资产成本=换出资产公允价值+换出资产增值税销项税额-换入资产可抵扣的增值税进项税额+支付的应计入换入资产成本的相关税费

(2)涉及补价的情况。

①支付补价。换入资产成本=换出资产公允价值+换出资产增值税销项税额-换入资产可抵扣的增值税进项税额+支付的应计入换入资产成本的相关税费+支付的补价。

②收到补价。换入资产成本=换出资产公允价值+换出资产增值税销项税额-换入资产可抵扣的增值税进项税额+支付的应计入换入资产成本的相关税费-收到的

补价

2. 换出资产公允价值与其账面价值的差额的会计处理

换出资产公允价值与其账面价值的差额,应当分别做不同情况处理:

(1)换出资产为存货的,应当作为销售处理,按其公允价值确认收入,同时结转相应的成本。

(2)换出资产为固定资产、无形资产的,换出资产公允价值与其账面价值的差额,计入营业外收入或营业外支出。

(3)换出资产为长期股权投资、可供出售金融资产的,换出资产公允价值与其账面价值的差额,计入投资收益,并将长期股权投资和可供出售金融资产持有期间形成的"资本公积——其他资本公积"转入投资收益。

3. 相关税费的处理

(1)与换出资产有关的相关税费与出售资产相关税费的会计处理相同,如换出固定资产支付的清理费用、换出不动产应交的营业税,换出投资性房地产应交的营业税等应遵循相关税收规定。

(2)与换入资产有关的相关税费与购入资产相关税费的会计处理相同,如换入资产的运费和保险费计入换入资产的成本等。

【例9-2】 20×1年6月1日,甲公司以自产的产品A商品交换乙公司生产的一批钢材,甲公司换入的钢材作为原材料用于生产,乙公司换入的A商品作为生产经营用设备。甲公司A商品的生产成本为为1 200 000元,在交换日公允价值为1 404 000元,甲公司此前没有为该商品计提跌价准备。乙公司钢材的账面价值为1 100 000元,在交换日的市场价格为1 404 000元,计税价格等于市场价格,乙公司此前也没有为该批钢材计提存货跌价准备。

甲公司、乙公司均为增值税一般纳税人,适用的增值税税率为17%。假设甲公司和乙公司在整个交易过程中没有发生除增值税以外的其他税费,甲公司和乙公司均开具了增值税专用发票。

甲公司的账务处理如下:

换出A商品的增值税销项税额=1 404 000×17%=238 680(元)

借:原材料——钢材　　　　　　　　　　　　1 404 000
　　应交税费——应交增值税(进项税额)　　　 238 680
　贷:主营业务收入　　　　　　　　　　　　　　　　　　1 404 000
　　　应交税费——应交增值税(销项税额)　　　　　　　　 238 680

借:主营业务成本——A商品　　　　　　　　1 200 000
　贷:库存商品——A商品　　　　　　　　　　　　　　　　1 200 000

乙公司的账务处理如下:

企业以库存商品换入其他资产,应计算增值税销项税额,缴纳增值税。

换出钢材的增值税销项税额=1 404 000×17%=238 680(元)

换入设备的增值税进项税额=1 404 000×17%=238 680(元)

借:固定资产——A设备　　　　　　　　　　1 404 000

        应交税费——应交增值税（进项税额）　　　　　238 680
    贷：主营业务收入——钢材　　　　　　　　　　　　　　　1 404 000
        应交税费——应交增值税（销项税额）　　　　　　　　238 680
  借：主营业务成本——钢材　　　　　　　　　1 100 000
    贷：库存商品——钢材　　　　　　　　　　　　　　　　　1 100 000

【例9-3】 甲公司经协商以其拥有的一幢自用写字楼与乙公司持有的对丙公司长期股权投资交换。在交换日，该幢写字楼的账面原价为5 000 000元，已提折旧1 000 000元，未计提减值准备，在交换日的公允价值为5 800 000元，税务机关核定甲公司因交换写字楼需要缴纳营业税290 000元；乙公司持有的对丙公司长期股权投资账面价值为4 000 000元，没有计提减值准备，在交换日的公允价值为5 900 000元，甲公司支付100 000元给乙公司。乙公司换入写字楼后作为办公楼。甲公司换入对丙公司投资仍然作为长期股权投资，并采用成本法核算。甲公司转让写字楼的营业税尚未支付，假定除营业税外，该项交易过程中不涉及其他相关税费。

本例中，该项资产交换涉及收付货币性资产，即补价100 000元。对甲公司而言，支付的补价100 000/换入资产的公允价值5 900 000元（或换出写字楼公允价值5 800 000元+支付的补价100 000元）=1.69%<25%，属于非货币性资产交换。

对乙公司而言，收到的补价100 000/换出资产的公允价值5 900 000（或换入写字楼公允价值5 800 000元+收到的补价100 000元）=1.69%<25%，属于非货币性资产交换。

本例属于以固定资产交换长期股权投资。由于两项资产的交换具有商业实质，且长期股权投资和固定资产的公允价值均能够可靠地计量，因此，甲、乙公司均应当以公允价值为基础确认换入资产的成本，并确认产生的损益。

甲公司的账务处理如下：
  借：固定资产清理　　　　　　　　　　　　　4 000 000
    累计折旧　　　　　　　　　　　　　　　　1 000 000
    贷：固定资产——办公楼　　　　　　　　　　　　　　　5 000 000
  借：固定资产清理　　　　　　　　　　　　　　290 000
    贷：应交税费——应交营业税　　　　　　　　　　　　　　290 000
  借：长期股权投资——丙公司　　　　　　　　5 900 000
    贷：固定资产清理　　　　　　　　　　　　　　　　　　5 800 000
      银行存款　　　　　　　　　　　　　　　　　　　　　100 000
  借：固定资产清理　　　　　　　　　　　　　1 510 000
    贷：营业外收入　　　　　　　　　　　　　　　　　　　1 510 000

其中，营业外收入金额为甲公司换出写字楼的公允价值5 800 000元与账面价值4 000 000元之间的差额，减去处置时发生的营业税290 000元，即1 510 000元。

乙公司的账务处理如下：
  借：固定资产　　　　　　　　　　　　　　　5 800 000
    银行存款　　　　　　　　　　　　　　　　　100 000
    贷：长期股权投资——丙公司　　　　　　　　　　　　　4 000 000
      投资收益　　　　　　　　　　　　　　　　　　　　　1 900 000

其中,投资收益金额为乙公司换出长期股权投资的公允价值 5 900 000 元与账面价值 4 000 000 元之间的差额,即 1 900 000 元。

【例 9-4】 20×1 年 10 月,为了提高产品质量,甲电视机公司以其持有的可供出售金融资产交换丙电视机公司拥有的一项液晶电视屏专利技术。在交换日,甲公司持有的可供出售金融资产公允价值为 5 700 000 元,其中明细科目成本 5 200 000 元,公允价值变动 500 000 元;丙公司专利技术的账面原价为 7 000 000 元,累计已摊销金额为 1 600 000 元,已计提减值准备为 300 000 元,在交换日的公允价值为 5 700 000 元。丙公司对换入的资产划为交易性金融资产。税务机关核定丙公司为交换专利技术需要缴纳营业税:

5 700 000×5%=285 000(元)

分析:该项资产交换没有涉及收付货币性资产,因此属于非货币性资产交换。本例属于以可供出售金融资产换入无形资产。对甲公司来讲,换入液晶电视屏专利技术能够大幅度改善产品质量,相对于持有的可供出售金融资产来讲,预计未来现金流量的时间、金额和风险均不相同;对丙公司来讲,换入可供出售金融资产与专利技术预计产生的未来现金流量在时间、风险和金额方面都有所不同。因此,该两项资产的交换具有商业实质;同时,两项资产的公允价值都能够可靠地计量,符合以公允价值计量的条件。甲公司和丙公司均应当以公允价值为基础确定换入资产的成本,并确认产生的损益。

甲公司的账务处理如下:
借:无形资产——专利权　　　　　　　　　5 700 000
　　贷:可供出售金融资产——成本　　　　　　　　　5 200 000
　　　　　　　　　　　——公允价值变动　　　　　　500 000
借:资本公积　　　　　　　　　　　　　　500 000
　　贷:投资收益　　　　　　　　　　　　　　　　　500 000

丙公司的账务处理如下:
借:交易性金融资产　　　　　　　　　　　5 700 000
　　累计摊销　　　　　　　　　　　　　　1 600 000
　　无形资产减值准备　　　　　　　　　　　300 000
　　贷:无形资产——专利权　　　　　　　　　　　7 000 000
　　　　应交税费——应交营业税　　　　　　　　　285 000
　　　　营业外收入　　　　　　　　　　　　　　　315 000

其中营业外收入是由于交换时专利权的账面价值 5 100 000 元与公允价值 5 700 000 元之间的差额 600 000 元再减去专利权处置时应该交的营业税之后的金额,等于 315 000 元。

9.3.2 以账面价值计量的非货币性资产交换的会计处理

未同时满足准则规定的两个条件的非货币性资产交换,即其一,该项交换具有商业实质;其二,换入资产或换出资产的公允价值能够可靠地计量。应当以换出资产的账面价值和应支付的相关税费作为换入资产的成本,无论是否支付补价,均不确认损益。

1. 不涉及补价

换入资产成本=换出资产账面价值+换出资产增值税销项税额-换入资产可抵扣

的增值税进项税额＋支付的应计入换入资产成本的相关税费

2. 涉及补价

(1)支付补价。

换入资产成本＝换出资产账面价值＋换出资产增值税销项税额－换入资产可抵扣的增值税进项税额＋支付的应计入换入资产成本的相关税费＋支付的补价

(2)收到补价。

换入资产成本＝换出资产账面价值＋换出资产增值税销项税额－换入资产可抵扣的增值税进项税额＋支付的应计入换入资产成本的相关税费－收到的补价

【例9—5】 甲公司以其持有的对丙公司的长期股权投资交换乙公司拥有的商标权。在交换日,甲公司持有的长期股权投资账面余额为5 000 000元,已计提长期股权投资减值准备余额为1 400 000元,该长期股权投资在市场上没有公开报价,公允价值也不能可靠计量;乙公司商标权的账面原价为4 200 000元,累计已摊销金额为600 000元,其公允价值也不能可靠计量,乙公司没有为该项商标权计提减值准备,税务机关核定乙公司为交换该商标权需要缴纳营业税180 000元。乙公司将换入的对丙公司的投资仍作为长期股权投资,并采用成本法核算。乙公司尚未缴纳营业税,假设除营业税以外,整个交易过程中没有发生其他相关税费。

本例中,该项资产交换没有涉及收付货币性资产,因此属于非货币性资产交换。本例属于以长期股权投资交换无形资产。由于换出资产和换入资产的公允价值都无法可靠计量,因此,甲、乙公司换入资产的成本均应当按照换出资产的账面价值确定,不确认损益。

甲公司的账务处理如下:

借:无形资产——商标权	3 600 000	
长期股权投资减值准备——丙公司股权投资	1 400 000	
贷:长期股权投资——丙公司		5 000 000

乙公司的账务处理如下:

借:长期股权投资——丙公司	3 600 000	
累计摊销	600 000	
营业外支出	180 000	
贷:无形资产——专利权		4 200 000
应交税费——应交营业税		180 000

【例9—6】 丙公司拥有一台专有设备,该设备账面原价4 500 000元,已计提折旧3 300 000元,丁公司拥有一项长期股权投资,账面价值900 000元,两项资产均未计提减值准备。丙公司决定以其专有设备交换丁公司的长期股权投资,该专有设备是生产某种产品必需的设备。由于专有设备系当时专门制造、性质特殊,其公允价值不能可靠计量;丁公司拥有的长期股权投资在活跃市场中没有报价,其公允价值也不能可靠计量。经双方商定,丁支付了200 000元补价。假定交易不考虑相关税费。

分析:该项资产交换涉及收付货币性资产,即补价200 000元。对丙公司而言,收到的补价200 000元/换出资产账面价值1 200 000元＝16.7%<25%。因此,该项交换属

于非货币性资产交换,丁公司的情况也类似。由于两项资产的公允价值不能可靠计量,因此,丙、丁公司换入资产的成本均应当按照换出资产的账面价值确定。

丙公司的账务处理如下:

借:固定资产清理	1 200 000	
累计折旧	3 300 000	
贷:固定资产——专有设备		4 500 000
借:长期股权投资	1 000 000	
银行存款	200 000	
贷:固定资产清理		1 200 000

丁公司的账务处理如下:

借:固定资产——专有设备	1 100 000	
贷:长期股权投资		900 000
银行存款		200 000

从上例可以看出,尽管丁公司支付了 200 000 元补价,但由于整个非货币性资产交换是以账面价值为基础计量的,支付补价方和收到补价方均不确认损益。对丙公司而言,换入资产是长期股权投资和银行存款 200 000 元,换出资产专有设备的账面价值为 1 200 000(4 500 000—3 300 000)元,因此,长期股权投资的成本就是换出设备的账面价值减去货币性补价的差额,即 1 000 000(1 200 000－200 000)元;对丁公司而言,换出资产是长期股权投资和银行存款 200 000 元,换入资产专有设备的成本等于换出资产的账面价值,即 1 100 000(900 000＋200 000)元。由此可见,在以账面价值计量的情况下,发生的补价是用来调整换入资产的成本,不涉及确认损益问题。

9.3.3　涉及多项非货币性资产交换的会计处理

企业以一项非货币性资产同时换入另一企业的多项非货币性资产,或同时以多项非货币性资产换入另一企业的一项非货币性资产,或以多项非货币性资产同时换入多项非货币性资产,也可能涉及补价。涉及多项资产的非货币性资产交换,企业无法将换出的某一资产与换入的某一特定资产相对应。与单项非货币性资产之间的交换一样,涉及多项资产的非货币性资产交换的计量,企业也应当首先判断是否符合以公允价值计量的两个条件,再分别确定各项换入资产的成本。

涉及多项资产的非货币性资产交换一般可以分为以下几种情况:

第一,资产交换具有商业实质、且各项换出资产和各项换入资产的公允价值均能够可靠计量。在这种情况下,换入资产的总成本应当按照换出资产的公允价值总额为基础确定,除非有确凿证据证明换入资产的公允价值总额更可靠。各项换入资产的成本,应当按照各项换入资产的公允价值占换入资产公允价值总额的比例,对换入资产总成本进行分配,确定各项换入资产的成本。

第二,资产交换具有商业实质且换入资产的公允价值能够可靠计量,换出资产的公允价值不能可靠计量。在这种情况下,换入资产的总成本应当按照换入资产的公允价值总额为基础确定,各项换入资产的成本,应当按照各项换入资产的公允价值占换入资产公允价值总额的比例,对换入资产总成本进行分配,确定各项换入资产的成本。

第三,资产交换具有商业实质,换出资产的公允价值能够可靠计量,但换入资产的公允价值不能可靠计量。在这种情况下,换入资产的总成本应当按照换出资产的公允价值总额为基础确定,各项换入资产的成本,应当按照各项换入资产的原账面价值占换入资产原账面价值总额的比例,对按照换出资产公允价值总额确定的换入资产总成本进行分配,确定各项换入资产的成本。

第四,资产交换不具有商业实质,或换入资产和换出资产的公允价值均不能可靠计量。在这种情况下,换入资产的总成本应当按照换出资产的账面价值总额为基础确定,各项换入资产的成本,应当按照各项换入资产的原账面价值占换入资产的账面价值总额的比例,对按照换出资产账面价值总额为基础确定的换入资产总成本进行分配,确定各项换入资产的成本。

实际上,上述前三种情况,换入资产总成本都是按照公允价值计量的,但各单项换入资产成本的确定,视各单项换入资产的公允价值能否可靠计量而分别按情况处理;第四种情况属于不符合公允价值计量的条件,换入资产总成本按照换出资产账面价值总额确定,各单项换入资产成本的确定,按照各单项换入资产的原账面价值占换入资产账面价值总额的比例确定。

1. 以公允价值计量的情况

【例9—7】 甲公司和乙公司均为增值税一般纳税人,其适用的增值税税率为17%。经与乙公司协商,甲公司将其生产用设备、库存原材料与乙公司的生产用设备、专利权和库存商品进行交换。甲公司换出设备的账面原价为8 000 000元,已提折旧为5 000 000元,公允价值为4 000 000元;原材料的账面价值为2 000 000元,公允价值和计税价格均为2 200 000元。乙公司生产用设备的账面原价为7 000 000元,已提折旧为4 000 000元,公允价值为3 200 000元;专利权的账面价值为1 800 000元,公允价值为2 200 000元;库存商品的账面价值为600 000元,公允价值和计税价格均为800 000元。假设甲乙公司换出资产均未计减值准备,并假设在交换过程中除增值税、营业税以外未发生其他相关税费。(假定甲和乙的生产设备都是20×1年1月1日以后购入的)

符合以公允价值计价时:即该项非货币性资产交换具有商业实质,且换入资产的公允价值能够可靠计量,则应当按照换入各项资产的公允价值占换入资产公允价值总额的比例,对换入资产的成本总额进行分配,确定各项换入资产的成本。

甲公司的会计处理

(1)计算甲公司应分配的换入资产公允价值总额 = 3 200 000+2 200 000+800 000 = 6 200 000(元)。

甲公司换入资产的成本总额 = 换出资产的公允价值+应支付的相关税费-可抵扣的增值税进项税额 = 4 000 000+4 000 000×17%+2 200 000+220×17%-800 000×17%-3 200 000×17% = 6 574 000(元)

(2)计算甲公司换入各项资产应分配的价值。

甲公司换入乙公司设备应分配的价值 = 6 574 000×320/620 = 3 393 000(元)

甲公司换入乙公司专利权应分配的价值 = 6 574 000×2 200 000/6 200 000 = 2 332 700(元)

甲公司换入乙公司库存商品应分配的价值 = 6 574 000×800 000/6 200 000 = 848 300(元)

(3)甲公司应确认换出资产损益。

换出资产的公允价值－换出资产的账面价值＝4 000 000＋2 200 000－[(8 000 000－5 000 000)＋2 000 000]＝1 200 000(元)

(4)会计分录。

①借:固定资产清理　　　　　　　　　3 000 000
　　累计折旧　　　　　　　　　　　　5 000 000
　　　贷:固定资产　　　　　　　　　　　　　　　8 000 000
②借:固定资产　　　　　　　　　　　3 393 000
　　无形资产　　　　　　　　　　　　2 332 700
　　库存商品　　　　　　　　　　　　848 300
　　应交税费——应交增值税(进项税额)　680 000
　　　贷:固定资产清理　　　　　　　　　　　　4 000 000
　　　　其他业务收入　　　　　　　　　　　　2 200 000
　　　　应交税费——应交增值税(销项税额)　　1 054 000(4 000 000×17%＋
　　　　　　　　　　　　　　　　　　　　　　　2 200 000×17%)
　借:其他业务成本　　　　　　　　　2 000 000
　　　贷:原材料　　　　　　　　　　　　　　　2 000 000
　同时结转清理固定资产损益
　借:固定资产清理　　　　　　　　　1 000 000
　　　贷:营业外收入　　　　　　　　　　　　　1 000 000

乙公司的会计处理:

(1)计算乙公司应分配的换入资产公允价值总额＝4 000 000＋2 200 000＝6 200 000(元)。

乙公司换入资产的成本总额＝换出资产的公允价值＋应支付的相关税费－可抵扣的增值税进项税额＝3 200 000＋3 200 000×17%＋2 200 000＋800 000＋80×17%－2 200 000×17%－4 000 000×17%＝5 826 000(元)

(2)计算乙公司换入各项资产应分配的价值。

乙公司换入甲公司设备应分配的价值＝5 826 000×4 000 000/6 200 000＝3 758 700(元)

乙公司换入甲公司原材料应分配的价值＝5 826 000×2 200 000/6 200 000＝2 067 300(元)

(3)乙公司应确认换出资产损益。

换出资产的公允价值－换出资产的账面价值－资产处置应支付的营业税＝3 200 000＋2 200 000＋800 000－[(7 000 000－4 000 000)＋1 800 000＋600 000]－110 000＝690 000(元)

(4)会计分录。

①借:固定资产清理　　　　　　　　　3 000 000
　　累计折旧　　　　　　　　　　　　4 000 000
　　　贷:固定资产　　　　　　　　　　　　　　　7 000 000
②借:固定资产　　　　　　　　　　　3 758 700
　　原材料　　　　　　　　　　　　　2 067 300
　　应交税费——应交增值税(进项税额)　1 054 000
　　　贷:固定资产清理　　　　　　　　　　　　3 200 000

主营业务收入	800 000
无形资产	1 800 000
应交税费——应交增值税(销项税额)	680 000
应交税费——应交营业税	110 000(2 200 000×5％)
营业外收入	290 000

同时结转固定资产资产处置损益和 库存商品成本

借:主营业务成本　　　　　　600 000
　　贷:库存商品　　　　　　　　　　600 000
借:固定资产清理　　　　　　200 000
　　贷:营业外收入　　　　　　　　　200 000

(注:资产处置损益 690 000 元是由库存商品公允价值 800 000 元和账面价值 600 000 元之间的差额加上固定资产公允价值 3 200 000 元和账面价值 3 000 000 元之间的差额再加上无形资产公允价 2 200 000 元和账面价值之间 1 800 000 的差额再减去无形资产处置应该交的 110 000 元营业税之后的金额。)

2. 以账面价值计量的情况

【例9—8】 20×1年5月,甲公司因经营战略发生较大转变,产品结构发生较大调整,原生产其产品的专有设备、生产该产品的专利技术等已不符合生产新产品的需要,经与乙公司协商,将其专用设备连同专利技术与乙公司正在建造过程中的一幢建筑物、对丙公司的长期股权投资进行交换。甲公司换出专有设备的账面原价为 12 000 000 元,已提折旧 7 500 000 元;专利技术账面原价为 4 500 000 元,已摊销金额为 2 700 000 元。乙公司在建工程截止到交换日的成本为 5 250 000 元,对丙公司的长期股权投资账面余额为 1 500 000 元。由于甲公司持有的专有设备和专利技术市场上已不多见。因此,公允价值不能可靠计量。乙公司的在建工程因完工程度难以合理确定,其公允价值不能可靠计量,由于丙公司不是上市公司,乙公司对丙公司长期股权投资的公允价值也不能可靠计量。假定甲、乙公司均未对上述资产计提减值准备。

分析:本例不涉及收付货币性资产,属于非货币性资产交换。由于换入资产、换出资产的公允价值均不能可靠计量,甲、乙公司均应当以换出资产账面价值总额作为换入资产的成本,各项换入资产的成本,应当按各项换入资产的账面价值占换入资产账面价值总额的比例分配后确定。

甲公司的账务处理如下:
(1)根据税法有关规定。
换出专用设备的增值税销项税额=(12 000 000-7 500 000)×17％=765 000(元)
换出专利技术的营业税=(4 500 000-2 700 000)×5％=90 000(元)
(2)计算换入资产、换出资产账面价值总额。
换入资产账面价值总额=5 250 000+1 500 000=6 750 000(元)
换出资产账面价值总额=(12 000 000-7 500 000)+(4 500 000-2 700 000)=6 300 000(元)
(3)确定换入资产总成本。
换入资产总成本=换出资产账面价值总额=6 300 000(元)

(4)计算各项换入资产账面价值占换入资产账面价值总额的比例。
在建工程占换入资产账面价值总额的比例=5 250 000/6 750 000=77.8%
长期股权投资占换入资产账面价值总额的比例=1 500 000/6 750 000=22.2%
(5)确定各项换入资产成本。
在建工程成本=6 300 000×77.8%=4 901 400(元)
长期股权投资成本=6 300 000×22.2%=1 398 600(元)
(6)会计分录。

借:固定资产清理　　　　　　　　　　　4 500 000
　　累计折旧　　　　　　　　　　　　　7 500 000
　　贷:固定资产——专有设备　　　　　　　　　　　12 000 000
借:在建工程　　　　　　　　　　　　　4 901 400
　　长期股权投资　　　　　　　　　　　1 398 600
　　累计摊销　　　　　　　　　　　　　2 700 000
　　营业外支出　　　　　　　　　　　　　765 000
　　贷:固定资产清理　　　　　　　　　　　　　　4 500 000
　　　　应交税费——应交增值税(销项税额)　　　765 000
　　　　无形资产——专利技术　　　　　　　　　4 500 000
借:营业外支出　　　　　　　　　　　　　90 000
　　贷:应交税费——应交营业税　　　　　　　　　90 000

乙公司的账务处理如下:
(1)根据税法有关规定。
换入专用设备的增值税进项税额=(12 000 000-7 500 000)×17%=765 000(元)
换出在建建筑物的营业税=5 250 000×5%=262 500(元)
(2)计算换入资产、换出资产账面价值总额。
换入资产账面价值总额=(12 000 000-7 500 000)+(4 500 000-2 700 000)=6 300 000(元)
换出资产账面价值总额=5 250 000+1 500 000=6 750 000(元)
(3)确定换入资产总成本。
换入资产总成本=换出资产账面价值总额=6 750 000(元)
(4)计算各项换入资产账面价值占换入资产账面价值总额的比例。
专有设备占换入资产账面价值总额的比例=4 500 000/6 300 000=71.4%
专有技术占换入资产账面价值总额的比例=1 800 000/6 300 000=28.6%
(5)确定各项换入资产成本。
专有设备成本=6 750 000×71.4%=4 819 500(元)
专利技术成本=6 750 000×28.6%=1 930 500(元)
(6)会计分录。

借:固定资产——专有设备　　　　　　　4 819 500
　　无形资产——专利技术　　　　　　　1 930 500
　　应交税费——应交增值税(进项税额)　　765 000
　　贷:在建工程　　　　　　　　　　　　　　5 250 000

长期股权投资	1 500 000
应交税费——应交营业税	262 500
营业外收入	502 500

☐ 本章小结

1. 掌握非货币性资产交换的认定。
2. 掌握非货币性资产交换的会计处理。

☐ 练习题

一、单项选择题

1. 下列项目中,属于货币性资产的是( )。
   A. 准备持有至到期的债券投资　　　B. 长期股权投资
   C. 不准备持有至到期的债券投资　　D. 交易性金融资产

2. 企业对具有商业实质且换入或换出资产的公允价值能够可靠计量的非货币性资产交换,在换出库存商品且其公允价值包含增值税的情况下,下列会计处理中,正确的是( )。
   A. 按库存商品不含税的公允价值确认营业收入
   B. 按库存商品不含税的公允价值确认主营业务收入
   C. 按库存商品公允价值高于账面价值的差额确认营业外收入
   D. 按库存商品公允价值低于账面价值的差额确认资产减值损失

3. 长安公司以一项交易性金融资产换入时代公司的一项固定资产,该项交易性金融资产的账面价值为 350 000 元,其公允价值为 380 000 元,时代公司该项固定资产的账面原价为 600 000 元,已计提折旧的金额为 180 000 元,计提减值准备的金额为 70 000 元,公允价值为 350 000 元,同时假定时代公司支付长安公司补价 30 000 元,换入的金融资产仍作为交易性金融资产核算。假设两公司资产交换不具有商业实质,则时代公司换入交易性金融资产的入账价值为( )元。
   A. 380 000　　B. 400 000　　C. 350 000　　D. 330 000

4. 甲公司将其持有的一项固定资产换入乙公司一项专利技术,该项交易不涉及补价。假设具有商业实质。甲公司该项固定资产的账面价值为 1 500 000 元,公允价值为 2 000 000 元。乙公司该项专利技术的账面价值为 1 600 000 元,公允价值为 2 000 000 元。甲公司在此交易中为换入资产发生了 200 000 元的税费。甲公司换入该项资产的入账价值为( )元。
   A. 1 500 000　　B. 2 200 000　　C. 1 600 000　　D. 1 700 000

5. A 公司和 B 公司均为增值税一般纳税人。适用的增值税税率均为 17%。20×1 年 4 月 6 日,A 公司以一批库存商品和固定资产与 B 公司持有的长期股权投资进行交换,A 公司该批库存商品的账面价值为 800 000 元,不含增值税的公允价值为 1 000 000 元;固定资产原价为 3 000 000 元,已计提折旧 1 900 000 元,未计提减值准备,该项固定资产的公允价值为1 600 000元,交换中发生固定资产清理费用100 000元。B公司持有的长期股权投资的账面价值为2 600 000元,公允价值为2 770 000元,假设该项非货币性资产交换具有商业实质。则A公司该项交易计入损益的金额为( )元。

A. 200 000　　　　B. 400 000　　　　C. 600 000　　　　D. 1 000 000

6. 甲公司以生产经营用的客车和货车交换乙公司生产经营用的C设备和D设备。甲公司换出:客车原值450 000元,已计提折旧30 000元,公允价值450 000元;货车原值375 000元,已计提折旧105 000元,公允价值300 000元。乙公司换出:C设备原值225 000元,已计提折旧90 000元,公允价值150 000元;D设备原值630 000元,已计提折旧75 000元,公允价值600 000元。假定该项交换具有商业实质,不考虑增值税等相关税费。则甲公司取得的C设备的入账价值为( )元。

A. 150 000　　　　B. 630 000　　　　C. 600 000　　　　D. 552 000

7. 甲公司以可供出售金融资产和交易性金融资产交换乙公司生产经营用的C设备。有关资料如下:甲公司换出:可供出售金融资产的账面价值为350 000元(其中成本为400 000元、公允价值变动贷方余额为50 000元),公允价值为450 000元;交易性金融资产的账面价值为200 000元(其中成本为180 000元、公允价值变动借方余额为20 000元),公允价值300 000元,甲公司因换出金融资产而支付的相关费用50 000 000元。乙公司换出:C设备原值2 250 000元,已计提折旧90 000元,公允价值750 000元。假定该项交换具有商业实质。则甲公司因该资产交换而计入利润表"投资收益"项目的金额为( )元。

A. 200 000　　　　B. 250 000　　　　C. 170 000　　　　D. 165 000

8. 甲公司以生产经营用的客车和货车交换乙公司生产经营用的C设备和D设备。甲公司换出:客车原值450 000元,已计提折旧30 000元;货车原值375 000元,已计提折旧105 000元。乙公司换出:C设备原值225 000元,已计提折旧90 000元;D设备原值630 000元,已计提折旧75 000元。假定该项交换不具有商业实质(不考虑增值税问题)。则甲公司取得的C设备的入账价值为( )元。

A. 146 700　　　　B. 630 000　　　　C. 600 000　　　　D. 135 000

9. 下列项目,属于非货币性资产交换的是( )。

A. 以一项公允价值为2 000 000元的无形资产交换一项准备持有至到期的债券投资,并且收到补价100 000元

B. 以一项账面价值为1 000 000元的固定资产交换一项公允价值为1 200 000元的交易性金融资产,并收到补价200 000元

C. 以一批不含增值税的公允价值为500 000元的存货换入一项无形资产,同时收到补价为200 000元

D. 以一项公允价值为3 000 000元的投资性房地产交换了一项账面价值为2 000 000元的可供出售金融资产,且收到补价为750 000元

10. 下列关于非货币性资产交换中,不正确的是( )。

A. 在同时换入多项资产,具有商业实质且换入资产的公允价值能够可靠计量的情况下,应当按照换入各项资产的公允价值占换入资产账面价值总额的比例,对换入资产的成本总额进行分配,确认各项换入资产的成本

B. 企业持有的应收账款、应收票据以及持有至到期投资,均属于企业的货币性资产
C. 在具有商业实质且其公允价值能够可靠计量的非货币性资产交换中,换出资产的公允价值和账面价值之间的差额计入当期损益
D. 在不具有商业实质的情况下,交换双方不确认损益

二、多项选择题

1. 甲股份有限公司发生的下列非关联交易中,属于非货币性资产交换的有( )。
   A. 以公允价值为 2 600 000 元的固定资产换入乙公司账面价值为 3 200 000 元的无形资产,并支付补价 800 000 元
   B. 以账面价值为 2 800 000 元的固定资产换入丙公司公允价值为 4 000 000 元的一项专利权,并支付补价 800 000 元
   C. 以公允价值为 320 000 元的长期股权投资换入丁公司账面价值为 4 600 000 元的交易性金融资产,并支付补价 1 400 000 元
   D. 以账面价值为 4 200 000 元准备持有至到期的长期债券投资换入戊公司公允价值为 3 900 000 元的一台设备,并收到补价 300 000 元

2. 在非货币性资产交换中,以换出资产的公允价值和应支付的相关税费作为换入资产的入账价值,其应同时满足条件有( )。
   A. 该项交换具有商业实质
   B. 换入资产或换出资产的公允价值能够可靠地计量
   C. 换入资产的公允价值大于换出资产的公允价值
   D. 换入资产的公允价值小于换出资产的公允价值

3. 对于涉及多项资产、收到补价的非货币性资产交换(具有商业实质),在确定换入资产的入账价值时需要考虑的因素有( )。
   A. 换入资产的进项税
   B. 换出资产的销项税
   C. 收到对方支付的补价
   D. 换入资产的公允价值

4. 下列说法可以表明换入资产或换出资产的公允价值能够可靠计量的有( )。
   A. 换入资产或换出资产存在活跃市场
   B. 换入资产或换出资产不存在活跃市场、但同类或类似资产存在活跃市场
   C. 不存在同类或类似资产的可比市场交易,应当采用估值技术确定其公允价值,采用估值技术确定的公允价值估计数的变动区间很小,视为公允价值能够可靠计量
   D. 不存在同类或类似资产的可比市场交易,在公允价值估计数变动区间内,各种用于确定公允价值估计数的概率能够合理确定,视为公允价值能够可靠计量

5. 在具有商业实质且公允价值能够可靠计量的非货币性资产交换中,则换出资产公允价值与其账面价值的差额,下列会计处理错误的有( )。
   A. 换出资产为可供出售金融资产的,换出资产公允价值和换出资产账面价值的差额,计入资本公积
   B. 换出资产为投资性房地产的,换出资产公允价值和换出资产账面价值的差额,计入投资收益
   C. 换出资产为库存商品的,应当视同销售处理,按其公允价值确认商品销售收入,同时结转商品销售成本

D. 换出资产为无形资产的,换出资产公允价值和换出资产账面价值的差额,计入营业外收入或营业外支出

6. 甲公司与 A 公司均为增值税一般纳税人,适用的增值税税率均为 17%。甲公司以其一项交易性金融资产换入 A 公司所生产的一批 X 产品。该项交易性金融资产的账面价值为 1 150 000 元,其中成本为 1 050 000 元,公允价值变动为 100 000 元,当日的公允价值为 1 300 000 元;A 公司用于交换的 X 产品的成本为 900 000 元,不含税公允价值(等于计税基础)为 1 200 000 元,甲公司另支付补价 104 000 元。A 公司为换入该项金融资产另支付手续费等 12 000 元。甲公司将换入的 X 产品作为库存商品核算,A 公司将换入的金融资产作为可供出售金融资产核算。假定该项交易具有商业实质,不考虑其他因素,则下列说法中不正确的有( )。

   A. A 公司换入交易性金融资产的入账价值为 1 404 000 元

   B. 甲公司换入存货的入账价值为 1 096 000 元

   C. 甲公司应确认的投资收益为 150 000 元

   D. A 公司应确认的损益为 300 000 元

7. 下列关于非货币性资产交换说法正确的有( )。

   A. 如果换入与换出资产的预计未来现金流量的现值不同,且其差额与换入资产和换出资产公允价值相比是重大的,则说明该项交换具有商业实质

   B. 企业持有的不准备持有至到期的债券投资属于货币性资产

   C. 以银行本票购买固定资产不属于非货币性资产交换

   D. 具有商业实质且其换入或换出资产的公允价值能够可靠计量的非货币性资产交换,应当以换出资产的公允价值为基础确定换入资产的成本,有确凿证据表明换入资产公允价值更加公允的,可以按照换入资产公允价值为基础来确定换入资产的成本

8. 在不具有商业实质、涉及补价的非货币性资产交换中,影响换入资产入账价值的因素有( )。

   A. 换出资产的账面价值   B. 换出资产计提的减值损失

   C. 为换入资产支付的相关税费   D. 换出资产收到的补价

9. 非货币性资产交换同时换入多项资产的,在确定各项换入资产的成本时,下列说法中不正确的有( )。

   A. 非货币性资产交换不具有商业实质,或者虽具有商业实质但换入资产的公允价值不能可靠计量的,应当按照换入各项资产的原账面价值占换入资产原账面价值总额的比例,对换入资产的成本总额进行分配,确定各项换入资产的成本

   B. 均按各项换入资产的账面价值确定

   C. 均按各项换入资产的公允价值确定

   D. 非货币性资产交换不具有商业实质,或者虽具有商业实质但换入资产的公允价值不能可靠计量的,应当按照换入各项资产的公允价值占换入资产公允价值总额的比例,对换入资产的成本总额进行分配,确定各项换入资产的成本

10. 下列项目中属于非货币性资产的有( )。

    A. 存货   B. 长期股权投资

    C. 固定资产   D. 持有至到期投资

三、判断题

1. 当换入资产的未来现金流量在风险、时间和金额方面与换出资产显著不同时,则说明该项非货币性资产交换具有商业实质。（　　）

2. 非货币性资产交换具有商业实质且公允价值能够可靠计量的,在发生补价的情况下,支付补价方,应当以换入资产的公允价值和应支付的相关税费,作为换入资产的成本。（　　）

3. 当具有商业实质且换入或换出资产的公允价值能够可靠计量的情况下,换出的长期股权投资账面价值和公允价值之间的差额,计入营业外收支。（　　）

4. 非货币性资产交换不具有商业实质,或虽具有商业实质但所涉及资产的公允价值不能可靠计量的,无论是否支付补价,均不确认损益。（　　）

5. 在非货币性资产交换中,企业可以自行确定是采用换出资产的公允价值,还是换出资产的账面价值对换入资产的成本进行计量。（　　）

6. 在非货币性资产交换中,只要该项交换具有商业实质,就可以按照公允价值计量换入资产的成本。（　　）

7. 不具有商业实质且换入资产的公允价值不能可靠计量的非货币性资产交换,在同时换入多项资产的情况下,确定各项换入资产的入账价值时,需要按照换入各项资产的原账面价值占换入资产原账面价值总额的比例,确定各项换入资产的成本。（　　）

8. 交易性金融资产和长期股权投资属于企业的货币性资产。（　　）

9. 在非货币性资产交换中,以换出资产的公允价值和应支付的相关税费作为换入资产的入账价值,其应同时满足两个条件:一是该项交换具有商业实质;二是换入资产或换出资产的公允价值能够可靠地计量。（　　）

10. 不具有商业实质、涉及补价的非货币性资产交换中,影响换入资产入账价值的因素主要有:换出资产的账面价值、换出资产收到的补价以及为换入资产支付的相关税费。（　　）

四、业务计算与核算题

1. 20×1年12月1日,恒通公司与东大公司经协商,用一项交易性金融资产交换东大公司的固定资产和无形资产。该项交易性金融资产的成本为13 000 000元,公允价值变动为借方余额2 000 000元,公允价值为16 000 000元。固定资产的账面余额为8 000 000元,累计折旧额为2 000 000元,已提固定资产减值准备1 000 000元,公允价值为6 000 000元。无形资产的账面原价为20 000 000元,已计提摊销为10 000 000元,减值准备为1 000 000元,公允价值为10 000 000元。恒通公司换入的固定资产和无形资产仍作为固定资产和无形资产核算,东大公司换入的交易性金融资产仍作为交易性金融资产核算,假定该项交易不具有商业实质。

要求:分别计算恒通、东大公司换入资产的入账价值并进行账务处理。（以元为单位,保留两位小数）

2. 甲公司以一项长期股权投资与乙公司交换一台设备和一项无形资产,甲公司的长期股权投资账面余额为2 500 000元,计提减值准备300 000元,公允价值为1 900 000元;乙公司的设备原价为800 000元,累计折旧400 000元,公允价值为500 000元;无形资产账面价值为1 700 000元,公允价值为1 500 000元,甲公司支付给乙公司补价100 000元。乙公司发生固定资产清理费用50 000元。假设该项交换具有商业实质且换出资产和换入资产的公允价值均能够可靠计量。(假定不考虑设备的增值税。)

要求：

(1)判断本题是否属于非货币性资产交换,如是非货币性资产交换,计算甲公司换入的各项资产的入账价值;

(2)编制甲公司的相关会计分录;

(3)假设上述交易不具有商业实质,编制甲公司相关的会计分录。

3.甲公司和乙公司均为增值税一般纳税企业,适用的增值税税率均为17%,20×1年3月1日,甲公司与乙公司进行资产交换,甲公司将其持有的库存商品、交易性金融资产、专利权同乙公司的原材料、固定资产(厂房)进行交换,甲公司持有的库存商品的账面价值为1 000 000元,不含增值税的公允价值为1 500 000元,交易性金融资产的账面价值为1 800 000元,公允价值为2 000 000元,专利权的账面原价为4 000 000元,已累计摊销的金额1 000 000元,已计提减值准备为200 000元,公允价值为2 600 000元;乙公司原材料的账面价值为3 000 000元,不含增值税的公允价值为3 500 000元,固定资产的账面原价为5 000 000元,已计提折旧为2 000 000元,公允价值为2 300 000元,同时,甲公司支付给乙公司的补价为40 000元,甲公司换入原材料、固定资产仍作为原材料和固定资产核算,乙公司换入的库存商品、交易性金融资产和专利权均作为库存商品、交易性金融资产和无形资产核算。

要求：

(1)判断本题是否属于非货币性资产交换并计算甲、乙公司换出资产的公允价值。

(2)计算甲、乙公司换入资产的总成本。

(3)计算甲、乙公司各项换入资产的入账价值。

(4)编制甲、乙公司相关的会计分录。

五、思考题

1.什么是非货币性资产?

2.什么是非货币性资产交换?

3.对换入资产按公允价值计量时要满足什么条件?

4.多项资产和多项资产交换时如何对换入的单项资产进行计量?

第10章 资产减值

□ **学习目标**

通过本章学习掌握认定资产可能发生减值的迹象,掌握资产可收回金额的计量,掌握资产减值损失的确定原则,掌握资产组的认定方法及其减值的处理,了解商誉减值的会计处理。

10.1 资产可能发生减值的认定

10.1.1 资产减值概念及其范围

资产减值,是指资产的可收回金额低于其账面价值。

资产减值对象主要包括以下资产:对子公司、联营企业和合营企业的长期股权投资;采用成本模式进行后续计量的投资性房地产;固定资产;生产性生物资产;无形资产;商誉;探明石油天然气矿区权益和井及相关设施等。

10.1.2 资产减值的迹象

企业应当在资产负债表日判断资产是否存在可能发生减值的迹象;对于存在减值迹象的资产,应当进行减值测试,计算可收回金额,可收回金额低于账面价值的,应当按照可收回金额低于账面价值的金额,计提减值准备。

资产可能发生减值的迹象可从企业外部和企业内部进行分析,主要包括以下方面:

(1)资产的市价当期大幅度下跌,其跌幅明显高于因时间的推移或者正常使用而预计的下跌。

(2)企业经营所处的经济、技术或者法律等环境以及资产所处的市场在当期或者将在近期发生重大变化,从而对企业产生不利影响。

(3)市场利率或者其他市场投资报酬率在当期已经提高,从而影响企业计算资产预计未来现金流量现值的折现率,导致资产可收回金额大幅度降低。

(4)有证据表明资产已经陈旧过时或者其实体已经损坏。

(5)资产已经或者将被闲置、终止使用或者计划提前处置。

(6)企业内部报告的证据表明资产的经济绩效已经低于或者将低于预期,如资产所创造的净现金流量或者实现的营业利润(或者亏损)远远低于(或者高于)预计金额等。

(7)其他表明资产可能已经发生减值的迹象。因企业合并所形成的商誉和使用寿命不确定的无形资产,无论是否存在减值迹象,每年都应当进行减值测试。

10.2 资产可收回金额的计量和减值损失的确定

10.2.1 资产的公允价值减去处置费用后净额的估计

10.2.2 资产预计未来现金流量的现值的估计

1. 资产未来现金流量的预计

资产预计未来现金流量的现值,应当按照资产在持续使用过程中和最终处置时所产生的预计未来现金流量,选择恰当的折现率对其进行折现后的金额加以确定。

(1)预计的资产未来现金流量应当包括下列各项。

①资产持续使用过程中预计产生的现金流入。

②为实现资产持续使用过程中产生的现金流入所必需的预计现金流出(包括为使资产达到预定可使用状态所发生的现金流出)。

③资产使用寿命结束时,处置资产所收到或者支付的净现金流量。该现金流量应当是在公平交易中,熟悉情况的交易双方自愿进行交易时,企业预期可从资产的处置中获取或者支付的、减去预计处置费用后的金额。

(2)预计资产未来现金流量应当考虑的因素。

①以资产的当前状况为基础预计资产未来现金流量。企业资产状况在使用过程中有时会因为改良、重组等原因而发生变化,但是,在预计资产未来现金流量时,应当以资产的当前状况为基础,不应当包括与将来可能会发生的、尚未作出承诺的重组事项或者与资产改良有关的预计未来现金流量。企业未来发生的现金流出如果是为了维持资产正常运转或者资产正常产出水平而必要的支出或者属于资产维护支出,应当在预计资产未来现金流量时将其考虑在内。

②预计资产未来现金流量不应当包括筹资活动和所得税收付产生的现金流量。企业预计的资产未来现金流量,不应当包括筹资活动产生的现金流入或者流出以及与所得税收付有关的现金流量,因为所筹集资金的货币时间价值已经通过折现方式予以考虑,而且折现率是以税前基础计算确定的,现金流量的预计基础应当与其保持一致。

③对通货膨胀因素的考虑应当和折现率相一致。企业在预计资产未来现金流量和折现率时,考虑因一般通货膨胀而导致物价上涨的因素,应当采用一致的基础。如果折现率考虑了因一般通货膨胀而导致的物价上涨影响因素,资产预计未来现金流量也应予以考虑;如果折现率没有考虑因一般通货膨胀而导致的物价上涨影响因素,资产预计未来现金流量应当剔除这一影响因素。总之,在考虑通货膨胀影响因素的问题上,资产未来现金流量的预计和折现率的预计,应当保持一致。

④内部转移价格应当予以调整。在部分企业或者企业集团中,出于整体战略发展的考虑,某些资产生产的产品或者其他产出可能是供企业或者企业集团内部其他企业使用

或者对外销售的,所确定的交易价格或者结算价格基于其内部转移价格,而内部转移价格很可能与市场交易价格不同,在这种情况下,为了如实测算企业资产的可收回金额,企业不应当以内部转移价格为基础预计资产未来现金流量,而应当采用在公平交易中企业管理层能够达成的最佳的未来价格估计数进行预计。

(3)资产未来现金流量预计的方法。预计资产未来现金流量,通常应当根据资产未来每期最有可能产生的现金流量进行预测。它使用的是单一的未来每期预计现金流量和单一的折现率预计资产未来现金流量的现值。

【例10-1】 甲企业拥有A固定资产,该固定资产剩余使用年限为3年,企业预计未来3年里在正常的情况下,该资产每年可为企业产生的净现金流量分别为:第1年1 000 000元;第2年500 000元;第3年100 000元。该现金流量通常即为最有可能产生的现金流量,企业应以该现金流量的预计数为基础计算A固定资产的现值。

在实务中,有时影响资产未来现金流量的因素较多,情况较为复杂,带有较大的不确定性,为此,使用单一的现金流量可能无法如实反映资产创造现金流量的实际情况。在这种情况下,如果采用期望现金流量法更为合理,企业应当采用期望现金流量法预计资产未来现金流量。在期望现金流量法下,资产未来每期现金流量应当根据每期可能发生情况的概率及其相应的现金流量加总计算求得。

2. 折现率(无风险报酬率+风险报酬率)

折现率是反映当前市场货币时间价值和资产特定风险的税前利率。该折现率是企业在购置或者投资资产时所要求的必要报酬率。确定折现率时应注意:

(1)在预计资产的未来现金流量时已经对资产特定风险的影响作了调整的,估计折现率不需要考虑这些特定风险。

(2)如果用于估计折现率的基础是税后的,应当将其调整为税前的折现率。

(3)如果特定资产的报酬率难以从市场上直接获得,企业应当采用替代报酬率以估计折现率。在实务中,企业可以考虑对加权平均资本成本、增量借款利率或其他相关市场利率进行适当调整后,作为替代报酬率。

3. 资产未来现金流量现值的预计

在预计资产未来现金流量和折现率的基础上,企业将该资产的预计未来现金流量按照预计的折现率在预计期限内加以折现后即可确定该资产未来现金流量的现值。其计算公式如下:

$$资产未来现金流量的现值(PV) = \sum \left[\frac{第t年预计资产未来现金流量(NCF)_t}{(1+折现率(r))^t} \right]$$

【例10-2】 20×1年12月31日,甲公司对一辆货运汽车进行检查时发现该货运汽车因市场环境变化可能发生减值。此货运汽车的公允价值为100 000元,可归属于该货运汽车的处置费用为5 000元;预计尚可使用3年,预计其在未来2年内每年年末产生的现金流量分别为:48 000元、40 000元;第3年产生的现金流量以及使用寿命结束时处置形成的现金流量合计为45 000元。综合考虑货币时间价值及相关风险确定折现率为10%。则可收回金额计算如下:

(1)货运汽车的公允价值减去处置费用后的净额=100 000-5 000=95 000(元)。

(2)货运汽车预计未来现金流量现值＝48 000/(1＋10%)＋40 000/(1＋10%)²＋45 000/(1＋10%)³

＝43 600＋33 100＋33 800＝110 500(元)。

(3)根据孰高原则,该货运汽车的可收回金额为110 500元。

10.2.3 资产减值损失的确定与会计处理

如果资产的可收回金额低于其账面价值的,企业应当将资产的账面价值减记至可收回金额,减记的金额确认为资产减值损失,计入当期损益,同时计提相应的资产减值准备。资产的账面价值是资产成本扣减累计折旧和累计减值准备后的金额。

资产减值损失一经确认,在以后会计期间不得转回。这个规定主要是为了防止企业以此作为盈余管理的手段。

【例10－3】 甲公司有关货运汽车的购入和使用情况如下:

①20×1年12月20日甲公司购入一辆货运汽车,用银行存款支付的买价和相关税费为208 000元。

借:固定资产　　　　　　　　208 000
　　贷:银行存款　　　　　　　　　　208 000

②从20×2年1月起计提折旧。假设该货运汽车的预计使用年限5年,预计净残值8 000元,按直线法计提折旧。为简化,20×2年年末计提折旧如下。

20×2年计提折旧额＝(208 000－8 000)/5＝40 000(元)

借:其他业务成本　　　　　　40 000
　　贷:累计折旧　　　　　　　　　　40 000

注:假设货运收入计入其他业务收入。

③20×2年年末计提减值准备。假设20×2年年末该货运汽车未出现减值的迹象,不计提固定资产减值准备。

④20×3年末计提20×3年折旧。

借:其他业务成本　　　　　　40 000
　　贷:累计折旧　　　　　　　　　　40 000

⑤20×3年末计提减值。

20×3年12月31日,甲公司对该货运汽车进行检查时发现该货运汽车因市场环境变化可能发生减值。经测算该货运汽车的可收回金额为110 500元。因该货运汽车的账面价值为128 000元(208 000－40 000×2),高于其可收回金额110 500元,应计提固定资产减值准备17 500元(128 000－110 500):

借:资产减值损失　　　　　　17 500
　　贷:固定资产减值准备　　　　　　17 500

⑥20×4年末计提20×3年折旧。

计提固定资产减值准备后,20×4年初固定资产净额为110 500元,假设预计使用年限为3年,预计净残值为100元,则20×4年应计提折旧额＝(110 500－100)/3＝36 800(元)。

借:其他业务成本　　　　　　36 800
　　贷:累计折旧　　　　　　　　　　36 800

如果以后年度造成固定资产减值的因素消失，固定资产价值回升，按照新准则规定，已计提的减值不得转回。

10.3 资产组的认定及减值处理

10.3.1 资产组的认定

1. 资产组的概念

资产组是企业可以认定的最小资产组合，其产生的现金流入应当基本上独立于其他资产或者资产组。资产组应当由创造现金流入的相关资产组成。

从资产组的定义可以发现，资产组的最基本特征在于该资产组产生的现金流入基本上独立于其他资产或者资产组产生的现金流入，并且是可以认定的最小资产组合。对资产组的认定涉及职业判断，在认定资产组过程中，企业应当以资产组产生的主要现金流入是否独立于其他资产或者资产组的现金流入为依据，同时还应当考虑企业管理层管理生产经营活动的方式（如是按照生产线、业务种类还是按照地区或者区域等）和对资产的持续使用或者处置的决策方式等方面的因素。如果管理层按生产线监控企业，可将各生产线作为资产组；如果管理层按业务类型来进行企业的监管，可将各类业务中所用的资产作为一个资产组；如果按区域来进行企业的监管，可将各区域所使用的资产作为一个资产组。

2. 认定资产组应当考虑的因素

（1）资产组的认定，应当以资产组产生的主要现金流入是否独立于其他资产或者资产组的现金流入为依据。因此，资产组能否独立产生现金流入是认定资产组最关键因素。比如，企业的某一生产线、营业网点、业务部门等，如果能够独立于其他部门或者单位等创造收入、产生现金流，或者其创造的收入和现金流入绝大部分独立于其他部门或者单位，并且属于可认定的最小的资产组合的，通常应将该生产线、营业网点、业务部门等认定为一个资产组。

【例10-4】某矿业公司拥有一个煤矿，与煤矿的生产和运输相配套，建设有一条专用铁路。该铁路除非报废出售，其在持续使用中，难以脱离与煤矿生产和运输相关的资产而产生单独的现金流入，因此，企业难以对专用铁路的可收回金额进行单独估计，专用铁路和煤矿其他相关资产必须结合在一起，成为一个资产组，以估计该资产组的可收回金额。

在资产组的认定中，企业几项资产的组合生产的产品（或者其他产出）存在活跃市场的，无论这些产品或者其他产出是用于对外出售还是仅供企业内部使用，均表明这几项资产的组合能够独立产生现金流入，在符合其他相关条件的情况下，应当将这些资产的组合认定为资产组。

【例10-5】某公司只生产一种产品，在甲、乙、丙三地拥有分工厂，甲地分工厂生产一种部件，由乙地或丙地的分工厂组装后销售到全国各地。如果乙地的分工厂的产品不存在活跃市场，甲地的分工厂生产的部件就无法在当地销售，只有将部件发往乙地或丙地的分工厂组装后才能对外销售，才能产生现金流入。此时，应当将甲乙丙三地的分工厂看成一个资产组。如果甲地分工厂生产的部件存在活跃市场，从理论上说，甲地分工厂生产的部件是可以独立对外销售的,则应将甲地分工厂当作一个资产组,乙地和丙地的分工厂作为一个资产组。

(2)资产组的认定,应当考虑企业管理层对生产经营活动的管理或者监控方式(如按照生产线、业务种类还是按照地区或者区域等)和对资产的持续使用或者处置的决策方式等。比如企业各生产线都是独立生产、管理和监控的,那么各生产线很可能应当认定为单独的资产组;如果某些机器设备是相互关联、互相依存的,其使用和处置是一体化决策的,那么这些机器设备很可能应当认定为一个资产组。

【例10-6】 某公司由A车间和B车间两个生产车间,A车间专门生产产品部件且该部件没有活跃市场,生产完后由B车间负责组装并对外销售,该企业对A车间和B车间资产的使用和处置等决策是一体的,在这种情况下,A和B车间通常应当认定为一个资产组。

3.资产组认定后不得随意变更

资产组一经确定后,在各个会计期间应当保持一致,不得随意变更。即资产组的各项资产构成通常不能随意变更。但是,如果由于企业重组、变更资产用途等原因,导致资产组构成确需变更的,企业可以进行变更,企业管理层应当证明该变更是合理的,并应在附注中作相应说明。

10.3.2 资产组可收回金额和账面价值的确定

资产组账面价值的确定基础应当与其可收回金额的确定方式相一致。资产组的账面价值包括可直接归属于资产组与可以合理和一致地分摊至资产组的资产账面价值,通常不应当包括已确认负债的账面价值,但如不考虑该负债金额就无法确定资产组可收回金额的,可以将其包括在内。这主要是因为在确定资产组的公允价值减去处置费用后的净额和预计未来现金流量现值时,并不包括与不属于该资产组有关的现金流量,也不包括与已在财务报表上确认的负债有关的现金流量。

在特殊情况上,企业在判断资产是否发生减值时,有可能涉及部分负债。在这种情况下,资产组在处置时如要求购买者承担一项负债,该负债金额已经确认并计入相关资产账面价值,而且企业只能取得包括上述资产和负债在内的单一公允价值减去处置费用后的净额的,为了比较资产组的账面价值和可收回金额,在确定资产组的账面价值及其预计未来现金流量的现值时,应当将已确认的负债金额从中扣除。这主要是因为,在这种情况下,资产组的公允价值减去处置费用后的净额,是资产组所包含的资产和负债共同的公允价值减去处置费用后的净额,为使资产组的账面价值与其可收回金额的比较有意义,在确定资产组的账面价值和可收回金额时,应当减去负债的账面价值。

10.3.3 资产组减值测试

资产组计提减值准备和单项资产相一致,即企业需要预计资产组的可收回金额和计算资产组的账面价值,并将两者进行比较,如果资产组的可收回金额低于其账面价值的,应当确认相应的减值损失。减值损失金额应当按照下列顺序进行分摊:

(1)首先抵减分摊至资产组中商誉的账面价值。

(2)然后根据资产组中除商誉之外的其他各项资产的账面价值所占比重,按比例抵减其他各项资产的账面价值。以上资产账面价值的抵减,应当作为各单项资产(包括商誉)的减值损失处理,计入当期损益。抵减后的各资产的账面价值不得低于以下三者之中最高者:该资产的公允价值减去处置费用后的净额(如可确定的)、该资产预计未来现金流量的现值(如可确定的)和零。因此而导致的未能分摊的减值损失金额,应当按照相关资产组中其他各项资产的账面价值所占比重进行分摊。

【例10-7】 某公司有一条甲生产线,该生产线生产某精密仪器,由A、B、C三部机器构成,成本分别为400 000元、600 000元和1 000 000元。使用年限均为10年,净残值为零,以年限平均法计提折旧。

A、B、C三部机器均无法单独产生现金流量,但整条生产线构成完整的产销单位,属于一个资产组。20×1年甲生产线所生产的精密仪器有替代产品上市,到年底,导致公司精密仪器的销路锐减40%,因此,在20×1年12月31日对该生产线进行减值测试。

整条生产线已经使用5年,预计尚可使用5年。

根据上述资料,20×1年12月31日A、B、C三部机器的账面价值分别为200 000元、300 000元和500 000元。

经估计A机器的公允价值减去处置费用后的净额为150 000元,B和C机器都无法合理估计其公允价值减去处置费用后的净额以及未来现金流量的现值。

同时通过估计整条生产线未来五年的现金流量及其恰当的折现率后,得到该生产线预计未来现金流量的现值为600 000元。由于公司无法合理估计生产线的公允价值减去处置费用后的净额,所以公司以该生产线预计未来现金流量的现值为其可收回金额。

鉴于在20×1年12月31日,该生产线的账面价值为1 000 000元,可收回金额为600 000元,生产线的账面价值高于其可收回金额,因此该生产线发生了减值,公司应当确认减值损失400 000元,并将该减值损失分摊到构成生产线的三部机器中。由于A机器的公允价值减去处置费用后的净额为150 000元,因此,A机器分摊减值损失后的账面价值不应低于150 000元。具体分摊过程如下:

	机器A(元)	机器B(元)	机器C(元)	整个生产线(资产组)(元)
账面价值	200 000	300 000	500 000	1 000 000
可收回金额				600 000
减值损失				400 000
减值损失分摊比例	20%	30%	50%	
分摊减值损失	50 000	120 000	200 000	370 000
分摊后账面价值	150 000(不能低于)	180 000	300 000	
尚未分摊的减值损失				30 000
二次分摊减值损失		11 250 (30 000/80 000×30 000)	18 750 (50 000/80 000×30 000)	30 000
二次分摊后应确认减值损失总额		131 250	218 750	
二次分摊后账面价值	150 000	168 750	281 250	600 000

注:按照分摊比例,机器A应当分摊减值损失80 000元(400 000元×20%),但由于机器A的公允价值减去处置费用后的净额为150 000元,因此机器A最多只能确认减值

损失 50 000 元(200 000 元－150 000 元)，未能分摊的减值损失 30 000 元(80 000 元－50 000 元)，应当在机器 B 和机器 C 之间进行再分摊。

根据上述计算和分摊结果，构成甲生产线的机器 A、机器 B 和机器 C 应当分别确认减值损失 50 000 元、131 250 元和 218 750 元，会计分录如下：

借：资产减值损失——机器 A　　50 000
　　　　　　　　——机器 B　　131 250
　　　　　　　　——机器 C　　218 750
　　贷：固定资产减值准备——机器 A　　50 000
　　　　　　　　　　　——机器 B　　131 250
　　　　　　　　　　　——机器 C　　218 750

10.3.4 总部资产减值测试

企业总部资产包括企业集团或其事业部的办公楼、电子数据处理设备、研发中心等资产。总部资产的显著特征是难以脱离其他资产或者资产组产生独立的现金流入，而且其账面价值难以完全归属于某一资产组。因此，总部资产通常难以单独进行减值测试，需要结合其他相关资产组或者资产组组合进行。

在资产负债表日，如果有迹象表明某项总部资产可能发生减值的，企业应当计算确定该总部资产所归属的资产组或者资产组组合的可收回金额，然后将其与相应的账面价值相比较，据以判断是否需要确认减值损失。

企业在对某一资产组进行减值测试时，应当先认定所有与该资产组相关的总部资产，再根据相关总部资产能否按照合理和一致的基础分摊至该资产组分别下列情况处理：

(1)对于相关总部资产能够按照合理和一致的基础分摊至该资产组的部分，应当将该部分总部资产的账面价值分摊至该资产组，再据以比较该资产组的账面价值(包括已分摊的总部资产的账面价值部分)和可收回金额，并按照前述有关资产组减值测试的顺序和方法处理。

(2)对于相关总部资产中有部分资产难以按照合理和一致的基础分摊至该资产组的，应当按照下列步骤处理。

①在不考虑相关总部资产的情况下，估计和比较资产组的账面价值和可收回金额，并按照前述有关资产组减值测试的顺序和方法处理。

②认定由若干个资产组组成的最小的资产组组合，该资产组组合应当包括所测试的资产组与可以按照合理和一致的基础将该部分总部资产的账面价值分摊其上的部分。

③比较所认定的资产组组合的账面价值(包括已分摊的总部资产的账面价值部分)和可收回金额，并按照前述有关资产组减值测试的顺序和方法处理。

【例 10－8】　甲高科技企业拥有 A、B 和 C 三个资产组，在 20×1 年末，这三个资产组的账面价值分别为 2 000 000 元、3 000 000 元和 4 000 000 元，没有商誉。

这三个资产组为三条生产线，预计剩余使用寿命分别为 10 年、20 年和 30 年，采用直线法计提折旧。由于甲公司的竞争对手通过技术创新推出了更高技术含量的产品，并且受到市场欢迎，从而对甲公司产品产生了重大不利影响，为此，甲公司于 20×1 年末对各资产组进行减值测试。

在对资产组进行减值测试时,首先应当认定与其相关的总部资产。甲公司的经营管理活动由总部负责,总部资产包括一栋办公大楼和一个研发中心,其中办公大楼的账面价值为 3 000 000 元,研发中心的账面价值为 1 000 000 元。办公大楼的账面价值可以在合理和一致的基础上分摊至各资产组,但是研发中心的账面价值难以在合理和一致的基础上分摊至各相关资产组。

对于办公大楼的账面价值,企业根据各资产组的账面价值和剩余使用寿命加权平均计算的账面价值分摊比例进行分摊,具体如下:

	资产组 A(元)	资产组 B(元)	资产组 C(元)	合计(元)
各资产组账面价值	2 000 000	3 000 000	4 000 000	9 000 000
各资产组剩余使用寿命	10	20	20	
按使用寿命计算的权重	1	2	2	
加权计算后的账面价值	2 000 000	6 000 000	8 000 000	16 000 000
办公大楼分摊比例(各资产组加权计算后的账面价值/各资产组加权平均计算后的账面价值合计)	12%	38%	50%	100%
办公大楼账面价值分摊到各资产组的金额	360 000	1 140 000	1 500 000	3 000 000
包括分摊的办公大楼账面价值部分的各资产组账面价值	2 360 000 (2 000 000+360 000)	4 140 000 (3 000 000+1 140 000)	5 500 000 (4 000 000+1 500 000)	12 000 000

企业随后应当确定各资产组的可收回金额,并将其与账面价值(包括已分摊的办公大楼的账面价值部分)相比较,以确定相应的减值损失。考虑到研发中心的账面价值难以按照合理和一致的基础分摊至资产组,因此确定由 A、B、C 三个资产组组成最小资产组组合(即为甲整个企业),通过计算该资产组组合的可收回金额,并将其与账面价值(包括已分摊的办公大楼和研发中心的账面价值部分)相比较,以确定相应的减值损失。假定各资产组和资产组组合的公允价值减去处置费用后的净额难以确定,企业根据它们的

预计未来现金流量的现值来计算其可收回金额,计算现值所用的折现率为15%,计算过程如下:

年份	资产组A		资产组B		资产组C		包括研发中心在内的最小资产组组合(甲公司)	
	未来现金流量(万元)	现值(万元)	未来现金流量(万元)	现值(万元)	未来现金流量(万元)	现值(万元)	未来现金流量(万元)	现值(万元)
1	36	32	18	16	20	18	78	68
2	62	46	32	24	40	30	144	108
3	74	48	48	32	68	44	210	138
4	84	48	55	34	88	50	256	146
5	94	48	64	32	102	50	286	142
6	104	44	66	28	112	48	310	134
7	110	42	68	26	120	44	324	122
8	110	36	70	22	126	42	332	108
9	106	30	70	20	130	36	334	96
10	96	24	70	18	132	32	338	84
11			72	16	132	28	264	56
12			70	14	132	24	161	50
13			70	12	132	22	262	42
14			66	10	130	18	256	36
15			60	8	114	16	244	30
16			52	6	120	12	230	24
17			44	4	114	10	116	20
18			36	2	102	8	194	16
19			28	2	86	6	170	12
20			10	2	70	4	142	8
现值合计		398		328		542		1440

根据上述资料,资产组A、B、C的可收回金额分别为3 980 000元、3 280 000元和5 420 000元,相应的账面价值(包括分摊的办公大楼账面价值)分别为2 360 000元、4 140 000元和5 500 000元,资产组B和C的可收回金额均低于其账面价值,应当分别确认860 000元和80 000元减值损失,并将该减值损失在办公大楼和资产组之间进行分摊。

根据分摊结果,因资产组B发生减值损失860 000元而导致办公大楼减值240 000元(860 000元×1 140 000元/4 140 000元),导致资产组B中所包括资产发生减值620 000元(860 000元×3 000 000元/4 140 000元);因资产组C发生减值损失80 000元而导致办公大楼减值 20 000 元(80 000 元×1 500 000 元/5 500 000 元),导致资产组 C 中所包括资产发生减值 60 000 元(80 000 元×4 000 000 元/5 500 000 元)。

经过上述减值测试后,资产组 A、B、C 和办公大楼的账面价值分别为 2 000 000 元、2 380 000 元(3 000 000 元－620 000 元)、3 940 000 元(4 000 000 元－60 000 元)和 2 740 000 元(3 000 000 元－240 000 元－20 000 元),研发中心的账面价值仍为 1 000 000 元,由此包括研发中心在内的最小资产组组合(即甲公司)的账面价值总额为 12 060 000 元(2 000 000 元＋2 380 000 元＋3 940 000 元＋2 740 000 元＋1 000 000 元),但其可收回金额为 14 400 000 元,高于其账面价值,因此,企业不必再进一步确认减值损失(包括研发中心的减值损失)。

10.4 商誉减值的核算

10.4.1 商誉减值测试的基本要求

企业如果拥有因企业合并所形成的商誉的,至少应当在每年年度终了进行减值测试。

鉴于商誉难以独立产生现金流量,因此,商誉应当结合与其相关的资产组或者资产组组合进行减值测试。这些相关的资产组或者资产组组合应当是能够从企业合并的协同效应中受益的资产组或者资产组组合,但不应当大于按照分部报告准则所确定的报告分部。

为了资产减值测试的目的,对于因企业合并形成的商誉的账面价值,企业应当自购买日起按照合理的方法分摊至相关的资产组;难以分摊至相关的资产组的,应当将其分摊至相关的资产组组合。

10.4.2 商誉减值测试的方法与会计处理

企业在对包含商誉的相关资产组或者资产组组合进行减值测试时,如与商誉相关的资产组或者资产组组合存在减值迹象的,应当首先对不包含商誉的资产组或者资产组组合进行减值测试,计算可收回金额,并与相关账面价值相比较,确认相应的减值损失。然后再对包含商誉的资产组或者资产组组合进行减值测试,比较这些相关资产组或者资产组组合的账面价值(包括所分摊的商誉的账面价值部分)与其可收回金额,如相关资产组或者资产组组合的可收回金额低于其账面价值的,应当就其差额确认减值损失,减值损失金额应当首先抵减分摊至资产组或者资产组组合中商誉的账面价值;然后根据资产组或者资产组组合中除商誉之外的其他各项资产的账面价值所占比重,按比例抵减其他各项资产的账面价值。

以上各项资产账面价值的抵减,都应当作为各单项资产(包括商誉)的减值损失处理,计入当期损益。抵减后的各资产的账面价值不得低于以下三者之中最高者,即该资产的公允价值减去处置费用后的净额(如可确定的)、该资产预计未来现金流量的现值(如可确定的)和零。因此而导致的未能分摊的减值损失金额,应当按照相关资产组或者资产组组合中其他各项资产的账面价值所占比重进行分摊。

如果因企业合并所形成的商誉是母公司根据其在子公司所拥有的权益而确认的商誉,在这种情况下,子公司中归属于少数股东权益的商誉并没有在合并财务报表中予以确认。因此,在对与商誉相关的资产组(或者资产组组合,下同)进行减值测试时,由于其可收回金额的预计包括了归属于少数股东权益的商誉价值部分,因此为了使减值测试建立在一致的基础上,企业应当调整资产组的账面价值,将归属于少数股东权益的商誉包括在内,然后根据调整后的资产组账面价值与其可收回金额进行比较,以确定资产组(包括商誉)是否发生了减值。

上述资产组如发生减值的,企业应当首先抵减商誉的账面价值,由于根据上述方法计算的商誉减值损失包括了应由少数股东权益承担的部分,而少数股东权益享有的商誉价值及其减值损失都没有在合并财务报表中反映,合并财务报表只反映归属于母公司的商誉,因此应当将商誉减值损失在可归属于母公司和少数股东权益之间按比例进行分摊,以确认归属于母公司的商誉减值损失,并将其反映于合并财务报表中。

【例 10—9】 甲企业于 20×1 年 1 月 1 日以 16 000 000 元的价格收购了乙企业 80% 股权(属于控股合并)。在购买日,乙企业可辨认资产的公允价值为 15 000 000 元,假定没有负债和或有负债。

甲企业在购买日编制的合并资产负债中确认商誉 4 000 000 元(16 000 000 元 — 15 000 000 元×80%)、乙企业可辨认资产 15 000 000 元和少数股东权益 3 000 000 元(15 000 000 元×20%)。

假定乙企业的所有资产被认定为一个资产组。由于该资产组包括商誉,因此,甲企业至少应当于每年年度终了进行减值测试。

在 20×1 年末,甲企业确定该资产组的可收回金额为 10 000 000 元,可辨认净资产的账面价值为 13 500 000 元。

鉴于乙企业作为一个单独的资产组的可收回金额 10 000 000 元中,包括归属于少数股东权益在商誉价值中享有的部分。因此,出于减值测试的目的,在与资产组的可收回金额进行比较之前,甲企业应当对资产组的账面价值进行调整,使其包括归属于少数股东权益的商誉价值 1 000 000 元[(16 000 000/80% — 15 000 000)×20% = (20 000 000 — 15 000 000)×20%]。然后再据以比较该资产组的账面价值和可收回金额,确定是否发生了减值损失以及应予确认的减值损失金额。

减值测试的过程具体如下:

单位:元

20×1 年末	商誉	可辨认资产	合计
账面价值	4 000 000	13 500 000	17 500 000
未确认的归属于少数东权益的商誉价值	1 000 000	—	1 000 000
调整后账面价值	5 000 000	13 500 000	18 500 000
可收回金额			10 000 000
减值损失			8 500 000

根据上述计算结果,资产组发生减值损失 8 500 000 元,应当首先冲减商誉的账面价值,然后再将剩余部分分摊至资产组中的其他资产。在本例中,8 500 000 元减值损失中有 5 000 000 元应当属于商誉减值损失,但合并财务报表中确认的商誉仅限于甲企业持有乙企业 80％股权部分,因此,企业只需要在合并报表中确认 5 000 000 元商誉减值损失的 80％,即 4 000 000 元。剩余的 3 500 000 元(8 500 000 元—5 000 000 元)减值损失应当冲减乙企业可辨认净资产的账面价值,作为乙企业可辨认净资产的减值损失。减值损失的具体分摊过程如下:

单位:元

20×1 年末	商誉	可辨认资产	合计
账面价值	4 000 000	13 500 000	17 500 000
确认的减值损失	(4 000 000)	(3 500 000)	(7 500 000)
确认减值损失后的账面价值	—	10 000 000	10 000 000

□本章小结

本章主要介绍了资产减值的会计处理。资产减值主要包括固定资产、无形资产、商誉等非流动资产的减值。

资产减值迹象的判断:除了商誉和使用寿命不确定的无形资产外,其他资产只有在出现资产可能发生减值迹象的情况下,才进行减值测试。

资产可收回金额的确定:企业应当根据资产公允价值减去处置费用后的净额和资产预计未来现金流量的现值两者孰高来确定资产可收回金额。

资产组的认定及其减值处理:在单项资产的可收回金额无法确定时,企业应当认定资产组,并以资产组为基础进行减值测试。涉及总部资产的,也要结合相关的资产组或者资产组组合进行减值测试。

商誉的减值测试及其处理:在涉及因企业合并而形成的商誉的情况下,企业应当认定与商誉相关的资产组或者资产组组合进行减值测试。

□练习题

一、单项选择题

1. 在计算确定资产公允价值减去处置费用后净额时,下列项目中不应抵减的是(   )。
   A. 与资产处置有关的法律费用　　　B. 与资产处置有关的相关税费
   C. 与资产处置有关的所得税费用　　D. 与资产处置有关的搬运费
2. 在资产持有期间,其相应的资产减值准备可以转回的是(   )。
   A. 无形资产减值准备　　　　　　　B. 对子公司的长期股权投资减值准备
   C. 存货跌价准备　　　　　　　　　D. 固定资产减值准备
3. 在判断下列资产是否存在可能发生减值的迹象时,不能单独进行减值测试的是(   )。

A. 长期股权投资 B. 无形资产
C. 商誉 D. 以成本模式计量的投资性房地产

4. 假定某资产因受市场行情等因素的影响,在行情好、一般和差的情况下,预计未来第 3 年可能实现的现金流量和发生的概率分别是 1 000 000 元(70%)、850 000 元(20%)、600 000 元(10%),则第 3 年的预计现金流量是( )元。
   A. 1 000 000　　　B. 930 000　　　C. 850 000　　　D. 700 000

5. 下列说法中不正确的是( )。
   A. 资产组的账面价值通常不应当包括已确认负债的账面价值,但如不考虑该负债金额就无法确定资产组可收回金额的除外
   B. 资产产生的现金流量是外币的,应当以该资产所产生的未来现金流量的结算货币为基础预计其未来现金流量,并按照该货币适用的折现率计算现金流量的现值,再按计算未来现金流量现值当日的即期汇率进行折算,从而得出记账本位币表示的资产未来现金流量现值
   C. 资产组确定后,在以后的会计期间也可以随时变更
   D. 企业难以对单项资产的可收回金额进行估计的,应当以该资产所属的资产组为基础确定资产组的可收回金额

6. 下列资产项目中,不一定每年年末都要进行减值测试的是( )。
   A. 企业合并形成的商誉 B. 长期股权投资
   C. 尚未达到预定使用状态的无形资产 D. 使用寿命不确定的无形资产

7. 20×1 年 12 月末,A 公司购入一项不需安装的管理用固定资产,入账价值为 400 000 元,预计净残值为 20 000 元,预计使用年限为 10 年,采用双倍余额递减法计提折旧。20×3 年末,该项固定资产出现减值迹象,预计未来现金流量的现值为 100 000 元,公允价值减处置费用后的净额为 90 000 元,则 20×3 年末该项固定资产应计提的减值准备为( )元。
   A. 130 000　　　B. 156 000　　　C. 146 000　　　D. 210 000

8. 甲公司的行政管理部门于 20×1 年 12 月末增加设备一项,该项设备原值 21 000 元,预计净残值率为 5%,预计可使用 5 年,采用年数总和法计提折旧。至 20×3 年末,在对该项设备进行检查后,估计其可收回金额为 7 200 元。甲公司持有该项固定资产对 20×3 年度损益的影响金额为( )元。
   A. 1 830　　　B. 7 150　　　C. 6 100　　　D. 780

9. 20×1 年 1 月 1 日,大海公司以银行存款 6 660 000 元购入一项无形资产,其预计使用年限为 6 年,采用直线法按月摊销,20×1 年和 20×2 年末,大海公司预计该无形资产的可收回金额分别为 5 000 000 元和 4 200 000 元,假定该公司于每年年末对无形资产计提减值准备,计提减值准备后,原预计的使用年限保持不变,不考虑其他因素,20×3 年 6 月 30 日该无形资产的账面净值为( )元。
   A. 6 660 000　　　B. 3 885 000　　　C. 3 500 000　　　D. 4 050 000

10. 甲公司拥有 B 公司 40% 的股份,采用权益法核算,20×1 年初该长期股权投资账面余额为 10 000 000 元,20×1 年 B 公司实现净利润 7 000 000 元,取得投资时 B 公司仅存在一项固定资产的公允价值与账面价值不相等,即 B 公司固定资产的账面价值为

60 000 000元,公允价值为70 000 000元,均按10年计提折旧。20×1年末该长期股权投资的公允价值为12 000 000元,处置费用为2 000 000元,预计未来现金流量现值为11 000 000元,则20×1年末该公司应提减值准备( )元。

A. 1 100 000　　　　B. 200 000　　　　C. 800 000　　　　D. 1 800 000

二、多项选择题

1. 对某一资产组减值损失的金额需要( )。
   A. 抵减分摊至该资产组中商誉的账面价值
   B. 根据该资产组中的商誉以及其他各项资产所占比重,直接进行分摊
   C. 在企业所有资产中进行分摊
   D. 根据该资产组中除商誉之外的其他各项资产的账面价值所占比重,按照比例抵减其他各项资产的账面价值

2. 企业在计提了固定资产减值准备后,下列会计处理正确的是( )。
   A. 固定资产预计使用寿命变更的,应当改变固定资产折旧年限
   B. 固定资产所含经济利益预期实现方式变更的,应改变固定资产折旧方法
   C. 固定资产预计净残值变更的,应当改变固定资产的折旧方法
   D. 固定资产计提减值以后,即使减值因素消失,原计提的减值准备的金额也是不能转回的

3. 期末进行资产减值测试时,不属于预计未来现金流量基础的有( )。
   A. 按照未来现金流量和折现率折现
   B. 对资产的剩余使用寿命内的经济状况进行最佳估计
   C. 筹资活动和所得税收付产生的现金流量
   D. 以经营管理层批准的最近财务数据或预测数据为依据

4. 企业对于资产组的减值损失,应先抵减分摊至资产组中商誉的账面价值,再根据资产组中除商誉之外的其他各项资产的账面价值所占比重,按比例抵减其他各项资产的账面价值,但抵减后的各资产的账面价值不得低于以下( )中的最高者。
   A. 该资产的公允价值
   B. 该资产的公允价值减去处置费用后的净额(如可确定的)
   C. 该资产预计未来现金流量的现值(如可确定的)
   D. 零
   E. 该资产预计未来现金流量

5. 在判断资产是否减值时,下列各项中,通常应计入资产组账面价值的有( )。
   A. 可直接归属于资产组与可以合理和一致的分摊至资产组的资产账面价值
   B. 已确认的负债的账面价值
   C. 对资产组可收回金额的确定,起决定性作用的负债的账面价值
   D. 可以合理和一致的分摊至资产组的资产的公允价值
   E. 预计未来因改良发生的支出

6. 下列情况中有可能导致资产发生减值迹象的有( )。
   A. 资产市价的下跌幅度明显高于因时间的推移或者正常使用而预计的下跌
   B. 如果企业经营所处的经济、技术或者法律等环境以及资产所处的市场在当期或者将在近期发生重大变化,从而对企业产生不利影响

C. 如果有证据表明资产已经陈旧过时或者其实体已经损坏

D. 资产在建造或者收购时所需的现金支出远远高于最初的预算

7. 对包含有商誉的某一资产组减值损失的金额需要（　　）。

　　A. 抵减分摊至该资产组中商誉的账面价值

　　B. 根据该资产组中的商誉以及其他各项资产所占比重，直接进行分摊

　　C. 上述资产账面价值的抵减，应当作为各单项资产（包括商誉）的减值损失处理

　　D. 根据该资产组中除商誉之外的其他各项资产的账面价值所占比重，按照比例抵减其他各项资产的账面价值

8. 期末进行资产减值测试时，不属于预计未来现金流量基础的有（　　）。

　　A. 按照未来现金流量和折现率折现

　　B. 估计预测期之后年份稳定或递减的增长率

　　C. 筹资活动和所得税收付产生的现金流量

　　D. 对资产的剩余使用寿命内的经济状况进行最佳估计

9. 企业在计提了固定资产减值准备后，下列会计处理正确的是（　　）。

　　A. 固定资产预计使用寿命变更的，应当改变固定资产折旧年限

　　B. 固定资产所含经济利益预期实现方式变更的，应改变固定资产折旧方法

　　C. 固定资产预计净残值变更的，应当改变固定资产的折旧方法

　　D. 固定资产计提减值以后，即使减值因素消失，原计提的减值准备的金额也是不能转回的

10. 在判断资产是否减值时，下列各项中，通常应计入资产组账面价值的有（　　）。

　　A. 可直接归属于资产组与可以合理和一致的分摊至资产组的资产账面价值

　　B. 已确认的负债的账面价值

　　C. 对资产组可收回金额的确定，起决定性作用的负债的账面价值

　　D. 可以合理和一致的分摊至资产组的资产的公允价值

三、判断题

1. 企业合并所形成的商誉和使用寿命不确定的无形资产，无论是否存在减值迹象，都应当至少于每年年度终了进行减值测试。　　　　　　　　　　　　　　（　　）

2. 对采用成本模式计量的投资性房地产计提的减值准备，一经计提，不得转回。
　　　　　　　　　　　　　　　　　　　　　　　　　　　　　　　　　　（　　）

3. 甲公司拥有B公司30%的股份，采用权益法核算，20×1年年初该长期股权投资账面价值为1 300 000元，20×1年B公司盈利600 000元，其他相关资料如下：根据测算，该长期股权投资公允价值为1 300 000元，处置费用为200 000元，预计未来现金流量现值为1 200 000元，则20×1年年末该公司应提减值准备180 000元。　（　　）

4. 在进行减值测试时，不一定需要同时确定资产的公允价值减去处置费用后的净额和资产预计未来现金流量的现值。　　　　　　　　　　　　　　　　　　（　　）

5. 根据谨慎性原则，可收回金额应当根据资产的公允价值减去处置费用后的净额与资产预计未来现金流量的现值两者之间较低者确定。　　　　　　　　　（　　）

6. 资产组的认定，主要以资产组是否能产生现金流入为依据。　　　　（　　）

7. 资产组确定后，在以后的会计期间也可以根据具体情况变更。　　（　　）

8. 商誉发生减值时,应将商誉减值损失在可归属于母公司和少数股东权益之间按比例进行分配,但在合并报表中仅反映归属于母公司的商誉减值损失。（   ）

四、业务计算与核算题

1. 淮河公司20×2年12月31日,对下列资产进行减值测试,有关资料如下:

(1) 对一项机器设备进行检查时发现该类机器可能发生减值。该类机器原值为80 000 000元,累计折旧50 000 000元,20×2年年末账面价值为30 000 000元。该类机器公允价值总额为20 000 000元;直接归属于该类机器的处置费用为1 000 000元,尚可使用5年,预计其在未来4年内产生的现金流量分别为:6 000 000元、5 400 000元、4 800 000元、3 700 000元;第5年产生的现金流量以及使用寿命结束时处置形成的现金流量合计为3 000 000元;在考虑相关因素的基础上,公司决定采用5%的折现率。复利现值系数应给出,或参照书后附录:

(2) 一项专有技术账面成本为1 900 000元,累计摊销额为1 000 000元,尚未计提减值准备,该专有技术已被其他新的技术代替,其为企业创造经济利益的能力受到重大不利影响。公司经分析,认定该专有技术虽然价值受到重大影响,但仍有300 000元左右的剩余价值。

(3) 为扩展生产规模,于20×1年年末开始建造新厂房,工程开工一年后,因资金困难无法继续施工,停工到20×2年年末已有1年,企业内部报告有证据表明预计在未来3年资金困难仍得不到解决,工程仍会停滞不前,该工程目前挂账成本为6 000 000元,预计可收回金额为2 600 000元。

要求:计算淮河公司20×2年12月31日上述各项资产计提的减值损失,并编制会计分录。

2. 淮河公司在甲乙丙三地拥有三家分公司,这三家分公司的经营活动由一个总部负责运作。由于甲乙丙三家分公司均能产生独立于其他分公司的现金流入,所以该公司将这三家分公司确定为三个资产组,假定各资产组的使用寿命相等。20×1年12月1日,企业经营所处的技术环境发生了重大不利变化,出现减值迹象,需要进行减值测试。假设总部资产的账面价值为2 000 000元,能够按照各资产组账面价值的比例进行合理分摊,甲乙丙分公司和总部资产的使用寿命均为20年。减值测试时,甲乙丙三个资产组的账面价值分别为3 200 000元、1 600 000元、3 200 000元。淮河公司计算得出甲乙丙三家分公司资产的可收回金额分别为4 200 000元、1 600 000元、3 800 000元。

要求:计算甲乙丙三个资产组和总部资产应计提的减值准备。

五、思考题

1. 资产减值的范围包括哪些?企业如何判断资产减值的迹象?
2. 什么是资产组,认定资产组时应考虑哪些因素?
3. 如何确定资产的可收回金额?
4. 如何确定资产未来现金流量的现值?
5. 对于商誉应当如何进行减值测试?

第 11 章 负 债

□ 学习目标

通过本章学习,了解负债的概念与内容,熟练掌握应付职工薪酬的核算,掌握应付债券的核算,掌握借款费用的核算,了解其他负债的核算。

11.1 负债概述

11.1.1 负债的概念与内容

1. 负债的概念

《企业会计准则——基本准则》对负债的定义为:"负债是指企业过去的交易或者事项形成的预期会导致经济利益流出企业的现时义务。"

定义包括三层含义:第一,负债产生的原因——过去的交易或者事项;第二,负债的表现形式——现时应承担的义务;第三,负债解除的结果——未来的经济利益流出企业。

从定义中可以看出,负债具有以下基本特征:

(1)负债是企业承担的现时义务。这是负债务的一个基本特征。其中,现时义务是指企业在现行条件下已承担的义务。未来发生的交易或者事项形成的义务,不属于现时义务,不应当确认为负债。这里所指的义务可以是法定义务,也可以是推定义务。其中法定义务是指具有约束力的合同或者法律法规规定的义务,通常必须依法执行。例如,企业购买原材料形成应付账款,企业向银行贷款形成借款,企业按照税法规定应当交纳的税款等均属于企业承担的法定义务,需要依法予以偿还。推定义务是指根据企业多年的习惯做法、公开的承诺或者公开宣布的政策而导致企业将承担的责任,这些责任也使有关各方形成了企业将履行义务解脱责任的合理预期。例如,某企业多年来制定有一项销售政策,对于售出商品提供一定期限内的售后保修服务,预期将售出商品提供的保修服务就属于推定义务,应当将其确认为一项负债。

(2)负债预期会导致经济利益流出企业。负债预期会导致经济利益流出企业也是负债的一个本质特征,只有企业在履行义务时会导致经济利益流出企业的,才符合负债的定义,如果不会导致经济利益流出企业的,就不符合负债的定义。在履行现时义务清偿负债时,导致经济利益流出企业的形式多种多样,例如用现金偿还债务或以实物资产形式偿还债务;以提供劳务形式偿还债务;以部分转移资产、部分提供劳务形式偿还债务;

将负债转为资本等。

(3)负债是由企业过去的交易或事项产生的。换句话说,只有过去的过去的交易或事项才形成负债,企业将在未来发生的承诺、签订的合同等交易或者事项,不形成负债。过去的交易或事项是指已经完成的经济业务,例如,企业已经购进材料但是尚未付款,在这种情况下,企业就有偿付货款的义务。过去的交易或事项可能产生负债有:企业采购材料后的未付款、企业销售商品后的应交而未交税金、权责发生制下期末的负债对费用调整后的预提费用,利润分配过程结束的未付利润等等。也就是说,负债只与已经发生的交易或事项相关,而与尚未发生的交易或事项无关。例如,企业已制定近期材料采购计划,且不能立刻付款,在交易或事项尚未发生前,这种预期可能产生的负债不能成立。

2. 负债的确认条件

将一项现时义务确认为负债,需要符合负债的定义,还应当同时满足以下两个条件:

(1)与该义务有关的经济利益很可能流出企业。从负债的定义可以看到,预期会导致利益流出企业是负债的一个本质特征。在实务中,履行义务所需流出的经济利益带有不确定性,尤其是与推定义务相关的经济利益通常需要依赖于大量的估计。因此,负债的确认应当与经济利益流出的不确定性程度的判断结合起来。如果有确凿证据表明,与现时义务有关的经济利益很可能流出企业,就应当将其作为负债予以确认;反之,如果企业承担了现时义务,但是导致经济利益流出企业的可能性若已不复存在,就不符合负债的确认条件,不应将其作为负债予以确认。

(2)未来流出的经济利益的金额能够可靠地计量。负债的确认在考虑经济利益流出企业的同时,对于未来流出的经济利益的金额应当能够可靠计量。对于与法定义务有关的经济利益流出金额,通常可以根据合同或者法律规定的金额予以确定,考虑到经济利益流出的金额通常在未来期间,有时未来期间较长,有关金额的计量需要考虑货币时间价值等因素的影响。对于与推定义务有关的经济利益流出金额,企业应当根据履行相关义务所需支出的最佳估计数进行估计,并综合考虑有关货币时间价值、风险等因素的影响。

3. 负债的内容

企业的负债通常包括流动负债和长期负债。流动负债是指将在一年或者超过一年的一个营业周期内偿还的债务,包括短期借款、应付票据、应付账款、预收账款、应付职工薪酬、应交税费、应付利息、其他应付款等。长期负债是指偿还期在一年或者超过一年的一个营业周期以上的债务,包括长期借款、应付债券、长期应付款等。

11.1.2 负债的分类与计价

1. 负债的分类

企业负债按照不同的标准,可以分为不同的类别,以满足不同的需要。

(1)按偿还期限的不同分类。负债按偿还期限的不同可分为流动负债和长期负债。在资产负债表上,负债应当按照其流动性分类分项列示,如流动负债和长期负债等。

负债按偿还期限的不同进行分类,这种分类的一个作用是企业能够分清两种负债形成的不同原因及所起到的不同作用,例如,流动负债是在企业经营活动过程中发生的,是不可避免的,而长期负债是企业经营决策的结果,企业是否负债经营以及负债应占有多少比例完全取决于企业管理层的决策。这种分类的另一个作用是便于企业在不影响正常经营活动的前提下,合理安排偿债资金,按时偿还负债。

(2)按偿付手段的不同分类。负债按偿付手段的不同可分为货币性负债和非货币负债。

①货币性负债是指企业需要以货币资金偿还的债务,主要包括短期借款、应付票据、应付账款、应付职工薪酬、应交税费、其他应付款以及应付利润等中需要用货币资金偿还的债务。

②非货币负债是指企业以实物资产或提供劳务偿还的债务,而不需要用货币资金偿还的债务,主要包括预收货款以及应付利润等中不需要用货币资金偿还的债务。预收货款一般需要以企业生产的商品或提供劳务等来偿还。这种分类便于企业合理地安排现金流量。

(3)按其金额是否确定分类。负债按其金额是否确定分为确定负债和或有负债。

①确定负债是指负债已经成立,企业必须履行义务,如应付账款。确定负债包括短期借款、应付账款、应付票据、预收账款、应交税费、应付职工薪酬、预计负债、应付利息、应付股利、其他应付款,以及一年内到期的长期负债。

②或有负债是指企业的潜在义务和特殊的现时义务,如应付票据贴现形成的或有负债。确定负债在资产负债表中列示,或有负债根据准则的要求只在报表附注中予以披露。或有负债包括已贴现的商业承兑汇票形成的或有负债、产品质量保证形成的或有负债、未决诉讼和未决仲裁形成的或有负债、为其他单位提供债务担保形成的或有负债。

2. 负债的计价

负债是企业应在未来偿付的债务,从理论上讲,应按未来应付金额的现值计价。但如果未来应付金额与现值相关不多的情况下,按照重要性原则,其差额往往忽略不计,即按照业务发生时的金额计价。

11.2 流动负债

11.2.1 短期借款

短期借款是指企业向银行或其他金融机构借入的、偿还期限在一年以内(含一年)的各种借款。企业由于季节性生产、债务到期偿还债务或者企业经营资金出现暂时周转困难等原因导致企业资金不足时,为了满足正常经营的需要而向银行或其他金融机构申请贷款。

短期借款的核算包括本金和利息。为了核算短期银行借款本金,需设置"短期借款"科目用于核算企业向银行或其他金融机构等借入的期限在一年以内(含一年)的各种借款。企业借入的各种短期借款,按借款本金数额,借记"银行存款"科目,贷记"短期借款";归还借款做相反的会计分录。资产负债表日,应按计算确定的短期借款利息费用,借记"财务费用"等科目,贷记"银行存款"、"应付利息"等科目。"短期借款"科目期末贷方余额反映企业尚未偿还的短期借款本金数额,"短期借款"科目可按借款种类、贷款人和币种进行明细核算。

短期借款期末列示在资产负债表的流动负债部分,列示项目为"短期借款",列示金额为"短期借款"科目的贷方余额。

【例11-1】 A公司因生产经营的临时需要,20×1年1月1日向银行借入100 000元,期限为6个月,年利率为6%,到期一次还本付息。如果企业按月核算利息。A公司短期借款的账务处理如下:

(1)取得借款时。

借:银行存款　　　　　　　　　　　　　100 000
　　贷:短期借款　　　　　　　　　　　　　　　100 000

(2)20×1年1月31日,计算尚未支付利息。

借:财务费用　　　　　　　　　　　　　　500
　　贷:应付利息　　　　　　　　　　　　　　　500

(3)以后每月计算利息时,会计处理同上。

(4)到期偿还借款本金和支付利息。

借:短期借款　　　　　　　　　　　　　100 000
　　应付利息　　　　　　　　　　　　　　3 000
　　贷:银行存款　　　　　　　　　　　　　　　103 000

如果企业不是按月核算利息,则月末可不通过"应付利息"科目核算。支付利息时,直接借记"财务费用"科目,贷记"银行存款"科目。例如沿用上例,假设企业不是按月核算利息,到期还本付息时,借记"短期借款"、"财务费用"科目,贷记"银行存款"科目。但如果短期借款的借款期跨会计年度,则年末时应计提利息,借记"财务费用"等科目,贷记"应付利息"科目核算。但是,如果企业按月核算利息,则月末可通过"应付利息"科目核算。

11.2.2 应付票据

应付票据是由出票人出票、委托付款人在指定日期无条件支付特定的金额给收款人或者持票人的票据。应付票据按是否带息可分为不带息应付票据和带息应付票据。在我国,应付票据按面值入账。从理论上讲,应付票据应按现值入账,但是由于票据到期日与出具日间隔较短,折现值与到期值相差很小,为了简化会计核算,在实务的处理上不按现值入账。

应付票据应设置"应付票据"科目进行核算。"应付票据"科目核算企业因购买材料、商品或接受劳务供应等开出、承兑的商业汇票,包括商业承兑汇票和银行承兑汇票。企业应付票据签发时贷记"应付票据"科目,应付票据到期支付款项借记"应付票据"科目,"应付票据"科目期末贷方余额反映企业尚未到期的商业汇票的票面金额。企业应当设置"应付票据登记簿",详细记录每一商业汇票的种类、号数和出票日期、到期日、票面金额、交易合同号和收款人姓名或单位名称以及付款日期和金额等资料。应付票据到期结清时,应当在备查簿内逐笔注销。

应付票据的主要账务处理如下：

企业开出、承兑商业汇票或以承兑商业汇票抵付货款、应付账款等时，借记"材料采购"、"库存商品"、"应付账款""应交税费－应交增值税（进项税额）"等科目，贷记"应付票据"科目。

支付银行承兑汇票的手续费，借记"财务费用"科目，贷记"银行存款"科目。支付票款时，借记"应付票据"科目，贷记"银行存款"科目。

应付票据到期，如企业无力支付票款，按应付票据的票面价值，借记"应付票据"科目，贷记"应付账款"或"短期借款"科目。

应付票据期末列示在资产负债表的流动负债部分，列示项目为"应付票据"科目，列款金额为"应付票据"科目的贷方余额。

应付票据有带息票据和不带息票据。两者在账务处理方面有差异。

1. 带息票据

带息票据是指债务人到期还款时，除了偿还面值金额外，同时还要偿还按面值和票面利率计算的利息，即票据到期值等于面值加利息。面值即为发票的价格，票面利率由交易双方协商确定。利息为债务人由于延期付款所付出的代价，记入"财务费用"科目。

对利息的处理可以采用两种方法：一种为按期计提利息，即期末按面值和票面利率计算每期利息，借记"财务费用"科目，贷记"应付利息"科目。另一种为一次入账，即票据到期时按面值和票面利率计算全部利息，借记"财务费用"科目，贷记"银行存款"科目。我国采用后一种处理方法，在每个会计期末不计提利息，票据到期时利息一次入账，但是如果票据的期限跨年度，在资产负债表日，则需要计提票据签发日至资产负债表日按面值和票面利率计算的累计利息，借记"财务费用"科目，贷记"应付票据"科目，而不贷记"应付利息"科目。

【例11－2】 A股份有限公司11月1日向B公司购入材料一批，价值为100 000元（不含增值税），增值税率17%，材料已验收入库，经双方协商，由购货方给销货方出具一张票据，面值为117 000元，票面利率为6%，期限为6个月，票据到期付款。其账务处理如下：

(1) 出具应付票据时。

借：原材料　　　　　　　　　　　　　　　　　　100 000
　　应交税费——应交增值税（进项税额）　　　　17 000
　　　贷：应付票据——B公司　　　　　　　　　　　　　117 000

(2) 12月31日应计提利息。

借：财务费用　　　　　　　　　　　　　　　　　1 170
　　　贷：应付票据——B公司　　　　　　　　　　　　　1 170

(3) 应付票据到期时。

借：应付票据——B公司　　　　　　　　　　　　118 170
　　财务费用　　　　　　　　　　　　　　　　　2 340
　　　贷：银行存款　　　　　　　　　　　　　　　　　　120 510

2. 不带息票据

不带息票据是指债务人到期还款时，只偿还面值金额，即面值就是票据到期时的应付金额。

【例 11—3】 A 股份有限公司 11 月 1 日向 B 公司购入材料一批,价值为 100 000 元(不含增值税),增值税率 17%,材料已验收入库,经双方协商,由购货方给销货方出具一张票据,面值为 117 000 元,不带息的一张票据,期限为 6 个月,票据到期付款。其账务处理如下:

(1)出具应付票据时。

借:原材料　　　　　　　　　　　　　　　　100 000
　　应交税费——应交增值税(进项税额)　　　17 000
　　　贷:应付票据——B 公司　　　　　　　　　　　　　117 000

(2)应付票据到期时。

借:应付票据——B 公司　　　　　　　　　　117 000
　　　贷:银行存款　　　　　　　　　　　　　　　　　　117 000

11.2.3　应付账款

应付账款是企业在购买材料、商品接受劳务时,由于未及时付款而产生的负债。这种负债产生的原因是交易时间和付款时间不同。一般来说,是企业与其他企业长期合作,由于相互信任而存在的尚未结清款项,通常以"应付账款"科目反映。

应付账款的入账时间的确定,应以与所购买物资所有权有关的风险和报酬已经转移或劳务已经接受为标志。但在实际工作中,应区别情况处理:在物资和发票账单同时到达的情况下,应付账款一般待物资验收入库后,才按发票账单登记入账,这主要是确认所购入的物资是否在质量、数量和品种上都与合同上订明的条件相符,以免因先入账而在验收入库存时发现购入物资错、漏、破损等问题再进行调账;在物资和发票账单未同时到达的情况下,由于应付账款需要根据发票账单登记入账,有时货物已到,发票账单要间隔较长的时间才能到期达,由于这笔负债已经成立,应作为一项负债反映。为在资产负债表上客观反映企业所拥有的资产和承担的债务,在实际工作中采用在月份终了将所内参物资和应付债务估计入账,下期初予以冲销,收到发票时再予以入账。

应付账款的入账金额按发票价格确定,而不按到期期应付金额的现值入账。但是如果购货条件包括在规定的期限内付款可以享受一定的现金折扣,会计上入账金额的确定有两种方法,即总价法和净价法。总价法是按发票价格全额入账,实际付款时,如果享受现金折扣,少付的金额作为理财的收益处理;净价法是按发票价格扣除现金折扣后的净额入账,实际付款时,超过规定的享受现金折扣的付款期限而支付的超过账面价值的部分作为理财的费用处理。我国会计制度规定采用总价法核算。

应付账款应设置"应付账款"科目进行核算。"应付账款"科目核算企业因购买材料、商品和接受劳务供应等经营活动应支付的款项。应付账款的发生借记"应付账款"科目,应付账款的支付贷记"应付账款"科目,期末贷方余款反映尚未支付的应付账款。"应付账款"科目需按债权人的不同设置明细科目进行明细核算。

应付账款的主要账务处理如下:

企业购入材料、商品等验收入库,但货款尚未支付,根据有关凭证(如发票账单)借记"材料采购"、"在途物资"等科目,按可抵扣的增值税额,借记"应交税费——应交增值税

(进项税额)"等科目,按应付的价款贷记"应付账款"科目。支付时,借记"应付账款"科目,贷记"银行存款"等科目。

企业接受供应单位劳务而发生的应付未付款项,根据供应单位的发票账单,借记"生产成本"、"管理费用"等科目,贷记"应付账款"科目。支付时,借记"应付账款"科目,贷记"银行存款"等科目。

企业如有将应付账款划出去或者无法支付账款,应按其账面余额,借记"应付账款"科目,贷记"营业外收入——其他"科目。

应付账款期末列示在资产负债表中流动负债部分,列示项目为"应付账款",列示金额为"应付账款"科目的期末贷方余款。

【例11-4】 A股份有限公司11月1日向B公司购入材料一批,价值为100 000元(不含增值税),增值税率17%,材料已验收入库,款项尚未支付。12月10日以银行存款偿还该款项。假设购货合同条款无现金折扣。其账务处理如下:

(1)应付账款发生时。

借:原材料　　　　　　　　　　　　　　　100 000
　　应交税费——应交增值税(进项税额)　　17 000
　　　贷:应付账款——B公司　　　　　　　　　　　117 000

(2)应付账款偿还时。

借:应付账款——B公司　　　　　　　　　117 000
　　贷:银行存款　　　　　　　　　　　　　　　117 000

【例11-5】 A股份有限公司5月12日向B公司购入材料一批,价值为100 000元(不含增值税),增值税率17%,材料已验收入库,款项尚未支付,付款条件为"2/10,1/20,N/30"。假设现金折扣时不考虑增值税。以总价法为例作如下账务处理:

(1)应付账款发生时。

借:原材料　　　　　　　　　　　　　　　100 000
　　应交税费——应交增值税(进项税额)　　17 000
　　　贷:应付账款——B公司　　　　　　　　　　　117 000

(2)如果10天内以银行存款支付,则享受2%折扣。

借:应付账款　　　　　　　　　　　　　　117 000
　　贷:银行存款　　　　　　　　　　　　　　　115 000
　　　　财务费用　　　　　　　　　　　　　　　2 000

(3)如果20天内以银行存款支付,则享受1%折扣。

借:应付账款　　　　　　　　　　　　　　117 000
　　贷:银行存款　　　　　　　　　　　　　　　116 000
　　　　财务费用　　　　　　　　　　　　　　　1 000

(4)如果20天以上用银行存款支付,则不享受折扣。

借:应付账款　　　　　　　　　　　　　　117 000
　　贷:财务费用　　　　　　　　　　　　　　　117 000

11.2.4 应付职工薪酬

1. 职工薪酬内容

(1)职工薪酬概念。职工薪酬,是指企业为获得职工提供的服务而给予各种形式的报酬以及其他相关支出,包括职工在职期间和离职后提供给职工的全部货币性薪酬和非货币福利。企业提供职工配偶、子女或其他被赡养人的福利等,也属于职工薪酬。

其中,职工是指与企业订立劳动合同的所有人员,含全职、兼职和临时职工;也包括虽未与企业订立正式劳动合同但由企业正式任命的人员,如董事会成员、监事会成员和内部审计委员会成员等。在企业的计划和控制下,虽未与企业订立正式劳动合同或未由其正式任命,但为企业提供与职工类似服务的人员,如劳务用工合人员,也视同企业职工。

(2)职工薪酬内容。具体来说,职工薪酬主要包括以下内容:

①职工工资、奖金、津贴和补贴。职工工资、奖金、津贴和补贴,是指按照国家统计局的规定构成工资总额的计时工资、计件工资、支付给职工的超额劳动报酬和增收节支的劳动报酬、为了补偿职工特殊或额外的劳动消耗和因其他特殊原因支付给职工的津贴,以及为了保证职工工资水平不受物价影响支付给职工的物价补贴等。

企业按规定支付给职工的加班加点工资,以及根据国家法律、法规和政策规定,企业在职工因病、工伤、产假、计划生育假、婚丧假、事假、探亲假、定期休假、停工学习、执行国家或社会主义等特殊情况下,按照计时工资或计件工资标准的一定比例支付的工资,也属于职工工资范畴,在职工休假或缺勤时,不应当从工资总额中扣除。

②职工福利费。职工福利费,是指企业为职工提供的福利,如为补助职工食堂、生活困难等从成本费用中撮的金额。

③社会保险费。社会保险费是指企业按照国家规定的基准和比例计算,向社会保险经办机构缴纳的医疗保险金、养老保险金、失业保险金、工伤保险费和生育保险费。

养老保险金包括基本养老保险费、补充养老保险费和商业养老保险费,企业根据国家规定的基准和比例计算,向社会保险经办机构缴纳的养老保险费为基本养老保险费;根据《企业年金试行办法》、《企业年金基金管理试行办法》等相关规定,向有关单位(企业年金基金账户管理人)缴纳的养老保险费为补充养老保险费;以商业保险形式提供给职工的各种保险待遇为商业养老保险费。

④住房公积金。住房公积金,是指企业按照国家《住房公积金管理条例》规定的基准和比例计算,向住房公积金管理机构缴存的住房公积金。

⑤工会经费和职工教育经费。工会经费和职工教育经费,是指企业为了改善职工文化生活、提高职工业务素质用于开展工会活动和职工教育及职业技能培训,根据国家规定的基准和比例,从成本费用中提取的金额。一般说来,工会经费和职工教育经费分别按照工资总额的2%和1.5%计量比例计算作为应付职工薪酬义务金额和应相应计入成本费用的薪酬金额。从业人员技术要求高、培训任务重、经济效益好的企业,可根据国家相关规定,按照工资总额的2.5%计量应计入成本费用的职工教育经费。

⑥非货币性福利。非货币性福利,是指企业以自产产品或外购商品发放给职工作为

福利,将自己拥有的资产无偿提供给职工使用,为职工无偿提供医疗保健服务等。

⑦辞退福利。辞退福利,是指企业由于种种原因,需要提前终止劳动合同而辞退员工,根据劳动合同,企业需要提供一笔资金作为对被辞退员工的补偿。

⑧股份支付。其他与获提供的服务相关的支出。

2. 职工薪酬的确认和计量

(1)职工薪酬的确认原则。企业应当在职工为其提供服务的会计期间,将除辞退福利外的应付的职工薪酬确认为负债,并根据职工提供服务的受益对象,分别下列情况处理:

①应由生产产品、提供劳务负担的职工薪酬,计入产品成本或劳务成本。

②应由在建工程、无形资产开发成本负担的职工薪酬,计入建造固定资产或无形资产成本。

③述两项之外的其他职工薪酬,计入当期损益。

(2)职工薪酬的计量标准。

①货币性职工薪酬。计量应付职工薪酬时,国家规定了计提基础和计提比例的,应当按照国家规定的标准计提。比如应向社会保险经办机构缴纳的医疗保险金、养老保险金、失业保险金、工伤保险费和生育保险费等社会保险费和住房公积金。企业应当按照国务院、所在地政府或企业年金计划规定的标准计量应付职工薪酬义务和应相应计入成本费用的薪酬金额。没有规定计提基础和计提比例的,企业应当根据历史经验数据和实际情况,合理预计当期应付职工薪酬。当期实际发生金额大于预计金额的,应当补提应付职工薪酬;当期实际发生金额小于预计金额的,应当冲回多提的应付职工薪酬。

对于在职工提供服务的会计期末以后一年以上到期的应付职工薪酬,企业应当选择恰当的折现率,以应付职工薪酬折现后的金额计入相关资产成本或当期损益;应付职工薪酬金额与其折现后金额相差不大的,也可按照未折现金额计入相关资产成本或当期损益。

②非货币性职工薪酬。企业以其自产产品作为非货币性福利发放给职工的,应当根据受益对象,按照该产品的公允价值,计入相关资产成本或当期损益,同时确认应付职工薪酬。

(3)职工薪酬的主要会计处理。为了核算职工薪酬的发生和支付情况,需设置"应付职工薪酬"科目,用于核算企业根据有关规定应付给职工的各种薪酬。发生应付职工薪酬时,借记"生产成本"、"制造费用"等有关科目,贷记"应付职工薪酬"科目;发放职工薪酬时,借记"应付职工薪酬"科目,贷记"银行存款"等科目。"应付职工薪酬"科目期末贷方余额,反映企业应付未付的职工薪酬。"应付职工薪酬"科目可按"工资"、"职工福利"、"社会保险费"、"住房公积金"、"工会经费"、"职工教育经费"、"非货币福利"、"辞退福利"、"股份支付"等进行明细核算。

①企业发生应付职工薪酬的主要账务处理。生产部门人员的职工薪酬,借记"生产成本"、"制造费用"、"劳务成本"等科目,贷记"应付职工薪酬"科目。

应由在建工程、研发支出负担的职工薪酬,借记"在建工程"、"研发支出"等科目,贷记"应付职工薪酬"科目。

管理部门人员、销售人员的职工薪酬,借记"管理费用"或"销售费用"科目,贷记"应付职工薪酬"科目。

企业以其自产产品发放给职工作为职工薪酬的,借记"管理费用"、"生产成本"、"制造费用"等科目,贷记"应付职工薪酬"科目。

无偿向职工提供住房等固定资产使用的,按应计提的折旧额,借记"管理费用"、"生产成本"、"制造费用"等科目,贷记"应付职工薪酬"科目。同时,借记"应付职工薪酬"科目,贷记"累计折旧"科目。

租赁住房等资产供职工无偿使用的,按每期应支付的租金,借记"管理费用"、"生产成本"、"制造费用"等科目,贷记"应付职工薪酬"科目。

因解除与职工的劳动关系给予的补偿,借记"管理费用"科目,贷记"应付职工薪酬"科目。

企业以现金与职工结算的股份支付,在等待期内每个资产负债表日,按当期就应确认的成本费用金额,借记"管理费用"、"生产成本"、"制造费用"等科目,贷记"应付职工薪酬"科目。在可行权日之后结算的股份支付当期公允价值的变动金额,借记或贷记"公允价值变动损益"科目,贷记或借记"应付职工薪酬"科目。

企业(外商)按规定从净利润中提取的职工奖励及福利基金,借记"利润分配——提取的职工奖励及福利基金"科目,贷记"应付职工薪酬"科目。

3. 企业发放职工薪酬的主要账务处理

向职工支付工资、奖金、津贴、福利费等,从应付职工薪酬中扣还的各种款项(代垫的家属药费、个人所得税等)等,借记"应付职工薪酬"科目,贷记"银行存款"、"库存现金"、"其他应收款"、"应交税费——应交个人所得税"等科目。

支付工会经费和职工教育经费用于工会活动和职工培训,借记"应付职工薪酬"科目,贷记"银行存款"等科目。

按照国家有关规定缴纳社会保险费和住房公积金,借记"应付职工薪酬"科目,贷记"银行存款"科目。

企业以其自产产品发放给职工的,借记"应付职工薪酬"科目,贷记"主营业务收入"科目;同时,还应结转产成品的成本。涉及增值税销项税额的,还应进行相应的处理。

支付租赁住房等资产供职工无偿使用所发生的租金,借记"应付职工薪酬"科目,贷记"银行存款"等科目。

企业以现金与职工结算的股份支付,在行权日,借记"应付职工薪酬"科目,贷记"银行存款"、"库存现金"等科目。

企业因解除与职工的劳动关系给予职工的补偿,借记"应付职工薪酬"科目,贷记"银行存款"、"库存现金"等科目。

【例11-6】 A股份有限公司本月发生的职工薪酬总额为2 340 000元,其中:生产工人工资1 940 000元,车间管理人员工资100 000元,厂部管理人员的工资100 000元,研发人员的工资50 000元,专设产品销售机构人员工资150 000元。其账务处理如下:

借:生产成本   1 940 000
  制造费用   100 000

管理费用	100 000
研发支出	50 000
销售费用	150 000
贷：应付职工薪酬	2 340 000

【例11－7】 沿用【例11－6】有关资料，A 股份有限公司以银行存款发放上述职工薪酬。职工薪酬的发放根据其用途分别支付给职工个人和各个相关部门。其账务处理如下：

| 借：应付职工薪酬 | 2 340 000 | |
| 　　贷：银行存款 | | 2 340 000 |

【例11－8】 仍沿用【例11－6】有关资料，假设 A 股份有限公司因资金周转困难，决定以其自己生产的甲产品发放上述职工薪酬。甲产品总成本为 1 800 000 元，计税总价格（公允价值）为 2 000 000 元，适用的增值税税率为 17％。

A 股份有限公司的账务处理如下：

借：应付职工薪酬	2 340 000	
贷：主营业务收入		2 000 000
应交税费——应交增值税（销项税额）		340 000
借：主营业务成本	1 800 000	
贷：库存商品		1 800 000

11.2.5 应交税费

应交税费，是指企业在经营过程中根据税法等规定计算应交纳的各种税费。包括增值税、消费税、营业税、所得税、资源税、城市维护建设税、土地增值税、房产税、土地使用税、车船使用税、教育费附加、矿产资源补偿费等。

应交税费应设置"应交税费"科目进行核算，企业代扣代缴的个人所得税也通过"应交税费"科目核算。企业不需要预计应交纳的税金，如印花税、耕地占用税等，不在"应交税费"科目核算。计算确定应交税费数额时，借记相关费用科目，贷记"应交税费"科目；实际交纳税费时，借记"应交税费"科目，贷记"银行存款"科目。期末贷方余额反映企业尚未缴纳的税费，期末借方余额反映企业多缴或尚未抵扣的税金。"应交税费"科目应按照应交税费的项目设置明细科目进行明细核算。

税费的计算是很重要的，它是"应交税费"科目入账的依据。下面说明应交税费的计算及账务处理。

1. 增值税的核算

增值税是对在我国境内销售货物或者提供加工、修理修配业务，以及进口货物的单位和个人，就其取得的货物或应税劳务销售额，以及进口货物金额计算税款征收的一种流转税。应纳增值税的计算采用税款抵扣制，即根据本期销售货物或提供供应税劳务销售额，按规定的税率计算应纳税款（销项税额），扣除本期购入货物或接受应税劳务销售额，按规定的税率计算应纳税款（进项税额），扣除本期购入货物或接受应税劳务已纳增值税款（进税额），余额即为纳税人实际应缴纳的增值税款。增值税的纳税人按其经营规模及会计核算是否健全划分一般纳税人和小规模纳税人。小规模纳税人是指从事货物生产或提供供应税劳务的纳税人,以及以从事货物生产或提供应税劳务为主,并兼营货物批发或零售的纳税人,年应纳增值税销售额在 1 000 000 元以下的;从事货物批发或零售的纳税人,年应税销售额在 1 800 000 元以下的。但应税销售额超过小规模纳税人标准,但会计核算不健全或者不能提供准确税务资料的;或虽符合一般纳税人条件但不申请办理一般纳税人认定手续的,也视同小规模纳税人。小规模纳税人以外的纳税人简称一般纳税人。下面分别说明一般纳税人和小规模纳税人的增值税的核算。

(1)一般纳税人。

①应纳增值税的计算。

应纳增值税的计算公式:

应纳增值税=本期销项税额-本期进项税额

本期销售项税额的计算公式:

本期销项税额=本期销售额×增值税税率

其中,本期销售额为不含增值税的销售额,在增值税收发票上销售额和增值税以价和税分别反映。如果销售额为含税销售额,在计算本期销项税额时,必须把含税销售额换算成不含税销售额。计算公式为:

不含税销售销售额=含税销售额/(1+增值税税率)

②增值税税率。

纳税人销售或者进口货物,除下列规定外,一般税率为 17%。

纳税人销售或者进口下列货物,税率为 13%:

A. 粮食、食用植油;

B. 自来水、暖气、冷、热气、煤气、石油液化气、沼气、居民用煤炭制品;

C. 图书、报纸、杂志;

D. 饮料、化肥、农药、农机、农膜;

E. 国务院规定的其他货物。

纳税人出口货物,税率为零;但是,国务院另有规定的除外。

纳税人提供加工、修理修配劳务,税率为 17%。

③本期进项税额的确定依据。

增值税专用发票。购入货物或接受应税劳务时,需取得销货单位或提供应税劳务单位开具的增值税发票,按发票上已注明的增值税额作为进项税额。

完税凭证。企业进口应税货物时,需取得海关的完税凭证,按完税凭证上注明的增值税额作为进项税额。

收购凭证。购入免税农产品或收购废旧物资时,按收购凭证上注明的收购金额和 10% 的扣除率计算进项税额。

运费单据。外购货物所支付的运杂费,按运费单据所列运费金额和 7% 的扣除率计算进项税额。

④科目设置。

在"应交税费"账户下设置"应交增值税"和"未交增值税"和"未交增值税"两个明细账户。

"应交增值税"明细账户的格式采用多栏式,在借方按"销项税额"、"已交税金"、"转出未交增值税"等分设专栏,在贷方按"销项税额"、"进项税额转出"、"转出多交增值税"等分设专栏。

"进项税额"记录企业购入货物或提供应税劳务已支付的增值税额。退回购货物,用红字冲销已入账的进项税额。

"已交税金"记录企业已经向税务局缴纳的增值税,退回多交的增值税用红字冲销。

"转出未交增值税"记录企业月末转出的应交未交增值税。

"销项税额"记录企业销售货物或提供应税劳务应付的增值税额。退回已销货物,用红字冲销已入账的销项税额。

"进项税额转出"记录企业的购进货物、在产品、产成品等发生非正常损失以及其他原因而不应从销项税额中抵扣,按规定应转出的进项税额。

"转出多交增值税"记录企业月末转出的多交增值税。

"未交增值税"明细账户用来登记月末从"应交增值税"明细账中转入的本月未交或多交的增值税。

⑤主要账务处理。企业采购物资等,按应计入采购成本的金额,借记"材料采购"、"在途物资"或"原材料"、"库存商品"等科目,按可抵扣的增值税,借记"应交税费——应交增值税(进项税额)"科目,按应付或实际支付的金额,贷记"应付账款"、"应付票据"、"银行存款"等科目。购入物资发生的退货做相反的会计分录。

销售物资或提供应税劳务,按营业收入和应收取的增值税,借记"应收账款"、"应收票据"、"银行存款"等科目,按专用发票注明的增值税额,贷记"应交税费——应交增值税(销项税额)"科目,按实现的营业收入,贷记"主营业务收入"、"其他业务收入"科目。发生的销售退回做相反的会计分录。

出口产品实行退税的,按应收的出口退税额,借记"其他应收款"科目,贷记"应交税费——应交增值税(出口退税)"科目。

企业缴纳的增值税,借记"应交税费——应交增值税(已交税金)"科目,贷记"银行存款"科目。

一般购销业务。

【例11—9】 A股份有限公司购入材料一批,增值税专用发票上注明价款为了100 000元,增值税额为1 700元,货款以银行存款支付,材料已验收入库。其账务处理如下:

借:原材料　　　　　　　　　　　　　　　100 000
　　应交税费——应交增值税(进项税额)　　17 000
　　贷:银行存款　　　　　　　　　　　　　　　　117 000

【例11—10】 A股份有限公司销售商品一批,增值税专用发票上注明价款为200 000元,增值税额为了34 000元,货款已到并存入银行。其账务处理如下:

借:银行存款　　　　　　　　　　　　　　234 000
　　贷:主营业务收入　　　　　　　　　　　　　　200 000
　　　　应交税费——应交增值税(销项税额)　　　34 000

从20×3年1月1日起,增值税从生产型转为消费型。企业新增的机器、运输工具以及其他与生产经营有关的设备、工具、器具等固定资产允许抵扣进项税额。

视同销售业务。

在企业经营过程中,有些业务不是销售业务,即双方没有进行交易,从会计角度看不属于销售行为,会计核算不作为销售处理,按成本结转。但是企业货物已经转移,按照税法规定则视同销售业务,需缴纳增值税并开具增值税专用发票,并计入"应交税费——应交增值税(销项税额)"科目中。

视同销售业务包括:

A. 将货物交付他人代销;

B. 销售代销货物;

C. 设有两个以上机构并实行统一核算的纳税人,将货物从一个机构移送其他机构用于销售,但相关机构设在同一县(市)的除外;

D. 将自产或委托加工的货物用于非应税项目;

E. 将自产、委托加工或购买的货物作为投资,提供给其他单位或个体经营者;

F. 将自产、委托加工或购买的货物分配给股或投资者;

G. 将自产或委托加工的货物用于集体福利或个人消费;

H. 将自产、委托加工或购买的货物无偿赠送他人。

纳税人在销售货物或提供应税劳务时,价格明显偏低并无正当理由或者视同销售货物行为而无销售额者,按下列顺序确定销售额:

A. 按当月同类货物的平均销售价格确定;

B. 按纳税人最近时期同类货物的平均销售价格确定;

C. 按组成计税价格确定,其计算公式为:

组成计税价格=成本(1+成本利润率)

属于应征消费税的货物,其组成计税价格中应加计消费税额。

公式中的成本是指:销售自产货物的为实际生产成本,销售外购货物的为实际采购成本。公式中的成本利润率由国家税务总局确定。

【例11-11】 A股份有限公司为一般纳税人,本期用原材料对B公司进行投资,双方协商按成本作价。该产品的成本为80 000元,计税价格为100 000元,增值税税率为17%。其账务处理如下:

A股份有限公司:

对外投资转出原材料计算的销项税额=100 000×17%=17 000(元)

借:长期股权投资　　　　　　　　　　　97 000
　　贷:原材料　　　　　　　　　　　　　　80 000
　　　　应交税费——应交增值税(销项税额)　　17 000

B公司:

收到投资时,视同购进处理

借:原材料　　　　　　　　　　　　　　80 000
　　应交税费——应交增值税(进项税额)　　17 000
　　贷:实收资本　　　　　　　　　　　　　97 000

【例11-12】 A股份有限公司将本企业生产的产品用于自建工程,其成本为80 000元,计税价格为了100 000元,增值税税率为17%。其账务处理如下:

```
借:在建工程                                      97 000
    贷:库存商品                                          80 000
       应交税费——应交增值税(销项税额)              17 000
```

不予以抵扣项目。

纳税企业购进货物或接受应税劳务已支付的增值税并不是全部都可以抵扣。按照增值税暂行条例及其实施细则的规定,用于非应税项目的购进货物或者应税劳务等按规定不予抵扣增值税进项税额。属于购进货物时能认定其进项税额不能抵扣的,如购入的货物直接用于免税项目,或者直接用于集体福利或者个人消费的购进货物或者应税劳务的进行会计处理时,其增值税专用发票上注明的增值税,计入购入货物或接受劳务的成本。属于购进货物时不能认定其进项税额能否抵扣的,如非正常损失的在产品、库存商品所耗用的购进货物或者应税劳务。增值税专用发票上注明的增值税,按照增值税会计处理方法记入"应交税费——应交增值税(进项税额)"科目;如果这部分购入货物以后用于按规定不得抵扣进项税额项目的,应将原计入进项税额并已支付的增值税转入有关的承担者予以承担,通过"应交税费——应交增值税(进项税额转出)"科目转入有关的"在建工程"、"应付职工薪酬——职工福利"、"待处理财产损溢"等科目。

【例11—13】 A股份有限公司自建工程领用生产产品用的材料,增值税专用发票上注明价款为10 000元,增值税税额为1 700元。其账务处理如下:

```
借:在建工程                                    11 700
    贷:原材料                                          10 000
       应交税费——应交增值税(进项税额转出)        1 700
```

转出多交增值税和未交增值税的会计处理。

为了分别反映增值税一般纳税人欠交增值税和抵扣增值税的情况,确保企业及时上交增值税,避免出现企业用以前月份欠交增值税抵扣以后月份未抵扣的增值税情况,企业应在"应交税费"科目下设置"未交增值税"明细科目,核算企业月份终了从"应交税费——应交增值税"科目转入的当月未交或多交的增值税科目;同时,在"应交税费——应交增值税"科目下设置"转出未交增值税"和"转出多交增值税"专栏。月份终了,企业计算出当月应交未交的增值税,借记"应交税费——应交增值税(转出未交增值税)"科目,贷记"应交税费——未交增值税"科目;当月多交的增值税,借记"应交税费——未交增值税"科目,贷记"应交税费——应交增值税(转出多交增值税)"科目。经过结转后,月份终了,"应交税费——应交增值税"科目的余额,反映尚未抵扣的增值税。

值得注意的是,企业当月交纳当月的增值税,仍然通过"应交税费——应交增值税(已交税金)"科目核算;当月交纳以前各期未交的增值税,通过"应交税费——未交增值税"科目,不通过"应交税费——应交增值税(已交税金)"科目核算。

【例11—14】 A股份有限公司8月末计算本月欠缴增值税为8 000元。

A股份有限公司8月末,其账务处理如下:

```
借:应交税费——应交增值税(转出未交增值税)    8 000
    贷:应交税费——未交增值税                          8 000
```

【例11—15】 A股份有限公司9月末共交纳增值税28 000元。其中本月发生且本月交纳增值税20 000元,本月交纳上月欠缴增值税款8 000元。

A股份有限公司本月发生本月交纳增值税

借：应交税费——应交增值税（已交税金）　　20 000
　　贷：银行存款　　　　　　　　　　　　　　　　　　20 000

A股份有限公司9月缴纳上月欠款缴税款

借：应交税费——未交增值税　　　　　　　　8 000
　　贷：银行存款　　　　　　　　　　　　　　　　　　8 000

（2）小规模纳税人。

其中，应纳增值税额的计算公式为：

应纳增值税＝不含税销售额×征收率3%

不含税销售额＝含税销售额/(1＋3%)

进项税额不得抵扣。

科目设置及账务处理

在"应交税费"科目下仍需设置"应交增值税"明细科目，但格式采用三栏式。

【例11－16】 A股份有限公司为小规模纳税人，从一般纳税人企业购进材料，增值税专用发票注明价款为了100 000元，增值税税额17 000元。材料已验收入库，货款用银行存款支付。其账务处理如下：

借：原材料　　　　　　　　　　　　　　117 000
　　贷：银行存款　　　　　　　　　　　　　　　　117 000

【例11－17】 A股份有限公司为小规模规模纳税人，销售产品一批，货款103 000元，已收到。

首先，计算不含税销售额：103 000/(1＋3%)

其次，计算应纳增值税额

其账务处理如下：

借：银行存款　　　　　　　　　　　　　103 000
　　贷：主营业务收入　　　　　　　　　　　　　　100 000
　　　　应交税额——应交增值税　　　　　　　　　3 000

2. 消费税的核算

消费税是对在我国境内生产、委托加工和进口应税消费品的单位和个人征收的一种流转税。国家对某些消费品除征收增值税外，还征收消费税。目的是通过税收，调节消费品的利润水平。征收消费税的消费品包括：烟、酒及酒精、化妆品、护发护肤品、贵重首饰及珠宝玉石、鞭炮和烟火、汽油、柴油、汽车轮胎、摩托车、小汽车等。

（1）消费税的计算。消费税的计算采取从价定率和从量定额两种方法。

①实行从价定率征收的应税消费品。

应纳税额的计算公式为：

　　　　应纳税额＝销售额×适用税率

销售额为不含增值税的销售额。

含增值税的销售额应换算为不含增值税的销售额，其计算公式为：

　　不含增值税的销售额＝含增值税的销售额/(1＋增值税税率或征收率)

销售额的确定方法为：

对外销售的应税消费品，其销售额为纳税人销售应税消费品向购买方收取的全部价款和价外费用，但不包含增值税的销售额。

自产自用的应税消费品，以纳税人生产的同类消费品销售价格计算纳税；没有同类消费品销售价格的，按照组成计税价格计算纳税。组成计税价格的计算公式为：

$$组成计税价格＝（成本＋利润）/（1－消费税税率）$$

委托加工的应税消费品，以受托方的同类消费品的销售价格作为销售额，没有同类消费品销售价格的，以组成计税价格计算纳税。组成计税价格的计算公式为：

$$组成计税价格＝（材料成本＋加工费）/（1－消费税税率）$$

进口的应税消费品，实行从价定率办法计算应纳税额外负担的，按照组成计税价格计算纳税。组成计税价格的计算公式为：

$$组成计税价格＝（关税完税价格＋关税）/（1－消费税税率）$$

纳税人应税消费品的计税价格明显偏低又无正当理由的，由主管税务机关核定其计税价格。

不同的应税消费品适用不同的税率（3％～45％）。

②实行从量定额办法征收的应税消费品。

应纳税额的计算公式为：

$$应纳税额＝销售数量×单位税额$$

应税消费品销售量的确定方法为：

销售应税消费品的，为应税消费品的销售的数量。

自产自用的应税消费品的，为应税消费品的移送使用数量。

委托加工的应税消费品的，为纳税人收回的应税消费品数量。

进口的应税消费品，为海关核定的应税消费品进口征税数量。

不同的应税消费品其税法规定的单位税额也不同。

科目设置及账务处理。

在"应交税费"科目下设置"应交消费税"明细科目，用来核算消费税的应交、已交和期末未交数。"应交消费税"明细科目的借方发生额，反映实际交纳的消费税和待扣的消费税；"应交消费税"明细科目的贷方发生额，反映按规定应交纳的消费税；期末贷方余额，反映尚未交纳的消费税；期末借方余额，反映多交或待扣的消费税。

企业销售产品时应交纳的消费税，应分别情况进行处理：

①销售应税消费品。企业将生产的产品直接对外销售的，应交纳的消费税，通过"营业税金及附加"科目核算；企业按规定计算应交的消费税，借记"营业税金及附加"科目，贷记"应交税费——应交消费税"科目。

【例11-18】 A股份有限公司为增值税一般纳税人，10月10日销售一批消费品，增值税专用发票注明价格为100 000元，增值税为17 000元，消费税税率为10％，款项尚未收到，该批产品成本为60 000元。

其账务处理如下：

产品销售时

借：应收账款　　　　　　　　　　　117 000

```
    贷：主营业务收入                                      100 000
       应交税费——应交增值税（销项税额）              17 000
```
计算应交消费税
应纳消费税额＝100 000×10％＝10 000（元）
```
    借：营业税金及附加                      10 000
       贷：应交税费——应交消费税                            10 000
```
结转已销产品成本
```
    借：主营业务成本                        60 000
       贷：库存商品                                       60 000
```

②视同销售的应税消费品。视同销售即企业将自产的应税消费品用于对外投资或用于本企业的生产经营、在建工程等等，按税法规定仍需缴纳消费税。按应交消费税额计入有关成本。

【例11－19】 A股份有限公司将自产的应税消费品对外投资，双方协商按成本定价，该批产品的成本为180 000元，计税价格为200 000元，增值税税率17％，消费税税率为10％。其账务处理如下：

A股份计算应交增值税＝200 000×17％＝34 000（元）
A股份计算应交消费税＝200 000×10％＝20 000（元）
```
    借：长期股权投资                       234 000
       贷：库存商品                                      180 000
          应交税费——应交增值税（销项税额）              34 000
                 ——应交消费税                          20 000
```

③委托加工的应税消费品。按照税法的规定，企业委托加工有应税消费品，一般由受托方向委托方交货时代扣代缴消费税（除委托加工或翻新改制金银首饰按规定由受托方交纳人消费同税外）。委托方所纳税款，根据委托加工收回后的应税消费品用途不同分为两种情况：一种是委托方收回后用于继续加工应税消费品的，其所纳税款可以在继续加工后的应税消费品的应纳消费税额中抵扣。在支付给受托方消费税时，借记"应交税费——应交消费税"，在收回继续加工后的应税消费品销售时，贷记"应交税费——应交消费税"，企业按贷方减去借方的差额向税务局缴纳消费税。另一种是委托方收回后直接用于销售，其所纳税款计入委托加工的应税消费品的成本，在销售时，不再缴纳消费税。

【例11－20】 A股份有限公司委托外单位加工应税消费品，材料成本为100 000元，加工费为20 000元（不含增值税），增值税率为17％，代收消费税为2 000元。A股份有限公司账务处理如下：

如果委托加工的应税消费品收回后继续加工，其账务处理如下：

发出材料
```
    借：委托加工物资                       100 000
       贷：原材料                                       100 000
```
支付加工费、增值税和消费税。
```
    借：委托加工物资                        20 000
```

应交税费——应交增值税（进项税额）	3 400	
——应交消费税	2 000	
贷：银行存款		25 400

收回委托加工材料

借：原材料	120 000	
贷：委托加工物资		120 000

如果委托加工的应税消费品收回后直接出售，其账务处理如下：

发出材料

借：委托加工材料	100 000	
贷：原材料		100 000

支付加工费、增值税和消费税

借：委托加工材料	22 000	
应交税费——应交增值税（进项税额）	3 400	
贷：银行存款		25 400

收回委托加工材料

借：原材料	122 000	
贷：委托加工材料		122 000

3. 营业税的核算

营业税是对我国境内提供应税劳务、转让无形资产或者销售不动产的单位或个人，就其取得的营业额征收的一种流转税。应税劳务是指交通运输、建筑、金融保险、邮电通信、文化体育、娱乐、服务等劳务。

营业税按营业额和规定的税率计算应纳税额，其计算公式为：

应纳营业税＝营业额×营业税税率

这里的营业额是指企业提供应税劳务、转让无形资产或销售不动产向对方收取的全部价款和价外费用。价外费用包括向对方收取的手续费、代收款项、代垫款项、集资费及其他各种性质的价外费用。营业税税率按税法规定来确定。

（1）科目设置。企业按规定应交的营业税，在"应交税费"科目下设置"应交营业税"明细科目，用来核算营业税的应交、已交和期末未交数。企业按规定计算应交的营业税时，借记"营业税金及附加"科目，贷记"应交税费——应交营业税"科目。实际缴纳时，借记应"应交税费——应交营业税"科目，贷记"银行存款"等科目。出售不动产计算应交的营业税，借记"固定资产清理"等科目，贷记"应交税费——应交营业税"科目。"应交营业税"明细科目的借方发生额，反映企业已交纳的营业税；其贷方发生额，反映企业应交纳的营业税；期末贷方余额，反映企业尚未交纳的营业税。

（2）主要会计处理。

【例11-21】 A股份有限公司主要对外提供运输服务，本月收入为350 000元，款项收到存入银行，营业税税率为3%。当期用银行存款上交营业税10 000元。其账务处理如下：

计算应纳营业税额

借：营业税金及附加　　　　　　　　　　　　10 500
　　贷：应交税费——应交营业税　　　　　　　　　　　　10 500

当期上交营业税时

借：应交税费——应交营业税　　　　　　　　10 000
　　贷：银行存款　　　　　　　　　　　　　　　　　　　10 000

【例11—22】　A股份有限公司转让一项专利权，账面余额为100 000元，累计摊销20 000元，双方协商价为150 000元，款项已收到并存入银行，营业税税率为5%。其账务处理如下：

应交营业税额150 000×5%＝7 500(元)

借：银行存款　　　　　　　　　　　　　　　150 000
　　累计摊销　　　　　　　　　　　　　　　　20 000
　　贷：无形资产　　　　　　　　　　　　　　　　　　100 000
　　　　应交税费——应交营业税　　　　　　　　　　　　7 500
　　　　营业外收入——出售无形资产收益　　　　　　　62 500

4．其他应交税费

(1)资源税。资源税是我国对在我国境内开采应税矿产品及生产盐的单位和个人就其占用国有资源和取得收入而征收的一种税。资源税按照应税产品的课税数量和规定的单位税额计算。

应交资源税的计算公式：

$$应纳税额＝课税数量×单位税额$$

这里的课税数量为：开采或者应税产品销售的，以销售数量为课税数量；开采或者应税产品自用的以自用数量为课税数量。

①科目设置。企业按规定应交的资源税，在"应交税金"科目下设置"应交资源税"明细科目核算。"应交资源税"明细科目的借方发生额，反映企业已交的或按规定允许抵扣的资源税；贷方发生，反映应交的资源税；期末借方余额，反映多交或尚未抵扣的资源税；期末贷方余额，反映尚未缴纳的资源税。

②主要会计处理。在会计核算时，企业按规定计算出销售应税产品应交纳的资源税，借记"营业税金及附加"科目，贷记"应交税金——应交资源税"科目；企业计算出自产自用的应税产品交纳的资源税，借记"生产成本"、"制造费用"等科目，贷记"应交税金——应交资源税"科目。实际交纳时，借记"应交税金——应交资源税"科目，贷记"银行存款"等科目。

【例11—23】　A股份有限公司将自产的煤炭2 000吨用于产品生产，每吨应交资源税5元。其会计处理为：

自产自用的煤炭应交资源税＝2 000×5＝10 000(元)

借：生产成本　　　　　　　　　　　　　　　10 000
　　贷：应交税金——应交资源税　　　　　　　　　　　10 000

(2)土地增值税。土地增值税是对有偿转让国有土地使用权，地上建筑物及其附着物的单位和个人。就其转让房地产所取得增值额和规定的税率计算而征收的一种税。这里的增值额是指转让房地产所取得的收入,包括货币收入、实物收入种其他收入。

在会计处理时,企业交纳的土地增值税通过"应交税费——应交土地增值税"科目核算。转让的国有土地使用权与其地上建筑物及其附着物一并在"固定资产"或"在建工程"科目核算的,企业转让土地使用权应交的土地增值税,应借记"固定资产清理"、"在建工程"科目,贷记"应交税费——应交土地增值税"科目。土地使用权在无形资产科目核算的,按实际收到的金额,借记"银行存款"科目,按应交的土地增值税,贷记"应交税费——应交土地增值税"科目,同时冲销土地使用权的账面价值,贷记"无形资产"科目,按其差额,借记"营业外支出"科目或贷记"营业外收入"科目。实际缴纳土地增值税时,借记"应交税费——应交土地增值税"科目,贷记"银行存款"等科目。

(3)房产税、土地使用税、车船使用税。房产税是对我国境内拥有房屋权的单位和个人,按其房产价值或房产租金收入征收的一种税。土地使用税是对我国境内拥有国有土地使用权的单位和个人,按其实际占用的土地面积征收的一种税。车船使用税是对在我国境内拥有并使用车船的单位和个人,按照不同类型车船的辆、净吨位、载重吨位而征收的一种税。

企业按规定计算应交的房产税、土地使用税、车船使用税,借记"管理费用"科目,贷记"应交税费"科目。实际缴纳时,借记"应交税费"科目,贷记"银行存款"科目。

(4)城市维护建设税。为了加强城市的维护建设,扩大和稳定城市城市维护建设资金的来源,国家开征了城市维护建设税。在会计核算时,企业按规定计算出的城市维护建设税,借记"营业税金及附加"、"其他业务成本"等科目,贷记"应交税费——应交城市维护建设税"科目;实际上交时,借记"应交税费——应交城市维护建设税"科目,贷记"银行存款"科目。

(5)所得税。所得税是国家对企业的生产经营所得和其他所得征收的一种税。所得税的应纳税额是根据应纳税所得额和税率计算的,其计算公式为:

$$应纳所得税额=应纳税所得额\times 所得税税率$$

所得税是对企业的应纳税所得额征税,但是应纳税所得额(即应税利润)不等于会计利润。因为会计利润是按会计政策计算的,而应纳税所得额是按税法规定计算的,两者存在一定的差异。应纳税所得额的计算通常用会计利润的资料,对会计利润按税法的规定进行调整,其计算公式为:

$$应纳税所得额=会计利润+(或-)应调整项目的金额$$

在"应交税费"科目下设置"应交所得税"明细科目,用来核算所得税的应交、已交和期末未交数。当期应计入损益的所得税,借记"所得税费用"等科目,贷记"应交税费——应交所得税"科目;实际交纳所得税时,借记"应交税费——应交所得税"科目,贷记"银行存款"科目。有关所得税的会计核算,参见有关章节。

11.3 长期负债

11.3.1 应付债券

1. 应付债券的概述

(1)应付债券的性质。企业可以依照法定程序,以对外发行债券的形式筹集资金。债券是依照法定程序发行的、约定在一定期限内还本付息的一种有价证券,它是发行人对持有人支付本金和利息的书面承诺。应付债券是企业因发行债券筹措资金而形成的一种长期负债。

债券的票面上一般都载明以下内容:一是企业名称;二是债券面值;三是票面利率;四是还本期限和还本方式;五是利息的支付方式;六是债券的发行日期等。

企业发行债券通常须经董事会及股东会正式核准。若向社会公众公开发行,则须经有关证券管理机构核准。

(2)应付债券的分类。根据划分标准不同,债券有以下几种分类方法。

①按发行的债券是否有担保可分为有担保债券和无担保债券。有担保债券,是指以特定的资产作为抵押发行的债券。无担保债券,是指依靠企业良好的信用和强大的经济实力发行的债券。

对债券持有人来说,有担保债券比无担保债券风险小。有担保债券的发行人如果没有能力支付本金和利息,则债券持有人有权要求拍卖发行人的抵押资产,并从其收入中得以偿付。而无担保债券的持有人在这种情况下,只能等到发行人破产才能从其破产财产中得以偿付。

②按债券是否记名可分为记名债券和无记名债券。记名债券,是指发行人未对债券持有人的姓名和地址,并且根据登记的债券。

对债券持有人来说,记名债券比无记名债券安全。发行人在支付本金和利息时,记名债券按登记的债券持有人支付,而无记名债券按持券人支付。所以记名债券转让时,必须在发行人那里办理过户手续,否则无法领取本金和利息。无记名债券一旦丢失不易查找,债券在谁手里谁就可持券领取本金和利息。

③按还本方式不同可分一次还本债券和分次还本债券。一次还本债券,是指发行企业规定到期一次还本债券。分次还本债券,是指发行企业规定分次还本的债券。两者的不同在于企业对偿还债券本金的安排不同。

④按偿还利息方式不同可分到期一次付息债券和分期付息债券。到期一次付息债券,是指发行企业规定到期一次偿还全部利息的债券。分期付息债券,是指每隔一段时期支付一次利息的债券。两者的不同在于企业对偿还债券利息的安排不同。

⑤按可否转换为发行企业股票分为可转换债券、不可转换债券。可转换债券,是指债券持有人在持有一定时期后可按照规定的比率转换为公司普通股的债券。不可转换债券,是指债券持有人不能转换为发行企业普通股股票的债券。

2. 一般公司债券

(1)公司债券的发行。

①公司债券发行价格。企业发行的超过一年期以上的债券,构成了企业的长期负债。公司债券的发行方式有三种,即面值发行、溢价发行、折价发行。假设其他条件不变,债券的票面利率高于同期银行存款利率时,可按超过债券面值的价格发行,称为溢价发行。溢价是企业以后各期多付利息而事先得到的补偿。如果债券的票面利率低于同期银行存款利率,可按低于债券面值的价格发行,称为折价发行。折价是企业以后各期少付利息而预先给投资者的补偿。如果债券的票面利率与同期银行利率相同,可按票面价格发行,称为面值发行。溢价或折价是发行债券企业在债券在存续期内对利息费用的一种调整。

②利息调整的摊销。利息调整应在债券存续期间内采用实际利率法进行摊销。实际利率法,是指按照应付债券的实际利率计算其摊余成本及各期利息费用的方法;实际利率,是指将应付债券在债券存续期间的未来现金流量,折现为该债券当前账面价值所使用的利率。

(2)债券的科目设置及主要账务处理。无论是按面值发行,还是溢价发行或折价发行,均需设置"应付债券"科目核算。"应付债券"科目核算企业为筹集(长期)资金而发行的债券本金和利息。"应付债券"科目期末贷方余额,反映企业尚未偿还的长期债券摊余成本。"应付债券"科目应按"面值"、"利息调整"、"应计利息"设置明细科目进行明细核算。企业应当设置"企业债券备查簿",详细登记企业债券的票面金额、债券票面利率、还本付息期限与方式、发行总额、发行日期和编号、委托代销单位、转换股份等资料。企业债券到期兑付,在备查簿中应予以注销。

企业发行债券的主要账务处理:

①企业发行债券时,应按实际收到期的金额即债券的发行价格扣除发行费用后的差额,借记"银行存款"等科目,按债券票面价值,贷记"应付债券——面值"科目,按实际收到的款项与票面价值之间的差额,贷记或借记"应付债券——利息调整"科目。

②资产负债表日,对于分期付息、一次还本的债券,企业应按应付债券的摊余成本和实际利率计算确定的债券利息费用,借记"在建工程"、"制造费用"、"财务费用"、"研发支出"等科目,按票面利率计算确定的应付未付利息,贷记"应付利息"科目,按其差额,借记或贷记"应付债券——利息调整"科目。

对于一次还本付息的债券,应于资产表日按摊余成本和实际利率计算确定的债券利息费用,借记"在建工程"、"制造费用"、"财务费用"、"研发支出"等科目,按票面利率计算确定的应付未付利息,贷记"付债券——应付利息"科目,按其差额,借记或贷记"付债券——利息调整"科目。

实际利率与面利率差异较小的,也可以采用票面利率计算确定利息费用。

③长期债券到期,支付债券本息的,借记"应付债券——面值"、"付债券——应付利息"(或应付利息)等科目,贷记"银行存款"等科目。同时,存在利息调整余额的,借记或贷记"付债券——利息调整",贷记或借记"在建工程"、"制造费用"、"财务费用"、"研发支出"等科目。

3. 债券发行举例

(1)按面值发行债券。企业按面值发行债券,主要又包括分期付息到期一次还本的债券和到期一次还本付息的债券两种情况。本章节为举例的方便,主要讲述分期付息到期一次还本的债券。到期一次还本付息的债券的账务处理类同,主要把"应付利息"科目改为"付债券——应付利息"科目。故以下举例均以分期付息的债券为主。

【例11-24】 A股份有限公司于20×1年12月31日按面值发行五年期,每年末付息一次,到期还本的公司债券,筹集资金作为一般生产周转用。债券面值为1 000 000元,票面利率为6%,市场利率也为6%,实际收到期的金额为100 000元已存入银行(假设不考虑发行时的手续费)。则A股份有限公司主要账务处理为:

债券面值=1 000 000(元)

债券利息=100 000×6%=60 000(元)

A股份有限公司主要账务处理如下:

①20×1年12月31日发行时。

借:银行存款　　　　　　　　　　　　1 000 000
　　贷:应付债券——面值　　　　　　　　　　　　1 000 000

②20×2年12月31日计算利息时。

借:财务费用　　　　　　　　　　　　60 000
　　贷:应付利息　　　　　　　　　　　　　　　60 000

③20×2年末偿还第一年利息时。

借:应付利息　　　　　　　　　　　　60 000
　　贷:银行存款　　　　　　　　　　　　　　　60 000

④20×3年末、20×4年末、20×5年末、20×6年末计算利息时,分录同②。

⑤20×3年末、20×4年末、20×5年末偿还利息时,分录同③。

⑥20×6年末偿还本金和最后一年利息时。

借:应付利息　　　　　　　　　　　　60 000
　　应付债券——面值　　　　　　　　1 000 000
　　贷:银行存款　　　　　　　　　　　　　　　1 060 000

(2)按溢价发行债券。

【例11-25】 20×1年12月31日,A股份有限公司经批准发行5年期一次还本、分期付息的公司债券10 000 000元,债券利息在每年12月31日支付,票面利率为年利率6%。假定债券发行时的市场利率为5%,实际发行价格为10 432 700元。

要求:甲公司作会计分录。

表11-1　　　　　　　　　　　　　　　　　　　　　　　　　　　　　　　　单位:元

付息日期	支付利息	利息费用	摊销调整	摊余成本
×1.12.31				10 432 700
×2.12.31	600 000	521 635	78 365	10 354 335
×3.12.31	600 000	517 716.75	82 283.25	10 272 051.75

续表

×4.12.31	600 000	513 602.59	86 397.41	10 185 654.34
×5.12.31	600 000	509 282.72	90 717.28	10 094 937.06
×6.12.31	600 000	505 062.94	94 937.06	10 000 000

①20×1年12月31日发行债券。

借:银行存款　　　　　　　　　　　　10 432 700
　　贷:应付债券——面值　　　　　　　　　　　　10 000 000
　　　　　　——利息调整　　　　　　　　　　　　43 270

②20×2年12月31日计算利息费用。

借:财务费用　　　　　　　　　　　　521 635
　　应付债券——利息调整　　　　　　78 365
　　贷:应付利息　　　　　　　　　　　　　　　　600 000

③20×2年末偿还第一年利息时。

借:应付利息　　　　　　　　　　　　600 000
　　贷:银行存款　　　　　　　　　　　　　　　　600 000

④20×3年、20×4年、20×5年、20×6年确认利息费用的会计处理同②。

⑤20×3年、20×4年、20×5年末偿还利息时,分录同③。

⑥20×6年12月31日归还债券本金及最后一期利息费用。

借:财务费用等　　　　　　　　　　　505 062.94
　　应付债券——面值　　　　　　　　10 000 000
　　　　　　——利息调整　　　　　　94 937.06
　　贷:银行存款　　　　　　　　　　　　　　　　10 600 000

注:20×6年12月31日"应付债券——利息调整"
=432 700－(78 356+82 283.25+86 397.41+90 717.28)=94 937.06(元)

(3)按折价发行债券。

【例11-26】　20×1年12月31日,A股份有限公司经批准发行5年期一次还本、分期付息的公司债券10 000 000元,债券利息在每年12月31日支付,票面利率为年利率6%。假定债券发行时的市场利率为8%,实际发行价格为920 580元。

要求:甲公司作会计分录。

表11-2

单位:元

付息日期	支付利息	利息费用	摊销调整	摊余成本
×1.12.31				9 205 800
×2.12.31	600 000	736 464	136 464	9 342 264
×3.12.31	600 000	747 381.12	147 381.12	9 489 645.12
×4.12.31	600 000	759 171.61	159 171.61	9 648 816.73
×5.12.31	600 000	771 905.34	171 905.34	9 820 722.07
×6.12.31	600 000	779 277.93	179 277.93	10 000 000

①20×1年12月31日发行债券。

借:银行存款 9 205 800
　　应付债券——利息调整 794 200
　　贷:应付债券——面值 10 000 000

②20×2年12月31日计算利息费用。

借:财务费用 736 464
　　贷:应付利息 600 000
　　　　应付债券——利息调整 136 464

③20×2年末偿还第一年利息时。

借:应付利息 600 000
　　贷:银行存款 600 000

④20×3年、20×4年、20×5年、20×6年确认利息费用的会计处理同②,数字参见表11-2。

⑤20×3年、20×4年、20×5年末偿还利息时,分录同③。

⑥20×6年12月31日归还债券本金及最后一期利息费用。

借:应付利息 600 000
　　应付债券——面值 10 000 000
　　贷:银行存款 10 600 000

注:20×6年12月31日"应付债券——利息调整"。
=794 200-(136 464+147 381.12+159 171.61+171 905.34)=179 277.93(元)

4. 可转换公司债券

我国发行可转换公司债券采取记名无纸化发行方式,债券最短期限为3年,最长期限为5年。企业发行的可转换公司债券在"应付债券"科目下设置"可转换公司债券——面值"、"可转换公司债券——利息调整"等明细科目核算。

企业发行的可转换公司债券,应当在初始确认时将其包含的负债成分和权益成分进行分拆,将负债成分确认为"资本公积——其他资本公积"。在进行分拆时,应当先对负债成分的未来现金流量进行折现确定负债成分的初始确认金额,再按发行价格总额扣除负债成分初始确认金额后的金额确定权益成分的初始确认金额。发行可转换公司债券发生交易费用,应当在负债成分和权益成分之间按照各自的相对公允价值进行分摊。企业应按实际收到的款项,借记"银行存款"科目,按可转换公司债券包含的负债成分面值,贷记"应付债券——可转换公司债券(面值)"科目,按权益成分公允价值,贷记"资本公积——其他资本公积"科目,按借贷双方之间的差额,借记或贷记"应付债券——可转换公司债券(利息调整)"科目。

对于可转换公司债券的负债成分,在转换为股份前,其会计处理与一般公司债券相同,即按照实际利率和摊余成本确认利息费用,按照面值和票面利率确认应付债券,差额作为利息调整。可转换公司债券持有者在债券存续期间内行驶转换权利,将可转换公司债券转换为股份时,对于债券面额不足转换1股股份的部分,企业应当以现金偿还。

可转换公司债券持有人行使转换权利,将其持有的债券转换为股票,按可转换公司债券的余额,借记"应付债券——可转换公司债券(面值、利息调整)"科目,按其权益成分的金额,借记"资本公积——其他资本公积"科目,按股票面值和转换的股数计算的股票面值总额,贷记"股本"科目,按其差额,贷记"资本公积——股本溢价"科目。如用现金支付不可转换股票的部分,还应贷记"库存现金"、"银行存款"等科目。

【例 11-27】 A 股份有限公司经批准于 20×1 年 1 月 1 日按面值发行 5 年期一次还本付息的可转换公司债券 10 000 000 元,款项已收存入银行,债券票面年利率为 8%。债券发行 1 年后可转换为普通股股票,初始转股价为每股 10 元,股票面值为每股 1 元。假定 20×2 年 1 月 1 日债券持有人将持有的可转换公司债券全部转换为普通股股票,甲公司发行可转换公司债券时二级市场上与之类似的没有附带转换权的债券市场利率为 9%。A 股份有限公司的账务处理如下:

①20×1 年 1 月 1 日发行可转换公司债券时。

借:银行存款　　　　　　　　　　　　　　10 000 000
　　应付债券——可转换公司债券(利息调整)　389 240
　　贷:应付债券——可转换公司债券(面值)　　　10 000 000
　　　　资本公积——其他资本公积　　　　　　　　389 240

可转换公司债券负债成分的公允价值为:
10 000 000×0.6499+10 000 000×8%×3.8897=9 610 760(元)

可转换公司债券成分的公允价值为:
10 000 000-9 610 760=389 240(元)

②20×1 年 12 月 31 日确认利息费用时。

借:财务费用　　　　　　　　　　　　　　864 968.4
　　贷:应付债券——可转换公司债券(应计利息)　800 000
　　　　　　——可转换公司债券(利息调整)　　　64 968.4

③20×2 年 1 月 1 日债券持有人行使转换权时。

转换的股份数为:
(10 000 000-389 240+800 000+64 968.4)/10=1 047 572.84(股)

不足 1 股的部分支付现金 0.84 元

借:应付债券——可转换公司债券(面值)　　10 000 000
　　　　——可转换公司债券(应计利息)　　　800 000
　　资本公积——其他资本公积　　　　　　　　389 240
　　贷:股本　　　　　　　　　　　　　　　　　1 047 572
　　　　应付债券——可转换公司债券(利息调整)　324 271.6
　　　　资本公积——股本溢价　　　　　　　　　　9 817 595.56
　　　　库存现金　　　　　　　　　　　　　　　　0.84

11.3.2　其他长期负债

1. 长期应付款

长期应付款,是指企业除长期借款和应付债券以外的其他各种长期应付款项,包括应付融资租入固定资产的租赁费、以分期付款方式购入固定资产发生的应付款项等。

为核算长期应付款项,需设置"长期应付款"会计科目。"长期应付款"科目用来核算企业除长期借款和应付债券以外的其他各种长期应付款项。长期应付款的发生额记入贷方,按期支付的金额记入借方,"长期应付款"科目期末余额在贷方,反映企业应付未付的长期应付款项。"长期应付款"科目可按长期应付款的种类和债权人进行明细核算。

长期应付款的主要账务处理如下:

企业融资租入的固定资产,在租赁期开始日,按应计入固定资产成本的金额(租赁开始日租赁资产公允价值与最低租赁付款额现值两者中较低者,加上初始直接费用),借记"在建工程"或"固定资产"科目,按最低租赁付款额,贷记"长期应付款"科目,按发生的初始直接费用,贷记"银行存款"等科目,按其差额,借记"未确认融资费用"科目。按期支付的租金,借记本科目,贷记"银行存款"等科目。

购入有关资产超过正常信用条件延期支付价款、实质上具有融资性质的,应按购买价款的现值,借记"固定资产"、"在建工程"等科目,按应支付的金额,贷记"长期应付款"科目,按其差额,借记"未确认融资费用"科目。按期支付的价款,借记"长期应付款"科目,贷记"银行存款"科目。

2. 递延所得税负债

《企业会计准则第18号—所得税》规定,采用资产负债表债务法核算所得税,资产、负债的账面价值与其计税基础之间的差异为暂时性差异。按照暂时性差异对未来期间应税金额的影响,分为应纳税暂时性差异和可抵扣暂时性差异。应纳税暂时性差异是指在确定未来收回资产或清偿负债期间的应纳税所得额时,将导致产生应纳税金额的暂时性差异;可抵扣暂时性差异是指在确定未来收回资产或清偿负债期间的应纳税所得额时,将导致产生可抵扣金额的暂时性差异。企业应当将当期和以前期间应交未交的所得税确认为负债,在"应交税费——应交所得税"科目核算。应纳税暂时性差异产生的所得税确认为递延所得税负债。

递延所得税负债需设置"递延得税负债"会计科目进行核算。"递延所得税负债"科目用来核算企业确认的应纳税暂时性差异产生的所得税负债。"递延所得税负债"科目期末余额在贷方,反映企业已确认的递延所得税负债。"递延所得税负债"科目可按应纳税暂时性差异的项目进行明细核算。

递延所得税负债的主要账务处理如下:

资产负债表日,企业确认的递延所得税负债,借记"所得税费用——递延所得税费用"科目,贷记"递延所得税负债"科目。资产表日递延所得税负债的应有余额大于其账面余额的,应按其差额确认,借记"所得税费用——递延所得税费用"科目,贷记"递延所得税负债"科目;资产负债表日递延所得税负债的应有余额小于其账面余额的做相反的会计分录。

与直接计入所有者权益的交易或事项相关的递延所得税负债,借记"资本公积——其他资本公积"科目,贷记"递延所得税负债"科目。

企业合并中取得资产、负债的入账价值与其计税基础不同形成应纳税暂时性差异的,应于购买日确认递延所得税负债,同时调整商誉,借记"商誉"等科目,贷记"递延所得税负债"科目。

11.4 债务重组

1. 债务重组的概述

债务重组,是指在债务人发生财务困难的情况下,债权人按照其与债务人达成的协议或法院的裁定作出让步的事项。

债务人发生财务困难是指因债务人出现资金周转困难、经营陷入困境或其他原因,导致其无法或者没有能力按原定条件偿还债务。债权人作出让步是指债权人同意发生财务困难的债务人现在或将来以低于重组债务账面价值的金额或者价值偿还债务。债权人作出的让步主要包括:债权人减免债务人部分债务本金或者利息,降低债务人应付债务的利率等。

在激烈的市场竞争中,债务人由于经营不善等原因,陷入财务困境,以致到期不能清偿债务,由此债权人与债务人常常产生纠纷。解决债务纠纷通常有两种途径:一种是迫使债务人破产。债权人依据法律,有权向法院申请债务人破产,从其清算的确财产中得到债务的清偿。另一种是债务重组,即双方经过协商,债权人作出让步,修改债务条件,使双方的纠纷得到和解。债务重组与前一种比较起来,具有如下现实意义:

(1)对债务人来说,通过债务重组可以暂时缓解债务压力,促使其努力改善财务状况,避免进入破产程序。

(2)对债权人来说,通过债务重组可以使债权人的债务得到最大限度的清偿.因为即使债务人进入破产程序,由于相关的确时间持续较长,债权人也不可能即刻收回债权,即使能够收回债权,也不一定能够如数收回。

2. 债务重组的方式

债务重组的方式主要包括以下几种:

(1)以资产清偿债务,是指债务人转让其资产给债权人以清偿债务的债务重组方式。债务人通常用于偿债的资产主要有:现金、存货、各种投资(包括债券投资、股票投资、基金投资、权证投资等)、固定资产、无形资产等。这里所指的现金,包括库存现金、银行存款和其他货币资金。在债务重组的情况下,以现金清偿债务,是指以低于债务的账面价值的现金清偿债务。

(2)将债务转为资本,是指债务人将债务转为资本,同时,债权人将债权转为股权的债务重组方式。但债务人根据转换协议,将应付可转换公司债券转为资本的,则属于正常情况下的债务转为资本,不能作为债务重组。债务转为资本时,对股份有限公司而言,是将债务转为股本;对其他企业而言,是将债务转为实收资本。将债务转为资本的结果是,债务人因此而增加股本(或实收资本),债权人因此而增加股权。

(3)修改其他债务条件,是指不包括上述两种方式在内的修改其他债务条件进行的债务重组方式,如减少债务本金、减少或免除债务利息等。

(4)以上三种方式的组合,是指采用以上三种方式共同清偿债务的债务重组方式。例如企业债务的一部分以资产清偿,一部分转为资本,另一部分则修改其他债务条件进行债务重组。

3. 债务重组主要账务处理

(1)以现金清偿债务。

①债务人账务处理。以现金清偿债务的,债务人应当在满足金融负债终止确认条件时,终止确认重组债务,并将重组债务的账面价值与实际支付的现金之间的差额,计入当期损益,记入"营业外收入——债务重组利得"。具体财务处理为:按应付账款的账面余额,借记"应付账款"科目,按实际支付的金额,贷记"银行存款"科目,按其差额,贷记"营业外收入——债务重组利得"科目。

②债权人账务处理。以现金清偿债务的,债权人应当将重组债务的账面价值与实际支付的现金之间的差额,计入当期损益(营业外支出)。债权人已对债权计提减值准备的,应当先将该差额冲减减值准备,冲减后尚有余额的计入"营业外支出——债务重组损失";冲减后减值准备仍有余额的,应予以转回并抵减当期资产减值损失。

【例11-28】 A股份有限公司20×1年8月20日销售一批产品给B公司,价税合计351 000元,增值税率17%,按合同规定,B公司应于20×1年12月20日前偿付货款。由于B公司发生财务困难,无力按合同规定的期限偿还该款项,经双方协商于20×1年12月31日进行债务重组。债务重组协议规定,A公司同意减免B公司51 000元债务。余款用银行存款立即偿清。B公司已于20×2年1月3日以银行存款300 000元偿还该款项。A公司已为该项应收债权计提了10 000元的坏账准备。则A、B公司的财务处理如下:

B公司的财务处理

债务重组利得=应付账款的账面余额-支付的款项=351 000-300 000=51 000(元)

会计处理

借:应付账款——A   351 000

  贷:营业外收入——债务重组利得   51 000

    银行存款   300 000

A公司的财务处理

债务重组损失=应收账款的账面余额-收到的款项-已计提的坏账准备=351 000-300 000-10 000=41 000(元)

会计处理

借:银行存款   300 000

  坏账准备   10 000

  营业外支出——债务重组损失   41 000

  贷:应收账款——B   351 000

【例11-29】沿用【例11-25】的有关资料,假设A公司已为该项应收债权计提了100 000元的坏账准备。则A公司的财务处理如下:

A公司债务重组后,减值准备仍有余额=应收账款的账面余额-收到的款项-已计提的坏账准备=351 000-300 000-100 000=-49 000(元)

会计处理

借:银行存款	300 000	
坏账准备	100 000	
贷:应收账款——B		351 000
资产减值损失		49 000

(2)以非现金资产清偿债务。对债务人来说，以非现金资产清偿债务的，债务人应分清债务重组利得(或损失)与资产转让损益的界限，并于债务重组当期予以确认。

债务重组利得(或损失)是指重组债务的账面价值与转让的非现金资产公允价值之间的差额，记入"营业外收入——债务重组利得"或"营业外支出——债务重组损失"。

非现金资产的公允价值应当按照下列规定进行计量：

非现金资产属于企业持有的股票、债券、基金等金融资产，且该金融资产存在活跃市场的，应当以金融资产的市价作为非现金资产的公允价值。

非现金资产属于金融资产但该金融资产不存在活跃市场的，应当采用《企业会计准则第 22 号——金融工具确认与计量》规定的估值技术等合理的方法确定其公允价值。

非现金资产属于存货、固定资产、无形资产等其他资产，且存在活跃市场的，应当以其市场价格为基础确定其公允价值；不存在活跃市场但与其类似资产存在活跃市场的，应当以类似资产的市场价格为基础确定其公允价值；在上述两种情况下仍不能确定非现金资产公允价值的，应当采用估值技术等到合理的方法确定确定其公允价值。

资产转让损益，是指抵债的非现金资产公允价值与其账面价值之间的差额。非现金资产公允价值与其账面价值之间的差额，应当分别不同情况进行处理：

非现金资产为存货的，应当视同销售处理，根据收入的相关规定，按非现金资产的公允价值确认销售商品收入，同时结转相应的成本。

非现金资产为固定资产、无形资产的，其公允价值和账面价值的差额，计入营业外收入或营业外支出。

非现金资产为长期股权投资的，其公允价值和账面价值的差额，计入投资收益。

对债权人来说，以非现金资产清偿债务的，债权人应当对接受的非现金资产按其公允价值入账，重组债权的账面余额与接受的非现金资产的公允价值之间的差额，确认为债务重组损失，计入营业外支出。债权人已对重组债权计提减值准备的，分别以下情况进行处理：

债权人对重组债权分别提取了减值准备，那么只需要将上述差额冲减已计提的减值准备，减值准备不足冲减的部分作为重组损失，计入营业外支出，如果减值准备冲完该差额后，仍有余额，应予转回并抵减当期资产减值损失，不再确认债务重组损失。如果债权人对重组债权不是分别提取减值准备，而是采取一揽子提取减值准备的方法，则债权人应将对应于该债务人的损失准备倒算出来，再确定是否确认债务重组损失。

不同的非现金资产清偿债务，处理方式不完全相同，具体处理如下：

①以库存材料、商品产品抵偿债务。债务人以库存材料、商品产品抵偿债务，应当视同销售处理。企业可将该项业务分为两部分：一是将库存材料、商品产品出售给债权人，取得货款。出售库存材料、商品产品与企业正常的销售业务处理相同，其发生的损益计入当期损益；二是以取得的货币清偿债务。但在这项业务中并没有实际的货币流入与

流出。

对债务人来说,应将重组债务的账面价值扣除存货公允价值和增值税销项税额之和的余额,确定为"营业外收入——债务重组利得"或"营业外支出——债务重组损失"。存货公允价值贷记"主营业务收入"科目(如果用于清偿债务存货计提了存货跌价准备,必须与存货同时结转)。

对债权人来说,以非现金资产的公允价值作为存货入账,同时确认增值税进项税额等。

【例11—30】A股份有限公司20×1年8月20日销售一批产品给C公司,价税合计351 000元,增值税率17%,按合同规定,C公司应于20×1年12月20日前偿付货款。由于C公司发生财务困难,无力按合同规定的期限偿还该款项,经双方协商于20×1年12月31日进行债务重组。债务重组协议规定,A公司同意C公司以其生产的产品偿还债务。该产品的公允价值为200 000元,实际成本为150 000元。A、C公司均为增值税一般纳税人,增值税率17%。A公司已于20×2年1月10日收到期C公司抵债的产品,并作为库存商品入库存。A公司已为该项应收债权计提了50 000元的坏账准备。则A、C公司的财务处理如下:

C公司的财务处理

债务重组利得=应付账款的账面余额-所转让产品的公允价值-增值税销项税额
=351 000-200 000-34 000=117 000(元)

会计处理

借:应付账款——A	351 000	
贷:主营业务收入		200 000
应交税费——应交增值税(销项税额)		34 000
营业外收入——债务重组利得		117 000
借:主营业务成本	150 000	
贷:库存商品		150 000

A公司的财务处理

债务重组损失=应收账款的账面余额-存货公允价值和增值税销项税额之和-已计提的坏账准备=351 000-234 000-50 000=67 000(元)

会计处理

借:库存商品	200 000	
应交税费——应交增值税(进项税额)	34 000	
坏账准备	50 000	
营业外支出——债务重组损失	67 000	
贷:应收账款——C		351 000

②以固定资产抵偿债务。债务人以固定资产清偿债务,应将固定资产的公允价值与该项固定资产账面价值和清理费用的差额作为转让固定资产的损益处理。将固定资产的公允价值与重组债务的账面价值的差额,作为债务重组利得。债权人收到的固定资产按公允价值价值计量。

对债务人来说,重组债务的账面价值与固定资产公允价值之间的差额确认为债务重组利得或损失,记入"营业外收入——债务重组利得"或"营业外支出——债务重组损失"。如果用于清偿债务的固定资产计提了固定资产减值准备也应同时结转。固定资产的公允价值与账面价值之间的差额确认为处置固定资产利得或损失,记入"营业外收入——处置固定资产利得"或"营业外支出——处置固定资产损失"。

对债权人来说,以公允价值记入"固定资产",同时结转应收债权,差额记入"营业外支出——债务重组损失"。如果对应收债权已计提减值,按上述原则冲减坏账准备。

【例 11-31】 A 股份有限公司 20×1 年 8 月 20 日销售一批产品给 D 公司,价税合计 351 000 元,增值税率 17%,按合同规定,D 公司应于 20×1 年 12 月 20 日前偿付货款。由于 D 公司发生财务困难,无力按合同规定的期限偿还该款项,经双方协商于 20×1 年 12 月 31 日进行债务重组。债务重组协议规定,A 公司同意 D 公司以一台设备偿还债务。该项设备的账面原价为 350 000 元,已提折旧 150 000 元,设备的公允价值为 250 000 元(假设企业转让该项设备不需要交纳增值税)。A 公司已于 20×2 年 1 月 10 日收到期 D 公司抵债的产品,并作为库存商品入库存。A 公司已为该项应收债权计提了 50 000 元的坏账准备。则 A、D 公司的账务处理如下:

D 公司的账务处理

债务重组利得＝应付账款的账面余额－固定资产的公允价值－增值税销项税额＝351 000－250 000＝101 000(元)

固定资产处置利得＝固定资产的公允价值－固定资产净值＝250 000－(350 000－150 000)＝50 000(元)

会计处理

借:固定资产清理	200 000	
累计折旧	150 000	
贷:固定资产		350 000
借:应付账款——A	351 000	
贷:固定资产清理		250 000
营业务收入——债务重组利得		101 000
借:固定资产清理	50 000	
贷:营业务收入——处置固定资产利得		50 000

A 公司的财务处理

债务重组损失＝应收账款的账面余额－固定资产的公允价值－已计提的坏账准备＝351 000－250 000－50 000＝51 000(元)

会计处理

借:固定资产	25 000	
坏账准备	50 000	
营业外支出——债务重组损失	51 000	
贷:应收账款——D		351 000

③以无形资产清偿债务。债务人以无形资产清偿债务,将重组债务的账面价值与无形资产公允价值之间的差额确认为债务重组利得或损失,记入"营业外收入——债务重组利得"或"营业外支出—债务重组损失"。无形资产的公允价值与账面价值之间的差额

确认为处置无形资产利得或损失,记入"营业外收入——处置无形资产利得"或"营业外支出——处置无形资产损失"。

【例11—32】 A股份有限公司20×1年8月20日销售一批产品给E公司,价税合计351 000元,增值税率17%,按合同规定,E公司应于20×1年12月20日前偿付货款。由于E公司发生财务困难,无力按合同规定的期限偿还该款项,经双方协商于20×1年12月31日进行债务重组。债务重组协议规定,A公司同意E公司以一项专利权偿还债务。该项专利权账面价值为330 000元,公允价值为300 000元,营业税税率为5%,假设无形资产未提减值准备。

A公司已于20×2年1月20日收到期E公司抵债的一项专利权。A公司已为该项应收债权计提了50 000元的坏账准备。则A、E公司的账务处理如下:

E公司的账务处理

债务重组利得＝应付账款的账面余额－无形资产的公允价值－应交营业税＝351 000－300 000－15 000＝36 000(元)

无形资产处置损失＝无形资产的公允价值－无形资产账面价值＝300 000－330 000＝－30 000(元)

会计处理

借:应付账款——A	351 000
营业外支出——处置无形资产损失	30 000
贷:营业外收入——债务重组利得	36 000
应交税费——应交营业税	15 000
无形资产	330 000

A公司的账务处理:

债务重组损失＝应收账款的账面余额－无形资产的公允价值－已计提的坏账准备＝351 000－300 000－50 000＝1 000(元)

会计处理

借:无形资产	30 000
坏账准备	50 000
营业外支出——债务重组损失	1 000
贷:应收账款——E	351 000

④以股票、债券等金融资产抵偿债务。债务人以股票、债券等金融资产抵偿债务,应按相关金融资产的公允价值与其账面价值的差额,作为转让金融资产的利得或损失处理;相关金融资产的公允价值与重组债务的账面价值的差额,作为债务重组利得或损失。

【例11—33】 A股份有限公司20×1年7月1日销售给F公司一批产品,价值450 000元(包括应收取的增值税税额),F公司于当日开出六个月承兑的商业汇票。F公司于20×1年12月31日尚未支付货款。由于F公司发生财务困难,短期内不能支付货款。经与A股份有限公司协商,A股份有限公司同意F公司以其所拥有并作为以公允价值计量且其变动计入当期损益的某公司股票抵偿债务。

该股票的账面价值400 000元(取得时的成本),公允价值380 000元,F公司将该股票作为交易性金融资产。假定A股份有限公司为该项应收账款提取了坏账准备40 000元。

用于抵债的股票已于20×2年1月22日办理了相关转让手续;A股份有限公司将取得的某公司股票作为以公允价值计量且其变动计入当期损益的金融资产。A股份有限公司已将该项应收票据转入应收账款;F公司已将应付票据转入应付账款。则其账务处理如下:

F公司的账务处理

计算债务重组利得＝应付账款的账面余额－股票的公允价值＝450 000－380 000＝70 000(元)

计算转让股票收益＝股票的公允价值－股票的账面价值＝380 000－400 000＝－20 000(元)

会计处理

借:应付账款——A　　　　　　　　　　450 000
　　投资收益　　　　　　　　　　　　　20 000
　　贷:交易性金融资产　　　　　　　　　　　　400 000
　　　　营业外收入——债务重组利得　　　　　　70 000

A公司的账务处理

计算债务重组损失＝应收账款账面余额－接受股票的公允价值－坏账准备＝450 000－380 000－40 000＝30 000

会计处理

借:交易性金融资产　　　　　　　　　　380 000
　　营业外支出——债务重组损失　　　　30 000
　　坏账准备　　　　　　　　　　　　　40 000
　　贷:应收账款——F　　　　　　　　　　　　450 000

(3) 以债务转为资本抵偿债务。以债务转为资本抵偿债务,应分别以下情况处理:

①债务人为股份有限公司时,债务人应当在满足金融负债终止确认条件时,终止确认重组债务,并将债权人因放弃债权而享有股份的面值总额确认为股本;股份的公允价值总额与股本之间的差额作为资本公积。重组债务的账面价值与股份的公允价值总额之间的差额作为债务重组利得,计入当期损益(营业外收入)。

②债务人为期其他企业时,债务人应当在满足金融负债终止确认条件时,终止确认重组债务,并将债权人因放弃债权而享有股权份额确认为实收资本;股权的公允价值总额与实收资本之间的差额作为资本公积。重组债务的账面价值与股权的公允价值之间的差额作为债务重组利得,计入当期损益(营业外收入)。

③债权人在债务重组日,应当将享有股权的公允价值确认为对债务人的投资,重组债权的账面余额与因放弃债权而享有的股权的公允价值之间的差额,先冲减已提取的减值准备,减值准备不足冲减的部分,或未提取损失准备的,将其差额确认为债务重组损失。以债转为资本的债权人应将因放弃债权而享有的股权按公允价值计量。发生的相关税额,分别按照长期股权投资或者金融工具确认计量的规定进行处理。

【例11－34】20×1年7月1日,A股份有限公司应收G公司账款的账面余额为700 000元,由于G公司发生财务困难,无法偿付该应付账款。经双方协商同意,G公司以其普通股偿还债务。假定普通股的面值为1元,G公司以200 000股抵偿该项债务,股票每股市价为3元。A股份有限公司对该项应收账款计提了坏账准备35 000元。股票登记手续已于20×1年8月9日办理完毕,A股份有限公司将其作为长期股权投资核算。其会计处理如下:

G公司的账务处理

计算应计入资本公积的金额＝股票的公允价值－股票的面值总额＝600 000－200 000＝400 000(元)

计算债务重利得＝债务账面价值－股票的公允价值＝700 000－600 000＝100 000(元)

会计处理

借:应付账款——A   700 000
  贷:股本   200 000
    资本公积——股本溢价   400 000
    营业外收入——债务重组利得   100 000

A股份有限公司的账务处理

计算债务重组损失＝应收账款账面余额－所转股权的公允价值－已计提坏账准备＝700 000－600 000－35 000＝65 000(元)

会计处理

借:长期股权投资   600 000
  营业外支出——债务重组损失   65 000
  坏账准备   35 000
  贷:应收账款——G   700 000

(4)修改其他债务条件。以修改其他债务条件进行债务重组的,债务人和债权人应分别以下情况处理:

①不附或有条件的债务重组。不附或有条件的债务重组,债务人应将重组债务的账面余额减记至将来应付金额,减记的金额作为债务重组利得,于当期确认计入损益。重组后债务的账面余额为将来应付金额。

以修改其他债务条件进行债务重组,如修改后的债务条款不涉及或有应收金额,则债权人在重组日,应当将修改其他债务条件后的债权的公允价值作为重组后债权的账面价值,重组债权账面余额与重组后债权账面价值之间的差额确认为债务重组损失,记入当期损益。如果债权人已对该项债权计提了坏账准备,应当首先冲减已计提的坏账准备。

或有应收余额,是指需要根据未来某种事项出现而发生的应收金额,而且该未来事项的出现具有不确定性。

【例11-35】 A股份有限公司20×1年12月31日应收H公司票据的账面余额为106 000元,其中,6 000元为累计应收的利息,票面年利率6%。由于H公司连年亏损,资金周转困难,不能偿付应于20×1年12月31日前支付的应付票据。经双方协商,于20×2年1月5日进行债务重组。A股份有限公司同意将债务本金减至80 000元;免去债务人所欠的全部利息;将利率从6%降低到5%(等于实际利率),并将债务到期日延至20×3年12月31日,利息按年支付。该项债务重组协议从协议签订日起开始实施。A股份有限公司、H公司已将应收、应付票据转入应收、应付账款。A股份有限公司已为该

项应收款项计提了5 000元坏账准备。其会计处理如下:

H公司的账务处理

计算债务重组利得＝应付账款的账面余额－重组后债务公允价值＝106 000－80 000＝26 000(元)

会计处理

20×2年1月5日债务重组时

借:应付账款	106 000	
贷:应付账款——债务重组		80 000
营业外收入——债务重组利得		26 000

20×2年12月31日支付利息＝80 000×5％＝4 000(元)

借:财务费用	4 000	
贷:银行存款		4 000(80 000×5％)

20×3年12月31日偿还本金和最后一年利息

借:财务费用	4 000	
应付账款——债务重组	80 000	
贷:银行存款		84 000

A股份有限公司的账务处理

计算债务重组损失＝应收账款账面余额－重组后债权公允价值－已计提坏账准备＝106 000－80 000－5 000＝21 000(元)

会计处理

20×2年1月5日债务重组时

借:应收账款——债务重组	80 000	
营业外支出——债务重组损失	21 000	
坏账准备	5 000	
贷:应收账款		106 000

20×2年12月31日收到利息＝80 000×5％＝4 000(元)

借:银行存款	4 000	
贷:财务费用		4 000

20×3年12月31日收到本金和最后一年利息

借:银行存款	84 000	
贷:财务费用		4 000
应收账款——债务重组		80 000

②附或有条件的债务重组。附或有条件的债务重组,对于债务人而言,修改后的债务条款如涉及或有应付金额,且该或有应付金额符合或有事项中有关预计负债确认条件的,债务人应当将该或有应付金额确认为预计负债。重组债务的账面价值与重组后债务的入账价值和预计负债金额之和的差额,作为债务重组利得,计入营业外收入。

附或有条件的债务重组,对债权人而言,修改后的债务条款如涉及或有应收金额的,不应当确认或有应收金额,不得将其计入重组后债权的账面价值。根据谨慎性原则,或有应收金额属于或有资产,或有资产不予确认。只有在或有应收金额实际发生时,才计入当期损益。

或有应付金额是指需要根据未来某种事项出现而发生的应付金额,而且该未来事项的出现具有不确定性。或有应付金额在随后会计期没有发生的。企业应当冲销已确认的预计负债,同时确认营业外收入。

【例 11—36】 2005 年 6 月 30 日,A 股份有限公司从某银行取得年利率 10%、三年期的贷款 1 000 000 元。现因 A 股份有限公司发生财务困难,各年贷款利息均未偿还,遂于 20×1 年 12 月 31 日进行债务重组,银行同意延长到期日至 20×5 年 12 月 31 日,利率降至 6%,免除积欠利息 250 000 元,本金减至 700 000 元,利息按年支付,但附有一条件:债务重组后,如 A 股份有限公司自第二年起有盈利,则利率回复至 10%,若无盈利,利率仍维持 7%。债务重组协议于 20×1 年 12 月 31 日签订。贷款银行已对该项贷款计提了 30 000 元的贷款损失准备。假定实际利率等于名义利率。则 A 股份有限公司的账务处理如下:

计算债务重组利得=长期借款的账面余额-重组贷款的公允价值-或有应付金额
=1 250 000-700 000-[700 000×(10%-6%)×3]=1 250 000-700 000-84 000=466 000(元)

会计处理
20×1 年 12 月 31 日债务重组时

借:长期借款	1 250 000	
贷:长期借款——债务重组		700 000
预计负债		84 000
营业外收入——债务重组利得		466 000

20×2 年 12 月 31 日支付利息时

借:财务费用	42 000	
贷:银行存款		42 000(700 000×6%)

假设 A 股份有限公司自债务重组后的第二年起盈利,20×3 年 12 月 31 日和 20×4 年 12 月 31 日支付利息时,A 股份有限公司应按 10%的利率支付利息,则每年需支付利息 70 000 元(700 000×10%),其中含或有应付金额 28 000 元。

借:财务费用	42 000	
预计负债	28 000	
贷:银行存款		70 000

20×5 年 12 月 31 日支付最后一次利息 70 000 元和本金 700 000 元时

借:长期借款——债务重组	700 000	
财务费用	42 000	
预计负债	28 000	
贷:银行存款		770 000

假设 A 股份有限公司自债务重组后的第二年起仍没有盈利,20×3 年 12 月 31 日和 20×4 年 12 月 31 日支付利息时

借:财务费用	42 000	
贷:银行存款		42 000

假设 A 股份有限公司自债务重组后的第二年起仍没有盈利,假设或有应付金额待债务结清时一并结转。

20×5 年 12 月 31 日

借:长期借款——债务重组　　　　　　700 000
　　财务费用　　　　　　　　　　　　 42 000
　　贷:银行存款　　　　　　　　　　　　　　　　　742 000
借:预计负债　　　　　　　　　　　　 84 000
　　贷:营业外收入　　　　　　　　　　　　　　　　 84 000

(5)以上多种方式的组合方式。以上三种方式的组合方式进行债务重组,主要有以下几种情况:

①债务人以现金、非现金资产两种方式的组合清偿某项债务的,债务人应将重组债务的账面价值与支付的现金、转让的非现金资产的公允价值之间的差额作为债务重组利得。非现金资产的公允价值与其账面价值的差额作为转让资产损益。

债权人应将重组债权的账面价值与收到的现金、接受的非现金资产的公允价值,以及已提取坏账准备之间的差额作为债务重组损失。

②债务人以现金、将债务转为资本两种方式的组合清偿某项债务的,应将重组债务的账面价值与支付的现金、债权人因放弃债权而享有的股权的公允价值之间的差额作为债务重组利得。股权的公允价值与股本(或实收资本)的差额作为资本公积。

债权人应将重组债权的账面价值与收到的现金、因放弃债权而享有的股权的公允价值,以及已提取坏账准备之间的差额作为债务重组损失。

③债务人非现金资产、将债务转为资本两种方式的组合清偿某项债务的,应将重组债务的账面价值与转让非现金资产的公允价值、债权人因放弃债权而享有的股权的公允价值之间的差额作为债务重组利得。非现金资产的公允价值与账面价值的差额作为转让资产损益;股权的公允价值与股本(或实收资本)的差额作为资本公积。

债权人应将重组债权的账面价值与收到非现金资产的公允价值、因放弃债权而享有的股权的公允价值,以及已提取坏账准备之间的差额作为债务重组损失。

④以现金、非现金资产、将债务转为资本三种方式的组合清偿某项债务的,应将重组债务的账面价值与支付的现金、转让非现金资产的公允价值、债权人因放弃债权而享有的股权的公允价值之间的差额作为债务重组利得。非现金资产的公允价值与账面价值的差额作为转让资产损益;股权的公允价值与股本(或实收资本)的差额作为资本公积。

债权人应将重组债权的账面价值与收到的现金、受到非现金资产的公允价值、因放弃债权而享有的股权的公允价值,以及已提取坏账准备之间的差额作为债务重组损失。

⑤债务人以资产、将债务转为资本等方式的清偿某项债务的部分,并对该项债务的另一部分以修改其他债务条件进行债务重组。在这种方式下,债务人应先以支付的现金、转让非现金资产的公允价值、债权人因放弃债权而享有的股权的公允价值冲减重组债务的账面价值,余额与将来应付金额进行比较,据此计算债务重组利得。债务人因放弃债权而享有股权的公允价值与股本(或实收资本)的差额作为资本公积;非现金资产的公允价值与账面价值的差额作为转让资产损益,于当期确认。

债权人应先以收到的现金、接受的非现金资产的公允价值、因放弃债权而享有的股权的公允价值冲减重组债权的账面价值,余额与将来应收金额进行比较,据此计算债务重组损失。

【例 11—37】 A 企业和 B 企业均为增值税一般纳税人。A 企业于 20×1 年 6 月 30 日向 B 企业出售产品一批,产品销售价款 1 000 000 元,应收增值税税额 170 000 元;B 企业于同年 6 月 30 日开出期限为 6 个月、票面年利率为 6% 的商业承兑汇票,抵充购买该产品价款。在该票据到期日,B 企业未按期兑付,A 企业将该应收票据按其到期价值转入应收账款,不再计算利息。至 20×1 年 12 月 31 日,A 企业对该应收账款提取的坏账准备为 10 000 元。B 企业由于发生财务困难,短期内资金紧张,于 20×1 年 12 月 31 日经与 A 企业协商,达成债务重组协议如下:

(1) B 企业以产品一批偿还部分债务。该批产品的账面价值为 40 000 元,公允价值为 50 000 元,应交增值税税额为 8 500 元。B 企业开出增值税专用发票。A 企业将该产品作为商品验收入库。

(2) A 企业同意减免 B 企业所负全部债务扣除实物抵债后剩余债务的 40%,其余债务的偿还期延至 20×2 年 12 月 31 日。其账务处理如下:

B 企业的账务处理

计算债务重组时应付账款的账面余额 = (1 000 000 + 170 000) × (1 + 6%/2) = 1 205 100(元)

计算债务重组后债务的公允价值 = [1 205 100 − 50 000 × (1 + 17%)] × 60% = (1 205 100 − 58 500) × 60% = 687 960(元)

计算债务重组利得 = 应付账款账面余额 − 所转让资产的公允价值 − 重组后债务公允价值 = 1 205 100 − 58 500 − 687 960 = 458 640(元)

会计处理

借:应付账款　　　　　　　　　　　　　　1 205 100
　　贷:主营业务收入　　　　　　　　　　　　　50 000
　　　　应交税费——应交增值税(销项税额)　　　8 500
　　　　应付账款——债务重组　　　　　　　　　687 960
　　　　营业外收入——债务重组利得　　　　　　458 640
借:主营业务成本　　　　　　　　　　　　40 000
　　贷:库存商品　　　　　　　　　　　　　　　40 000

A 企业的账务处理

计算债务重组损失

应收账款账面余额　　1 205 100(元)

减:受到资产的公允价值　　58 500(元)[50 000 × (1 + 17%)]

重组后债权公允价值　　687 960(元)[(1 205 100 − 58 500) × 60%]

坏账准备　　10 000(元)

债务重组损失　　677 960(元)

会计分录

借:库存商品　　　　　　　　　　　　　　50 000
　　应交税费——应交增值税(进项税额)　　8 500

应收账款——债务重组　　　　　　　687 960
　　坏账准备　　　　　　　　　　　　　 10 000
　　营业外支出——债务重组损失　　　　677 960
　　　贷：应收账款　　　　　　　　　　　　　　1 205 100

本章小结

负债是指企业过去的交易或者事项形成的预期会导致经济利益流出企业的现时义务。负债具有三个基本特征：即负债是企业承担的现时义务；负债预期会导致经济利益流出企业；负债是由企业过去的交易或事项产生的。

负债的确认条件为将一项现时义务确认为负债，需要符合负债的定义，还应当同时满足两个条件：即与该义务有关的经济利益很可能流出企业；未来流出的经济利益的金额能够可靠地计量。

企业的负债通常包括流动负债和长期负债。流动负债是指将在一年或者超过一年的一个营业周期内偿还的债务，包括短期借款、应付票据、应付账款、预收账款、应付职工薪酬、应交税费、应付利息、其他应付款等。长期负债是指偿还期在一年或者超过一年的一个营业周期以上的债务，包括长期借款、应付债券、长期应付款等。

职工薪酬是指企业为获得职工提供的服务而给予各种形式的报酬以及其他相关支出，包括职工在职期间和离职后提供给职工的全部货币性薪酬和非货币福利。企业提供职工配偶、子女或其他被赡养人的福利等，也属于职工薪酬。

职工薪酬内容主要包括：职工工资、奖金、津贴和补贴；职工福利费；社会保险费；住房公积金；工会经费和职工教育经费；非货币性福利；辞退福利；股份支付等。

应交税费是指企业在经营过程中根据税法等规定计算应交纳的各种税费。包括增值税、消费税、营业税、所得税、资源税、城市维护建设税、土地增值税、房产税、土地使用税、车船使用税、教育费附加、矿产资源补偿费等。

公司债券发行价格有三种，即面值发行、溢价发行、折价发行。

应付债券的利息调采用实际利率法进行摊销。实际利率法，是指按照应付债券的实际利率计算其摊余成本及各期利息费用的方法；实际利率，是指将应付债券在债券存续期间的未来现金流量，折现为该债券当前账面价值所使用的利率。

债务重组，是指在债务人发生财务困难的情况下，债权人按照其与债务人达成的协议或法院的裁定作出让步的饿事项。

债务重组的方式主要包括：以资产清偿债务；将债务转为资本；修改其他债务条件；以上三种方式的组合。

练习题

一、单项选择题

1. 企业如果发生无法支付的应付账款时，应计入（　　）。
　　A. 营业外收入　　　B. 管理费用　　　C. 营业外支出　　　D. 资本公积

2. 企业按照规定向住房公积金管理机构缴存的住房公积金应该贷记的科目是（　　）。
   A. 其他应付款　　　　B. 管理费用　　　　C. 应付职工薪酬　　　　D. 其他应交款
3. 企业在无形资产研究阶段发生的职工薪酬应当（　　）。
   A. 计入到无形资产成本　　　　　　　B. 计入到在建工程成本
   C. 计入到长期待摊费用　　　　　　　D. 计入到当期损益
4. 下列职工薪酬中，不应根据职工提供服务的受益对象计入成本费用的是（　　）。
   A. 因解除与职工的劳动关系给予的补偿
   B. 构成工资总额的各组成部分
   C. 工会经费和职工教育经费
   D. 医疗保险费、养老保险费、失业保险费、工伤保险费和生育保险费等社会保险费
5. 某股份有限公司于20×1年1月1日溢价发行4年期，到期一次还本付息的公司债券，债券面值为1 000 000元，票面年利率为10%，发行价格为900 000元。债券溢价采用实际利率法摊销，假定实际利率是7.5%。该债券20×1年度发生的利息费用为（　　）元。
   A. 65 000　　　　B. 100 000　　　　C. 67 500　　　　D. 75 000
6. 企业以溢价方式发行债券时，每期实际负担的利息费用是（　　）。
   A. 按实际利率计算的利息费用
   B. 按票面利率计算的应计利息减去应摊销的溢价
   C. 按实际利率计算的应计利息加上应摊销的溢价
   D. 按票面利率计算的应计利息加上应摊销的溢价
7. 就发行债券的企业而言，所获债券溢价收入实质是（　　）。
   A. 为以后少付利息而付出的代价　　　B. 为以后多付利息而得到的补偿
   C. 本期利息收入　　　　　　　　　　D. 以后期间的利息收入
8. 甲公司于20×1年1月1日发行面值总额为10 000 000元，期限为5年的债券，该债券票面利率为6%，每年年初付息、到期一次还本，发行价格总额为10 432 700元，利息调整采用实际利率法摊销，实际利率为5%。20×1年12月31日，该应付债券的账面余额为（　　）元。
   A. 10 000 000　　　　B. 10 600 000　　　　C. 10 354 300　　　　D. 10 954 300
9. 下列税金中，与企业计算损益无关的是（　　）。
   A. 消费税　　　　　　　　　　　　　B. 一般纳税企业的增值税
   C. 所得税　　　　　　　　　　　　　D. 城市建设维护税
10. 甲企业为一般纳税企业，采用托收承付结算方式从其他企业购入原材料一批，货款为100 000元，增值税为17 000元，对方代垫的运杂费2 000元，该原材料已经验收入库。该购买业务所发生的应付账款入账价值为（　　）元。
    A. 117 000　　　　B. 100 000　　　　C. 119 000　　　　D. 102 000

二、多项选择题
1. 下列属于应该计入到管理费用科目的税金有（　　）。
   A. 城市维护建设税　　　　　　　　　B. 矿产资源补偿费
   C. 车船使用税　　　　　　　　　　　D. 土地使用税

2. 下列属于职工薪酬中所说的职工的是( )。
   A. 全职、兼职职工　　　　　　　　B. 董事会成员
   C. 内部审计委员会成员　　　　　　D. 劳务用工合同人员

3. 如果债券发行费用大于发行期间冻结资金所产生的利息收入,按其差额应该计入的科目有( )。
   A. 财务费用　　　　　　　　　　　B. 在建工程
   C. 管理费用　　　　　　　　　　　D. 长期待摊费用

4. 企业发行公司债券的方式有( )。
   A. 折价发行　　　　　　　　　　　B. 溢价发行
   C. 面值发行　　　　　　　　　　　D. 在我国不能折价发行

5. 企业发行的应付债券产生的利息调整,每期摊销时可能计入的账户有( )。
   A. 在建工程　　　　　　　　　　　B. 长期待摊费用
   C. 财务费用　　　　　　　　　　　D. 待摊费用
   E. 应收利息

6. 下列表述正确的是( )。
   A. 可转换公司债券到期必须转换为股份
   B. 可转换公司债券在未转换成股份前,要按期计提利息,并进行利息调整
   C. 可转换公司债券在转换成股份后,仍要按期计提利息,并进行利息调整
   D. 可转换公司债券转换为股份时,不确认转换损益

7. 对于营业税来说,工业企业在核算时可能借记的科目有( )。
   A. 营业税金及附加　　　　　　　　B. 营业费用
   C. 固定资产清理　　　　　　　　　D. 其他业务成本

8. 下列税金中,不考虑特殊情况时,会涉及抵扣情形的有( )。
   A. 一般纳税人购入货物用于生产所负担的增值税
   B. 委托加工收回后用于连续生产应税消费品
   C. 取得运费发票的相关运费所负担的增值税
   D. 从小规模纳税人购入货物取得普通发票的增值税

9. 按照规定,可以计入到营业税金及附加科目的税金有( )。
   A. 土地增值税　　　　　　　　　　B. 营业税
   C. 城市维护建设税　　　　　　　　D. 土地使用税

10. 下列税金中,应该计入在建工程或固定资产成本的有( )。
    A. 耕地占用税　　　　　　　　　　B. 车辆购置税
    C. 契税　　　　　　　　　　　　　D. 土地增值税

三、判断题

1. 完成等待期内的服务或达到规定业绩条件以后才可行权的以现金结算的股份支付,在等待期内的每个资产负债表日,依然按照账面价值计量。　　　　　　　　　　( )

2. 企业发行的一般公司债券,应区别是面值发行,还是溢价或折价发行,分别记入"应付债券——一般公司债券(面值)、(溢价)或(折价)"科目。　　　　　　　( )

3. 企业发行的可转换公司债券,应当在初始确认时将其包含的负债成分和权益成分

进行分拆,将所包含的负债成分面值贷记"资本公积——其他资本公积",按权益成分的公允价值,贷记"应付债券——可转换公司债券(面值)"。（　　）

4.企业购买固定资产如果延期支付的购买价款超过了正常信用条件,实质上具有融资性质的,所购资产的成本应当以实际支付的总价款为基础确认。（　　）

5.甲公司自乙银行借入的10 000 000元借款将于1年内到期,甲公司不具有自主展期清偿的权利。乙银行的10 000 000元借款作为流动负债列报。（　　）

6.2010年5月1日,淮河公司从银行借入的20 000 000元借款按照协议将于3年后偿还,但因淮河公司违反借款协议的规定使用资金,银行于2010年12月28日要求淮河公司于2011年4月1日前偿还;银行的20 000 000元借款作为流动负债列报。（　　）

7.企业发行债券的票面利率低于同期银行存款利率时,可按超过债券面值的价格发行,成为溢价发行。（　　）

8.企业借入的分期付息到期还本的长期借款,对于核算的应支付利息,增加长期借款的账面价值。（　　）

9.流动借款发生的利息支出,一般应计入"财务费用"科目。（　　）

10."长期应付款"科目核算的内容,一般不包括应付经营租入固定资产的租赁费和无法支付的应付账款。（　　）

四、业务计算与核算题

1.20×1年1月1日,乙公司为其100名中层以上管理人员每人授予100份现金股票增值权,这些人员从20×1年1月1日起必须在该公司连续服务3年,即可自20×3年12月31日起根据股价的增长幅度获得现金,该增值权应在20×5年12月31日之前行使完毕。乙公司估计,该增值权在负债结算之前的每一资产负债表日以及结算日的公允价值和可行权后的每份增值权现金支出额如下:

单位:元

年份	公允价值	支付现金
20×1年	120 000	
20×2年	140 000	
20×3年	150 000	160 000
20×4年	200 000	180 000
20×5年		220 000

20×1年有10名管理人员离开乙公司,乙公司估计三年中还将有8名管理人员离开;20×2年又有6名管理人员离开公司,公司估计还将有6名管理人员离开;20×3年又有4名管理人员离开,假定有40人行使股票增值权取得了现金,20×4年有30人行使股票增值权取得了现金,20×5年有10人行使股票增值权取得了现金。

要求:计算20×1~20×5年每年应确认的费用(或损益)、应付职工薪酬余额和支付的现金,并编制有关会计分录。

2.淮河股份有限公司为一般纳税企业,适用的增值税税率为17%。该企业发行债券及购建设备的有关资料如下：

(1)20×1年1月1日，经批准发行3年期面值为5 000 000元的公司债券。该债券每年末计提利息后予以支付、到期一次还本，票面年利率为3%，发行价格为4 861 265元，发行债券筹集的资金已收到。利息调整采用实际利率法摊销，经计算的实际利率为4%。假定该债券于每年年末计提利息。

(2)20×1年1月10日，利用发行上述公司债券筹集的资金购置一台需要安装的设备，增值税专用发票上注明的设备价款为3 500 000元，增值税额为595 000元，价款及增值税已由银行存款支付。购买该设备支付的运杂费为105 000元。

(3)该设备安装期间领用生产用材料一批，成本为300 000元，该原材料的增值税额为51 000元；应付安装人员工资150 000元；用银行存款支付的其他直接费用201 774.7元。20×1年6月30日，该设备安装完成并交付使用。该设备预计使用年限为5年，预计净残值为50 000元，采用双倍余额递减法计提折旧。

(4)20×3年4月30日，因调整经营方向，将该设备出售，收到价款2 200 000元，并存入银行。另外，用银行存款支付清理费用40 000元。假定不考虑与该设备出售有关的税费。

(5)假定设备安装完成并交付使用前的债券利息符合资本化条件全额资本化且不考虑发行债券筹集资金存入银行产生的利息收入。

要求：(1)编制发行债券时的会计分录。

(2)编制20×1年12月31日、20×2年12月31日有关应付债券的会计分录。

(3)编制该固定资产安装以及交付使用的有关会计分录。

(4)计算固定资产计提折旧的总额。

(5)编制处置该固定资产的有关分录。

(6)编制债券到期的有关会计分录。

第 12 章　借款费用

□学习目标

通过本章学习，熟悉借款费用的内容，掌握借款费用资本化金额的确定，掌握借款费用开始资本化和暂停资本化的条件，掌握借款费用停止资本化的条件，了解借款费用的核算。

12.1　借款费用的确认

12.1.1　借款费用的概念

借款费用是企业借入资金所付出的代价，是指企业因借款而发生的利息及其他相关成本。

借款费用包括借款利息、折价或者溢价的摊销、辅助费用以及因外币借款而发生的汇兑差额等。对于企业发生的权益性融资费用，不应该包括在借款费用中。

因借款而发生的利息，包括企业向银行或者其他金融机构等借入资金发生的利息、发行公司债券发生的利息，以及为购建或者生产符合资本化条件的资产而发生的带息债务所承担的利息等。

折价或者溢价的摊销，主要包括发行公司债券所发生的折价或者溢价在每期的摊销金额。

辅助费用是指企业在借款过程中发生的诸如手续费、佣金等费用，由于这些费用是因安排借款而发生的，也属于借入资金所付出的代价，是借款费用的有机组成部分。

因外币借款而发生的汇兑差额，是指由于汇率变动导致市场汇率与账面汇率出现差异，从而对外币借款本金及其利息的记账本位币金额所产生的影响金额。

12.1.2　借款费用的确认原则

借款费用的确认主要解决的问题是将每期发生的借款费用资本化、计入相关资产的成本，还是将有关借款费用费用化、计入当期损益的问题。根据借款费用准则的规定：

企业发生的借款费用，可直接归属于符合资本化条件的资产的购建或者生产的，应当予以资本化，计入符合资本化条件的资产成本。其他借款费用，应当在发生时根据其发生额确认为财务费用，计入当期损益。

符合资本化条件的资产，是指需要经过相当长时间的购建或者生产活动才能达到预定可使用或者可销售状态的固定资产、投资性房地产和存货等资产。

【例 12—1】 A公司于20×1年1月1日起,用银行借款开工建设一幢简易厂房,厂房于当年2月20日完工,达到预定可使用状态。

在本例中,尽管公司借款用于固定资产的建造,但是由于该固定资产建造时间较短,不属于需要经过相当长时间的购建才能达到预定可使用状态的资产,因此,所发生的相关借款费用不应予以资本化计入在建工程成本,而应当根据发生额计入当期财务费用。

【例 12—2】 B企业向银行借入资金分别用于生产甲产品和乙产品,其中,甲产品的生产时间较短,为2个月;乙产品属于大型发电设备,生产时间较长,为1年零5个月。

为存货生产而借入的借款费用在符合资本化条件的情况下应当予以资本化。本例中,由于甲产品的生产时间较短,不属于需要经过相当长时间的生产才能达到预定可使用状态的资产,因此,为甲产品的生产而借入资金所发生的借款费用不应计入甲产品的生产成本,而应当计入当期财务费用。而乙产品的生产时间比较长,属于需要经过相当长时间的生产才能达到预定可销售状态的资产,因此,为乙产品的生产而借入资金所发生的借款费用符合资本化的条件,应计入乙产品的成本中。

12.1.3 借款费用应予资本化的借款范围

借款费用应予资本化的借款范围既包括专门借款,也包括一般借款。专门借款是指为购建或者生产符合资本化条件的资产而专门借入的款项。专门借款通常应当有明确的用途,即为购建或者生产符合资本化条件的资产而专门借入的,并通常应当具有标明该用途的借款合同。例如,某制造企业为了建办公楼向银行专门贷款 200 000 000 元、某商品流通企业为了建仓库向银行专门贷款 50 000 000 元,均属于专门借款,其使用目的明确,而且其使用受与银行相关合同限制。

一般借款是指除专门借款之外的借款,相对于专门借款而言,一般借款在借入时,其用途通常没有特指用于符合资本化条件的资产的购建或生产。对于一般借款,只有在购建或者生产符合资本化条件的资产占用了一般借款时,才应将与一般借款相关的借款费用资本化;否则,所发生的借款费用应当计入当期损益。

12.1.4 借款费用资本化期间的确定

借款费用资本化期间,是指从借款费用开始资本化时点到停止资本化时点的期间,但借款费用暂停资本化的期间不包括在内。只有发生在资本化期间内的借款费用,才允许资本化,它是借款费用确认和计量的重要前提。

1. 借款费用开始资本化时点的确定

借款费用允许开始资本化必须同时满足三个条件,即资产支出已经发生、借款费用已经发生、为使资产达到预定可使用或者可销售状态所必要的购建或者生产活动已经开始。这三个条件中,只要有一个条件不满足,相关借款费用就不能资本化。

(1)资产支出已经发生。"资产支出"包括支付现金、转移非现金资产和承担带息债务形式所发生的支出。

①支付现金,是指用货币资金支付符合资本化条件的资产的购建或者生产支出。

【例12-3】 某企业用库存现金或者银行存款购买为建造或者生产符合资本化条件的资产所需要的材料,支付相关职工薪酬,向工程承包商支付工程进度款等。这些支出均属于资产支出。

②转移非现金资产,是指企业将自己的非现金资产直接用于符合资本化条件的资产的购建或者生产。

【例12-4】 某企业将自己生产的产品,包括自己生产的水泥、钢材等,用于符合资本化条件的资产的购建或者生产,同时还将自己生产的产品向其他企业换取用于符合资本化条件的资产的购建或者生产所需要用的工程物资,这些产品均属于资产支出。

③承担带息债务,是指企业为了购建或者生产符合资本化条件的资产所需用物资而承担的带息应付款项(如带息应付票据)。企业以赊购方式购买这些物资所产生的债务可能带息,也可能不带息。如果企业赊购这些物资承担的是不带息债务,就不应当将购买价款计入资产支出,因为该债务在偿付前不需要承担利息,也没有占用借款资金。企业只有等到实际偿付,发生了资源流出时,才能将其作为资产支出。如果企业赊购这些物资承担的是带息债务,则企业要为这笔债务付出代价,支付利息,与企业向银行借入款项用以支付资产支出在性质上是一致的。所以,企业为了购建或者生产符合资本化条件的资产而承担的带息债务应当作为资产支出,当该带息债务发生时,视同资产支出已经发生。

【例12-5】 甲企业因厂房建设工程所需,于20×1年1月1日从乙企业购入一批工程用水泥,价税合计1 000 000元。款未付,但开出一张1 000 000元的带息银行承兑汇票,期限为3个月,票面年利率为8%。对于该事项,企业尽管没有为工程建设的目的直接支付现金,但承担了带息债务,所以应当将1 000 000元的购买工程用物资款作为资产支出,自1月1日开出承兑汇票开始即表明资产支出已经发生。

(2)借款费用已经发生。借款费用已经发生,是指企业已经发生了因购建或者生产符合资本化条件的资产而专门借入款项的借款费用或者所占用的一般借款的借款费用。

【例12-6】 某企业于20×1年5月1日为建造一幢建设期为3年的办公楼从银行专门借入款项300 000 000元,当日开始计息。在20×1年5月1日即应当认为借款费用已经发生。

(3)为使资产达到预定可使用或者可销售状态所必要的购建或者生产活动已经开始。"为使资产达到预定可使用或者可销售状态所必要的购建或者生产活动已经开始",是指符合资本化条件的资产的实体建造或者生产工作已经开始,例如主体设备的安装、厂房的实际开工建造等。它不包括仅仅持有资产,但没有发生为改变资产形态而进行的实质上的建造或者生产活动。

【例12-7】 某企业为了建造写字楼购置了建筑用地,但是尚未开工兴建房屋,有关房屋实体建造活动也没有开始,在这种情况下,即使企业为了购置建筑用地已经发生了支出,也不应认为为使资产达到预定可使用状态所必要的购建活动已经开始。

2.借款费用暂停资本化时间的确定

符合资本化条件的资产在购建或者生产过程中发生非正常中断且中断时间连续超

过3个月的,应当暂停借款费用的资本化。在中断期间所发生的借款费用,应当计入当期损益,直至购建或者生产活动重新开始。但是,如果中断是使所购建或者生产的符合资本化条件的资产达到预定可使用或者可销售状态必要的程序,所发生的借款费用应当继续资本化。

【例12-8】 某企业于20×1年2月1日利用专门借款开工兴建一幢住宅楼,支出已经发生,因此借款费用从当日起开始资本化。工程预计于20×2年3月完工。

20×1年4月15日,由于工程人员罢工,导致工程中断,直到8月1日才复工。

该中断就属于非正常中断,而且中断时间连续超过3个月。因此,上述专门借款在4月15日~8月1日间所发生的借款费用不应资本化,而应作为财务费用计入当期损益。

非正常中断,通常是由于企业管理决策上的原因或者其他不可预见的原因等所导致的中断。例如,企业因与施工方发生了质量纠纷,或者工程、生产用料没有及时供应,或者资金周转发生了困难,或者施工、生产发生了安全事故,或者发生了与资产购建、生产有关的劳动纠纷等原因,导致资产购建或者生产活动发生的中断,均属于非正常中断。

非正常中断与正常中断显著不同。正常中断通常仅限于因购建或者生产符合资本化条件的资产达到预定可使用或者可销售状态所必要的程序,或者事先可预见的不可抗力因素导致的中断。例如,某些工程建造到一定阶段必须暂停下来进行质量或者安全检查,检查通过后才可继续下一阶段的建造工作,这类中断是在施工前可以预见的,而且是工程建造必须经过的程序,属于正常中断。某些地区的工程在建造过程中,由于可预见的不可抗力因素(如雨季或冰冻季节等原因)导致施工出现停顿,也属于正常中断。

3.借款费用停止资本化时间的确定

购建或者生产符合资本化条件的资产达到预定可使用或者可销售状态时,借款费用应当停止资本化。在符合资本化条件的资产达到预定可使用或者可销售状态之后所发生的借款费用,应当在发生时根据其发生额确认为费用,计入当期损益。

资产达到预定可使用或者可销售状态,是指所购建或者生产的符合资本化条件的资产已经达到建造方、购买方或者企业自身等预先设计、计划或者合同约定的可以使用或者可以销售的状态。企业在确定借款费用停止资本化的时点时需要运用职业判断,应当遵循实质重于形式的原则,针对具体情况,依据经济实质判断所购建或者生产的符合资本化条件的资产达到预定可使用或者可销售状态的时点,具体可从以下几个方面进行判断:

(1)符合资本化条件的资产的实体建造(包括安装)或者生产活动已经全部完成或者实质上已经完成。

(2)所购建或者生产的符合资本化条件的资产与设计要求、合同规定或者生产要求相符或者基本相符,即使有极个别与设计、合同或者生产要求不相符的地方,也不影响其正常使用或者销售。

(3)继续发生在所购建或生产的符合资本化条件的资产上的支出金额很少或者几乎不再发生。

购建或者生产符合资本化条件的资产需要试生产或者试运行的,在试生产结果表明资产能够正常生产出合格产品,或者试运行结果表明资产能够正常运转或者营业时,应当认为该资产已经达到预定可使用或者可销售状态。

在符合资本化条件的资产的实际购建或者生产过程中,如果所购建或者生产的资产分别建造、分别完工,企业也应当遵循实质重于形式的原则,区别下列情况,界定借款费用停止资本化的时点:

①所购建或者生产的符合资本化条件的资产的各部分分别完工,每部分在其他部分继续建造或者生产过程中可供使用或者可对外销售,且为使该部分资产达到预定可使用或可销售状态所必要的购建或者生产活动实质上已经完成的,应当停止与该部分资产相关的借款费用的资本化,因为该部分资产已经达到了预定可使用或可销售状态。

②购建或者生产的资产的各部分分别完工,但必须等到整体完工后才可使用或者对外销售的,应当在该资产整体完工时停止借款费用的资本化。在这种情况下,即使各部分资产已经分别完工,也不能认为该部分资产已经达到了预定可使用或者可销售状态,企业只能在所购建或者生产的资产整体完工时,才能认为资产已经达到了预定可使用或者可销售状态,借款费用才可停止资本化。

【例12-9】 某企业利用借入资金建造由若干幢厂房组成的生产车间,每幢厂房完工时间不同,但每幢厂房在其他厂房继续建造期间均可单独使用。

在这种情况下,当其中的一幢厂房完工并达到预定可使用状态时,企业应当停止与该幢厂房相关的借款费用的资本化。

【例12-10】 ABC公司借入一笔款项,于20×1年3月1日采用出包方式开工兴建一幢办公楼。20×2年11月15日工程全部完工,达到合同要求。11月30日工程验收合格,12月5日办理工程竣工结算,12月10日完成全部资产移交手续,12月20日办公楼正式投入使用。

在本例中,企业应当将20×2年11月15日确定为工程达到预定可使用状态的时点,作为借款费用停止资本化的时点。后续的工程验收日、竣工结算日、资产移交日和投入使用日均不应作为借款费用停止资本化的时点,否则会导致资产价值和利润高估。

12.2 借款费用资本化金额的确定

12.2.1 借款利息资本化金额的确定

在借款费用资本化期间内,每一会计期间的利息(包括折价或溢价的摊销)资本化金额,应当按照下列方法确定:

(1)为购建或者生产符合资本化条件的资产而借入专门借款的,应当以专门借款当期实际发生的利息费用,减去将尚未动用的借款资金存入银行取得的利息收入或进行暂时性投资取得的投资收益后的金额确定。

【例12-11】 甲公司为建造厂房于20×1年1月1日从银行借入50 000 000元专门借款,借款期限为3年,年利率为8%,不考虑借款手续费。该项专门借款在银行的存款利率为年利率4%,20×1年4月1日,甲公司采取出包方式委托乙公司为其建造该厂房,并预付了20 000 000元工程款,厂房实体建造工作于当日开始。该工程因发生施工安全事故在20×1年8月1日至9月30日中断施工,10月1日恢复正常施工,至年末工程尚未完工。计算该项厂房建造工程在20×1年度应予资本化的利息。

【解析】 由于工程于4月1日才符合开始资本化的时间,虽然20×1年8月1日至9月30日发生非正常,但中断时间没有超过3个月,不需要暂停资本化。这样能够资本化的时间为9个月。20×1年度应予资本化的利息金额=50 000 000×8%×9/12－30 000 000×4%×9/12=2 100 000(元)。

(2)为购建或者生产符合资本化条件的资产而占用了一般借款的,企业应当根据累计资产支出超过专门借款部分的资产支出加权平均数乘以所占用一般借款的资本化率,计算确定一般借款应予资本化的利息金额。资本化率应当根据一般借款加权平均利率计算确定。即企业占用一般借款购建或者生产符合资本化条件的资产时,一般借款的借款费用的资本化金额的确定应当与资产支出相挂钩。有关计算公式如下:

一般借款利息费用资本化金额=累计资产支出超过专门借款部分的资产支出加权平均数×所占用一般借款的资本化率

所占用一般借款的资本化率=所占用一般借款加权平均利率=所占用一般借款当期实际发生的利息之和÷所占用一般借款本金加权平均数

所占用一般借款本金加权平均数=Σ(所占用每笔一般借款本金×每笔一般借款在当期所占用的天数/当期天数)

【例12-12】 某企业于20×2年1月1日用专门借款开工建造一项固定资产,20×2年12月31日该固定资产全部完工并投入使用,该企业为建造该固定资产于20×1年11月1日专门借入一笔款项,本金为30 000 000元,年利率为9%,两年期。该企业另借入两笔一般借款:第一笔为20×2年1月1日借入的10 000 000元,借款年利率为8%,期限为2年;第二笔为20×2年4月1日借入的9 000 000元,借款年利率为10%,期限为3年;计算该企业20×2年为购建固定资产所占用的一般借款的资本化利率。

【解析】 占用的一般借款的资本化利率=[(10 000 000×8%)+(9 000 000×10%/12×9)]/(10 000 000+9 000 000×9/12)=1 475 000/16 750 000=8.81%

【例12-13】 甲公司于20×1年1月1日正式动工兴建一幢办公楼,工期预计为1年零7个月,工程采用出包方式,分别于20×1年1月1日、20×1年8月1日和20×2年3月1日支付工程进度款。

公司为建造办公楼于20×1年1月1日专门借款50 000 000元,借款期限为3年,年利率为8%。另外,在20×1年8月1日又专门借款60 000 000元,借款期限为5年,年利率为9%。借款利息按年支付。

闲置借款资金均用于固定收益债券短期投资,该短期投资月收益率为0.6%。

办公楼于20×2年7月31日完工,达到预定可使用状态。

公司为建造该办公楼的支出金额如表11-1所示:

表12-1 办公楼的支出金额表   单位:元

日 期	每期资产支出金额	资产支出累计金额	闲置借款资金用于短期投资金额
20×1年1月1日	30 000 000	30 000 000	20 000 000
20×1年8月1日	15 000 000	45 000 000	65 000 000
20×2年3月1日	60 000 000	105 000 000	5 000 000
总 计	105 000 000	—	90 000 000

由于甲公司使用了专门借款建造办公楼,而且办公楼建造支出没有超过专门借款金

额,因此公司20×1年、20×2年为建造办公楼应予资本化的利息金额计算如下:

(1)确定借款费用资本化期间为20×1年1月1日~20×2年7月31日。

(2)计算在资本化期间内专门借款实际发生的利息金额:

20×1年专门借款发生的利息金额=50 000 000×8%+60 000 000×9%×5/12=6 250 000(元)

20×2年1月1日~7月31日专门借款发生的利息金额=50 000 000×8%×7/12+60 000 000×9%×7/12=5 483 300(元)

(3)计算在资本化期间内利用闲置的专门借款资金进行短期投资的收益。

20×1年短期投资收益=20 000 000×0.6%×7+65 000 000×0.6%×5=2 790 000(元)

20×2年1月1日~7月31日短期投资收益=5 000 000×0.6%×7=210 000(元)

(4)由于在资本化期间内,专门借款利息费用的资本化金额应当以其实际发生的利息费用减去将闲置的借款资金进行短期投资取得的投资收益后的金额确定。因此:

公司20×1年的利息资本化金额=6 250 000-2 790 000=3 460 000(元)

公司20×2年的利息资本化金额=5 483 300-210 000=5 273 300(元)

有关账务处理如下:

20×1年12月31日:

借:在建工程   3 460 000
　　应收利息(或银行存款)   2 790 000
　　贷:应付利息   6 250 000

20×2年7月31日:

借:在建工程   5 273 300
　　应收利息(或银行存款)   210 000
　　贷:应付利息   5 483 300

【例12-14】 乙公司拟在厂区内建造一幢新厂房,有关资料如下:

(1)20×1年1月1日向银行专门借款50 000 000元,期限为3年,年利率为12%,每年1月1日付息。

(2)除专门借款外,公司有2笔其他借款,分别为公司于前一年11月1日借入的长期借款40 000 000元,期限为4年,年利率为8%,每年11月1日付息以及20×1年3月1日借入的10 000 000元,期限为5年,年利率为6%,每年3月1日付息。

(3)由于审批、办手续等原因,厂房于20×1年3月1日才开始动工兴建,当日支付工程款15 000 000元。工程建设期间的支出情况如下:

20×1年5月1日:30 000 000元;
20×1年7月1日:25 000 000元;
20×2年1月1日:5 000 000元;
20×2年7月1日:6 000 000元。

工程于20×2年11月30日完工,达到预定可使用状态。

(4)专门借款中未支出部分全部存入银行,假定月利率为0.3%。假定全年按照360天计算,每月按照30天计算。

根据上述资料,有关利息资本化金额的计算和利息账务处理如下:

(1)计算 20×1 年、20×2 年全年发生的专门借款和一般借款利息金额。

20×1 年专门借款发生的利息金额=50 000 000×12%=6 000 000(元)

20×1 年一般借款发生的利息金额=40 000 000×8%+10 000 000×6%×10/12=3 700 000(元)

20×2 年专门借款发生的利息金额=50 000 000×12%=6 000 000(元)

20×2 年一般借款发生的利息金额=40 000 000×8%+10 000 000×6%=3 800 000(元)

(2)在本例中,尽管专门借款于 20×1 年 1 月 1 日借入,但是厂房建设于 3 月 1 日方才开工。因此,借款利息费用只能从 3 月 1 日起开始资本化(符合开始资本化的条件),计入在建工程成本。

(3)计算 20×1 年借款利息资本化金额和应计入当期损益金额及其账务处理。

①计算 20×1 年专门借款应予资本化的利息金额。

20×1 年 3 月 1 日到 12 月 31 日专门借款发生的利息费用=50 000 000×12%×300/360=5 000 000(元)

20×1 年专门借款转存入银行取得的利息收入=50 000 000×0.3%×2+35 000 000×0.3%×2+5 000 000×0.3%×2=540 000(元)

其中,在资本化期间内取得的利息收入=35 000 000×0.3%×2+5 000 000×0.3%×2=240 000(元)

公司在 20×1 年应予资本化的专门借款利息金额=6 000 000−50 000 000×12%×2/12−240 000=4 760 000(元)

公司在 20×1 年应当计入当期损益(财务费用)的专门借款利息金额(减利息收入)=1 000 000−(540 000−240 000)=700 000(元)

②计算 20×1 年一般借款应予资本化的利息金额。

公司在 20×1 年占用了一般借款资金的资产支出加权平均数=20 000 000×180/360=10 000 000(元)

20×1 年一般借款加权平均的资本化利率=3 700 000/(40 000 000+10 000 000×10/12)=7.66%

公司在 20×1 年一般借款应予资本化的利息金额=10 000 000×7.66%=766 000(元)

公司在 20×1 年应当计入当期损益的一般借款利息金额=3 700 000−766 000=2 934 000(元)

③计算 20×1 年应予资本化的和应计入当期损益的利息金额。

公司在 20×1 年应予资本化的借款利息金额=4 760 000+766 000=5 526 000(元)

公司在 20×1 年应当计入当期损益的借款利息金额=700 000+2 934 000=3 634 000(元)

④20×1 年有关会计分录。

借:在建工程　　　　　　　　　5 526 000
　　财务费用　　　　　　　　　3 634 000
　　应收利息(或银行存款)　　　540 000
　贷:应付利息　　　　　　　　　　　　　　9 700 000

(4)计算20×2年借款利息资本化金额和应计入当期损益金额及其账务处理。

①计算20×2年专门借款应予资本化的利息金额。

公司在20×2年应予资本化的专门借款利息金额=50 000 000×12‰×3 300 000/3 600 000=5 500 000(元)

公司在20×2年应当计入当期损益的专门借款利息金额=6 000 000-5 500 000=500 000(元)

②计算20×2年一般借款应予资本化的利息金额。

公司在20×2年占用了一般借款资金的资产支出加权平均数=20 000 000×3 300 000/3 600 000+5 000 000×330/360+6 000 000×150/360=25 416 700(元)

20×2年一般借款加权平均的资本化利率=3 800 000/(40 000 000+10 000 000)=7.6%

公司在20×2年一般借款应予资本化的利息金额=25 416 700×7.6%=1 931 700(元)

公司在20×2年应当计入当期损益的一般借款利息金额=3 800 000-1 931 700=1 868 300(元)

③计算20×2年应予资本化和应计入当期损益的利息金额。

公司在20×2年应予资本化的借款利息金额=5 500 000+1 931 700=7 431 700(元)

公司在20×2年应计入当期损益的借款利息金额=500 000+1 868 300=2 368 300(元)

④20×2年有关会计分录。

借:在建工程　　　　　　　　　7 431 700
　　财务费用　　　　　　　　　2 368 300
　　贷:应付利息　　　　　　　　　　　　9 800 000

(3)借款存在折价或者溢价的,应当按照实际利率法确定每一会计期间应摊销的折价或者溢价金额,调整每期利息金额。在资本化期间,每一会计期间的利息资本化金额,不应当超过当期相关借款实际发生的利息金额。

12.2.2 借款辅助费用资本化金额的确定

专门借款发生的辅助费用,在所购建或者生产的符合资本化条件的资产达到预定可使用或者可销售状态之前发生的,应当在发生时根据其发生额予以资本化,计入符合资本化条件的资产的成本;在所购建或者生产的符合资本化条件的资产达到预定可使用或者可销售状态之后发生的,应当在发生时根据其发生额确认为费用,计入当期损益。上述资本化或计入当期损益的辅助费用的发生额,是指根据《企业会计准则22号——金融工具确认和计量》,按照实际利率法所确定的金融负债交易费用对每期利息费用的调整额。借款实际利率与合同利率差异较小的,也可以采用合同利率计算确定利息费用。

一般借款发生的辅助费用,也应当按照上述原则确定其发生额并进行处理。

本章小结

借款费用是企业借入资金所付出的代价,是企业因借款而发生的利息及其他相关成本。

借款费用包括借款利息、折价或者溢价的摊销、辅助费用以及因外币借款而发生的汇兑差额等。在借款费用资本化期间内,每一会计期间的利息(包括折价或溢价的摊销)。

□ 练习题

一、单项选择题

1. 借款费用准则中的专门借款是指( )。
   A. 为购建或者生产符合资本化条件的资产而专门借入的款项
   B. 发行债券收款
   C. 长期借款
   D. 技术改造借款

2. 甲上市公司股东大会于20×1年1月4日作出决议,决定建造厂房。为此,甲公司于3月5日向银行专门借款50 000 000元,年利率为6%,款项于当日划入甲公司银行存款账户。3月15日,厂房正式动工兴建。3月16日,甲公司购入建造厂房用水泥和钢材一批,价款5 000 000元,当日用银行存款支付。3月31日,计提当月专门借款利息。甲公司在3月份没有发生其他与厂房购建有关的支出,则甲公司专门借款利息应开始资本化的时间为( )。
   A. 3月5日   B. 3月15日   C. 3月16日   D. 3月31日

3. A公司为建造厂房于20×1年4月1日从银行借入20 000 000元专门借款,借款期限为2年,年利率为6%。20×1年7月1日,A公司采取出包方式委托B公司为其建造该厂房,并预付了10 000 000元工程款,厂房实体建造工作于当日开始。该工程因发生施工安全事故在20×1年8月1日至11月30日中断施工,12月1日恢复正常施工,至年末工程尚未完工。20×1年将未动用借款资金进行暂时性投资获得投资收益100 000元(其中资本化期间内获得收益70 000元),该项厂房建造工程在20×1年度应予资本化的利息金额为( )元。
   A. 80   B. 13   C. 53   D. 10

4. 下列哪种情况不应暂停借款费用资本化( )。
   A. 由于劳务纠纷而造成连续超过3个月的固定资产的建造中断
   B. 由于资金周转困难而造成连续超过3个月的固定资产的建造中断
   C. 由于发生安全事故而造成连续超过3个月的固定资产的建造中断
   D. 由于可预测的气候影响而造成连续超过3个月的固定资产的建造中断

5. 甲公司为建造一生产车间,于20×1年11月1日向银行借入三年期借款10 000 000元,年利率为6%。20×2年1月1日开始建造该项固定资产,并发生支出5 000 000元,20×2年4月1日又发生支出4 000 000元。20×2年7月1日又为该工程建设发行期限为三年,面值为10 000 000元,年利率为9%,到期一次还本付息的债券,发行价为10 000 000元,同时,支付发行费用80 000元(符合重要性要求)。同日又发生支出6 000 000元。20×2年10月1日发生支出为4 000 000元。该固定资产于20×2年12月31日完工交付使用。假定甲公司利息资本化金额按年计算。未动用的借款资金存入银行取得的利息收入20×1年为50 000元,20×2年为60 000元。甲公司该工程应予资本化的借款费用金额为( )元。
A. 105 B. 107 C. 84 D. 92

6. 甲公司为建造某固定资产于20×1年12月1日按面值发行3年期一次还本付息公司债券,债券面值为120 000 000元(不考虑债券发行费用),票面年利率为3%。该固定资产建造采用出包方式。20×2年甲股份有限公司发生的与该固定资产建造有关的事项如下:1月1日,工程动工并支付工程进度款11 170 000元;4月1日,支付工程进度款10 000 000元;4月19日至8月7日,因进行工程质量和安全检查停工;8月8日重新开工;9月1日支付工程进度款15 990 000元。假定借款费用资本化金额按年计算,每月按30天计算,未发生与建造该固定资产有关的其他借款,资本化期间该项借款未动用资金存入银行所获得的利息收入20×2年为500 000元。则20×2年度甲股份有限公司应计入该固定资产建造成本的利息费用金额为( )元。
A. 371 600 B. 3 100 000 C. 720 000 D. 3 600 000

7. 下列符合资本化条件的资产所发生的借款费用在予以资本化时,要与资产支出相挂钩的有( )。
A. 专门借款利息
B. 专门借款的溢价摊销
C. 一般借款利息
D. 外币专门借款的汇兑差额

8. 20×1年3月1日,甲公司采用自营方式扩建厂房,借入两年期专门款项5 000 000元。20×1年12月12日,厂房扩建工程达到预定可使用状态;20×2年1月28日,厂房扩建工程验收合格;20×2年1月1日办理工程竣工结算;20×2年1月12日,扩建后的厂房投入使用。假定不考虑其他因素,甲公司借入专门借款利息费用停止资本化的时点是( )。
A. 20×1年12月12日 B. 20×1年12月28日
C. 20×2年1月1日 D. 20×2年1月12日

9. 20×1年4月1日,甲事业单位采用融资租赁方式租入一台管路用设备并投入使用。租赁合同规定,该设备租赁期5年,每年4月1日支付年租金1 000 000元,租赁期满后甲事业单位可按10 000元的优惠价格购买设备。当日,甲事业单位支付了首期租金。甲事业单位融资租入该设备的入账价值为( )元。
A. 1 000 000 B. 1 010 000 C. 5 000 000 D. 5 010 000

10. 20×1年3月1日,甲公司为建造一栋厂房向银行取得一笔专门借款。20×1年4月5日,以该借款支付前期订购的工程物资款,因征地拆迁发生纠纷,该厂房延迟至20×1年8月1日才开工兴建,开始支付其他工程款,20×2年3月28日,该厂房建造完成,达到预定可使用状态。20×2年5月30日,甲公司办理工程竣工决算,不考虑其他因素,甲公司该笔借款费用的资本化期间为( )。
A. 20×1年3月1日至20×2年5月30日
B. 20×1年4月5日至20×2年3月28日
C. 20×1年8月1日至20×2年3月28日
D. 20×1年8月1日至20×2年5月30日

二、多项选择题

1. 下列项目中,属于借款费用的有( )。

A. 因外币借款而发生的汇兑差额　　B. 发行公司债券发生的利息

C. 发行公司债券发生的溢价　　　　D. 发行公司债券折价的摊销

2. 企业应当在附注中披露与借款费用有关的信息包括(　　)。

　　A. 当期资本化的借款费用金额

　　B. 当期费用化的借款费用金额

　　C. 当期固定资产购建项目的累计支出

　　D. 当期用于计算确定借款费用资本化金额的资本化率

3. 下列各项，表明所购建固定资产达到预定可使用状态的有(　　)。

　　A. 与固定资产购建有关的支出不再发生

　　B. 固定资产的实体建造工作已经全部完成

　　C. 固定资产与设计要求或者合同要求相符

　　D. 试生产结果表明固定资产能够正常生产出合格产品

4. 下列各项中，属于借款费用准则中的资产支出的有(　　)。

　　A. 专计提的在建工程人员的工资及福利费

　　B. 企业赊购工程建设所用物资而承担的带息债务

　　C. 企业为建设工程项目而转移的非现金资产

　　D. 支付的工程人员工资

5. 关于辅助费用以及因外币借款而发生的汇兑差额，下列说法正确的是(　　)。

　　A. 在资本化期间内，外币专门借款本金及利息的汇兑差额，应当予以资本化，计入符合资本化条件的资产成本

　　B. 在资本化期间内，外币专门借款本金及利息的汇兑差额的计算不与资产支出相挂钩

　　C. 专门借款发生的辅助费用，在所购建或者生产的符合资本化条件的资产达到预定可使用状态或者可销售状态之前发生的，应当在发生时根据其发生额予以资本化，计入符合资本化条件的资产的成本

　　D. 专门借款发生的辅助费用，在计算其资本化金额时应与资产支出相挂钩

6. 下列各项中，符合资本化条件的资产包括(　　)。

　　A. 需要经过相当长时间的购建才能达到预定可使用状态的固定资产

　　B. 需要经过相当长时间购建才能达到预定可使用状态的投资性房地产

　　C. 需要经过相当长时间的生产活动才能达到预定可销售状态的存货

　　D. 需要经过半年的购建才能达到预定可销售状态的投资性房地产

7. 在确定借款费用暂停资本化的期间时，应当区别中断和非正常中断。下列各项中，属于非正常中断的有(　　)。

　　A. 质量纠纷导致的中断　　　　　B. 安全事故导致的中断

　　C. 劳动纠纷导致的中断　　　　　D. 资金周转困难导致的中断

8. 下列关于企业发行可转换公司债券会计处理的表述中，正确的有(　　)。

　　A. 将负债成分确认为应付债券

　　B. 将权益成分确认为资本公积

　　C. 按债券面值计量负债成分初始确认金额

　　D. 按公允价值计量负债成分初始确认金额

9. 在符合借款费用资本化条件下的会计期间,下列有关借款费用的会计处理中,符合会计准则规定的有（　　）。
   A. 购建或者生产符合资本化条件的资产达到预定可使用或者可销售状态时,借款费用应当停止资本化
   B. 专门借款资本化的利息金额,不应超过当期专门借款实际发生的利息
   C. 购建固定资产活动发生正常中断且中断持续时间超过3个月的,中断期间的利息应计入建造成本
   D. 购建固定资产活动发生的非正常中断且中续时间未超过3个月的,中断期间的利息应计入建造成本

10. 下列有关借款费用资本化的表述中,正确的有（　　）。
    A. 所建造的固定资产的支出基本不再发生,应停止借款费用资本化
    B. 固定资产建造中发生正常中断且连续超过3个月的,应暂停借款费用资本化
    C. 固定资产建造中发生非正常中断且连续超过1个月的,应暂停借款费用资本化
    D. 所建造固定资产基本达到涉及要求,不影响正常使用,应停止借款费用资本化

三、判断题

1. 在借款费用允许资本化的期间内发生的外币专门借款汇兑差额,应当计入以该专门借款所购建固定资产的成本。（　　）
2. 购建固定资产达到预定可使用状态前因安排专门借款以及占用一般借款而发生的辅助费用,应当计入所购建固定资产的成本。（　　）
3. 企业购建或生产的符合资本化条件的资产的各部分分别完工,且每部分在其他部分继续建造过程中可供使用或者可对外销售,且为使该部分资产达到预定可使用或可销售状态所必要的购建或者生产活动实质上已经完成的,应当停止与该部分资产相关的借款费用的资本化。（　　）
4. 资本化期间,是指从借款费用开始资本化时点到停止资本化时点的期间,借款费用暂停资本化的期间包括在内。（　　）
5. 借款费用在资本化期间内,建造资产的累计支出金额未超过专门借款金额的,发生的专门借款利息扣除该期间与专门借款相关的收益后的金额,应当计入所建造资产成本。（　　）
6. 在资本化期间内,外币专门借款本金及利息的汇总差额应予资本化。（　　）
7. 企业借入的款项用于生产存货的,发生的借款费用均予以资本化。（　　）
8. 专门借款实际发生的借款利息减去闲置资金的利息收入或投资收益后的金额应全部资本化。（　　）
9. 借款存在折价或者溢价的,应当按照实际利率法确定每一会计期间应摊销的折价或者溢价金额,调整每期利息金额。（　　）
10. 企业借入的分期付息到期还本的长期借款,对于核算的应支付利息,增加长期借款的账面价值。（　　）

四、业务计算与核算题

1. 某企业 20×1 年 1 月 1 日开始建造一项固定资产,所占用的一般借款有两项(假定这里的支出均为超过专门借款的支出,不再单独考虑专门借款的情况):

① 20×1 年 1 月 1 日借入的 3 年期借款 2 000 000 元,年利率为 6%。

② 20×1 年 4 月 1 日发行的 3 年期债券 3 000 000 元,票面年利率为 5%,实际利率为 6%,债券发行价格为 2 850 000 元,折价 150 000 元(不考虑发行债券时发生的辅助费用)。

有关资产支出如下:

1 月 1 日支出 1 000 000 元;2 月 1 日支出 500 000 元;3 月 1 日支出 500 000 元;4 月 1 日支出 2 000 000 元;5 月 1 日支出 600 000 元。

假定资产建造从 1 月 1 日开始,工程项目于 20×1 年 6 月 30 日达到预定可使用状态。债券溢折价采用实际利率法摊销。

要求:

(1) 分别计算 20×1 年第一季度和第二季度适用的资本化率。

(2) 分别计算 20×1 年第一季度和第二季度应予资本化的利息金额并进行相应的账务处理。

2. 淮河公司于 20×1 年 1 月 1 日动工兴建一办公楼,工程采用出包方式,每半年支付一次工程进度款。工程于 20×2 年 6 月 30 日完工,达到预计可使用状态。

淮河公司建造工程资产支出如下:

(1) 20×1 年 1 月 1 日,支出 30 000 000 元。

(2) 20×1 年 7 月 1 日,支出 50 000 000 元,累计支出 80 000 000 元。

(3) 20×2 年 1 月 1 日,支出 30 000 000 元,累计支出 110 000 000 元。

淮河公司为建造办公楼于 20×1 年 1 月 1 日专门借款 40 000 000 元,借款期限为 3 年,年利率为 8%,按年支付利息。除此之外,无其他专门借款。

办公楼的建造还占用两笔一般借款:

(1) 从 A 银行取得长期借款 40 000 000 元,期限为 20×0 年 12 月 1 日至 20×3 年 12 月 1 日,年利率为 6%,按年支付利息。

(2) 发行公司债券 200 000 000 元,发行日为 20×0 年 1 月 1 日,期限为 5 年,年利率为 8%,按年支付利息。

闲置专门借款资金用于固定收益债券临时性投资,假定暂时性投资月收益率为 0.5%。假定全年按 360 天计。

要求:

(1) 计算 20×1 年和 20×2 年专门借款利息资本化金额。

(2) 计算 20×1 年和 20×2 年一般借款利息资本化金额。

(3) 计算 20×1 年和 20×2 年利息资本化金额。

(4) 编制 20×1 年和 20×2 年与利息资本化金额有关的会计分录。

五、思考题

1. 什么是借款费用,包括哪些内容?

2. 简述借款费用的确认原则。

3. 什么是借款费用资本化期间？如何确定？
4. 借款费用应予资本化的借款范围是什么？
5. 借款费用开始资本化和暂停资本化的条件是什么？
6. 借款费用资本化的借款范围包括哪些？
7. 简要阐述借款费用与财务费用的关系。
8. 借款利息资本化金额确定的原则有哪些？
9. 如何计算占用一般借款本金的加权平均数？

第13章 所有者权益

□学习目标

通过本章学习,掌握所有者权益与债权人权益的区别,了解所有者权益的概念和内容,熟悉实收资本、资本公积、盈余公积和未分配利润等会计科目核算内容,掌握相关经济业务的账务处理。

13.1 所有者权益概述

13.1.1 所有者权益的概念

所有者权益代表投资者对企业净资产的索取权,也称产权,是指企业资产扣除负债后由所有者享有的剩余权益。所有者权益在数量上等于企业全部资产减去全部负债后的余额。

从权益原有意义来看,权益包括所有者权益和债权权益,投资者和债权人都是企业资产的提供者,他们对企业都享有一定的要求权。但是,所有者权益和债权权益又有显著区别,主要表现在以下几点:

从债权人角度看,债权权益对企业资产的要求权优于所有者权益,在企业破产清算时,债权人享有优先受偿的权利;债权人对企业享有固定索取权;债权人一般不能参与企业的经营管理。从债务人(企业)角度看,负债资金一般有固定的到期日,需要按照法定的义务按期还本付息。

从投资者角度看,所有者权益享有参与企业的经营管理的权利;在企业持续经营的情况下,除按法律程序减资外,一般不能提前撤回投资;投资者对企业享有剩余索取权。从被投资者(企业)角度看,股权资金没有到期日,不需要偿还;企业支付以股利或利润的形式向投资者进行利润分配。

13.1.2 所有者权益的内容

所有者权益包括投资者投入的资本、资本公积、从净利润中按比例提取的盈余公积、直接计入所有者权益的利得和损失以及未分配利润等。其中,盈余公积和未分配利润统称为留存收益。

所有者权益表明企业的产权关系,即企业归谁所有,它是企业资金的主要来源,在会计核算上占有非常重要的地位。

13.2 所有者权益的核算

13.2.1 实收资本的核算

1. 实收资本的概念

实收资本是企业申请设立时,按照我国有关法律规定,在工商行政管理部门登记注册的资本金,如为上市公司则为股本。是投资者投入资产形成法定资本的价值。实收资本在一般情况下无需偿还,并可以长期周转使用。

投资者可以用现金进行投资,也可以用存货、固定资产、无形资产等非货币性资产作价出资。全体股东的现金出资额不得低于有限责任公司注册资本的30%;投资者以存货、固定资产、无形资产等非货币性资产作价出资的,其出资比例不得超出有关法律法规的规定。

《中华人民共和国公司法》(以下简称《公司法》)规定:"公司是指依照本法在中国境内设立的有限责任公司和股份有限公司"。"有限责任公司由50个以下股东出资设立"。"设立股份有限公司,应当有2人以上200人以下为发起人,其中须有半数以上的发起人在中国境内有住所"。可见,有限责任公司是指由一定数量的股东共同出资组成,股东仅就自己的出资额对公司的债务承担有限责任的公司。股份有限公司是由一定人数出资设立,全部资本由等额股份构成,并通过发行股票筹集资本的公司企业。

《公司法》对各类企业注册资本的最低限额都有明确规定,其中对有限责任公司的注册资本的最低限额作了如下规定:

(1)以生产经营为主的公司人民币 500 000 元。
(2)以商品批发为主的公司人民币 500 000 元。
(3)以商业零售为主的公司人民币 300 000 元。
(4)科技开发、咨询、服务性公司人民币 100 000 元。

特定行业的有限责任公司注册资本最低限额高于前款所定限额的,由法律、行政法规另行规定。

股份有限公司注册资本的最低限额为人民币 10 000 000 元。股份有限公司注册资本最低限额需高于上述所定限额的,由法律、行政法规另行规定。

我国目前实行的是注册资本制度,要求企业的实收资本与其注册资本相一致。企业资本(或股本)除下列情况外,不得随意变动:

(1)符合增资条件,并经有关部门批准增资的,在实际取得投资者的出资时,登记入账。
(2)企业按法定程序报经批准减少注册资本的,在实际归还投资时登记入账。采用收购本企业股票方式减资的,在实际购入本企业股票时,登记入账。

2. 实收资本的分类

企业筹集的资本金,按照投资主体分为国家资本金、法人资本金、个人资本金和外商资本金等。

3. 实收资本的核算

企业应通过设置"实收资本"(股份有限公司为"股本")总分类账户对资本金进行总分类核算,按照投资者的名称设置明细分类账户,对"实收资本"进行明细分类核算。该账户的贷方登记实际受到投资者投入的资本;借方登记企业按照法定程序减资时资本的减少额;期末余额在贷方,表示会计期末实收资本的结存数。

(1) 投资者以现金投资。企业收到投资者以现金进行投资的,应当以实际收到或者存入企业开户银行的金额作为实收资本入账。实际收到或存入企业开户银行的金额超过投资者在被投资企业注册资本中所占份额的部分,记入资本公积。收到投资款项时,借记"银行存款"科目,贷记"实收资本"科目,实际收到的款项大于或小于投资双方约定的占被投资单位所有者份额的部分,贷记或借记"资本公积"科目。

(2) 投资者以非现金资产投资。企业收到投资者以非现金资产作价投资的,应当以投资各方约定的合同或协议价(不公允的除外)作为实收资本入账。实际收到的资产价值超过投资者在被投资企业注册资本中所占份额的部分,记入资本公积。实际收到投入的各资产时,按照投资各方合同或协议约定的价值(不公允的除外)借记"固定资产"、"无形资产"、"原材料"、"库存商品"等科目,贷记"实收资本"科目,实际收到的资产作价大于或小于投资双方约定的占被投资单位所有者份额的部分,贷记或借记"资本公积"科目。

【例 13—1】 甲企业由 A、B 两家企业共同投资设立,其中 A 企业以现金出资,投资款 600 000 元,已全部存入银行;B 企业以设备作价出资,双方协议价 500 000 元(假设与该设备公允价值相等)。

甲企业相关账务处理如下:

借:银行存款　　　　　　　　　600 000
　　贷:实收资本——A 企业　　　　　　　　600 000
借:固定资产——某设备　　　　500 000
　　贷:实收资本——B 企业　　　　　　　　500 000

假设上例中,B 企业投入固定资产的价值,双方协议价为 550 000 元,与其在甲企业注册资本所占份额相等,而该设备的公允价值为 500 000 元,甲企业有关账务处理如下:

借:固定资产——某设备　　　　500 000
　　资本公积——其他资本公积　 50 000
　　贷:实收资本——B 企业　　　　　　　　550 000

股份有限公司与其他企业相比,最显著的特征是将企业全部资本划分为若干等额的股份,并通过发行股票筹集资金。股票的面值乘以股份总数即为股本。溢价发行取得的收入大于股本总数的差额,扣除手续费、佣金等发行费用后记入"资本公积——股本溢价"科目。涉及首次发行股票而接受投入的无形资产,按照投资方的账面价值入账。

【例 13—2】 乙股份有限公司通过发行股票申请设立。经批准发行 10 000 000 股股票,每股面值 1 元,实际发行价每股 5 元。发行工作已全部结束,支付发行费用 300 000 元。

乙公司相关账务处理如下:

借:银行存款　　　　　　　　　49 700 000
　　贷:股本　　　　　　　　　　　　　　　10 000 000
　　　　资本公积——股本溢价　　　　　　　39 700 000

4. 实收资本的增减变动

一般情况下,企业的实收资本相对固定不变,但在某些特定条件下,实收资本也可能发生增减变化。

企业实收资本增加的途径有:一是资本公积转增资本。会计上应借记"资本公积"科目,贷记"实收资本"科目;二是盈余公积转增资本。在会计上应借记"盈余公积"科目,贷记"实收资本"科目;三是新的投资者投入。企业应在收到投资者投入的资金时,借记"银行存款"、"固定资产"、"原材料"、"无形资产"等科目,贷记"实收资本"科目。

【例13-3】 A有限责任公司由甲、乙二人共同投资设立,原注册资本为30 000 000元,甲、乙分别出资20 000 000元和10 000 000元。为扩大经营规模,经批准,A公司按照原出资比例将资本公积3 000 000元转增资本。

A公司相关账务处理如下:

借:资本公积　　　　　　　　3 000 000
　　贷:实收资本——甲　　　　　　　2 000 000
　　　　　　　——乙　　　　　　　　1 000 000

企业实收资本减少的原因有两个:一是资本过剩。一般企业因资本过剩而减资,要发还投资款。按实际发还投资的数额,借记"实收资本",贷记"银行存款"等科目;二是企业发生重大亏损而减少实收资本。

相对于一般企业来说,股份有限公司由于通过发行股票筹集资金,发还股款时也是通过股票回购方式完成,相关的会计处理较为复杂。发行股票的价格与股票的面值可能不同,回购股票的价格可能与发行价格也不同,因此股份有限公司减少注册资本回购本公司股票时,应按实际支付的价款,借记"库存股"科目,贷记"银行存款";注销库存股时,应按照股票的面值和注销库存股股数计算的金额,借记"股本"科目,按照注销库存股的账面余额,贷记"库存股"科目,其差额首先冲减原记入资本公积中的溢价部分,借记"资本公积——股本溢价"科目,"资本公积——股本溢价"金额不够冲减的,应依次借记"盈余公积"、"利润分配——未分配利润"等科目。如果股票的回购价低于股票的面值,在注销库存股时,应按照股票的面值和注销库存股股数计算的金额,借记"股本"科目,按照注销库存股的账面余额,贷记"库存股"科目,按两者之间的差额贷记"资本公积——股本溢价"科目。

企业应将因减资而注销的股份、发还的股款以及因减资而需要更新或股票的变动情况在实收资本或股本的明细账及备查簿中登记。

公司减少注册资本的,应当自公告之日起45日后申请变更登记,并应当提交企业在报纸上登载减少注册资本公告的有关证明和公司债务清偿或者债务担保情况的说明。企业减资后的注册资本不得低于法定的最低限额。

【例13-4】 B股份有限公司截至20×1年12月31日共发行股票3 000 000股,股票面值为1元,资本公积(股本溢价)600 000元,盈余公积400 000元。经股东大会批准,B公司以现金回购本公司股票200 000股并注销。假定B公司按照每股5元回购股票,不考虑其他因素。

B公司相关账务处理如下：
库存股的成本=200 000×5=1 000 000(元)
借：库存股　　　　　　　　　　1 000 000
　　贷：银行存款　　　　　　　　　　　　1 000 000
借：股本　　　　　　　　　　　　200 000
　　资本公积——股本溢价　　　　600 000
　　盈余公积　　　　　　　　　　200 000
　　贷：库存股　　　　　　　　　　　　　1 000 000

13.2.2　资本公积的核算

1.资本公积的概念

资本公积是企业收到投资者投入的超出其在企业注册资本(或股本)中所占份额的金额，以及直接计入所有者权益的利得和损失等。资本公积包括资本溢价(或股本溢价)和直接计入所有者权益的利得和损失等。

资本溢价(或股本溢价)是企业收到投资者的超出其在企业注册资本(或股本)中所占份额的投资。形成资本溢价(或股本溢价)的原因有溢价发行股票、投资者超额缴入资本等。

直接计入所有者权益的利得和损失是指不应计入当期损益、会导致所有者权益发生增减变动的、与所有者投入资本或者向所有者分配利润无关的利得或者损失。

2.资本公积的具体内容

资本公积的具体内容除了资本溢价或股本溢价以外，直接计入所有者权益的利得和损失是指不应计入当期损益、会导致所有者权益发生增减变动的、与所有者投入资本或者向所有者分配利润无关的利得或者损失，是指以下几个方面：

(1)权益法核算的长期股权投资。长期股权投资采用权益法进行核算时，被投资单位除净损益以外所有者权益的其他变动，企业按其持股比例计算应享有的份额，记入"资本公积——其他资本公积"科目。

(2)可供出售金融资产公允价值的变动。资产负债表日，企业持有的可供出售金融资产的公允价值与账面余额的差额，应记入"资本公积——其他资本公积"科目，在可供出售金融资产转让时，转销与之相关的资本公积，计入当期损益。

(3)投资性房地产转换。当企业自用房地产或存货转换为采用公允价值模式计量的投资性房地产时，投资性房地产按照转换当日的公允价值入账，转换当日的公允价值小于原账面价值的，其差额计入当期损益；转换当日的公允价值大于原账面价值的，其差额记入"资本公积——其他资本公积"科目。处置该项投资性房地产时，转销与其相关的资本公积，计入当期损益。

(4)以权益结算的股份支付。根据《企业会计准则第11号——股份支付》，以权益结算的股份支付换取职工或其他方提供服务的，应按权益工具授予日的公允价值，增加当期管理费用的同时记入"资本公积——其他资本公积"科目贷方。在行权日，企业根据实际行权的权益工具数量，结转相关的资本公积。

(5)金融资产重分类。将可供出售金融资产重分类为采用成本或摊余成本计量的持有至到期投资时,重分类日该金融资产的公允价值或账面价值作为成本或摊余成本,该金融资产没有固定到期日的,与该金融资产相关、原直接计入所有者权益的利得或损失,应当仍然记入"资本公积——其他资本公积"科目,在该金融资产被处置时转出,计入当期损益。

将持有至到期投资重分类为可供出售金融资产,重分类日该投资的账面价值与其公允价值之间的差额记入"资本公积——其他资本公积"科目,在该可供出售金融资产发生减值或终止确认时转出,计入当期损益。

按照金融工具确认和计量的规定应当以公允价值计量,但以前公允价值不能可靠计量的可供出售金融资产,企业应当在其公允价值能够可靠计量时改按公允价值计量,将相关账面价值与公允价值之间的差额记入"资本公积——其他资本公积"科目。在其发生减值或终止确认时将上述差额转出,计入当期损益。

3.资本公积的核算

企业应当设置"资本公积"总分类账户对资本公积进行总分类核算,按照资本公积的来源设置"资本(或股本)溢价"、"其他资本公积"明细账户对资本公积进行明细核算。

(1)资本溢价或股本溢价。

企业经过筹建、试生产经营、寻找市场、开辟市场等等过程,从投入资金到取得投资回报,中间需要许多时间,在这个过程中资本利润率很低,而企业进行正常生产经营后,在正常情况下,资本利润率要高于企业初创阶段。这高于初创阶段的资本利润率是初创时必要的垫支资本带来的,创办者为此付出了代价,并且承担了较高的风险。为了维护原有投资者的权益,新加入的投资者要付出大于原有投资者的出资额,才能取得与投资者相同的投资比例。另外,原投资者原有投资从质量上发生了变化,数量上也可能发生变化,这是因为企业经营过程中实现利润的一部分以留存收益的形式留在了企业内部,而留存收益也属于所有者权益,将来可能转入实收资本。新加入的投资者如与原投资者共享这部分留存收益,也要求其付出大于原有投资者的出资额,才能取得与原有投资者相同的投资比例。企业收到投资者投入资本时,一方面借记各项资产科目,另一方面按其投资比例计算的出资额部分,贷记"实收资本"科目,实际投入的金额大于按其占被投资企业所有者权益份额的部分贷记"资本公积——资本溢价"科目。

【例13-5】 A有限责任公司由甲、乙、丙三位股东各自出资20 000 000元设立。设立时的实收资本为6 000 000元。经过三年的经营,该企业所有者权益总额达到10 000 000元。此时B企业与A企业协商,表示愿意出资3 000 000元,占A企业所有者权益的25%。

A企业相关账务处理如下:

借:银行存款　　　　　　　　3 000 000
　　贷:实收资本　　　　　　　　　　　2 500 000
　　　　资本公积——资本溢价　　　　　　500 000

股份有限公司是以发行股票的方式筹集股本的,股票是企业签发的证明股东按其所持股份享有权利和承担义务的书面证明。由于股东按其所持企业股份享有权利和承担义务,为了反映和便于计算各股东所持股份占企业全部股率的比例,企业的股本总额应按股票的面值与股份总数的乘积计算。有关法律规定,实收股本总额应与注册资本相等。因此,为提供企业股本总额、构成及注册资本等信息,在采用溢价发行股票的情况下,企业应将发行股票取得的收入扣除发行费用、佣金等后的金额借记"银行存款"科目,按股票面值与股份总数的乘积贷记"股本"科目;两者之间的差额贷记"资本公积——股本溢价"科目。

【例13-6】 A股份有限公司委托证券公司代理发行普通股 20 000 000 股,每股面值为1元,发行价格为每股5元。双方约定手续费、佣金等 100 000 元,其余款项已经全部收到。

根据上述资料,A股份有限公司相关账务处理如下:
计入股本的金额=20 000 000 × 1=20 000 000(元)
计入资本公积的金额:(5-1)×20 000 000-100 000=79 900 000(元)
借:银行存款　　　　　　　　99 900 000
　　贷:股本　　　　　　　　　　　　20 000 000
　　　　资本公积——股本溢价　　　79 900 000

(2)其他资本公积。

长期股权投资采用权益法核算的,在持股比例不变的情况下,被投资单位除净损益以外所有者权益的其他变动,企业按持股比例计算应享有的份额,如果是利得,借记"长期股权投资"科目,贷记"资本公积——其他资本公积"科目;如果是损失,应当作相反的会计分录。当处置采用权益法核算的长期股权投资时,应当将原记入资本公积的相关金额转入投资收益。

企业将作为存货的房地产转换为采用公允价值模式计量的投资性房地产时,应当按该项存货在转换日的公允价值,借记"投资性房地产——成本"科目,原已计提存货跌价准备的,按已计提的金额借记"存货跌价准备"科目,按其账面余额,贷记"开发产品"科目,转换日的公允价值大于存货账面价值,按其差额,贷记"资本公积——其他资本公积"科目。

将自用建筑物等转换为采用公允价值模式计量的投资性房地产时,应当按该项房地产在转换日的公允价值,借记"投资性房地产——成本"科目,按已计提的累计折旧、固定资产减值准备,借记"累计折旧"、"固定资产减值准备"等科目,按其账面余额,贷记"固定资产"科目,转换日的公允价值大于固定资产账面价值,按其差额,贷记"资本公积——其他资本公积"科目。

以权益结算的股份支付换取职工或其他方提供服务的,应按照确定的金额,借记"管理费用"等科目,贷记"资本公积——其他资本公积"科目。在行权日,应按实际行权的权益工具数量计算确定的金额,借记"资本公积——其他资本公积"科目,按记入实收资本或股本的金额,贷记"实收资本"或"股本"科目,并将其差额记入"资本公积——资本溢价"或"资本公积——股本溢价"。

【例13-7】 A企业将其一栋位于城市中心的建筑物对外出租,双方约定租期3年。该建筑物账面余额 5 000 000 元,已提折旧 2 000 000 元,未发生减值。由于可以持续获得可靠的有关房地产信息,A企业决定对该项房地产采用公允价值计量模式。租赁期开始日该建筑物的公允价值为 4 500 000 元。

A企业相关账务处理如下：
借：投资性房地产——成本　　　4 500 000
　　累计折旧　　　　　　　　　2 000 000
　　贷：固定资产——××写字楼　　　　5 000 000
　　　　资本公积——其他资本公积　　　1 500 000

13.2.3 盈余公积的核算

1. 盈余公积的概念

盈余公积是指企业按照规定从税后利润中提取的积累资金。

2. 盈余公积的分类

一般盈余公积分为两种：一是法定盈余公积。公司制企业的法定盈余公积按照税后利润的10%提取（非公司制企业也可按照超过10%的比例提取），法定盈余公积累计额已达注册资本的50%时可以不再提取；二是任意盈余公积。公司制企业应按照股东大会的决议，决定是否提取任意盈余公积以及按照怎样的比例提取。法定盈余公积和任意盈余公积的区别就在于其各自计提的依据不同。前者以国家的法律或行政规章为依据提取，后者则由企业自行决定提取。

3. 盈余公积的用途

企业提取盈余公积主要可以用于以下几个方面：

(1) 弥补亏损。企业发生亏损时，一方面企业应加强内部管理，提高经济效益，尽快扭亏为盈，同时也可以盈余公积弥补亏损。企业弥补亏损的途径主要有三条：第一是用以后年度税前利润弥补。按照现行制度规定，企业发生亏损时，可以用以后五年内实现的税前利润弥补；第二是用以后年度税后利润弥补。企业发生的亏损经过五年期间未足额弥补的，尚未弥补的亏损只能用税后利润来弥补；第三就是以盈余公积弥补亏损。企业以提取的盈余公积弥补亏损时。应当由公司董事会提议，并经股东大会批准。

(2) 转增资本。企业将盈余公积转增资本时，必须经股东大会决议批准。在实际将盈余公积转增资本时，要按股东原有持股比例结转。按照《公司法》的规定。法定公积金（资本公积和盈余公积）转为资本时，所留存的该项公积金不得少于转增前公司注册资本的25%。

企业提取的盈余公积，无论是用于弥补亏损，还是用于转增资本，都属于企业所有者权益内部在结构上的调整，并不引起企业所有者权益总额的变动；企业以盈余公积转增资本时，在减少盈余公积结存的数额的同时，增加企业实收资本或股本的数额，所以也不会引起所有者权益总额发生变动。

(3) 扩大企业生产经营。盈余公积的用途，并不是仅指其实际占用形态，提取盈余公积也并不是单独将这部分资金从企业资金周转过程中抽出。企业盈余公积的结存数，属于企业生产经营资金来源的一个方面，表现为企业所有者权益的组成部分，其形成的资金仍然以一定的资产形式存在，比如货币资金或者存货、固定资产等实物资产，随同企业其他来源所形成的资金一起用于企生产经营，参与企业资金的循环周转。

4. 盈余公积的核算

企业应当设置"盈余公积"总分类账户对盈余公积进行总分类核算，在"盈余公积"总分类账户下设置"法定盈余公积"、"任意盈余公积"两个明细账户进行明细核算。外商投资企业还应分别"储备基金"、"企业发展基金"进行明细核算。

企业按照当期净利润的10%提取盈余公积时，借记"利润分配——提取法定盈余公积"、"利润分配——提取任意盈余公积"科目，贷记"盈余公积——法定盈余公积"、"盈余公积——任意盈余公积"科目。

外商投资企业按规定提取的储备基金、企业发展基金、职工奖励及福利基金，借记"利搁分配——提取储备基金"、"利润分配——提取企业发展基金"、"利润分配——提取职工奖励及福利基金"科目，贷记"盈余公积——储备基金"、"盈余公积——企业发展基金"、"应付职工薪酬"科目。

企业用盈余公积弥补亏损或转增资本时，借记"盈余公积"科目，贷记"利润分配——盈余公积补亏"、"实收资本"或"股本"等科目。经股东大会决议，用盈余公积派送新股，按派送新股计尊的金额，借记"盈余公积"科目，按股票面值和派送新股总数计算的股票面值总额，贷记"股本"科目。

【例13—8】 A企业20×1年度实现净利润10 000 000元，经批准的20×1年度利润分配方案为：按照20×1年实现净利润的10%提取法定盈余公积，5%提取任意盈余公积，其余转作未分配利润。

A企业相关账务处理如下：

(1) 20×1年度终了时，企业结转本年实现的净利润。

借：本年利润　　　　　　　　　　　　10 000 000
　　贷：利润分配——未分配利润　　　　　　　　　10 000 000

(2) 提取法定盈余公积和任意盈余公积。

借：利润分配——提取法定盈余公积　　10 000 000
　　　　　　——提取任意盈余公积　　　500 000
　　贷：盈余公积——法定盈余公积　　　　　　　　1 000 000
　　　　　　　　——任意盈余公积　　　　　　　　　500 000

(3) 结转"利润分配"的明细科目。

借：利润分配——未分配利润　　　　　1 500 000
　　贷：利润分配——提取法定盈余公积　　　　　　1 000 000
　　　　　　　　——提取任意盈余公积　　　　　　　500 000

□本章小结

本章讲述了所有者权益的概念和内容，所有者权益包括实收资本(或股本)、资本公积、盈余公积和未分配利润等内容，其中盈余公积和未分配利润也统称为留存收益。通过学习我们要了解所有者权益包括的内容，熟悉有关账户的设置，重点掌握实收资本(或股本)、资本公积、盈余公积等具体核算的内容和账务处理。

练习题

一、单项选择题

1. 某有限责任公司是由甲、乙、丙三方各出资 2 000 000 元设立的,设立时的实收资本为 6 000 000 元,经营几年后,留存收益已达 1 000 000 元。为扩大经营规模,三方面决定吸收丁投资人加入,同意丁投资人以现金出资 4 000 000 元,投入后占该公司全部注册资本的 25%。同时公司的注册资本增资至 8 000 000 元。则该公司收到了投资人的出资时,"资本公积"账户应计入( )元。
   A. 1 500 000 B. 2 000 000 C. 2 750 000 D. 1 000 000

2. 某股份制公司委托某证券公司代理发行普通股 100 000 股,每股面值 1 元,每股按 1.1 元的价格出售,按协议,证券公司从发行收入中收取 3% 的手续费,从发行收入中扣除。则该公司计入资本公积的数额为( )元。
   A. 6 700 B. 3 000 C. 110 000 D. 0

3. 公司回购本公司股票时,回购价大于回购股份的面值时,应借记有关会计科目的依次顺序是( )。
   A. 股本、资本公积、盈余公积、未分配利润
   B. 未分配利润、股本、盈余公积、资本公积
   C. 未分配利润、盈余公积、资本公积、股本
   D. 股本、盈余公积、未分配利润、资本公积

4. 某企业年初所有者权益总额 1 600 000 元,当年以其中的资本公积转增资本 500 000 元。当年实现净利润 3 000 000 元,提取盈余公积 300 000 元,向投资者分配利润 200 000 元。该企业年末所有者权益总额为( )元。
   A. 3 600 000 B. 4 100 000 C. 4 400 000 D. 4 600 000

5. 采用权益法核算长期股权投资时,对于被投资企业因可供出售金融资产公允价值变动影响资本公积增加,期末因该事项投资企业应按所拥有的表决权资本的比例计算应享有的份额,将其计入( )。
   A. 资本公积 B. 投资收益 C. 其他业务收入 D. 营业外收入

6. 星海公司当年盈利 3 000 000 元,以前年度未弥补亏损 400 000 元(已超过规定的弥补期限),企业用盈余公税弥补了 300 000 元,另 100 000 元可用( )。
   A. 资本公税弥补
   B. 投资收益弥补
   C. 所得税后利润弥补
   D. 所得税前利润弥补

7. 企业接受的实物捐赠应计入( )。
   A. 实收资本
   B. 资本公积
   C. 盈余公积
   D. 未分配利润

8. 投资人实际缴付资本时,若其出资额超出其在注册资本中应占的份额,那么超出部分应计入( )。
   A. 资本公积 B. 实收资本 C. 盈余公积 D. 营业外收入

9. 2006 年 1 月 1 日某企业所有者权益情况如下:实收资本 2 000 000 元,资本公积 170 000 元,盈余公积 380 000 元,未分配利润 320 000 元。则该企业 2006 年 1 月 1 日留存收益为( )元。

A. 320 000　　　　B. 380 000　　　　C. 700 000　　　　D. 870 000

10. 企业将自用房转为以公允价值计量的投资性房地产时,公允价值大于账面价值的差额应计入(　　)。
　　A. 公允价值变动损益　　　　　　B. 营业外收入
　　C. 资本公积　　　　　　　　　　D. 管理费用

二、多项选择题

1. 按现行企业会计制度的规定,下列资本公积项目中,不能转增资本的项目有(　　)。
　　A. 股权投资准备　　　　　　　　B. 接受捐赠非现金资产准备
　　C. 其他资本公积　　　　　　　　D. 关联交易差价
2. 所有者权益是指企业资产扣除负债后由所有者享有的剩余权益,其内容包括(　　)。
　　A. 实收资本　　B. 资本公积　　C. 盈余公积　　D. 未分配利润
3. 留存收益包括(　　)。
　　A. 实收资本　　B. 盈余公积　　C. 未分配利润　　D. 资本公积
4. 下列项目中,不会引起股份有限公司所有者权益发生增减变动的项目有(　　)。
　　A. 用资本公积转增资本　　　　　B. 用盈余公积弥补亏损
　　C. 分配股票股利　　　　　　　　D. 分配现金股利
5. 企业吸收投资者出资时,下列会计科目的余额可能发生变化的有(　　)。
　　A. 盈余公积　　B. 资本公积　　C. 实收资本　　D. 利润分配
6. 下列各项,能影响所有者权益总额发生增减变动的是(　　)。
　　A. 支付已宣告的现金股利　　　　B. 宣告派发现金股利
　　C. 宣告派发股票股利　　　　　　D. 收到投资者投入的现金
7. 公司发行股票支付的手续费、佣金等发行费用,有可能作出的会计处理有(　　)。
　　A. 计入财务费用
　　B. 计入管理费用
　　C. 从溢价中抵消
　　D. 溢价不足以支付的部分,冲减盈余公积和未分配利润
8. "资本公积"账户贷方核算的内容包括(　　)。
　　A. 资本溢价
　　B. 按法定程序转增实收资本的数额
　　C. 对被投资单位的长期股权投资采用权益法核算的情况下,被投资单位除净损益以外的所有者权益的其他变动,投资企业相应发生的资本公积变化金额
　　D. 所注销库存股账面余额低于所冲减股本的差额
9. 下列各项,构成企业留存收益的有(　　)。
　　A. 资本溢价　　B. 未分配利润　　C. 任意盈余公积　　D. 法定盈余公积
10. 甲股份有限公司以收购本企业股票方式减资,在进行会计处理时,可能涉及的会计科目有(　　)。
　　A. 股本　　B. 资本公积　　C. 财务费用　　D. 盈余公积

三、判断题

1. 股份有限公司的股本等于公司的注册资本。　　　　　　　　　　　　　　(　　)

2.回购本公司股票,不会引起实收资本或股本发生增减变动。（　　）

3.甲公司20×1年12月31日股东权益总额为320 000 000元。其中:股本200 000 000元(面值为1元),资本公积(股本溢价)60 000 000元,盈余公积50 000 000元,未分配利润10 000 000元。20×2年经董事会批准以每股5元的价格回购本公司股票20 000 000股并注销,回购时确认的库存股金额为20 000 000元。（　　）

4.资产负债表日,投资性房地产以公允价值计量的,公允价值变动计入资本公积。（　　）

5.有限责任公司在增资扩股时,如有新投资者介入,新介入的投资者缴纳的出资额大于其按约定比例计算的其在注册资本中所占的份额部分的差额,应计入资本公积。（　　）

6.某企业经营第一年亏损1 500 000元,第二年实现税前利润4 000 000元,所得税税率为25%,法定盈余公积的提取比例是10%,则该企业当年应提取的法定盈余公积为187 500元。（　　）

7.甲公司年初盈余公积项目余额为2 000 000元,未分配利润项目余额为5 000 000元,本期实现净利润1 000 000元,提取盈余公积1 500 000元,盈余公积转增资本1 000 000元,甲公司留存收益的年末余额为3 500 000元。（　　）

8.用盈余公积派送新股时,按派送新股计算的金额,借记"盈余公积",按股票面值和派送新股总数计算的股票面值总额,贷记"股本"科目,差额贷记"资本公积——其他资本公积"科目。（　　）

9.某企业2009年发生亏损1 000 000元,按规定可以用2010年度实现的利润弥补,该企业2010年实现利润600 000元,弥补了上年部分亏损,2010年末企业正确的会计处理方法是借记"本年利润",贷记"利润分配——未分配利润"。（　　）

10.将债务转为资本能引起所有者权益总额发生增减变动的是。（　　）

四、业务计算与核算题

1.甲公司有关资料如下:

(1)年初未分配利润为5 000 000元,本年利润总额为12 000 000元,适用的企业所得税税率为25%。当年按税法规定的全年计税工资为2 000 000元,甲公司全年实发工资2 700 000元。经查,甲公司当年营业外支出中有300 000元为税款滞纳罚金。除此之外,不存在其他纳税调整因素。

(2)按税后利润的10%提取法定盈余公积

(3)提取任意盈余公积1 000 000元。

(4)向投资者宣告分配现金股利5 000 000元。

要求:

(1)计算甲公司本期所得税费用,并编制确认所得税费用、结转所得税和结转本年利润的会计分录。

(2)编制甲公司提取法定盈余公积的会计分录。

(3)编制甲公司提取任意盈余公积的会计分录。

(4)编制甲公司向投资者宣告分配现金股利的会计分录。

(5)计算年末未分配利润。

(除"所得税费用"和"应付股利"科目外,其他科目均需要写出二级明细科目。答案中的金额单位用元表示)

2. 淮河公司20×1年4月10日购入甲上市公司的股票200万股作为可供出售金融资产,每股10元(含已宣告但尚未发放的现金股利1元),另支付相关费用100 000元。5月10日收到现金股利2 000 000元。6月30日每股公允价值为9.2元,9月30日每股公允价值为9.4元,12月31日每股公允价值为9.3元。

要求:根据上述资料编制长江公司有关会计分录。

3. 甲公司为增值税一般纳税企业,增值税率为17%。甲公司系原由投资者A公司和投资者B公司共同出资成立,投资者A公司和投资者B公司各出资20 000 000元,各占50%的股份。经营两年后,投资者A公司和投资者B公司决定增加公司资本,此时有一新投资者C公司要求加入甲公司。经有关部门批准后,甲公司实施增资,将实收资本增加到90 000 000元。经三方协商,一致同意,完成下述投入后,三方投资者各拥有甲公司30 000 000元实收资本,并各占甲公司1/3的股份,各投资者的出资情况如下:

(1)投资者A公司以一台设备投入甲公司作为增资,该设备原价18 000 000元,已提折旧9 500 000元,投资各方确认价值为12 600 000元。

(2)投资者B公司以一批原材料投入甲公司作为增资,该批材料账面价值10 500 000元,投资各方确认价值11 000 000元,投资者B公司已开具了增值税专用发票,价款为11 000 000元,增值税进项税额为1 870 000元。

(3)投资者C公司以银行存款投入甲公司39 000 000元。

要求:根据以上资料,分别编制甲公司接受投资者A公司、投资者B公司增资时以及投资者C公司初次出资时的会计分录。("应交税金"科目要求写出二级和三级明细科目;单位为元)

4. 资料:淮河公司20×1年7月份发生下列经济业务:

(1)接受甲公司投资50 000元存入银行。

(2)收到乙公司投资,其中设备估价70 000元交付使用,材料价值15 000元验收入库。

(3)收到某外商捐赠的录像设备一台价值24 000元,交付使用。

(4)经有关部门批准将资本公积金30 000元转增资本。

要求:根据上述资料编制会计分录。

5. 淮河公司20×1年12月份发生下列有关利润形成与分配的业务:

(1)结转本月实现的各项收入,其中产品销售收入148 000元,营业外收入32 000 000元。

(2)结转本月发生的各项费用,其中:产品销售成本40 000元,销售费用1 500元,营业税金及附加2 000元,管理费用33 600元,营业外支出229 000元。

(3)根据(1)、(2)项业务确定的利润总额按33%的税率计算所得税并予以结转。

(4)按税后利润10%提取盈余公积金。

(5)将剩余利润的40%分配给投资人。

(6)年末结转本年净利润53 600元。

要求:编制上述业务的会计分录。

第 14 章　收入、费用和利润

□学习目标

通过本章学习,掌握销售商品收入的确认和计量,掌握提供劳务收入的确认和计量,掌握让渡资产使用权收入的确认和计量,熟悉商业折扣、现金折扣、销售折让和销售退回的处理。

14.1　销售商品收入的确认和计量

14.1.1　销售商品收入的确认

销售商品收入是指企业通过销售商品或产品而实现的收入。企业销售商品时,若同时符合以下 5 个条件,即确认收入:

1. 企业已将商品所有权上的主要风险和报酬转移给买方

风险主要指商品由于贬值、损坏、报废等造成的损失,报酬是指商品中包含的未来经济利益,包括商品因升值等给企业带来的经济利益。判断一项商品所有权上的主要风险和报酬是否已转移给买方,需要视不同情况而定:

(1) 大多数情况下,所有权上的风险和报酬的转移伴随着所有权凭证的转移或实物的交付而转移,例如大多数零售交易。

(2) 有些情况下,企业已将所有权凭证或实物交付给买方,但商品所有权上的主要风险和报酬并未转移。企业可能在以下几种情况下保留商品所有权上的主要风险和报酬:

① 企业销售的商品在质量、品种、规格等方面不符合合同规定的要求,又未根据正常的保证条款予以弥补,因而仍负有责任。

例如,A 公司于 5 月 21 日销售一批商品,商品已经发出,买方已预付部分货款,余款由 A 公司开出一张商业承兑汇票,已随发票账单一并交付买方。买方当天收到商品后,发现商品质量没达到合同规定的要求,立即根据合同的有关条款与 A 企业交涉,要求 A 公司在价格上给予一定的减让,否则买方可能会退货。双方没有达成一致意见,A 公司仍未采取任何弥补措施。此项销售表明,尽管商品已经发出,发票账单已交付买方,也已收到部分货款,但由于双方在商品质量的弥补方面未达成一致意见,买方尚未正式接受商品,商品可能被退回,因此商品所有权上的主要风险和报酬仍留在 A 公司,A 公司此时不能确认收入。收入应递延到已按买方要求进行弥补时予以确认。

②企业销售商品的收入是否能够取得取决于买方是否将商品销售出去。如代销或寄销商品。

代销或寄销的特点是受托方只是一个代理商，委托方将商品发出后，所有权并未转移给受托方，所有权上的风险和报酬仍在委托方，与受托方无关。只有当受托方将商品售出后，商品所有权上的风险和报酬才移出委托方。因此，在代销或寄销情况下，委托方应在受托方售出商品，并取得受托方提供的代销清单时确认收入。

③企业尚未完成售出商品的安装或检验工作，且此项安装或检验任务是销售合同的重要组成部分。例如，某电梯生产企业销售电梯，电梯已发出，发票账单已交付买方，买方已预付部分货款，但根据合同规定，卖方负责安装，卖方在安装并经检验合格后，买方立即支付余款。在这种情况下，电梯发出并不表示商品所有权上的主要风险和报酬已转移给买方，企业仍需对电梯进行安装，安装过程中可能会发生一些不确定因素，阻碍该项销售的实现，因此只有在安装完毕并检验合格后才能确认收入。

④销售合同中规定了由于特定原因买方有权退货的条款，而企业又不能确定退货的可能性。例如，某企业为推销一项新产品，规定凡购买该产品者均有一个月的试用期，不满意的，一个月内给予退货。在这种情况下，该企业尽管已将商品售出，也已收到价款，但由于是新产品，无法估计退货的可能性，商品所有权上的风险和报酬实质上并未转移给买方，该企业在售出商品时不能确认收入。只有当买方正式接受商品时或退货期满时确认收入。

(3)有些情况下，转移商品所有权凭证但实物尚未交付，商品所有权上的主要风险和报酬随之转移给买方，企业只保留所有权上的次要风险。这时应在所有权上的主要风险和报酬转移时确认收入，而不管实物是否交付，如交款提货的销售。

交款提货销售是指买方已根据卖方开出的发票账单支付货款，并取得卖方开出的提货单。这种情况下，买方支付完货款，并取得提货单，即认为该商品所有权已经转移，卖方应确认收入。

2. 企业既没有保留通常与所有权相联系的继续管理权，也没有对已售出的商品实施控制

企业将商品所有权上的主要风险和报酬转移给买方后，如仍然保留通常与所有权相联系的继续管理权，或仍然对售出的商品实施控制，则此项销售不能成立，不能确认相应的销售收入。

例如，某房地产企业 A 将尚待开发的土地销售给 B 企业，合同同时规定由 A 企业开发这片土地，开发后的土地售出后，利润由 A、B 两企业按一定比例分配。这意味着 A 企业仍保留了与该土地所有权相联系的继续管理权，该项交易实质上不是销售土地的交易，而是 A、B 企业共同对该项土地的开发进行投资，并共享利润的交易。A 企业在销售土地时，不能确认收入。

如企业对售出的商品保留了与所有权无关的管理权，则不受本条件的限制。例如房地产企业将开发的房产出售后，保留了对该房产的物业管理权，由于此项管理权与房产所有权无关，房地产销售成立。企业提供的物业管理应视为一个单独的劳务合同，有关收入应确认为劳务收入。

3. 收入的金额能够可靠地计量

收入能否可靠地计量，是确认收入的基本前提。企业在销售商品时，售价通常已经

确定。但销售过程中由于某种不确定因素,也有可能出现售价变动的情况,则新的售价未确定前不应确认收入。

企业销售商品在满足收入确认条件时,应按照已收或应收合同或协议的公允价值确认为商品销售收入金额。从购货方已收或应收的合同或协议价款通常为公允价值。某些情况下,合同或协议明确规定销售商品需要延期收款,实质上具有融资性质的,应按照应收合同或协议价款的现值确认收入金额;应收或已收的价款不公允的企业应当按公允的交易价格确认收入的金额。在判断合同或协议价款是否公允时,应当关注企业与购货方之间的关系。通常情况下,关联方关系的存在可能导致已收或应收的合同或协议价款不公允。

4. 与交易相关的经济利益很可能流入企业

经济利益是指直接或间接流入企业的现金或现金等价物。在销售商品的交易中,与交易相关的经济利益即为销售商品的价款。销售商品的价款能否有把握收回,是收入确认的一个重要条件,企业在销售商品时,如估计价款收回的可能性不大,即使收入确认的其他条件均已满足,也不应当确认收入。

相关经济利益很可能流入企业,是指销售商品价款收回的可能性大于不能收回的可能性,即销售商品价款收回的可能性超过50%。企业在确定销售商品的价款能否收回,主要根据企业以前和买方交往的直接经验、政府有关政策,或从其他方面取得的信息进行判断。一般情况下,企业售出的商品符合合同或协议规定的要求,并已将发票账单交付买方,买方也承诺付款,即表明销售商品的价款能够收回。如企业判断价款不能收回,应提供可靠的证据。

5. 相关的已发生或将要发生的成本能够可靠地计量

根据收入和费用配比原则,与同一项销售有关的收入和成本应在同一会计期间予以确认。因此,成本不能可靠计量,相关的收入也不能确认,即使其他条件均已满足。如已收到价款,收到的价款应确认为一项负债。

例如订货销售。订货销售是指企业已收到买方全部或部分货款,但库存无现货,需要通过制造或通过第三方交货。在这种销售方式下,企业尽管已收到全部或部分货款,但商品尚在制造过程中或仍在第三方,相关的成本不能可靠地计量,因此只有在商品交付时才能确认收入。预收的货款作为负债处理。

企业销售商品应同时满足上述5个条件,才能确认收入。任何一个条件没有满足,即使收到货款,也不能确认收入。

14.1.2 销售商品收入的计量

商品销售收入的金额应根据企业与购货方签订的合同或协议金额确定,无合同或协议的,应按购销双方都同意或都能接受的价格确定。企业在销售商品过程中,有时会代第三方或客户收取一些款项,例如:企业代国家收取增值税,代贷款人收取利息以及旅行社因代客户购买门票、飞机票收取票款等。这些代收款作为暂收款记入相应的负债类科目,不作为企业的收入处理。

商品销售收入在确认时,应按确定的收入金额与应收取的增值税,借记"应收账款"、

"应收票据"、"银行存款"等科目,按应收取的增值税,贷记"应交税费——应交增值税(销项税额)"科目,按确定的收入金额,贷记"主营业务收入"或"其他业务收入"科目。需要交纳消费税、资源税、城市维护建设税、教育费附加等税费的,应在确认收入的同时,或在月份终了时,按应交的税费金额,借记"主营业务税金及附加"、"其他业务支出"科目,贷记"应交税费——应交消费税(或应交资源税、应交城市维护建设税)"、"其他应交款"等科目。

【例14-1】 某企业销售一批化妆品,增值税发票上注明售价200 000元,增值税34 000元,款项尚未收到。该批化妆品的成本为120 000元。假定消费税率为5%,则应交消费税10 000元。

借:应收账款	234 000	
贷:主营业务收入		200 000
应交税费——应交增值税(销项税额)		34 000
借:主营业务成本	120 000	
贷:库存产品		120 000
借:主营业务税金及附加	10 000	
贷:应交税费——应交消费税		10 000

企业在确定商品销售收入金额时,不考虑各种预计可能发生的现金折扣、销售折让。

现金折扣,是指债权人为鼓励债务人在规定的期限内付款而向债务人提供的债务扣除。销售商品涉及现金折扣的,应当按照扣除现金折扣前的金额确定销售商品收入金额。现金折扣在实际发生时计入当期损益。

销售折让,是指企业因售出商品的质量不合格等原因而在售价上给予的减让。企业已经确认销售商品收入的售出商品发生销售折让的,应当在发生时冲减当期销售商品收入。发生销售折让时,如按规定允许扣减当期销项税额的,应同时用红字冲减"应交税金——应交增值税"科目的"销项税额"专栏。

【例14-2】 某企业在20×1年5月1日销售一批商品1 000件,增值税发票上注明售价100 000元,增值税额17 000元。企业而在合同中规定符合现金折扣的条件为:2/10,1/20,n/30。假定计算折扣时不考虑增值税。

5月1日销售实现时,应按总售价作收入:

借:应收账款	117 000	
贷:主营业务收入		100 000
应交税费——应交增值税(销项税额)		17 000

如5月9日买方付清货款,则按售价100 000元的2%享受2 000元的现金折扣(100 000×2%=2 000元),实际付款115 000(117 000-2 000)元,应作分录。

借:银行存款	115 000	
财务费用	2 000	
贷:应收账款		117 000

如5月18日买方付清货款,则应享受的现金折扣为100 000×1%=1 000元,实际付款116 000元,应作分录。

借:银行存款	116 000	

  财务费用   1 000
    贷:应收账款   117 000

如买方在5月底才付款,则应按全额付款,应作分录。

  借:银行存款   117 000
    贷:应收账款   117 000

【例14-3】 某企业销售一批商品,增值税发票上的售价800 000元,增值税额136 000元,货到后买方发现商品质量不合格,要求在价格上给予10%的折让。

销售实现时应作分录。

  借:应收账款   936 000
    贷:主营业务收入   800 000
      应交税费——应交增值税(销项税额)   136 000

发生销售折让时。

  借:主营业务收入   80 000
    应交税费——应交增值税(销项税额)   1 360
      贷:应收账款   81 360

实际收到款项时。

  借:银行存款   854 640
    贷:应收账款   854 640

14.1.3 特殊销售商品业务的会计处理

1. 代销商品

代销通常有两种方式:

(1)视同买断,即由委托方和受托方签订协议,委托方按协议价收取所代销的货款,受托方可以自行定价,实际售价与协议价之间的差额归受托方所有。

收入确认取决于双方协议如何约定。如果约定受托方在收到代销商品后,无论是否卖出,是否获利,均与委托方无关,则代销商品交易与直接销售给受托方实际上没有区别,符合销售商品收入确认条件时委托方应确认销售商品收入,受托方可以作商品购进处理。如果约定受托方将来没有售出商品可以将商品退回,或受托方代销商品发生亏损时可以要求委托方补偿,则委托方在交付商品时不确认销售商品收入,受托方也不做购进处理,受托方将商品销售后,应按实际售价确认为销售收入,并向委托方开具代销清单,委托方收到代销清单时,再确认本企业的销售收入。

【例14-4】 A企业委托B企业销售甲商品100件,协议价为100元/件,该商品成本60元/件,增值税率17%。代销协议约定,B企业在收到代销商品后,无论是否卖出,是否获利,均与委托方无关。这批商品已经发出,货款尚未收到。A企业开出的增值税专用发票注明税款为1 700元。B企业实际销售时开具的增值税发票上注明:售价12 000元,增值税为2 040元。

A企业应作分录:

A企业将甲商品交付B企业时。

借:应收账款——B企业　　　　　　　　　11 700
　　贷:主营业务收入　　　　　　　　　　　　　　　　10 000
　　　　应交税费——应交增值税(销项税额)　　　　　 1 700
借:主营业务成本　　　　　　　　　　　6 000
　　贷:库存商品　　　　　　　　　　　　　　　　　　6 000
收到B企业汇来的货款11 700元时。
借:银行存款　　　　　　　　　　　　 11 700
　　贷:应收账款——B企业　　　　　　　　　　　　 11 700
B企业应作分录:
收到甲商品时。
借:库存商品　　　　　　　　　　　　 10 000
　　应交税费——应交增值税(进项税额)　 1 700
　　贷:应付账款　　　　　　　　　　　　　　　　　 11 700
实际销售时。
借:银行存款　　　　　　　　　　　　 14 040
　　贷:主营业务收入　　　　　　　　　　　　　　　 12 000
　　　　应交税费——应交增值税(销项税额)　　　　　 2 040
借:主营业务成本　　　　　　　　　　 10 000
　　贷:库存商品　　　　　　　　　　　　　　　　　 10 000
按合同协议价将款项付给A企业时。
借:应付账款——A企业　　　　　　　　11 700
　　贷:银行存款　　　　　　　　　　　　　　　　　 11 700

(2)收取手续费,即受托方根据所代销的商品数量向委托方收取手续费,这对受托方来说实际上是一种劳务收入。这种代销方式与第(1)种方式相比,主要特点是,受托方通常应按照委托方规定的价格销售,不得自行改变售价。

在这种方式下,委托方在发出商品时通常不确认销售商品收入,在收到受托方开出的代销清单时确认销售商品收入;受托方应在商品销售后,按合同或协议约定的方法计算确定的手续费确认收入。

【例14—5】承【例14—4】,假定代销合同规定,B企业应按每件100元售给顾客,A企业按售价的10%支付B企业手续费。B企业实际销售时,即向买方开一张增值税专用发票,发票上注明甲商品售价10 000元,增值税额1 700元。A企业在收到B企业交来的代销清单时,向B企业开具一张相同金额的增值税发票。

A企业应作分录:
A企业将甲商品交付B企业时。
借:委托代销商品　　　　　　　　　　6 000
　　贷:库存商品　　　　　　　　　　　　　　　　　　6 000
企业收到代销清单时。
借:应收账款——B企业　　　　　　　　11 700
　　贷:主营业务收入　　　　　　　　　　　　　　　 10 000

应交税费——应交增值税(销项税额)		1 700

收到B企业汇来的货款净额10 700元(11 700元－1 000元)。

借:银行存款	10 700	
销售费用——代销手续费	1 000	
贷:应收账款——B企业		11 700

B企业应作分录:

收到甲商品时。

借:受托代销商品	10 000	
贷:受托代销商品款		10 000

实际销售时。

借:银行存款	11 700	
贷:应付账款——A企业		10 000
应交税费——应交增值税(销项税额)		1 700

收到增值税专用发票时。

借:应交税费——应交增值税(进项税额)	1 700	
贷:应付账款——A企业		1 700
借:受托代销商品款	10 000	
贷:受托代销商品		10 000

归还A企业货款并计算代销手续费时。

借:应付账款——A企业	11 700	
贷:银行存款		10 700
主营业务收入		1 000

2. 预收款销售商品

预收款销售商品是指购买方在商品尚未收到前按合同或协议约定分期付款,销售方在收到最后一笔款项才交货的销售方式。在这种方式下,销售方在预收货款时尚未提供商品,故与商品所有权有关的风险和报酬尚未转移,不能确认为收入,预收的货款应确认为负债。在收到最后一笔款项时才将商品交给购货方,这时商品所有权上的风险和报酬已经转移给购货方,所以企业应在发出商品时确认收入。

预收货款时,借"银行存款"科目,贷"预收货款"科目。在收到剩余货款和增值税并确认收入时,借"银行存款"、"预收账款"等科目,贷"主营业务收入"、"应交税金"等科目,同时结转销售成本,借"主营业务成本"科目,贷"库存商品"科目。

3. 售后回购

售后回购,是指销售商品时,销售方同意日后再将商品购回的销售方式。售后回购是否确认收入,应视商品所有权上的主要风险和报酬是否转移及是否放弃对商品的控制而定。通常情况下,售后回购交易属于融资行为,商品所有权上的主要风险和报酬并未转移,收到的款项应作为负债处理;回购价格大于原价的差额,应在回购期间按期计提利息,计入财务费用。若符合销售商品收入确认条件的,销售商品按售价确认收入,回购的商品按购进商品处理。

【例 14-6】 A 企业于 20×1 年 1 月份将一批商品销售给 B 企业,开出增值税专用发票上注明售价为 900 000 元,增值税 153 000 元,款已收到。该批商品的成本为 600 000 元。合同规定,2 年后 A 企业将其重新购回,回购价为 1 000 000 元。

这笔交易实际上是 A 企业将商品作抵押,向 B 企业借款 900 000 元,借款期为 2 年,应支付利息 100 000 元(1 000 000－900 000)。因此 A 企业应作如下会计分录:

销售时。

借:银行存款　　　　　　　　　　　　　1 053 000
　　贷:应付账款——B 企业　　　　　　　　　　　900 000
　　　　应交税费——应交增值税(销项税)　　　　153 000
借:发出商品　　　　　　　　　　　　　600 000
　　贷:库存商品　　　　　　　　　　　　　　　　600 000

20×1、20×2 年 12 月 31 日应预计利息费用 50 000 元。

借:财务费用　　　　　　　　　　　　　50 000
　　贷:应付账款——B 企业　　　　　　　　　　　50 000

1999 年 1 月回购时。

借:应付账款——B 企业　　　　　　　　1 000 000
　　应交税费——应交增值税(进项税)　　　170 000
　　贷:银行存款　　　　　　　　　　　　　　　1 170 000

4.售后租回

售后租回,指销售商品的同时,销售方同意日后再租回所售商品。在这种销售方式下,售价与资产账面价值之间的差额作为"递延收益——未实现售后租回,损益"并应分别以下情况处理:

(1)如果售后租回交易认定为融资租赁的,售价与资产账面价值之间的差额按该项租赁资产的折旧进度进行分摊,作为折旧费用的调整。

(2)如果售后租回交易认定为经营租赁的,售价与资产账面价值之间的差额应在租赁期内按照与确认租金费用相一致的方法进行分摊,作为租金费用的调整。

但是,有确凿证据表明认定为经营租赁的售后租回,交易是按照公允价值达成的,销售的商品按售价确认收入,并按账面价值结转成本。

5.附有销售退回条件的商品销售

附有销售退回条件的商品销售,指购买方依照有关协议有权退货的销售。在这种销售方式下,企业应根据验能够合理估计退货可能性且确认与退货相关负债的,应在发出商品时确认收入;不能合理估计退货可能性的,应在售出商品退货期满时确认收入。

对于估计可能发生退货部分的已发出商品,以及不能合理地确定退货可能性的发出商品,应将其成本转入"发出商品"账户;对于估计不会发生退货的部分,其账务处理比照一般销售商品账务处理规定办理。

【例 14-7】 A 公司 20×1 年 3 月 1 日将一批商品出售给 B 公司,总计 1 000 件,单位售价 100 元,单位成本 70 元。增值税专用发票注明价款为 100 000 元,增值税额 17 000 元。协议约定付款期 1 个月,并于 9 月 1 日前有权退货。商品已发出。假如 A 公司根据过去的经验，估计该批产品的退货率为10%；商品发出时纳税义务已经产生；实际发生销售退回时有关增值税额允许冲减。A公司的会计处理如下：

3月1日发出商品时。

借：应收账款　　　　　　　　　　　　117 000
　　贷：主营业务收入　　　　　　　　　　　　　　　100 000
　　　　应交税费——增值税（销项税）　　　　　　　17 000
借：主营业务成本　　　　　　　　　　70 000
　　贷：库存商品　　　　　　　　　　　　　　　　　70 000

3月31日确认估计的销售退回。

借：主营业务收入　　　　　　　　　　10 000
　　贷：主营业务成本　　　　　　　　　　　　　　　7 000
　　　　其他应付款　　　　　　　　　　　　　　　　3 000

4月1日前收到货款时。

借：银行存款　　　　　　　　　　　　117 000
　　贷：应收账款　　　　　　　　　　　　　　　　　117 000

8月31日退回商品100件，款项已付。

借：库存商品　　　　　　　　　　　　7 000
　　应交税费——增值税（销项税）　　1 700
　　其他应付款　　　　　　　　　　　3 000
　　贷：银行存款　　　　　　　　　　　　　　　　　11 700

如果退回商品是80件时：

借：库存商品　　　　　　　　　　　　5 600
　　应交税费——增值税（销项税额）　1 360
　　主营业务成本　　　　　　　　　　1 400
　　其他应付款　　　　　　　　　　　3 000
　　贷：银行存款　　　　　　　　　　　　　　　　　9 360
　　　　主营业务收入　　　　　　　　　　　　　　　2 000

如果退回商品是120件时：

借：库存商品　　　　　　　　　　　　8 400
　　应交税费——增值税（销项税额）　2 040
　　主营业务收入　　　　　　　　　　2 000
　　其他应付款　　　　　　　　　　　3 000
　　贷：银行存款　　　　　　　　　　　　　　　　　14 040
　　　　主营业务成本　　　　　　　　　　　　　　　1 400

上例中，如果A公司无法合理估计退货的可能性，则发出商品时不能确认为销售收入。待商品退货期满，再根据实际退货数量，按没有发生退货的发出商品确认销售收入。

【例14-8】　资料沿用【例14-7】，A公司的账务处理如下：

3月1日发出商品时。

借：应收账款　　　　　　　　　　　　17 000

贷：应交税费——增值税（销项税额）		17 000
借：发出商品	7 000	
贷：库存商品		7 000

4月1日前收到货款时。

借：银行存款	117 000	
贷：应收账款		17 000
预收账款		100 000

8月31日，退货期满没有发生退货时。

借：预收账款	100 000	
贷：主营业务收入		100 000
借：主营业务成本	70 000	
发出商品		70 000

如果8月31日退货期满，发生退货100件时：

借：预收账款	100 000	
应交税费——增值税（销项税额）	1 700	
贷：主营业务收入		90 000
银行存款		11 700
借：主营业务成本	63 000	
库存商品	7 000	
贷：发出商品		70 000

6. 商品需要安装和检验的销售

商品需要安装和检验的销售，指售出的商品需要经过安装、检验等过程。在这种销售方式下，购买方在接受交货以及安装和检验完毕前一般不应确认营业收入，但如果安装程序比较简单，或检验是为最终确定合同价格而必须进行的程序，则可以在商品发出时，或在商品装运时确认营业收入。

7. 以旧换新销售

以旧换新销售是指销售方在销售商品的同时回收与所售商品相同的旧商品。在这种销售方式下，销售的商品应当按照销售商品收入确认条件确认收入，回收的商品作为购进商品处理。

14.2 提供劳务收入的确认和计量

14.2.1 提供劳务交易结果能够可靠估计

企业在资产负债表日，如能对提供劳务的交易结果可靠计量，应按完工百分比法确认相关的劳务收入。但如一项劳务的开始和结束均在同一会计年度，则应在劳务完成时确认收入。

1.提供劳务的交易结果能否可靠估计的条件

如同时满足以下条件,则交易的结果能够可靠地估计:

(1)总收入的金额能够可靠地计量。合同总收入一般根据双方签订的合同或协议注明的交易总额确定。随着劳务的不断提供,可能会根据实际情况增加或减少交易总金额,企业应及时调整合同总收入。

(2)与交易相关的经济利益很可能流入企业。只有当与交易相关的经济利益能够流入企业时,企业才确认收入。企业可以从接受劳务方的信誉、以往的经验以及双方就结算方式和期限达成的协议等方面进行判断。

(3)劳务的完成程度能够可靠地确定。劳务的完成程度可以采用以下方法确定:其一,已完工作的测量;其二,已经提供的劳务占应提供劳务总量的比例;其三,已经发生的成本占估计总成本的比例。

(4)交易中发生和将要发生的成本能够可靠地计量。

劳务总成本包括至资产负债表日止已经发生的成本和完成劳务将要发生的成本。企业应建立完善的内部成本核算制度和有效的内部财务预算及报告制度,准确提供每期发生的成本。并对完成剩余劳务将要发生的成本作出科学、可靠的估计,并随着劳务的不断提供或外部情况的不断变化,随时对估计的成本进行修订。

2.完工百分比法的应用

完工百分比法是指按劳务的完成程度确认收入和费用的方法。企业资产负债表日,如能对提供劳务的交易结果作出可靠估计,应采用完工百分比法确认收入,同时结转相应的成本。

完工百分比法下,收入和相关的费用应按下列公式计算:

本年确认的收入＝劳务总收入×本年末止劳务的完成程度－以前年度已确认的收入

本年确认的费用＝劳务总成本×本年末止劳务的完成程度－以前年度已确认的费用

在采用完工程度百分比确认劳务收入金额,借记"银行存款"、"应收账款"等科目,贷记"主营业务收入"科目。同时结转劳务成本,借记"主营业务成本"科目,贷记"劳务成本"科目。

【例14-9】 某企业于20×1年10月5日为客户订制一项软件,工期大约5个月,合同总收入500 000元,至20×1年12月31日已发生成本210 000元,预收账款350 000元。预计开发完整个软件还将发生成本90 000元。假设A公司按实际发生的成本占总成本的比例确定劳务完工进度。A公司的账务处理如下:

(1)计算。

实际发生的成本占总成本的比例＝210 000/(210 000＋90 000)＝70%

20×1年确认收入＝劳务总收入×劳务的完成程度－以前年度已确认的收入＝500 000×70%－0＝350 000

20×1年确认费用＝劳务总成本×劳务的完成程度－以前年度已确认的费用＝(210 000＋90 000)×70%－0＝210 000

(2) 该企业应作分录。

发生成本时：

借：劳务成本　　　　　　　　　　　210 000
　　贷：应付职工薪酬等　　　　　　　　　　　210 000

预收款项时：

借：银行存款　　　　　　　　　　　350 000
　　贷：预收账款　　　　　　　　　　　　　　350 000

20×1年12月31日确认收入并结转成本时：

借：预收账款　　　　　　　　　　　350 000
　　贷：主营业务收入　　　　　　　　　　　　350 000
借：主营业务成本　　　　　　　　　210 000
　　贷：劳务成本　　　　　　　　　　　　　　210 000

14.2.2　提供劳务交易结果不能可靠估计

企业在资产负债表日，如不能可靠地估计所提供劳务的交易结果，亦即不能满足上述4个条件中的任何一条，企业不能按完工百分比法确认收入。这时企业应正确预计已经收回或将要收回的款项能弥补多少已经发生的成本，按已经发生并预计能得到补偿的劳务成本金额确认收入，同时按相同的金额结转成本；发生的成本中预计不能得到补偿的部分，不确认收入，但这部分发生的成本应确认为当期损益。

【例14-10】　A企业于20×1年11月受托为B企业培训一批学员，培训期为6个月，11月1日开学。双方签订的协议注明，B企业应支付培训费总额为60 000元，分三次支付，第一次在开学时预付，第二次在培训期中间，即20×2年2月1日支付，第三次在培训结束时支付。每期支付20 000元。B企业已在11月1日预付第一期款项。

20×1年12月31日，A企业得知B企业当年效益不好，经营发生困难，后两次的培训费是否能收回，没有把握。因此A企业只将已经发生的培训成本30 000元中能够得到补偿的部分（即20 000元）确认为收入，并将发生的30 000元成本全部确认为当年费用。A企业应作如下会计分录：

20×1年11月1日，收到B企业预付的培训费时。

借：银行存款　　　　　　　　　　　20 000
　　贷：预收账款　　　　　　　　　　　　　　20 000

A企业发生成本时。

借：劳务成本　　　　　　　　　　　30 000
　　贷：应付职工薪酬　　　　　　　　　　　　30 000

20×1年12月31日，确认收入。

借：预收账款　　　　　　　　　　　20 000
　　贷：主营业务收入　　　　　　　　　　　　20 000
借：主营业务成本　　　　　　　　　30 000
　　贷：劳务成本　　　　　　　　　　　　　　30 000

14.2.3 销售商品和提供劳务混合业务

企业签订的合同或协议,有时既包括销售商品又包括提供劳务。此时,如果销售商品部分和提供劳务部分能够区分且能够单独计量的,应分别核算,即将销售商品的部分作为销售商品处理,将提供劳务部分作为提供劳务处理;如果销售商品部分和提供劳务部分不能够区分,或虽能区分但不能单独计量的,企业应将销售商品部分和提供劳务部分全部作为销售商品部分进行会计处理。

14.2.4 特殊劳务交易

企业提供下列特殊的劳务交易满足收入确认的条件的,应按规定及时予以确认。

(1)安装费,在资产负债表日根据安装的完工程度确认收入。如果安装工作是商品销售附带条件的,安装费通常在确认商品销售实现时同时确认为收入。

(2)宣传媒介的收费,应在相关的广告或商业行为开始出现于公众面前时予以确认。广告的制作费,通常应在资产负债表日根据项目的完成程度确认。

(3)艺术表演、招待宴会以及其他特殊活动而产生的收费,应在这些活动发生时予以确认。如果是一笔预收几项活动的费用,则这笔预收款应合理分配给每项活动,分别确认收入。

(4)申请入会费和会员费只允许取得会籍,而所有其他服务或商品都要另行收费,则在款项收回不存在重大不确定性时确认为收入。如果所收费用能使会员在会员期内得到各种服务或出版物,或者以低于非会员的价格购买商品或劳务,则该项收费应在整个受益期内分期确认收入。

(5)属于提供设备和其他有形资产的特许权费,通常应在这些资产的所有权转移时,确认为收入;属于提供初始及后续服务的部分,在提供服务时确认为收入。

【例 14-11】 A、B 两企业达成协议,A 企业允许 B 企业经营其连锁店,协议规定,A 企业共向 B 企业收取特许权费 800 000 元,其中,提供家具、柜台等收费 300 000 元,这些家具、柜台成本为 250 000 元;提供初始服务,如帮助选址、培训人员、融资、广告等收费 400 000 元,发生成本 240 000 元(其中 140 000 元为人员薪酬,100 000 元为广告费);提供后续服务收费 100 000 元,发生成本 80 000 元。假定款项在协议开始时一次付清。

则 A 企业账务处理如下:

收到款项时。

借:银行存款 800 000
　　贷:预收账款 800 000

在家具、柜台等的所有权转移时,确认 300 000 元收入并结转成本。

借:预收账款 300 000
　　贷:主营业务收入 300 000
借:主营业务成本 250 000
　　贷:库存商品 250 000

在提供初始服务时,按提供服务的完成程度确认 400 000 元的收入并结转成本。

借:劳务成本 240 000

贷:应付职工薪酬		140 000
银行存款		100 000
借:预收账款	400 000	
贷:主营业务收入		400 000
借:主营业务成本	240 000	
贷:劳务成本		240 000

在提供后续服务时,按提供服务的完成程度确认 100 000 元的收入并结转成本。

借:劳务成本	80 000	
贷:应付职工薪酬		80 000
借:预收账款	100 000	
贷:主营业务收入		100 000
借:主营业务成本	80 000	
贷:劳务成本		80 000

(6)为特定客户开发软件收取的费用,应在资产负债表日根据开发的完工程度确认收入。

(7)长期为客户提供某一种或几种重复的劳务收取的劳务费,通常应在劳务活动发生时确认为收入。

【例 14—12】 某物业管理企业与某住宅小区物业产权人签订合同,为该小区所有住户提供维修、清洁、绿化、保安及代收房费、水电费等项劳务,每月末收取劳务费 70 000 元。该企业应在每月末将应收取的劳务费确认为当月收入。

借:银行存款	70 000	
贷:主营业务收入		70 000

(8)包括在商品售价内可区分的服务费,在提供服务期间内分别确认为收入。

14.3　让渡资产使用权收入的确认和计量

14.3.1　利息收入

利息收入是指金融企业贷款形成的利息收入及同业之间发生往来形成的利息收入等。企业应在资产负债表日,按他人使用本企业的货币资金的本金、时间以及实际利率计算并确认利息收入的金额。借记"应收利息"、"银行存款"等科目,贷记"利息收入"、"金融企业往来收入"等科目。

【例 14—12】 某银行于 20×1 年 7 月 1 日向某企业贷款 1 000 000 元,贷款期 1 年,年利率为 6%。假定该银行按季对外报送财务报告,则应在每季终了按该笔存款的本金、已存期限和利率计算并确认利息收入。

①20×1 年 7 月 1 日贷出款项时。

借:贷款	1 000 000	
贷:吸收存款		1 000 000

②每季末应确认利息收入＝1 000 000×6％/12×3＝15 000(元)

借：应收利息　　　　　　　　　15 000
　　贷：利息收入　　　　　　　　　　　　　　15 000

③20×1年7月1日到期收到贷款时，应作分录。

借：吸收存款　　　　　　　　　1 060 000
　　贷：贷款　　　　　　　　　　　　　　　　1 000 000
　　　　应收利息　　　　　　　　　　　　　　　 60 000

14.3.2 使用费收入

使用费收入是指因他人使用本企业的无形资产(如商标权、专利权、专营权、软件、版权)的使用权而形成的使用费收入。使用费收入应按照有关合同或协议约定的收费时间和收费方法计算确定。不同的使用费收入，其收费时间和收费方法各不相同，有一次收回一笔固定的金额；有在协议规定的有效期内分期等额收回的；有分期不等额收回的，例如合同规定按资产使用方每期营业额的百分比收取使用费等。

如果合同、协议规定使用费一次支付，且不提供后期服务的，应视同该项资产的销售一次确认收入；如提供后期服务的，应在合同、协议规定的有效期内分期确认收入。如合同规定分期支付使用费的，应按合同规定的收款时间和金额或合同规定的收费方法计算的金额分期确认收入。

使用费收入在确认时，应按确定的收入金额借记"应收账款"、"银行存款"等科目，贷记"其他业务收入"或"主营业务收入"科目。

【例14－13】 A企业向B企业转让某项软件的使用权，一次性收费500 000元，不提供后续服务。

该项交易实质上是出售软件，应视同销售进行处理：

借：银行存款　　　　　　　　　500 000
　　贷：主营业务收入　　　　　　　　　　　　500 000

【例14－14】 A企业向B企业转让某项专利权的使用权，转让期为5年，每年收取使用费60 000元。

A企业每年应确认收入60 000元。

借：应收账款(或银行存款)　　　 60 000
　　贷：其他业务收入　　　　　　　　　　　　 60 000

14.4 费　用

14.4.1 费用概述

费用是指企业在日常活动所发生的、会导致所有者权益减少的、与向所有者分配利润无关的经济利益的总流出。费用具有以下两个基本特征：

(1)费用最终将会减少企业的经济资源。这种减少具体表现为企业实际的现金或非现金支出，也可以是预期现金支出。从这个意义上说，费用的本质上是企业一种现实或预期的现金流出,它与经济利益流入企业所形成的收入相反。

(2)费用最终会减少企业的所有者权益。通常,企业的资金流入(收入)会增加企业的所有者权益;相反,资金流出会减少企业的所有者权益,即形成企业的费用。但是,企业在生产经营过程中,有两类支出不会引起所有者权益减少,因此不应归入费用的。一类是企业偿债性支出。例如,企业以银行存款偿付一项债务,只是一项资产和一项负债的等额减少,对所有者权益没有影响,因此,不构成费用;另一类是企业向投资者分配股利或利润,这一资金流出虽然减少了企业的所有者权益,但其属性是对最终利润的分配,不是经营活动的结果,也不应作为费用。

费用的实质是资产的耗费,但并不是所有的资产耗费都是费用。因此,就需明确什么样的资产耗费应确认为费用。由于发生费用的目的是为了取得收入,那么费用的确认就应当与收入确认相联系。因此,确认费用应遵循划分收益性支出与资本性支出原则、权责发生制原则和配比原则。

(1)划分收益性支出与资本性支出原则。按照划分收益性支出与资本性支出原则,某项支出的效益及于几个会计年度(或几个营业周期),该项支出应予以资本化,不能作为当期的费用;如果某项支出的效益只涉及本会计年度(或一个营业周期),就应将其确认为收益性支出,在一个会计期间内确认为费用。这一原则为费用的确认给定了一个时间上的总体界限。正确地区分收益性支出与资本性支出,保证了正确地计量资产的价值和正确地计算各期的产品成本、期间费用及损益。

(2)权责发生制原则。划分收益性支出与资本性支出原则,只是为费用的确认作出时间上的大致区分,而权责发生制原则则规定了具体在什么时点上确认费用。企业会计制度规定,凡是当期已经发生或应当负担的费用,不论款项是否收付,都应作为当期的费用;凡是不属于当期的费用,即使款项已在当期支付,也不应当作为当期的费用。

(3)配比原则。按照配比原则,为产生当期收入所发生的费用,应当确认为该期的费用。配比原则的基本含义在于,当收入已经实现时,某些资产(如物料用品)已被消耗,或已被出售(如商品),以及劳务已经提供(如专设的销售部门人员提供的劳务),已被耗用的这些资产和劳务的成本,应当在确认有关收入的期间予以确认。如果收入要到未来期间实现,相应的费用应递延分配于未来的实际受益期间。因此,费用的确认,要根据费用与收入的相关程度,确定哪些资产耗费或负债的增加应从本期收入中扣减。

费用是通过所使用或所耗用的商品或劳务的价值来计量的,通常的费用计量标准是实际成本。

另外,在确认和计量费用时,还应处理好以下几个方面的关系:

第一,生产费用和非生产费用的关系。生产费用是与企业日常生产经营活动有关的费用,如生产产品所发生的原材料费用等;非生产费用是指不应由生产费用承担的费用,如购建固定资产所发生的费用。

第二,生产费用和产品成本的关系。生产费用是与一定的会计期间相联系,而与生产哪一种产品无关;产品成本与一定种类和数量的产品或商品相联系,而不论发生在哪一个会计期间。

第三,生产费用和期间费用的关系。生产费用应根据费用发生的实际情况分别不同的费用性质确认为不同产品生产所承担的费用,计入产品成本;期间费用进一步划分为管理费用、销售费用、财务费用,直接计入当期损益。

第四,费用和损失的关系。从广义上讲,费用包括损失。损失和费用都会引起经济利益的减少。但从狭义上讲,费用和损失是有区别的。费用是相对于收入而言的,两者存在着配比关系;损失是相对于利得而言的,但两者不存在配比关系。

14.4.2 期间费用

1. 销售费用

销售费用,是指企业在销售商品和材料、提供劳务过程中发生的各种费用,包括运输费、装卸费、包装费、保险费、展览费和广告费、商品维修费、预计产品质量保证损失等,以及为销售本企业商品而专设销售机构(含销售网点、售后服务网点等)的职工薪酬、折旧费、业务费、固定资产修理费等费用。

企业应设置"销售费用"科目,反映销售费用的发生及结转,并在该科目下按费用项目设置明细账,进行明细核算。发生销售费用时,借记该科目,贷记"现金"、"银行存款"、"应付职工薪酬"等科目;期末,应将该科目的余额转入"本年利润"科目,结转后该科目应无余额。

【例14-15】 A公司1月份发生以下销售费用:以银行存款支付广告费100 000元,分配销售人员的工资20 000元,福利费2 800元。

根据以上资料,A公司应作如下账务处理:

支付广告费。

借:销售费用　　　　　　　　　　　　　　100 000
　　贷:银行存款　　　　　　　　　　　　　　　　　　100 000

分配销售人员工资及福利。

借:销售费用　　　　　　　　　　　　　　22 800
　　贷:应付职工薪酬——工资　　　　　　　　　　　20 000
　　　　　　　　　　——福利费　　　　　　　　　　2 800

月末结转时。

借:本年利润　　　　　　　　　　　　　　122 800
　　贷:销售费用　　　　　　　　　　　　　　　　　　122 800

2. 管理费用

管理费用,是指企业为组织和管理生产经营活动而发生的各种费用。包括企业在筹建期间内发生的开办费、董事会和行政管理部门在公司的经营管理中发生的,或者应由公司统一负担的公司经费(包括行政管理部门职工工资及福利、修理费、物料消耗、低值易耗品摊销、办公费和差旅费等)、工会经费、待业保险费、劳动保险费、董事会费(包括董事会成员津贴、会议费和差旅费等)、聘请中介机构费、咨询费(含顾问费)、诉讼费、业务招待费、房产税、车船使用税、土地使用税、印花税、技术转让费、矿产资源补偿费、无形资产摊销、职工教育经费、研究费、排污费、行政管理部门发生的固定资产修理费等。

企业应设置"管理费用"科目,反映管理费用的发生及结转,并在该科目下按费用项目设置明细账,进行明细核算。发生管理费用时,借记该科目,贷记"现金"、"银行存款"、

"(长期)待摊费用"、"累计摊销"、"累计折旧"、"应付职工薪酬"、"应交税金"、"其他应交款"等科目;期末,应将该科目结转至"本年利润"科目,结转后该科目应无余额。

【例 14-16】 A 公司 1 月份发生以下管理费用:用现金支付业务招待费 600 元,计提管理部门使用的固定资产折旧费 20 000 元;分配管理人员工资 10 000 元,福利 1 400 元;计算应交车船使用税 5 000 元。

根据以上资料,A 公司应作如下账务处理:

支付招待费。

借:管理费用——业务招待费　　　　600
　　贷:现金　　　　　　　　　　　　　　　　600

计提管理部门固定资产折旧。

借:管理费用——折旧费　　　　20 000
　　贷:累计折旧　　　　　　　　　　　　　20 000

分配管理人员工资及福利。

借:管理费用——工资及福利　　11 400
　　贷:应付职工薪酬——工资　　　　　10 000
　　　　　　　　　　——福利费　　　　　1 400

计算应交车船使用税。

借:管理费用——车船使用税　　　5 000
　　贷:应交税费——应交车船使用税　　　5 000

月末结转时。

借:本年利润　　　　　　　　　　37 000
　　贷:管理费用　　　　　　　　　　　　　37 000

3. 财务费用

财务费用,是指企业为筹集生产经营所需资金等而发生的费用,包括利息支出(减利息收入)、汇兑损失(减汇兑收益)以及相关的手续费、企业发生的现金折扣或收到折扣等。

企业应设置"财务费用"科目,反映财务费用的发生和结转,并在该科目下按费用项目设置明细账,进行明细核算。发生财务费用时,借记该科目,贷记"预提费用"、"银行存款"、"长期借款"等科目;发生应冲减的利息收入、汇兑收益,借记"银行存款"等科目,贷记该科目;期末,应将该科目结转至"本年利润"科目,结转后该科目应无余额。

【例 14-17】 A 公司 1 月份支付金融机构手续费 3 000 元、短期借款利息 50 000 元。

根据以上资料,A 公司应作如下账务处理:

支付手续费及利息。

借:财务费用　　　　　　　　　　53 000
　　贷:银行存款　　　　　　　　　　　　　53 000

月末结转。

借:本年利润　　　　　　　　　　53 000
　　贷:财务费用　　　　　　　　　　　　　53 000

14.5 利润

14.5.1 利润的构成

利润,是指企业在一定会计期间的经营成果。利润包括收入减去费用后的净额和直接计入当期损益的利得和损失。直接计入当期损益的利得和损失是指计入当期损益、会导致所有者权益发生增减变动、与所有者投入资本或向所有者分配利润无关的利得和损失。

1. 营业利润

营业利润 = 营业收入－营业成本－营业税金及附加－销售费用－管理费用－财务费用－资产减值损失＋公允价值变动收益(－公允价值变动损失)＋投资收益(－投资损失)

其中,营业收入是指企业经营业务所确定的收入总额,包括主营业务收入和其他业务收入,营业成本是指企业经营活动所发生的实际成本总额,包括主营业务成本和其他业务成本。营业税金及附加包括主营业务和其他业务所承担的营业税、消费税、城市维护建设税、资源税、土地增值税和教育费附加等。资产减值损失是指企业计提各项资产减值准备所形成的损失。公允价值变动收益(或损失)是指交易性金融资产等公允价值变动形成的应计入当期损益的利得(或损失)。投资收益(或损失)是指企业对外投资取得的收益(或损失)。

2. 利润总额

利润总额＝营业利润＋营业外收入－营业外支出

其中,营业外收入(或支出)是指企业发生的与日常活动无直接关系的各项利得(或损失)。

3. 净利润

净利润＝利润总额－所得税费用

其中,所得税费用是指企业确认的应从当期利润总额中扣除的所得税费用。

14.5.2 营业外收支的会计处理

1. 营业外收入

营业外收入是指企业发生的与其经营活动无直接关系的各项净收入,主要包括以下内容:

(1)处置非流动资产利得,包括处置固定资产处置利得和无形资产处置利得。固定资产处置利得,是指企业出售固定资产所取得的变价收入扣除固定资产的账面价值、清理费用、处置相关税费后的净收益;无形资产处置利得,是指企业出售无形资产所取得的收入扣除无形资产的账面价值及相关税费后的净收益。

(2)非货币性交易利得,是指非货币性交换中换出资产为固定资产、无形资产时,换入资产公允价值大于换出资产账面价值的差额扣除相关税费后的净额。

（3）债务重组利得，是指企业在债务重组过程中，重组债务的账面价值超过清偿债务的现金、非现金资产的公允价值、所转股份的公允价值变动损益、或重组后债务的账面价值之间的差额。

（4）罚没利得，是指企业收取的滞纳金、违约金以及其他形式的罚款、在弥补了由于对方违约而造成的经济损失后的金额。

（5）盘盈利得，是指企业对现金等财产清查中发生的现金盘盈数。固定资产盘盈应作为前期差错调整留存收益，不计入营业外收入。

（6）政府补助，是指企业从政府无偿取得与资产相关的政府补助而计入当期损益的利得；或从政府无偿取得与收益相关的政府补助，用于补偿企业以后期间的相关费用或损失于确认相关费用期间计入当期损益的利得；或从政府无偿取得与收益相关的政府补助，用于补偿企业已发生的相关费用或损失的直接计入当期损益的利得。

（7）捐赠利得，是指企业接受捐赠产生的利得。

（8）无法支付的应付款项，是指由于债权单位撤销或其他原因而无法支付，或将应付款项划转给关联方等其他企业而无法支付或无须支付，按规定程序报经批准后转入当期损益的应付款项。

2. 营业外支出

营业外支出是指企业发生的与日常活动无直接关系的各项损失。营业外支出主要包括以下内容：

（1）非流动资产处置损失，包括固定资产处置损失和无形资产处置损失。固定资产处置损失是指处置固定资产取得的收入不足抵补固定资产账面价值以及处置相关税费而发生的净损失；无形资产处置损失是指企业出售无形资产所取得的收入不足抵补无须资产账面价值以及处置相关税费而发生的净损失。

（2）非货币性交换损失，是指非货币性交换中在具有商业实质且公允价值能够可靠计量的情况下，换出固定资产、无形资产的公允价值小于账面价值而的差额，扣除相关费用后的金额。

（3）债务重组损失，是指企业在债务重组过程中，重组债权的账面价值大于受让资产公允价值、所转股份的公允价值、或重组后债权的账面价值的金额。

（4）公益性捐赠支出，是指企业对外进行公益性捐赠发生的支出。

（5）非常损失，是指企业因自然灾害等客观因素造成的损失，在扣除保险公司赔偿后计入营业外支出的净损失。

（6）罚款支出，是指企业因违约、违法经营、偷税漏税等支付的各种违约金、罚款、滞纳金等支出。

（7）盘亏损失，是指企业在财产清查中发现的固定资产的实存数量小于账面数量而发生的资产短缺损失。

14.5.3 本年利润的会计处理

企业应设置"本年利润"科目，核算企业当年实现的利润或发生的亏损。

企业在会计期末结转利润时,应将各损益类科目的金额转入"本年利润"科目,结平各损益类科目。结转收益类科目时,借记"营业务收入"、"其他业务收入"、"营业外收入"等科目,贷记"本年利润"科目。结转费用、支出类科目时,借记"本年利润"科目,贷记"主营业务成本"、"营业税金及附加"、"其他业务支出"、"营业费用"、"管理费用"、"财务费用"、"营业外支出"、"资产减值损失""所得税费用"等科目。结转投资净收益、公允价值变动净收益时,借记"投资收益"、"公允价值变动损益"等科目,贷记"本年利润"科目。如为净损失,做相反的会计分录。结转后"本年利润"科目的贷方余额表示当期实现的净利润;借方余额表示当期发生的净亏损。

年度终了,企业应将本年收入和支出相抵后的实现的净利润转入"利润分配"科目,借记"本年利润"科目,贷记"利润分配—未分配利润"科目;如为亏损,则做相反的会计分录。结转后"本年利润"科目无余额。

【例14-18】 A公司20×1年度取得主营业务收入294 300元,其他业务收入23 060元,投资净收益13 280元,营业外收入16 700元,;发生主营业务成本200 500元,营业税金及附加550元,其他业务成本18 610元,管理费用29 000元,财务费用9 360元,销售费用6 320元,资产减值损失3 000元,公允价值变动损益(贷方余额)3 500元,营业外支出10 350元;本年确认的所得税费用为24 750元。该公司年末一次结转利润,账务处理如下:

(1)12月31日,结转各损益类科目余额。

借:主营业务收入	294 300
其他业务收入	23 060
公允价值变动损益	3 500
投资收益	13 280
营业外收入	16 700
贷:本年利润	350 840
借:本年利润	302 440
贷:主营业务成本	200 500
营业税金及附加	550
其他业务成本	18 610
管理费用	29 000
财务费用	9 360
销售费用	6 320
资产减值损失	3 000
营业外支出	10 350
所得税费用	24 750

(2)12月31日,结转本年度实现的净利润。

借:本年利润	48 400
贷:利润分配	48 400

公司当年实现的净利润按下列顺序进行分配:

(1)弥补以前年度亏损。

(2)提取法定盈余公积。根据《公司法》的相关规定,企业须按照净利润的10%提取盈余公积金。法定盈余公积金已达注册资本的50%时可不再提取。法定盈余公积金可用于弥补亏损或转增资本,但企业用于盈余公积金转增资本后,法定盈余公积金的余额不得低于注册资本的25%。

(3)提取任意盈余公积。任意盈余公积金按照公司章程或者股东会决议提取和使用。

(4)向投资者分配股利或利润。按照公司利润分配方案分配给投资者的股利或利润。

企业应设置"利润分配"科目对利润分配(或弥补亏损)进行核算。该科目还应根据利润分配的内容设置"提取法定盈余公积"、"提取任意盈余公积"、"应付现金股利或利润"、"转作股本的股利"、"盈余公积补亏"和"未分配利润"等进行明细核算。

企业按规定提取的盈余公积,借记"利润分配－提取法定盈余公积、提取任意盈余公积"科目,贷记"盈余公积——法定盈余公积、任意盈余公积"科目。

经股东大会或类似机构决议,分配给股东或投资者的现金股利或利润,借记"利润分配——应付现金股利或利润",贷记"应付股利"科目。

经股东大会或类似机构决议,分配给股东的股票股利,应在办理增资手续后,借记"利润分配－转作股本的股利"科目,贷记"股本"科目。

用盈余公积弥补亏损,借记"盈余公积——法定盈余公积或任意盈余公积"科目,贷记"利润分配——盈余公积补亏"。

将"利润分配"科目所属其他明细科目的余额转入本科目"未分配利润"明细科目。结转后,本科目除"未分配利润"明细科目外,其他明细科目应无余额。

本章小结

收入,是指企业在日常活动中形成的、会导致所有者权益增加的、与所有者投入资本无关的经济利益的总流入。按照企业从事的日常活动的性质,可将收入分为商品销售收入、提供劳务收入、让渡资产使用权收入、建造合同收入等。按照企业从事日常活动重要性分为,可以将收入分为主营业务收入,其他业务收入等。

费用,是指企业在日常活动所发生的、会导致所有者权益减少的、与向所有者分配利润无关的经济利益的总流出。通常包括生产成本和期间费用。生产成本是指有具体承担对象的费用,即对象化的费用,期间费用是指直接计入当期损益的费用,包括管理费用、销售费用、财务费用。

利润,是指企业在一定会计期间的经营成果。利润包括收入减去费用后的净额和直接计入当期损益的利得和损失。利润是企业经营成果的综合表现,分为营业利润、利润总额三个层次。根据《公司法》的规定,企业实现的净利润要按一定的顺序进行分配。

练习题

一、单项选择题

1. 下列收益中属于利得的是(　　)。
   A. 商品销售收入　　　　　　　　B. 修理劳务收入
   C. 固定资产处置收益　　　　　　D. 固定资产出租收入

2. 最终计入产品成本的费用是(　　)。
   A. 管理费用　　B. 销售费用　　C. 制造费用　　D. 财务费用

3. 下列情况中,可确认销售收入的事项有(　　)。
   A. 与甲公司签订了购销合同　　　B. 收到甲公司预付的货款
   C. 按合同向甲公司发出商品　　　D. 办妥向甲公司托收货款手续

4. 向乙公司销售商品一批,在增值税专用发票上注明"2/10;1/20;n/30"字样,表明这笔销售业务中(　　)。
   A. 存在现金折扣　　　　　　　　B. 存在商业折扣
   C. 存在销售折让　　　　　　　　D. 存在商业回扣

5. "20;n/30"字样,如果在商品销售后的第10天收到丙公司支付的款项,则公司收到的款项金额是(　　)。
   A. 117 000元　　B. 115 000元　　C. 116 000元　　D. 114 660元

6. 预收款业务不多的企业,可将发生的预收账款业务并入(　　)账户核算。
   A. 应收账款　　B. 应付账款　　C. 其他应收款　　D. 预付账款

7. 下列支出发生时,不作管理费用处理的是(　　)。
   A. 支付企业管理人员的工资　　　B. 支付日常办公费用
   C. 支付机器设备修理费用　　　　D. 支付企业的通讯费用

8. A公司本年度委托B商店代销一批零配件,代销价款2 000 000元。本年度收到B商店交来的代销清单,代销清单列明已销售代销零配件的70%,A公司收到代销清单时向B商店开具增值税发票。B商店按代销价款的10%收到手续费。该批零配件的实际成本为1 200 000元。则A公司本年度应确认的销售收入为(　　)元。
   A. 1 200 000　　B. 1 260 000　　C. 1 400 000　　D. 684 000

9. 某企业于20×1年8月接受一项产品安装任务,安装期6个月,合同总收入300 000元,年度预收款项40 000元,余款在安装完成时收回,当年实际发生成本80 000元,预计还将发生成本160 000元。则该企业2008年度确认收入为(　　)元。
   A. 80 000　　B. 100 000　　C. 240 000　　D. 0

10. 某企业采用资产负债表债务法进行所得税会计处理,所得税税率为25%。该企业20×1年度利润总额为110 000元,发生的应纳税暂时性差异为10 000元。经计算,该企业20×1年度应交所得税为33 000元。则该企业20×1年度的所得税费用为(　　)元。
    A. 29 700　　B. 33 000　　C. 36 300　　D. 39 600

二、多项选择题

1. 收入的特点是( )。
   A. 收入产生于企业的日常活动
   B. 其表现形式是增加资产、减少负债、或两者兼而有之
   C. 收入能导致企业的所有者权益增加
   D. 收入仅包括本企业的经济利益的流入
   E. 收入包括企业的所有款项的收入

2. 费用通常包括( )。
   A. 主营业务成本　　　　　　　　B. 投资净损失
   C. 其他业务支出　　　　　　　　D. 营业外支出
   E. 期间费用

3. 甲公司将一批商品按9.5折的价格销售给乙公司,在发票上注明了"2/10;n/30"的字样,乙公司在付款前提出,商品质量尚有问题,要求在价款再给予3%的折让。在该项销售业务中,存在( )。
   A. 商业折扣　　　　　　　　　　B. 商业回扣
   C. 现金折扣　　　　　　　　　　D. 现金折让
   E. 销售折让

4. 判断劳务交易结果能否可靠计量的条件是( )。
   A. 合同总收入和总成本能够可靠估计　　B. 总成本支付比例能够可靠估计
   C. 与交易相关的经济利益能流入企业　　D. 劳务的完成程度能可靠估计
   E. 已完成部分的劳务收入已经收到

5. 下列各项收入中,属于其他业务收入的有( )。
   A. 出售材料的收入　　　　　　　B. 随同商品出售的包装物收入
   C. 转让专利所有权的收入　　　　D. 固定资产清理的收入
   E. 转让无形资产使用权收入

6. 下列人员的工资费用,需要经分配后计入期间费用的有( )。
   A. 企业管理人员的工资　　　　　B. 车间管理人员的工资
   C. 销售部门人员的工资　　　　　D. 福利部门人员的工资
   E. 从事基本建设项目人员的工资

7. 下列筹资费用在发生时必定列入"财务费用"的是( )。
   A. 短期借款的利息　　　　　　　B. 外币资本折算的汇兑差额
   C. 办理银行结算的手续费　　　　D. 结算户存款的利息收入
   E. 长期借款的利息费用

8. 利润构成内容分为( )等层次。
   A. 税前会计利润　　　　　　　　B. 主营业务利润
   C. 营业利润　　　　　　　　　　D. 利润总额
   E. 净利润

9. 在利润分配的下列明细账户中,属于利润分配类的是( )。
   A. 其他转入　　　　　　　　　　B. 提取任意盈余公积

C. 应付利润 D. 转作资本的利润
E. 未分配利润

10. 对本年度中发现或产生的影响以前年度损益的事项进行调整时,要通过"以前年度损益调整"账户中核算的事项包括(　　)。
A. 冲销的商品销售收入 B. 调整的商品销售成本
C. 多计或少计的费用调整 D. 相应的所得税调整
E. 相应的利润分配事项调整

三、判断题

1. 企业的全部收益构成企业的广义收入。（　）
2. 企业发生的生产费用必定会最终计入产品成本。（　）
3. 凡是有收入产生的企业,其所有者权益必定会增加。（　）
4. 收入确认的基本条件是指与收入相关的经济利益能够流入企业。（　）
5. 商品销售成本是在月末进行计量和结转的。（　）
6. 在开展其他业务过程中发生的各种税金均作为其他业务支出处理。（　）
7. 资本性支出最终要转化为收益性支出并计入到各期的损益之中。（　）
8. 进行年度利润清算时,要将"本年利润"账户余额转入"利润分配——未分配利润"账户的贷方。（　）
9. 企业在进行以前年度亏损弥补时,都要编制会计分录。（　）
10. 利润分配是指对本年度实现的税后净利润所作的分配。（　）

四、业务计算及核算题

1. 甲公司20×1年7月份发生下列有关经济业务:

(1)7月5日,向A公司销售商品一批,计售价400 000元,增值税率17%,收到等额转账支票,填制进账单送存银行。

(2)7月8日,向外地乙公司销售商品一批,计售价100 000元,增值税17 000元,商品发出,以银行存款为乙公司垫付运费1 500元。根据增值税发票及垫付运费清单,填制托收承付结算凭证,办妥向乙公司托收上述货款及运费的手续。

(3)7月12日,向B公司销售商品一批,计售价50 000元,增值税8 500元,收到B公司签字承兑的2月期商业汇票一张。

(4)7月15日,向C公司销售商品一批,计售价80 000元,增值税13 600元,在增值税发票上注明"2/10;1/20;n/30"字样,货款未收。

(5)7月16日,收到银行转来"托收凭证(收账通知)",收到乙公司承付的款项118 500元。

(6)7月18日,外地乙公司持一份面值为100 000元的银行汇票到公司购货,实际销售商品80 000元,增值税13 600元,收妥银行汇票,填写实际结算金额93 600元,填制"进账单"送银行进账。

(7)7月22日,接丙公司来函,称上月从本公司购买的商品一批,其中有10 000元因质量问题要求退货,经了解情况属实,同意办理退货手续,根据丙公司提供的当地税务机关出具的退货证明单,开出红字增值税发票,计货款10 000元及增值税1 700元,并从银行汇出退货款11 700元,商品尚未收到。

(8)7月24日,收到C公司转账支票一份计92 000元,系收回本月15日的销货款,填制"进账单"送银行进账。

(9)7月31日,计算出本月商品销售成本3 000 000元,予以结转。

要求:根据资料编制会计分录。

2.甲公司与乙公司签订A商品代销协议,由乙公司为甲公司代销A商品1 000件,每件成本300元,协议价400元,乙公司对外销售价500元。甲公司据此开出增值税发票,价款未结算。

若代销协议中规定采用收取手续费方式,手续费率为乙公司实际销售收入的10%,其他业务如资料(1)所示。

要求:根据资料分别为甲公司和乙公司编制有关的会计分录。

3.某安装有限责任公司是一家二级资质的设备安装公司,20×1年度发生下列有关业务:

(1)8月25日,与金牛公司签订一项设备安装合同,标的为人民币5 000 000元。

(2)8月28日,收到金牛公司工程预付款250 000元,存入银行。

(3)8月29日,购进安装用材料150 000元,并直接交安装工地使用。

(4)12月31日,已累计发生劳务成本1 500 000元,预计到安装工程完工尚需发生劳务成本1 000 000元。据以确定该项劳务的完工程度,计算本年度的劳务收入、劳务成本,并予以结转。

(5)按确认的劳务收入计算营业税3%,并按应交营业税计算城市维护建设税7%、教育费附加4%。

要求:根据资料编制有关会计分录。

4.东方制造有限责任公司是一家生产机械设备的小型企业,20×1年12月份,发生如下其他业务:

(1)12月1日,转让原材料一批,转让价20 000元,增值税3 400元,款项收妥存入银行。该批原材料的实际成本为18 000元,予以结转。

(2)12月2日,转让专利使用权一项,收取本月至次年2月末止的转让费60 000元,收妥存入银行。

(3)12月31日,根据当月无形资产转让收入计提5%的营业税,并按营业税的7%和4%交纳城市维护建设税及教育费附加。

(4)12月31日,摊销该项专利价值5 000元。

要求:根据资料编制有关会计分录。

5.永嘉有限责任公司20×1年度取得主营业务收入6 000 000元,其他业务收入1 500 000元,投资收益1 800 000元,营业外收入300 000元;发生主营业务成本4 000 000元,营业税金及附加200 000元,其他业务成本1 000 000元,财务费用100 000元,销售费用750 000元,管理费用450 000元,资产减值损失60 企业,公允价值变动净损失400 000元,营业外支出500 000元,所得税费用520 000元。公司按净利润的10%提取法定盈余公积,向股东分配现金股利3 000 000元,分配每股面值1元的股票股利400 000元。

要求:根据上述资料,作永嘉公司以下处理:

(1)计算营业利润、利润总额、净利润。

(2) 结转当期损益。

(3) 将净利润转入"利润分配—未分配利润"科目,并进行利润分配的相关处理

五、思考题

1. 安易有限责任公司20×5年10月份账面反映销售收入4 200 000元,其中:

(1) 现款销售产品35批,共计货款3 200 000元。

(2) 分期收款发出商品500 000元,10月已收取第一期货款200 000元。

(3) 合同规定需要安装的商品一批计300 000元,商品已经发出,安装工作正在进行,货款待安装后结算。

(4) 对红星公司销售商品一批,价值200 000元,但红星公司目前财务状况不好,目前无法支付货款,对该公司销售该批商品的目的,主要是红星公司是本公司的老客户,而且信誉一直良好。

请判断该公司确认商品销售收入的正确性,并说明理由。

2. 天通软件开发公司与衡录电脑公司签订一份软件开发合同,合同标的为3 000 000元,预计开发成本为1 400 000元。到20×1年12月31日,已预收软件开发款1 000 000元,开支开发成本800 000元。请问应当采用什么方法确认天通公司的软件开发收入?并请你进行收入与成本的确认。

第15章 所得税

□ 学习目标

通过本章学习,了解所得税会计的理论基础,熟悉所得税会计的基本概念,掌握资产、负债的计税基础和账面价值之间的关系,掌握应纳税暂时性差异和可抵扣暂时性差异的确认,掌握所得税费用的核算和相关的账务处理。

15.1 所得税会计概述

目前我国上市公司所得税会计采用了资产负债表债务法。要求企业从资产负债表出发,按照会计准则的要求确定资产负债表上所列示的资产、负债各项目的账面价值与按照税法的要求确定的各项资产、负债的计税基础进行比较,对于两者之间的差异,根据具体情况相应确认为应纳税暂时性差异和可抵扣暂时性差异,进一步确认相关的递延所得税负债与递延所得税资产,并在此基础上确定每一会计期间利润表中的所得税费用。

15.1.1 所得税会计的特点

实务中,企业会计上计算的当期收益与按税法计算的应纳税所得往往不一致,这是由于双方计算口径有所不同,对会计要素确认和计量的方法不一样,导致同一企业在同一期间的经营成果,按照会计准则计算的税前会计利润与按照税法规定计算的应纳税所得之间存在差额。在所得税会计中,核算这种差额的方法有应付税款法、递延法、债务法等。由于应付税款法和递延法自身存在不足以及不适应新的会计理论和准则要求而逐渐被淘汰,债务法因其能够反映企业未来与纳税有关的现金流量,能使资产负债表上的递延税款数额更富有资产或负债的意义,因而被世界上越来越多的国家和地区所采用。

债务法有两种不同的观点和方法,即资产负债表债务法和损益表债务法。两种债务法均符合持续经营假设和配比原则,其理论基础都是业主权益理论,认为所得税的属性是费用而非利益分配,对递延所得税款理解一致,即代表着未来应付或应收的所得税。目前我国会计实务中采用的是资产负债表债务法。

但是,两中债务法也有着较为明显的区别,通过比较两者的不同,可以更好地理解和掌握资产负债表债务法,也能帮助我们从中了解资产负债表债务法的特点:

(1)对收益的理解不同。损益表债务法用"收入/费用观"定义收益,强调收益是收入与费用的配比,从而注意的是收入或费用在会计与税法中确认的差异。资产负债表债务法则依据"资产/负债观"定义收益,提出了"全面收益"的概念,认为资产负债表是最重要的财务报表。资产负债表债务法可提高企业在报表中对财务状况和未来现金流量做出恰当的评价和预测。

(2)对差异的认识不同。资产负债表债务法注重暂时性差异(暂时性差异包含了时间性差异),而利润表债务法注重时间性差异。时间性差异强调差异的形成以及转回,是在一个期间内形成可以在随后一个或几个期间内转回,而暂时性差异强调差异的内容和原因,暂时性差异比时间性差异的范围更广泛。

(3)递延税款的含义不同。损益表债务法使用"递延税款"概念,其借方余额和贷方余额分别代表预付税款和应付税款,在资产负债表上作为一个独立项目反映;资产负债表债务法则采用"递延所得税资产"和"递延所得税负债"的概念,将"递延税款"的外延大大扩展,并且更具现实意义。在资产负债表中,所得税资产和所得税负债应与其他资产和负债分开列报,递延所得税资产和负债应与当期所得税资产和负债区别开来。

15.1.2 所得税会计核算的一般程序

采用资产负债表债务法核算所得税的情况下,企业一般应于每一资产负债表日进行所得税的核算。

在计算递延所得税时,企业应根据资产负债表的各资产、负债项目与所得税法规的规定,计算确定递延所得税负债、递延所得税资产及当年所得税费用,具体计算程序如下:

(1)确定资产、负债项目的账面价值。

企业应当按照会计准则规定确定资产负债表中除递延所得税资产和递延所得税负债以外的其他资产、负债项目的账面价值。资产、负债的账面价值,指企业按照相关会计准则的规定进行核算后在资产负债表中列示的金额。对于计提了减值准备的各项资产,是指其账面余额减去已计提的减值准备后的金额。例如企业持有的存货余额为5 000 000元,企业对其计提了500 000元的存货跌价准备,其账面价值为4 500 000元。

(2)确定资产、负债项目的计税基础。

按照会计准则中对于资产和负债计税基础的确定方法,以适用的税收法规为基础,确定资产负债表中有关资产、负债项目的计税基础。

(3)计算期末递延所得税资产、递延所得税负债余额。

将资产、负债各项目的账面价值与其计税基础进行比较,对于两者之间存在差异的,分析其性质,除准则中规定的特殊情况外,分别应纳税暂时性差异与可抵扣暂时性差异,确定资产负债表日递延所得税负债和递延所得税资产的应有金额,并与期初递延所得税资产和递延所得税负债的余额相比,确定当期应予进一步确认的递延所得税资产和递延所得税负债金额或应予转销的金额,作为递延所得税。

(4)计算本期应交所得税。

就企业当期发生的经济业务事项,按照适用的税法规定计算确定当期应纳税所得额,将应纳税所得额与适用的所得税税率的乘积确认为当期应交所得税。

应交所得税=(会计利润±纳税调整额)×所得税税率。

(5)计算本期所得税费用。

利润表中的所得税费用包括当期所得税(即当期应交所得税)和递延所得税两个组

成部分,企业在计算确定了当期所得税和递延所得税后,两者之和(或之差),是利润表中的所得税费用。

所得税费用＝本期应交所得税±本期所得税负债调整额±本期所得税资产调整额

15.2 计税基础和暂时性差异

15.2.1 暂时性差异

1. 暂时性差异的概念

暂时性差异是指资产、负债的账面价值与其计税基础不同产生的差额,会随着时间推移而消除。该项差异在以后年度资产收回或负债清偿时,产生应税利润或可抵扣金额,形成企业的资产或负债。在有关暂时性差异发生当期,符合确认条件的情况下,应当确认相关的递延所得税负债或递延所得税资产。

2. 暂时性差异的分类

根据暂时性差异对未来期间应纳税所得额的影响,分为应纳税暂时性差异和可抵扣暂时性差异。

(1)应纳税暂时性差异。应纳税暂时性差是所得税会计的一个概念,是指由于资产的账面价值大于其计税基础或者负债的账面价值小于其计税基础,在确定未来收回资产或清偿负债期间的应纳税所得额时,将导致产生应税利润的暂时性差异。该差异在未来期间转回时,会增加转回期间的应纳税所得额,即在未来期间不考虑该事项影响的应纳税所得额的基础上,由于该暂时性差异的转回,会进一步增加转回期间的应纳税所得额和应交所得税金额。在应纳税暂时性差异产生当期,应当确认相关的递延所得税负债。

【例15-1】 20×1年12月25日,A企业购入一台价值80 000元不需要安装的设备。该设备预计使用期限为4年,会计上采用直线法计提折旧,无残值。假定税法规定应采用年数总和法计提折旧,预计使用期限也是4年,无残值。假设甲企业所得税税率为25%。

分析:20×2年,会计上计提折旧为20 000元(80 000/4＝20 000),设备的账面价值为60 000元(80 000－20 000＝60 000);税法上计提折旧为32 000元(80 000×4/10＝32 000),设备的计税基础为48 000元(80 000－32 000＝48 000)。设备的账面价值与计税基础之间的差额为12 000元(60 000－48 000),会增加未来期间企业的应纳税所得额,为应纳税暂时性差异,应确认递延所得税负债为4 800元(12 000×25%＝3 000)。

(2)可抵扣暂时性差异。可抵扣暂时性差异,是指由于资产的账面价值小于其计税基础或者负债的账面价值大于其计税基础,在确定未来收回资产或清偿负债期间的应纳税所得额时,将导致产生可抵扣金额的暂时性差异。该差异在未来期间转回时,会减少转回期间的应纳税所得额,即在未来期间不考虑该事项影响的应纳税所得额的基础上,由于该暂时性差异的转回,会进一步减少转回期间的应纳税所得额和应交所得税。

【例15-2】 A企业20×2年11月销售产品一批,根据销售合同规定,A企业提供3个月的保修服务。根据以往经验,企业在销售实现的当期确认了1 000 000元的预计负债,当年未发生任何保修支出。按照税法规定,与产品保修服务有关的费用在实际发生时允许从税前抵扣。

分析:该项预计负债在企业20×2年资产负债表上列示的金额为1 000 000元,而税法规定,与产品保修服务有关的费用在实际发生时允许从税前抵扣,也即未来期间企业计算应纳税所得额时按照税法规定可予以抵扣的金额为2 000 000元,该项负债的计税基础=2 000 000−2 000 000=0。

该项负债的账面价值2 000 000元与计税基础0之间产生2 000 000元的暂时性差异,该暂时性差异在未来期间转回时,会减少企业的应纳税所得额,为可抵扣暂时性差异,符合有关确认条件时,应确认为递延所得税资产2 000 000×25%=500 000(元)。

15.2.2 资产的计税基础

资产的计税基础,是指企业收回资产账面价值过程中,计算应纳税所得额时按照税法规定可以自应税经济利益中抵扣的金额,即某一项资产在未来期间计税时按照税法规定允许从税前扣除的金额。用公式表示即为:

资产的计税基础=未来会计期间可予以税前抵扣的金额

企业应当按照适用的税收法规的规定计算各项资产的计税基础。有关资产项目计税基础的确定方法如下:

(1)固定资产。企业以不同方式取得的固定资产,初始确认时按照会计准则规定确定的入账价值基本上与税法的规定相一致,即取得时其账面价值一般等于计税基础。固定资产在持有期间进行后续计量时,由于会计与税法在折旧方法、折旧年限以及固定资产减值准备的提取等处理的不同,可能造成固定资产的账面价值与计税基础的差异。

①折旧方法、折旧年限的差异。会计准则规定,企业应当根据与固定资产有关的经济利益的预期实现方式选择合理的折旧方法,例如年限平均法,双倍余额递减法、年数总和法等。税法中除某些按照规定可以加速折旧的情况外,基本上可以税前扣除的是按照年限平均法计提的折旧;另外税法还就每一类固定资产的折旧年限作出了规定,而会计处理时按照准则规定折旧年限是由企业根据固定资产的性质和使用情况合理估计的。

②因计提固定资产减值准备产生的差异。持有固定资产的期间内,如果资产发生减值迹象,企业要对资产进行减值测试,确定其可收回金额,如果可收回金额小于固定资产的账面价值,应根据两者的差额计提固定资产减值准备。但是税法上规定企业计提资产减值准备在发生实质性损失之前不允许从税前扣除,这也会导致固定资产的账面价值与计税基础产生差异。

【例15−3】 A企业20×1年12月25日,购入一台价值80 000元不需要安装的设备。会计和税法均要求采用直线法计提折旧,该设备预计使用期限为4年,无残值。20×2年12月31日,该固定资产的可收回金额为50 000元。假设甲企业所得税税率为25%。

分析:由于该项固定资产在20×2年12月31日可收回金额为50 000元,账面价值为60 000(80 000−80 000/4)元,因此会计上确认资产减值损失,计提了10 000(60 000−50 000)元的固定资产减值准备,20×2年12月31日该资产的账面价值为50 000元,但是税法上不认可企业计提的资产减值准备,也即在该资产发生实质性损失之前不允许从税前抵扣,其计税基础为 60 000 元。该项资产的账面价值与计税基础之间的差额 10 000 元 (60 000－50 000),在将来会减少企业的应纳税所得额,为可抵扣暂时性差异,符合相关确认条件时,应确认递延所得税资产(10 000×25％＝2 500 元)。

(2)无形资产。除内部研究开发形成的无形资产以外,其他方式取得的无形资产,初始确认时按照会计准则规定确定的入账价值与税法的规定一致,即取得时其账面价值一般等于计税基础。无形资产的差异主要是对内部研究开发形成的无形资产以及使用寿命不确定的无形资产,会计与税收法规的处理上有较大的不同导致的。

①内部研究开发形成的无形资产,会计准则中规定其入账价值为开发阶段符合资本化条件时开始至达到预定用途时止发生的支出合计数。而税法规定,企业发生的研究开发支出可于发生的当期在税前加计扣除,所以该无形资产在以后期间可税前扣除的金额为零,因此其计税基础为零。

②会计准则规定,应根据无形资产的使用寿命情况,将无形资产区分为使用寿命有限的无形资产与使用寿命不确定的无形资产。对于使用寿命不确定的无形资产,不要求摊销,但持有期间每年应进行减值测试。税法规定,企业取得无形资产的成本,应在一定期限内摊销。因此对于使用寿命不确定的无形资产,会计处理时不予摊销,如果没有发生减值,其账面价值为入账价值,但计税时按照税法规定确定的摊销额允许税前扣除,造成该类无形资产账面价值与计税基础的差异。

③因计提无形资产减值准备产生的差异。无形资产期末计量也是账面价值与可收回金额进行比较,一旦发生减值,需要计提无形资产减值准备,但是税法规定计提的无形资产减值准备在转变为实质性损失前不允许税前扣除,即无形资产的计税基础不会随减值准备的提取发生变化,从而造成无形资产的账面价值与计税基础之间产生差异。

【例 15－4】 A 企业当期发生研究开发支出计 20 000 000 元,其中研究阶段支出 5 000 000 元,开发阶段符合资本化条件前发生的支出为 5 000 000 元,符合资本化条件后发生的支出为 10 000 000 元。税法规定企业的研究开发支出可按 150％加计扣除。假定开发形成的无形资产在当期期末已达到预定用途(尚未开始摊销)。

分析:A 企业当期发生的研究开发支出中,按照会计规定应予费用化的金额为 10 000 000 元,期末形成无形资产的成本为 10 000 000 元。按照税法规定,甲企业可在当期税前扣除的研究开发费用金额为 30 000 000 元。有关支出在发生当期全部税前扣除后。其于未来期间可税前扣除的金额为零,即该项无形资产的计税基础为零。该项无形资产的账面价值 10 000 000 元与其计税基础零之间的差额将于未来期间增加企业的应纳税所得额,为应纳税暂时性差异,应确认递延所得税负债。

【例 15－5】 B 企业于 20×1 年 1 月 1 日取得的某项无形资产,取得成本为 20 000 000 元,B 企业无法合理预计其使用期限,将其作为使用寿命不确定的无形资产。20×1 年 12 月 31 日对该项无形资产进行减值测试表明其未发生减值。企业在计税时,对该项无形资产按照 10 年的期限摊销,摊销金额允许税前扣除。

分析:会计上将该项无形资产作为使用寿命不确定的无形资产其在 20×1 年 12 月 31 日的账面价值为取得成本 20 000 000 元。该项无形资产在 20×1 年 12 月 31 日的计税基础为 18 000 000 元。该项无形资产的账面价值 20 000 000 元与其计税基础 18 000 000 元之间的差额 2 000 000 元将计入未来期间的应纳税所得额。

(3)以公允价值进行后续计量的资产。以公允价值进行后续计量的资产包括以公允价值计量且其变动计入当期损益的金融资产、可供出售金融资产,以及符合公允价值计量条件,按照公允价值进行后续计量的投资性房地产。

①以公允价值计量且其变动计入当期损益的金融资产。以公允价值计量且其变动计入当期损益的金融资产在资产负债表日的账面价值为公允价值,公允价值与原账面价值之间的差额计入当期损益。税法规定资产在持有期间公允价值变动不计入应纳税所得额,待处置时一并计算应计入应纳税所得额的金额,该类金融资产在资产负债表日的计税基础为取得该项金融资产时的成本。在公允价值变动的情况下,该类金融资产账面价值与计税基础之间产生差异。

②可供出售金融资产。计税基础的确定,与以公允价值计量且其变动计入当期损益的金融资产类似,可比照处理,但是根据该暂时性差异,确认的递延所得税资产或递延所得税负债的影响额也应记入"资本公积——其他资本公积"科目。

③企业对持有的投资性房地产进行后续计量时,会计准则规定可以采用两种模式,一种为成本计量模式,该模式下投资性房地产的会计处理比照固定资产和无形资产;另一种为公允价值计量模式,该模式下,资产负债表日投资性房地产账面价值会随着公允价值的变动而变动,其计税基础的确定类似于以公允价值计量且其变动计入当期损益的金融资产。

【例15-6】 20×1年10月20日,A企业自公开市场购入某公司股票,支付价款20 000 000元,A企业将其划分为交易性金融资产。20×1年12月31日,该股票的市价为15 000 000元。

分析:该项交易性金融资产的期末市价为15 000 000元,其按照会计准则规定进行核算,该资产20×1年资产负债表日的账面价值为15 000 000元。税法规定交易性金融资产在持有期间的公允价值变动不计入应纳税所得额,其在20×1年资产负债表日的计税基础应维持原取得成本不变,为20 000 000元。该交易性金融资产的账面价值15 000 000元与其计税基础20 000 000元之间产生了5 000 000元的暂时性差异,该暂时性差异在未来期间转回时会减少未来期间的应纳税所得额。

【例15-7】 20×1年11月8日B企业自公开的市场上取得一项基金投资,将其划分为可供出售金融资产。该投资的成本为10 000 000元。20×1年12月31日,该基金的市价为16 000 000元。

分析:按照会计准则规定,该项金融资产在会计期末应以公允价值计量,其账面价值应为期末公允价值16 000 000元。税法规定资产在持有期间公允价值变动不计入应纳税所得额,则该项可供出售金融资产的期末计税基础应维持其原取得成本不变,为10 000 000元。该金融资产在20×1年资产负债表日的账面价值16 000 000元与其计税基础10 000 000元之间产生的6 000 000元暂时性差异,将会增加未来该资产处置期间的应纳税所得额。

(4)其他资产。企业中还有一些资产,比如存货、应收账款等,按照会计准则的规定,会计期末可能需要计提减值准备,一旦计提减值准备,其账面价值会随之减少。而税法规定资产在发生实质性损失之前,不允许从税前扣除,即其计税基础不会发生改变。由于会计准则与税收法规的要求不一致,造成资产的账面价值与计税基础不同而产生暂时性差异。

【例15—8】 A企业20×1年12月31日应收账款余额为50 000 000元。A企业对应收账款按照期末余额的10%计提了5 000 000元的坏账准备。税法规定按照应收账款期末余额的5‰计提的坏账准备允许税前扣除。假定A企业坏账准备账户期初余额为零。

分析：该项应收账款在20×1年资产负债表日的账面价值为45 000 000元（50 000 000－5 000 000＝45 000 000），其计税基础为50 000 000－250 000＝49 750 000（元）。账面价值45 000 000元与计税基础49 750 000元之间产生4 750 000元暂时性差异，在应收账款发生实质性损失时，会减少未来期间的应纳税所得额。

【例15—9】 B企业20×2年购入甲材料，成本为20 000 000元，当年未领用。20×2年资产负债表日估计甲原材料的可变现净值为18 000 000元。假定甲材料在20×1年的期初余额为零。

分析：该项原材料因期末可变现净值低于成本，按照会计准则的相关规定，企业应计提存货跌价准备2 000 000元。计提存货跌价准备之后，甲材料的账面价值为18 000 000元。

甲材料的计税基础不会因计提存货跌价准备而发生变化，其计税基础仍然为20 000 000元不变。该存货的账面价值18 000 000元与其计税基础20 000 000元之间产生了2 000 000元的暂时性差异，该差异会减少企业在未来期间的应纳税所得额。

15.2.3 负债的计税基础

负债的计税基础，是指负债的账面价值减去未来期间计算应纳税所得额时按照税法规定可予以抵扣的金额。用公式表示即为：

负债的计税基础＝账面价值－未来期间按照税法规定可予以税前扣除的金额

负债的确认与偿还一般不会影响企业的损益，也不会影响其应纳税所得额，未来期间计算应纳税所得额时按照税法规定可予抵扣的金额为零，即计税基础等于账面价值。但是，某些情况下，负债的确认可能会影响企业的损益，进而影响不同期间的应纳税所得额，使得其计税基础与账面价值之间产生差额。例如按照会计准则规定符合确认条件的某些预计负债。

1. 企业因销售商品提供售后服务等原因确认的预计负债

按照或有事项准则规定，企业对于预计提供售后服务将发生的支出在满足有关确认条件时，销售当期即应确认为费用，同时确认预计负债。税法规定，与销售产品相关的支出允许在发生时全额从税前扣除。因此该事项产生的预计负债在资产负债表日的计税基础等于其账面价值减去未来期间可税前扣除的金额，由于有关支出实际发生时可以全额从税前扣除，所以其计税基础等于零。

其他交易或事项中确认的预计负债，应按照税法规定的计税原则确定其计税基础。如果税法规定其支出无论是否实际发生都不允许从税前扣除，即按税法规定的计税基础等于该预计负债的账面价值减去未来期间可税前扣除的金额0，因此该预计负债的账面价值等于计税基础。

【例15—10】 A企业20×1年因销售产品承诺提供3年的保修服务，在当年度利润表中确认了5 000 000元的销售费用,同时确认为预计负债,当年度未发生任何保修支出。按照税法规定,与产品售后服务相关的费用在实际发生时允许税前扣除。

分析:20×1年12月31日

该项预计负债在资产负债表中的账面价值＝5 000 000(元)

该项预计负债的计税基础＝账面价值－未来期间按照税法规定可予以税前抵扣的金额＝5 000 000－5 000 000＝0

该项预计负债在资产负债表中的账面价值5 000 000元与其计税基础0之间产生5 000 000元的暂时性差异,该差异在未来转回时,会减少企业的应纳税所得额,进而减少企业未来期间的应交所得税,属于可抵扣暂时性差异。在其产生期间,符合有关确认条件时,应确认相关的递延所得税资产。

2. 应付职工薪酬

会计准则规定,企业为获得职工提供的服务给予的各种形式的报酬以及其他相关支出均应作为企业的成本费用,在未支付之前确认为负债。税法中对于职工薪酬基本允许税前扣除,但明确规定了允许税前扣除的标准或比例,因此,按照会计准则规定已经计入成本费用的支出金额超过规定标准的部分,应在当期进行纳税调整,而不产生暂时性差异。

【例15－11】 B企业20×1年12月计入成本费用的职工工资总额为50 000 000元,至20×1年12月31日尚未支付。按照适用税法规定,当期计入成本费用的50 000 000元工资支出中,可予以税前扣除的金额为30 000 000元。

分析:20×1年12月31日

该项应付职工薪酬的账面价值＝50 000 000(元)

该项应付职工薪酬的计税基础＝账面价值－未来期间按照税法规定可予以税前抵扣的金额＝50 000 000－0＝50 000 000(元)

该项负债的账面价值50 000 000元与其计税基础50 000 000元相等,不产生暂时性差异。

3. 预收账款

企业在收到客户预付的购货款项时,因不符合会计准则规定的收入确认条件,会计上将其确认为一项负债,记入"预收账款"科目。税法中对于收入的确认原则一般与会计准则的规定相一致,即会计上未确认收入时,计税时一般也不计入应纳税所得额,该部分经济利益在未来期间计税时可予税前扣除的金额为零,其计税基础等于账面价值。

某些情况下,企业收到的预收账款因不符合会计准则规定的收入确认条件,记入"预收账款"科目,并列示于资产负债表,但是如果按照税法规定应当计入当期应纳税所得额时,有关预收账款的计税基础为零,即因其产生时已经计算交纳所得税,未来期间可全额从税前扣除。因此,该项负债的账面价值与其计税基础零之间产生暂时性差异,符合相关确认条件时,应确认相关的递延所得税资产。

【例15－12】 C企业于20×1年12月20日收到乙公司一笔预付购货款,金额为20 000 000元,C企业将其作为预收账款核算。按照适用税法规定,该款项应计入取得当期应纳税所得额计算交纳所得税。

分析：20×1年12月31日

该预收账款的账面价值＝20 000 000(元)

该预收账款的计税基础＝账面价值－未来期间按照税法规定可予以税前抵扣的金额＝20 000 000－20 000 000＝0

该项负债的账面价值20 000 000元与其计税基础0之间产生的20 000 000元暂时性差异，会减少C企业于未来期间的应纳税所得额，进而减少企业未来期间的应交所得税，属于可抵扣暂时性差异，在其产生期间，符合有关确认条件时，应确认相关的递延所得税资产。

4. 其他负债

其他负债，例如企业应交的罚款和滞纳金等，在尚未支付之前按照会计准则规定确认为费用，同时作为负债反映。而税法规定，罚款和滞纳金不能税前扣除，即该部分费用无论是在发生当期还是在以后期间均不允许从税前扣除，其计税基础等于账面价值减去未来期间计税时可予税前扣除的金额零之间的差额，即计税基础等于账面价值。

其他交易或事项产生的负债，其计税基础的确定应当按照适用税法的相关规定确定。

【例15-13】 A企业20×1年12月因违反当地物价局有关收费的规定，接到物价局处罚通知，要求其支付罚款200 000元。税法规定企业因违反国家有关法律法规支付的罚款和滞纳金，计算应纳税所得税时不允许税前扣除。至20×1年12月31日，该项罚款尚未支付。

分析：20×1年12月31日

应支付罚款产生的负债账面价值＝200 000(元)

该项负债的计税基础＝账面价值－未来期间按照税法规定可予以税前抵扣的金额
＝200 000－0＝200 000(元)

该项负债的账面价值200 000元与其计税基础200 000元相等，不产生暂时性差异。

15.2.4 特殊项目产生的暂时性差异

1. 按税法规定以后年度可弥补的亏损

对于按照税法规定可以结转以后年度的未弥补亏损及税款抵减，虽不是因资产、负债的账面价值与计税基础不同产生的，但本质上与可抵扣暂时性差异具有同样的作用，均能够减少未来期间的应纳税所得额，进而减少未来期间的应交所得税，在会计处理上，视同可抵扣暂时性差异，符合条件的情况时应确认与其相关的递延所得税资产。

【例15-14】 A企业20×1发生亏损10 000 000元，按照税法规定该企业可以在随后的5年内用税前利润弥补亏损，即该亏损可以抵减以后5个年度的应纳税所得额。A企业预计未来5年可以取得足够的应纳税所得额弥补该亏损。

分析：税前利润弥补亏损导致所得税税款的抵减，虽不是因资产、负债的账面价值与计税基础不同产生的，但本质上与可抵扣暂时性差异具有同样的作用，能够减少未来期间企业的应纳税所得额，进而减少未来期间的应交所得税，当企业预计未来能够取得足够的应纳税所得额用以弥补该亏损时，应确认相关的递延所得税资产。

2. 筹建期间发生的费用

企业经济业务中有些事项在会计确认方面因为不满足资产或负债的确认条件,因而没有作为资产或负债列示于资产负债表,其账面价值为零,但是按照税法规定,却可以确定其计税基础,此时账面价值零与计税基础之间的差异也属于暂时性差异。例如筹建期间发生的费用,由于会计与税法的规定不一致,会计上未作为资产或负债加以确认,而税法规定其于未来可分期从税前利润中扣除,因此产生计税基础,从而产生暂时性差异。

【例15—15】 A企业在开展正常经营活动之前发生开办费等10 000 000元,该企业在发生的当期直接计入当期损益,但是税法上允许企业在开展正常经营活动之后的5年内分期计入损益。

分析:该项支出会计上在发生时即计入当期损益,资产负债表中根本没有反映,如果将其视为资产,账面价值为零,但是根据税法规定,除了当期允许计入费用的2 000 000元之外,未来期间还可以从税前利润中扣除的金额为8 000 000元,因此账面价值与计税基础之间产生了8 000 000元的差异,该差异在未来期间可减少企业应纳税所得额,符合确认条件时,应确认相关的递延所得税资产。

3. 企业合并中取得有关资产、负债产生的暂时性差异

《企业会计准则第20号——企业合并》中,视参与合并各方在合并前是否为同一方或相同的多方最终控制,分为同一控制下的企业合并与非同一控制下的企业合并两种类型。同一控制下的企业合并,合并中取得的有关资产、负债基本上维持其原账面价值不变,合并中不产生新的资产和负债;对于非同一控制下的企业合并,合并中取得的有关资产、负债应按其在购买日的公允价值计量,但是如果经税务机关审核确认,当事各方可选择进行免税处理,即合并企业不确认全部资产的转让所得或损失,合并企业在合并中取得的可辨认资产、负债以被合并企业原账面价值为基础确定,其原计税基础不变。由于会计准则与税收法规对企业合并的划分标准不同,处理原则不同,因此可能造成企业合并中取得的有关资产、负债的入账价值与其计税基础之间产生暂时性差异。

15.3 递延所得税资产及递延所得税负债的确认和计量

企业在计算确定了应纳税暂时性差异与可抵扣暂时性差异后,应当按照所得税会计准则规定的原则确认相关的递延所得税负债及递延所得税资产。

15.3.1 递延所得税资产的确认和计量

1. 递延所得税资产的确认

资产、负债的账面价值与其计税基础不同产生可抵扣暂时性差异的,在估计未来期间能够取得足够的应纳税所得额用以利用该可抵扣暂时性差异时,应当以很可能取得用来抵扣可抵扣暂时性差异的应纳税所得额为限,确认相关的递延所得税资产。递延所得税资产的确认应遵循以下原则:

(1)递延所得税资产的确认应以未来期间可能取得的应纳税所得额为限。在可抵扣暂时性差异转回的未来期间内,企业无法产生足够的应纳税所得额用以抵减可抵扣暂时

性差异的影响,使得与递延所得税资产相关的经济利益无法实现的,该部分递延所得税资产不应确认;企业有明确的证据表明其于可抵扣暂时性差异转回的未来期间能够产生足够的应纳税所得额,进而利用可抵扣暂时性差异的,则应以可能取得的应纳税所得额为限,确认相关的递延所得税资产。

考虑到可抵扣暂时性差异转回的期间内可能取得应纳税所得额的限制,因无法取得足够的应纳税所得额而未确认相关的递延所得税资产的,应在附注中进行披露。

(2)按照税法规定可以结转以后年度的未弥补亏损和税款抵减,应视同可抵扣暂时性差异处理。在预计可利用可弥补亏损或税款抵减的未来期间内能够取得足够的应纳税所得额时,应当以很可能取得的应纳税所得额为限,确认相应的递延所得税资产,同时减少确认当期的所得税费用。与可抵扣亏损和税款抵减相关的递延所得税资产,其确认条件与可抵扣暂时性差异产生的递延所得税资产相同。

(3)企业合并中,按照会计准则的规定确定的合并中取得的各项可辨认资产、负债的入账价值与其计税基础之间形成可抵扣暂时性差异的,应确认相应的递延所得税资产,并调整合并中应予确认的商誉等。

(4)与直接计入所有者权益的交易或事项相关的可抵扣暂时性差异,相应的递延所得税资产应计入所有者权益。例如,因可供出售金融资产的公允价值下降,导致该金融资产的账面价值小于其计税基础的,符合相关确认条件时,应确认为递延所得税资产。

2. 不确认递延所得税资产的特殊情况

某些情况下,如果企业发生的某项交易或事项不是企业合并,并且交易发生时既不影响会计利润也不影响应纳税所得额,且该项交易中产生的资产、负债的初始确认金额与其计税基础不同,产生可抵扣暂时性差异的,企业会计准则中规定在交易或事项发生时不确认相应的递延所得税资产(例如企业融资租入固定资产)。会计准则中规定该融资租入资产的入账价值为租赁开始日该资产的公允价值与最低租赁付款额现值中的较低者,而税法上规定该融资租入资产应当按照租赁合同或协议中约定的付款额,以及在租赁过程中发生的有关费用作为其计税成本。此时该资产的账面价值小于计税基础,如果确认相关的递延所得税资产,相当于调整资产或负债的入账价值,违反了会计核算中的历史成本原则。

【例15—16】 B企业当期以融资租赁方式租入一项固定资产,该项固定资产在租赁日的公允价值为10 000 000元,最低租赁付款额的现值为9 000 000元。租赁合同中约定,租赁期内总的付款额为12 000 000元。不考虑租入资产过程中发生的相关费用。

分析:企业会计准则规定承租人应当将租赁开始日租赁资产公允价值与最低租赁付款额现值两者中较低者作为租入资产的入账价值,即该融资租入固定资产的入账价值应为9 000 000元。

税法规定融资租入资产应当按照租赁合同或协议约定的付款额以及在取得租赁资产过程中支付的有关费用作为其计税成本,即其计税基础为12 000 000元。

租入资产的入账价值9 000 000元与其计税基础12 000 000元之间的差额,在取得资产时既不影响B企业会计利润,也不影响应纳税所得额,如果确认相应的所得税影响,直接结果是减记资产的初始计量金额,因此,企业会计准则中规定该种情况下不确认相应的递延所得税资产。

3.递延所得税资产的计量

(1)适用税率的确定。确认递延所得税资产时,应估计相关可抵扣暂时性差异的转回时间,采用转回期间适用的所得税税率为基础计算确定。无论相关的可抵扣暂时性差异转回期间如何,递延所得税资产均不予折现。

【例15-17】 A企业于20×1年1月1日开业,20×1年和20×2年免征企业所得税,从20×3年开始适用的所得税税率为25%。甲公司20×1年开始计提折旧的一台设备,20×1年12月31日其账面价值为8 000元,计税基础为6 000元。

分析:20×1年12月31日递延所得税负债要按照预期收回该资产期间的适用税率计量。

递延所得税负债=(8 000-6 000)×40%=500(元)

(2)递延所得税资产账面价值的复核。资产负债表日,企业应当对递延所得税资产的账面价值进行复核。如果未来期间很可能无法取得足够的应纳税所得额用以利用递延所得税资产的利益,应当减记递延所得税资产的账面价值。递延所得税资产的账面价值减记以后,继后期间根据新的环境和情况判断能够产生足够的应纳税所得额利用该可抵扣暂时性差异,使得递延所得税资产包含的经济利益能够实现的,应相应恢复递延所得税资产的账面价值。

15.3.2 递延所得税负债的确认和计量

1.递延所得税负债的确认

企业在确认因应纳税暂时性差异产生的递延所得税负债时,除会计准则中明确规定可不确认递延所得税负债的情况以外,企业对于所有的应纳税暂时性差异均应确认相关的递延所得税负债。除了与直接计入所有者权益的交易或事项以及企业合并取得的资产或负债相关的以外,在确认递延所得税负债的同时,应增加利润表中的所得税费用。

【例15-18】 C企业于20×2年12月31日购入某项机器设备,会计上采用直线法计提折旧,税法规定采用双倍余额递减法计提折旧。其取得成本为1 000 000元,使用年限为10年,净残值为零,不考虑中期报告的影响,该企业适用的所得税税率为25%。

分析:20×1年12月31日

该固定资产的账面价值=1 000 000-100 000=900 000(元)

该固定资产的计税基础=1 000 000-200 000=800 000(元)

应纳税暂时性差异=900 000-800 000=100 000(元)

应确认递延所得税负债=100 000×25%=25 000(元)

借:所得税费用　　　　　　25 000
　　贷:递延所得税负债　　　　　　25 000

【例15-19】 B企业于20×1年12月底购入一台机器设备,成本为300 000元,预计使用年限为5年,预计净残值为零。会计上按直线法计提折旧,因该设备符合税法规定的税收优惠条件,计税时可采用年数总和法计提折旧,假定税法规定的使用年限及净残值均与会计相同。本例中假定该企业各会计期间均未对固定资产计提减值准备,除该项固定资产产生的会计与税收之间的差异外,不存在其他会计与税收的差异,该企业适用的所得税税率为25%。

分析:该项固定资产各年度账面价值与计税基础确定如下

①20×2年资产负债表日。

该固定资产账面价值=实际成本-会计折旧=300 000-60 000=240 000(元)

该固定资产计税基础=实际成本-税前扣除的折旧额=300 000-100 000=200 000(元)

因账面价值240 000元大于其计税基础200 000元,两者之间产生的40 000元暂时性差异会增加未来期间的应纳税所得额和应交所得税,属于应纳税暂时性差异,应确认与其相关的递延所得税负债。

递延所得税负债=40 000×25%=10 000(元)

账务处理如下:

借:所得税费用　　　　　　　　　10 000
　　贷:递延所得税负债　　　　　　　　　10 000

②20×3年资产负债表日。

该固定资产账面价值=实际成本-会计折旧=300 000-120 000=180 000(元)

该固定资产计税基础=实际成本-税前扣除的折旧额=300 000-100 000-80 000=120 000(元)

因账面价值180 000元大于其计税基础120 000元,两者之间产生的60 000元暂时性差异会增加未来期间的应纳税所得额和应交所得税,属于应纳税暂时性差异,应确认与其相关的递延所得税负债。

递延所得税负债=60 000×25%=15 000(元)

递延所得税负债期初余额为10 000元,所以本期进一步确认递延所得税负债为5 000元。

账务处理如下:

借:所得税费用　　　　　　　　　5 000
　　贷:递延所得税负债　　　　　　　　　5 000

③20×4年资产负债表日。

该固定资产账面价值=实际成本-会计折旧=300 000-180 000=120 000(元)

该固定资产计税基础=实际成本-税前扣除的折旧额=300 000-100 000-80 000-60 000=60 000(元)

因账面价值120 000大于其计税基60 000,两者之间产生的60 000元暂时性差异会增加未来期间的应纳税所得额和应交所得税,属于应纳税暂时性差异,应确认与其相关的递延所得税负债。

递延所得税负债=60 000×25%=15 000(元)

递延所得税负债期初余额为15 000元,所以本期不需要进一步确认。

④20×5年资产负债表日。

该固定资产账面价值=实际成本-会计折旧=300 000-240 000=60 000(元)

该固定资产计税基础=实际成本-税前扣除的折旧额=300 000-100 000-80 000-60 000-40 000=20 000(元)

因账面价值60 000大于其计税基础20 000,两者之间产生的40 000元暂时性差异会增加未来期间的应纳税所得额和应交所得税,属于应纳税暂时性差异,应确认与其相关的递延所得税负债。

递延所得税负债=40 000×25%=10 000(元)

递延所得税负债期初余额为 15 000 元,所以本期应当转回递延所得税负债为 5 000 元。

账务处理如下:

借:递延所得税负债　　　　　　5 000
　　贷:所得税费用　　　　　　　　　　　　5 000

⑤20×6 年资产负债表日。

该固定资产账面价值=实际成本-会计折旧=300 000-30 000=0

该固定资产计税基础=实际成本-税前扣除的折旧额=300 000-100 000-80 000-60 000-40 000-20 000=0

因账面价值等于其计税基础,两者之间不存在暂时性差异,原已确认的递延所得税负债应予以全额转回,递延所得税负债尚有余额 10 000 元。

账务处理如下:

借:递延所得税负债　　　　　　10 000
　　贷:所得税费用　　　　　　　　　　　　10 000

2. 不确认递延所得税负债的特殊情况

某些情况下,虽然资产、负债的账面价值与其计税基础不同,产生了应纳税暂时性差异,但会计准则中规定不确认相关的递延所得税负债。

(1)商誉的初始确认。非同一控制下企业合并中,企业合并成本大于合并中取得的被合并方可辨认净资产公允价值的部分,合并报表中确认为商誉。但是税收法规上对商誉不认可,其计税基础为零。会计准则要求不确认因商誉所产生的递延所得税负债。否则,如果确认递延所得税负债,则减少被购买方可辨认净资产公允价值,增加商誉,由此进入不断循环状态。

(2)与联营企业、合营企业投资等相关的应纳税暂时性差异,一般应确认相应的递延所得税负债,但同时满足以下两个条件的除外:一是投资企业能够控制暂时性差异转回的时间;二是该暂时性差异在可预见的未来很可能不会转回。

满足上述条件时,投资企业可以运用自身的影响力决定暂时性差异的转回,如果不希望其转回,则在可预见的未来该项暂时性差异即不会转回,从而无须确认相应的递延所得税负债。

【例 15-20】 A 企业 20×1 年 1 月 1 日向乙公司投资并持有乙公司 30%的股份,采用权益法核算。甲公司适用的所得税税率为 25%,乙公司适用的所得税税率为 15%,A 企业按乙公司 20×1 年税后净利润的 30%计算确认的投资收益为 850 000 元。假定 A 企业除此项目外无其他纳税调整,不能够控制暂时性差异转回的时间,该暂时性差异在可预见的未来能够转回。

分析:A 企业 20×1 应确认的递延所得税负债=850 000/(1-15%)×(25%-15%)=100 000(元)。

借:所得税费用　　　　　　　　100 000

贷：递延所得税负债　　　　　　　　　　　　　100 000

　　如果投资企业能够控制暂时性差异转回的时间且该暂时性差异在可预见的未来很可能不会转回，那么投资企业不确认递延所得税负债。

　　（3）除企业合并以外的其他交易中，如果交易发生时既不影响会计利润，也不影响应纳税所得额，则由资产、负债的初始确认所产生的递延所得税负债不予确认。

　　3. 递延所得税负债的计量

　　递延所得税负债应以相关应纳税暂时性差异转回期间适用的所得税税率计量。在我国，除享受优惠政策的情况以外，企业适用的所得税税率在不同年度之间一般不会发生变化，企业在确认递延所得税负债时，可以现行适用税率为基础计算确定，递延所得税负债的确认不要求折现。

15.4　所得税费用的确认与计量

　　所得税会计的主要目的之一是为了确定当期应交所得税以及利润表中的所得税费用。在按照资产负债表债务法核算所得税的情况下，利润表中的所得税费用包括当期所得税和递延所得税两个部分。

15.4.1　当期所得税

　　当期所得税，是指企业按照税法规定计算确定的针对当期发生的交易和事项，应交纳给税务部门的所得税金额，即当期应交所得税。

　　当期所得税＝当期应交所得税
　　　　　　　＝当期应纳税所得额（按税法确定的税前会计利润）×适用所得税税率
　　应纳税所得额＝税前会计利润＋纳税调整增加额－纳税调整减少额

　　企业在确定当期应交所得税时，对于当期发生的交易或事项，会计处理与税收处理不同的，应在会计利润的基础上，按照适用税收法规的规定进行调整，计算出当期应纳税所得额，按照应纳税所得额与适用所得税税率计算确定当期应交所得税。

15.4.2　递延所得税

　　递延所得税是指按照所得税准则规定当期应予确认的递延所得税资产和递延所得税负债金额，即递延所得税资产及递延所得税负债当期发生额。

　　递延所得税＝当期递延所得税负债的增加（－减少）－当期递延所得税资产的增加（＋减少）

　　应予说明的是，企业因确认递延所得税资产和递延所得税负债产生的递延所得税，一般应当记入所得税费用。但以下情况除外：

　　某项交易或事项按照会计准则规定应计入所有者权益的，由该交易或事项产生的递延所得税资产或递延所得税负债及其变化也应计入所有者权益，不构成利润表中的递延所得税费用。

　　【例15－21】　C企业持有的某项可供出售金融资产，成本为5 000 000元，会计期末,其公允价值为 6 000 000 元,该企业适用的所得税税率为 25%。除该事项外,C 企业不存在其他会计与税收之间的差异,且递延所得税资产和递延所得税负债不存在期初余额。

分析:会计期末在确认 1 000 000 元的公允价值变动时,账务处理为:

借:可供出售金融资产　　　　　　　1 000 000
　　贷:资本公积——其他资本公积　　　　　　1 000 000

确认应纳税暂时性差异的所得税影响时,账务处理为:

借:资本公积——其他资本公积　　　250 000
　　贷:递延所得税负债　　　　　　　　　　　250 000

15.4.3　所得税费用

计算确定当期所得税及递延所得税以后,利润表中应予确认的所得税费用为两者之和,用公式表示即为:

所得税费用=当期所得税+递延所得税

【例 15-22】　A 企业 20×1 年度利润表中利润总额为 20 000 000 元,该公司适用的所得税税率为 25%。递延所得税资产及递延所得税负债不存在期初余额。

与所得税核算有关的情况如下:

20×1 年发生的有关交易和事项中

①20×1 年 1 月开始计提折旧的一项固定资产,成本为 15 000 000 元,使用年限为 10 年,净残值为 0。会计处理按双倍余额递减法计提折旧,税法要求按直线法计提折旧。假定税法规定的使用年限及净残值与会计规定相同。

②向关联企业捐赠现金 2 000 000 元。假定按照税法规定,企业向关联方的捐赠不允许税前扣除。

③当年度发生研究开发支出 14 000 000 元,其中 9 000 000 元符合资本化条件,计入无形资产成本。税法规定企业发生的研究开发支出可按实际发生额的 150% 加计扣除。假定所开发无形资产于期末达到预定使用状态。

④违反环保法规定应支付罚款 2 000 000 元。

⑤期末对持有的存货计提了 500 000 元的存货跌价准备。

分析:

①20×1 年度当期应交所得税。

应纳税所得额=20 000 000+1 500 000+2 000 000-[14 000 000×150%(14 000 000-9 000 000)]+2 000 000+500 000=10 000 000(元)

应交所得税=10 000 000×25%=2 500 000(元)

②20×1 年度递延所得税。

递延所得税资产=(1 500 000+500 000)×25%=500 000(元)

递延所得税负债=9 000 000×25%=2 250 000(元)

递延所得税费用=2 250 000-500 000=1 750 000(元)

③利润表中应确认的所得税费用。

所得税费用=2 500 000+1 750 000=4 250 000(元),确认所得税费用的账务处理如下：

借：所得税费用　　　　　　　　4 250 000
　　递延所得税资产　　　　　　　500 000
　　　贷：应交税费——应交所得税　　　　2 500 000
　　　　　递延所得税负债　　　　　　　　2 250 000

本章小结

本章讲述了所得税的有关内容，会计准则要求所得税采用资产负债表债务法，首先确定资产的账面价值和计税基础，根据两者之间差额的具体情况，确认暂时性差异，并进而确认属于应纳税暂时性、可抵扣暂时性差异，计算递延所得税资产或递延所得税负债。企业计入利润表的所得税费用为当期所得税和递延所得税之和。

练习题

一、单项选择题

1. A公司20×1年12月31日购入价值200 000元的设备，预计使用期5年，无残值。采用直线法计提折旧，税法允许采用双倍余额递减法计提折旧。20×3年前适用的所得税税率为15%，从20×3年起适用的所得税税率为33%。20×3年12月31日应纳税暂时性差异余额为(　　)元。
   A. 48 000　　　B. 120 000　　　C. 72 000　　　D. 40 000

2. 下列项目中，会产生暂时性差异的是(　　)。
   A. 因漏税受到税务部门处罚，尚未支付罚金
   B. 计提应付职工薪酬
   C. 取得国债利息收入
   D. 对库存商品计提存货跌价准备

3. 甲公司适用的所得税税率为33%。2003年其税前会计利润为10 000 000元，其中包括投资国债取得的利息收入1 000 000元。当期按会计制度提取并计入损益的折旧超过税法允许扣除的折旧额800 000元；此外，当期另发生应纳税暂时性差异200 000元。该公司2003年应确认的所得税费用为(　　)元。
   A. 2 640 000　　B. 2 970 000　　C. 3 300 000　　D. 3 630 000

4. 甲公司2007年实现利润总额为10 000 000元，当年实际发生工资薪酬比计税工资标准超支500 000元，由于会计采用的折旧方法与税法规定不同，当期会计比税法规定少计提折旧1 000 000元。2007年初递延所得税负债的余额为660 000元；年末固定资产账面价值为50 000 000元，其计税基础为47 000 000元。除上述差异外没有其他纳税调整事项和差异。甲公司适用所得税税率为33%。甲公司2007年的净利润为(　　)元。
   A. 6 700 000　　B. 6 865 000　　C. 6 535 000　　D. 7 195 000

5. 甲公司于2007年1月1日开业，2007年和2008年免征企业所得税，从2009年开始适

用的所得税税率为33%。甲公司2007年开始计提折旧的一台设备,2007年12月31日其账面价值为6 000元,计税基础为8 000元;2008年12月31日账面价值为3 600元,计税基础为6 000元。假定资产负债表日,有确凿证据表明未来期间很可能获得足够的应纳税所得额用来抵扣可抵扣暂时性差异。2008年应确认的递延所得税资产发生额为( )元。

    A. 0   B. 1 320 000(借方)

    C. 7 920 000(借方)   D. 1 320 000(贷方)

6. 甲企业投资乙企业,占乙企业40%的股份,乙企业当期实现税后净利润8 000 000元,没有分配股利,甲企业按照权益法核算长期股权投资,假定按照税法规定长期股权投资的计税基础在持有期间保持不变,甲企业所得税税率为33%,乙企业所得税税率为15%,甲企业就该项业务应确认的递延所得税负债为( )元。

    A. 677 600   B. 577 600   C. 1 056 000   D. 0

7. A公司于2007年12月31"预计负债—产品质量保证费用"科目贷方余额为1 000 000元,2008年实际发生产品质量保证费用900 000元,2008年12月31日预提产品质量保证费用1 200 000元,2008年12月31日,下列说法中正确的是( )。

    A. 产生应纳税暂时性差异余额1 300 000元

    B. 产生可抵扣暂时性差异余额1 300 000元

    C. 产生应纳税暂时性差异余额1 200 000元

    D. 产生可抵扣暂时性差异余额1 200 000元

8. 某企业采用年数总和法计提折旧,税法规定按平均年限法计提折旧。2007年税前会计利润为3 000 000元,按平均年限法计提折旧为900 000元,按年数总和法计提折旧为1 800 000元,所得税税率为33%。2007年应交所得税款为( )元。

    A. 990 000   B. 1 485 000   C. 1 188 000   D. 1 287 000

9. A公司于2006年12月31日购入价值100 000元的设备,预计使用期5年,无残值。采用双倍余额递减法计提折旧,税法允许采用直线法计提折旧。2008年前适用的所得税税率为33%,从2008年起适用的所得税税率为15%。2008年12月31日可抵扣暂时性差异的余额为( )元。

    A. 36 000   B. 60 000   C. 12 000   D. 24 000

10. 所得税采用资产负债表债务法核算,其暂时性差异是指( )。

    A. 资产、负债的账面价值与其公允价值之间的差额

    B. 仅仅是资产的账面价值与计税基础之间的差额

    C. 资产、负债的账面价值与计税基础之间的差额

    D. 资产、负债的公允价值与计税基础之间的差额

二、多项选择题

1. 下列项目中,应确认递延所得税负债的有( )。

    A. 固定资产账面价值大于其计税基础

    B. 可供出售金融资产账面价值大于其计税基础

    C. 预计负债账面价值大于其计税基础

    D. 预收账款账面价值大于其计税基础

2. 下列说法,正确的有(　　)。
   A. 递延所得税资产和递延所得税负债应当分别作为非流动资产和和非流动负债在资产负债中列示
   B. 递延所得税资产大于递延所得税负债的差额应当作为资产列示
   C. 递延所得税资产小于递延所得税负债的差额应当作为资产列示
   D. 所得税费用应当在利润表中单独列示
3. 在发生的下列交易或事项中,会产生应纳税暂时性差异的有(　　)。
   A. 企业购入固定资产,采用直线法计提折旧,税法规定采用年数总和法计提折旧
   B. 企业购入交易性金融资产,期末公允价值小于其初始确认金额
   C. 企业购入无形资产,作为使用寿命不确定的无形资产进行核算
   D. 采用权益法核算的长期股权投资,因被投资单位实现净利润而调整增加长期股权投资账面价值
4. 在不考虑其他因素的情况下,企业发生的下列交易或事项中,期末会引起"递延所得税资产"增加的有(　　)。
   A. 本期转回计提的存货跌价准备
   B. 本期计提无形资产减值准备
   C. 企业购入交易性金融资产,会计期末公允价值小于其初始确认金额
   D. 实际发生产品售后保修费用,冲减已计提的预计负债
5. 下列项目中,产生暂时性差异的有(　　)。
   A. 会计上固定资产的账面价值与其计税基础不一致
   B. 确认国债利息收入时同时确认的资产
   C. 计提存货跌价准备
   D. 可计入应纳税所得额的坏账准备
6. 下列情况下会产生可抵扣暂时性差异的是(　　)。
   A. 资产的账面价值大于计税基础　　B. 资产的账面价值小于计税基础
   C. 负债的账面价值大于计税基础　　D. 负债的账面价值小于计税基础
7. 下列项目中,不应确认递延所得税负债的有(　　)。
   A. 固定资产账面价值小于其计税基础
   B. 无形资产账面价值大于其计税基础
   C. 预计负债账面价值大于其计税基础
   D. 可供出售金融资产账面价值大于其计税基础
8. 下列关于负债的计税基础的说法中正确的是(　　)。
   A. 企业因销售商品提供售后服务等原因确认的预计负债,其计税基础通常为零
   B. 企业收到客户的预付款,如果此时会计和税法均规定不符合收入确认条件,则其账面价值等于其计税基础
   C. 通常情况下,应付职工薪酬的计税基础等于其账面价值
   D. 企业应按环保规定交纳的罚款,会产生暂时性差异
9. 下列说法中,正确的是(　　)
   A. 固定资产持有期间,在计提了减值准备后,会产生可抵扣暂时性差异

B. 内部研究开发的无形资产,在税法允许加计扣除的情况下其计税基础为零
C. 固定资产持有期间,由于会计与税法规定的折旧方法、折旧年限等不同,所以会产生应纳税暂时性差异
D. 无形资产在后续计量时,应在不少于10年的期限内摊销

10. 甲企业持有一项可供出售金融资产,成本为3 000 000元,当年12月31日其公允价值为4 000 000元,假定税法规定其计税基础不得变动,该企业适用的所得税税率为33%,下列会计处理中不正确的是( )。

   A. 借:可供出售金融资产   1 000 000
       贷:资本公积——其他资本公积   1 000 000
          资本公积——其他资本公积   670 000

   B. 借:可供出售金融资产   1 000 000
       贷:递延所得税负债   330 000

   C. 借:递延所得税税负债   330 000
       贷:应交税费——应交所得税   330 000
          资本公积——股本溢价   670 000

   D. 借:可供出售金融资产   1 000 000
       贷:递延所得税负债   330 000

三、业务核算与计算题

1. 甲公司20×0年12月25日购入管理用设备一台,入账价值为50 000 000元,预计净残值为0,固定资产当日投入使用,甲公司对该固定资产按使用年限为5年,采用双倍余额递减法计提折旧。税法规定该固定资产折旧年限为5年,采用直线法计提折旧,预计净残值为0。甲公司适用所得税税率为25%。假定甲公司20×1年至20×5年各年的利润总额均为30 000 000元,无其他纳税调整事项和暂时性差异,假定甲公司在可抵扣暂时性差异未来转回的期间能获得足够的应纳税所得额。

要求:
(1)计算该项固定资产各年末的账面价值、计税基础和暂时性差异的金额。(计算结果填入下表)
(2)计算各年应确认的递延所得税和所得税费用。
(3)编制各年有关所得税的会计分录。(计算结果填入下表,单位以元表示)

项目	20×1年末	20×2年末	20×3年末	20×4年末	20×5年末
会计年折旧额					
税法年折旧额					
账面价值					
计税基础					
暂时性差异					
税率					

续表

递延所得税资产期末余额				
应确认的递延所得税收益				
会计利润				
应纳税所得额				
应交所得税				
所得税费用				
借:所得税费用				
递延所得税资产(借或贷)				
贷:应交税费——应交所得税				

2. 甲股份有限公司(本题下称"甲公司")为上市公司,20×7年1月1日递延所得税资产为3 960 000元;递延所得税负债为9 900 000元,适用的所得税税率为33%。根据20×7年颁布的新税法规定,自20×8年1月1日起,该公司适用的所得税税率变更为25%。

该公司20×7年利润总额为60 000 000元,涉及所得税会计的交易或事项如下:

(1) 20×7年1月1日,以20 447 000元自证券市场购入当日发行的一项3年期到期还本付息国债。该国债票面金额为20 000 000元,票面年利率为5%,年实际利率为4%,到期日为20×9年12月31日。甲公司将该国债作为持有至到期投资核算。

税法规定,国债利息收入免交所得税。

(2) 20×6年12月15日,甲公司购入一项管理用设备,支付购买价款、运输费、安装费等共计24 000 000元。12月26日,该设备经安装达到预定可使用状态。甲公司预计该设备使用年限为10年,预计净残值为零,采用年限平均法计提折旧。

税法规定,该类固定资产的折旧年限为20年。假定甲公司该设备预计净残值和采用的折旧方法符合税法规定。

(3) 20×7年6月20日,甲公司因废水超标排放被环保部门处以3 000 000元罚款,罚款已以银行存款支付。

税法规定,企业违反国家法规所支付的罚款不允许在税前扣除。

(4) 20×7年9月12日,甲公司自证券市场购入某股票;支付价款5 000 000元(假定不考虑交易费用)。甲公司将该股票作为交易性金融资产核算。12月31日,该股票的公允价值为10 000 000元。

假定税法规定,交易性金融资产持有期间公允价值变动金额不计入应纳税所得额,待出售时一并计入应纳税所得额。

(5) 20×7年10月10日,甲公司由于为乙公司银行借款提供担保,乙公司未如期偿还借款,而被银行提起诉讼,要求其履行担保责任。12月31日,该诉讼尚未审结。甲公司预计履行该担保责任很可能支出的金额为22 000 000元。

税法规定,企业为其他单位债务提供担保发生的损失不允许在税前扣除。

(6)其他有关资料如下:

①甲公司预计20×7年1月1日存在的暂时性差异将在20×8年1月1日以后转回。

②甲公司上述交易或事项均按照企业会计准则的规定进行了处理。

③甲公司预计在未来期间有足够的应纳税所得额用于抵扣可抵扣暂时性差异。

要求:

(1)根据上述交易或事项,填列"甲公司20×7年12月31日暂时性差异计算表"。

暂时性差异计算表

项目	账面价值	计税基础	暂时性差异	
			应纳税暂时性差异	可抵扣暂时性差异
持有至到期投资				
固定资产				
交易性金融资产				
预计负债				
合计				

(2)计算甲公司20×7年应纳税所得额和应交所得税。

(3)计算甲公司20×7年应确认的递延所得税和所得税费用。

(4)编制甲公司20×7年确认所得税费用的相关会计分录。

3.A公司系20×1年初新成立的企业,所得税核算采用资产负债表债务法,公司预计会持续盈利,各年能够获得足够的应纳税所得额。20×1年全年实现的净利润总额为6 000 000元。2007年其他相关资料如下:

(1)3月10日,购入A股票10万股,支付价款1 200 000元,划分为交易性金融资产;4月20日收到A公司宣告并发放的现金股利80 000元;年末A公司持有的A股票的市价为1 500 000元。

(2)12月31日应收账款余额为8 000 000元,应计提坏账准备840 000元。按税法规定,坏账准备按期末应收账款余额的5‰计提,可在所得税前扣除。

(3)12月31日存货账面实际成本6 000 000元,预计可变现净值为5 400 000元,存货期末按成本与可变现净值孰低法计价。

(4)20×1年度支付广告性质的赞助费160 000元,支付税收滞纳金50 000元,支付非公益救济性捐赠40 000元,支付广告费200 000元,另发生国债利息收入150 000元。

要求:

(1)根据资料(1)~(3)编制上述有关交易或事项的有关会计分录。

(2)计算A公司20×1年度应交的所得税并编制有关会计分录。

(3)计算因上述事项所产生的应纳税暂时性差异和可抵扣暂时性差异及应确认的递延所得税资产和递延所得税负债的金额,并编制相关会计分录。(列出计算过程,单位以元表示)

4.东方公司系20×1年12月25日改制的股份有限公司,每年按净利润的10%和5%分别计提法定盈余公积和法定公益金。2008年度有关资料如下:

(1)从20×4年1月1日起,所得税采用债务法核算。东方公司历年的所得税税率均为33%。20×5年12月31日止(不包括下列各项因素),发生的应纳税暂时性差异的累计金额为 40 000 000 元,发生的可抵扣暂时性差异的累计金额为 25 000 000 元(假定无转回的暂时性差异)。计提的各项资产减值准备作为暂时性差异处理,当期发生的可抵扣暂时性预计能够在三年内转回。

(2)从 20×6 年 1 月 1 日起,生产设备的预计使用年限由 12 年改为 8 年;同时,将生产设备的折旧方法由平均年限法改为双倍余额递减法。根据税法规定,生产设备采用平均年限法计提折旧,折旧年限为 12 年,预计净残值为零。本年度上述生产设备生产的 A 产品对外销售 80%;A 产品年初无在产品或产成品存货、年末无在产品存货(假定上述生产设备只用于生产 A 产品)。东方公司期末存货采用成本与可变现净值孰低法计价。年末库存 A 产品未发生减值。上述生产设备已使用 3 年,并已计提了 3 年的折旧,尚可使用 5 年,其账面价值为 48 000 000 元,累计折旧为 12 000 000 元(未计提减值准备),预计净残值为零。

(3)从 20×6 年起,东方公司试生产某种新产品(B 产品),对生产 B 产品所需乙材料的成本采用先进先出法计价。乙材料 20×6 年年初账面余额为零。20×6 年一、二、三季度各购入乙材料 200 公斤、300 公斤、500 公斤,每公斤成本分别为 1 000 元、1 200 元、1 250 元。20×6 年度为生产 B 产品共领用乙材料 600 公斤,发生人工及制造费用 215 000 元,B 产品于年底全部完工。但因同类产品已先占领市场,且技术性能更优,东方公司生产的 B 产品全部未能出售。东方公司于 20×6 年底预计 B 产品的全部销售价格为 560 000 元(不含增值税),预计销售所发生的税费为 60 000 元。剩余乙材料的可变现净值为 520 000 元。

(4)东方公司 20×6 年度实现利润总额为 80 000 000 元。20×6 年度实际发生的业务招待费 800 000 元,按税法规定允许抵扣的金额为 700 000 元;国债利息收入为 20 000 元;其他按税法规定不允许抵扣的金额为 200 000 元(非暂时性差异)。除本题所列事项外,无其他纳税调整事项。

要求:

(1)计算东方公司 20×6 年度应计提的生产设备的折旧额。
(2)计算东方公司 20×6 年库存 B 产品和库存乙材料的年末账面价值。
(3)分别计算 20×6 年度上述暂时性差异所产生的所得税影响金额。
(4)计算 20×6 年度的所得税费用和应交的所得税,并编制有关会计分录。
(5)计算东方公司 20×6 年 12 月 31 日递延所得税资产和递延所得税负债的账面余额。

四、思考题

1. 暂时性差异,包括那些类型?
2. 什么是应纳税暂时性差异?
3. 什么是可抵扣暂时性差异?
4. 什么是账面价值和计税基础?
5. 怎样确定会计期末递延所得税资产和递延所得税负债?
6. 固定资产的账面价值与计税基础之间的暂时性差异是如何产生的?

第16章 财务报告

□学习目标

通过本章学习掌握财务报告的概念和基本内容,熟练掌握资产负债表、利润表和现金流量表的填列方法,掌握所有者权益变动表的填列方法,了解报表附注的内容。

16.1 财务报告概述

16.1.1 财务报告的概念

财务报告,是指企业对外提供的反映某一特定日期的财务状况和某一会计期间的经营成果等会计信息的文件。

16.1.2 财务报告的内容

1. 财务报告的构成

财务报告包括财务报表和其他应当在财务报告中披露的相关信息和资料。

2. 财务报表的定义和构成

财务报表是对企业财务状况、经营成果和现金流量的结构性表述。财务报表至少应当包括下列组成部分:一是资产负债表;二是利润表;三是现金流量表;四是所有者权益(或股东权益表,下同)变动表;五是附注。

财务报表可以按照不同的标准进行分类。

(1)按财务报表编报期间的不同,可以分为中期财务报表和年度财务报表。中期财务报表是以短于一个完整会计年度的报告期间为基础编制的财务报表,包括月报、季报和半年报等。中期财务报表至少应当包括资产负债表、利润表、现金流量表和附注,其中,中期资产负债表、利润表和现金流量表应当是完整报表,其格式和内容应当与年度财务报表一致。与年度财务报表相比,中期财务报表的附注披露可以适当简略。

(2)按财务报表编制主体的不同,可以分为个别财务报表和合并财务报表。个别财务报表是由企业在自身会计核算基础上对账簿记录进行加工而编制的财务报表,它主要用以反映企业自身的财务状况、经营成果和现金流量情况。合并财务报表是以母公司和子公司组成的企业集团为会计主体,根据母公司和所属子公司的财务报表,由母公司编制的综合反映企业集团的财务状况、经营成果和现金流量情况。

16.2 资产负债表

16.2.1 资产负债表的内容及结构

1. 资产负债表的概念及结构

资产负债表是反映企业在某一特定日期所拥有或控制的经济资源、所承担的现实义务和所有者对净资产的要求权。

在我国,资产负债表采用账户式结构,报表分为左右两方,左方列示资产各项目,反映全部资产的分布及存在形态;右方列示负债和所有者权益各项目,反映全部负债和所有者权益的内容及构成情况。资产负债表左右双方平衡,即资产总计等于负债和所有者权益。

2. 资产负债表项目的列示

资产和负债应当分别流动资产和非流动资产、流动负债和非流动负债列示。

满足下列条件之一的资产,应当归类为流动资产:

(1)预计在一个正常营业周期中变现、出售或耗用。

(2)主要为交易目的而持有。

(3)预计在资产负债表日起一年内(含一年)变现。

(4)自资产负债表日起一年内,交换其他资产或清偿负债的能力不受限制的现金或现金等价物。

流动资产以外的资产应当归类为非流动资产。其中,正常营业周期,通常是指企业从购买用于加工的资产起至实现现金或现金等价物的期间。正常营业周期通常短于一年,在一年内有几个营业周期。但是,也存在正常营业周期大于一年的情况,如房地产开发企业开发用于出售的房地产开发产品,造船企业制造的用于出售的大型船只等,从购买原材料进入生产,到制造出产品出售并收回现金或现金等价物的过程,往往超过一年,在这种情况下,与生产循环相关的产成品、应收账款、原材料尽管是超过一年才变现、出售或耗用,仍应作为流动资产列示。

正常营业周期不能确定时,应当以一年(12个月)作为正常营业周期。

满足下列条件之一的资产,应当归类为流动负债:

(1)预计在一个正常营业周期中清偿。

(2)主要为交易目的而持有。

(3)自资产负债表日起一年内到期应予清偿。

(4)企业无权自主地将清偿推迟至资产负债表日后一年以上。

流动负债以外的负债应当归类为非流动负债。

对于在资产负债表日起一年内到期的负债,企业预计能够自主地将清偿义务展期至资产负债表日后一年以上的,应当归类为非流动负债;不能够自主地将清偿义务展期的,即使在资产负债表日后、即使在资产负债表日后、财务报告批准报出日前签订了重新清偿计划协议,该项负债仍应当归类流动负债。

值得注意的是,有些流动负债,如应付账款、应付职工薪酬等,属于企业正常营业周期中使用的营运资金的一部分。尽管这些经营性项目有时在资产负债表日后超过一年才能到期清偿,但是它们仍应划分为流动负债。

16.2.2 资产负债表的填列方法

1. "年初余额"的填列方法

"年初余额"栏内各项目数字,应根据上年末资产负债表"期末余额"栏内所列数字填列。如果本年度资产负债表规定的各个项目的名称和内容同上年度不相一致,应对上年年末资产负债表个项目的名称和数字按本年度的规定进行调整,按调整后的数字填入"年初余额"栏内。

2. "期末余额"的填列方法

(1)直接根据总账科目的余额填列。例如,交易性金融资产、应付票据、应付职工薪酬、应付股利、实收资本、资本公积等项目,应当根据相关总账科目的余额直接填列。

(2)根据几个总账科目的余额计算填列。例如,"货币资金"项目,应当根据"库存现金"、"银行存款"、"其他货币资金"等科目期末余额合计填列。

(3)根据有关明细科目的余额计算填列。例如,"应付账款"项目,应当根据"应付账款"、"预付账款"等科目所属明细科目期末贷方余额合计填列。

(4)根据总账科目和明细科目的余额分析计算填列。例如,"长期应收款"项目,应当根据"长期应收款"总账科目余额,减去"未实现融资收益",再减去所属相关明细科目中将于一年内到期的部分填列。

(5)根据有关科目余额减去备抵科目余额后的净额填列。例如,"固定资产"项目,应当根据"固定资产"科目的期末余额减去"累计折旧"、"固定资产减值准备"科目余额后的净额填列。

(6)综合运用上述填列方法填列。例如,"存货"项目,需要根据"原材料"、"材料采购"、"库存商品"、"委托加工物资"、"在途物资"、"发出商品"、"材料成本差异"等总账科目期末余额的分析汇总数,再减去"存货跌价准备"科目余额后的金额填列。

3. 资产负债表各项目的列报说明

(1)资产项目的列报说明。

①"货币资金"项目,反映企业库存现金、银行结算户存款、外埠存款、银行汇票存款、银行本票存款、信用卡存款、信用证保证金存款等的合计数。本项目应根据"库存现金"、"银行存款"、"其他货币资金"科目期末余额的合计数填列。

②"交易性金融资产"项目,反映企业持有的以公允价值计量且其变动计入当期损益的为交易目的所持有的债券投资、股票投资、基金投资、权证投资等金融资产。本项目应根据"交易性金融资产"科目的期末余额填列。

③"应收票据"项目,反映企业因销售商品、提供劳务等而收到的商业汇票,包括银行承兑汇票和商业承兑汇票。本项目应根据"应收票据"科目的期末余额,减去"坏账准备"科目中有关应收票据计提的坏账准备期末余额后的金额填列。

④"应收账款"项目,反映企业因销售商品、提供劳务等经营活动应收取的款项。本

项目应根据"应收账款"和"预收账款"科目所属各明细科目的期末借方余额合计数,减去"坏账准备"科目中有关应收账款计提的坏账准备期末余额后的金额填列。如"应收账款"科目所属明细科目期末有贷方余额的,应在资产负债表"预收款项"项目内填列。

⑤"预付款项"项目,反映企业按照购货合同规定预付给供应单位的款项等。本项目应根据"预付账款"和"应付账款"科目所属各明细科目的期末借方余额合计数,减去"坏账准备"科目中有关预付款项计提的坏账准备期末余额后的金额填列。如"预付账款"科目所属各明细科目期末有贷方余额的,应在资产负债表"应付账款"项目内填列。

⑥"应收利息"项目,反映企业应收取的债券投资等的利息。本项目应根据"应收利息"科目的期末余额,减去"坏账准备"科目中有关应收利息计提的坏账准备期末余额后的金额填列。

⑦"应收股利"项目,反映企业应收取的现金股利和应收取其他单位分配的利润。本项目应根据"应收股利"科目的期末余额,减去"坏账准备"科目中有关应收股利计提的坏账准备期末余额后的金额填列。

⑧"其他应收款"项目,反映企业除应收票据、应收账款、预付账款、应收股利、应收利息等经营活动以外的其他各种应收、暂付的款项。本项目应根据"其他应收款"科目的期末余额,减去"坏账准备"科目中有关其他应收款计提的坏账准备期末余额后的金额填列。

⑨"存货"项目,反映企业期末在库、在途和在加工中的各种存货的可变现净值。本项目应根据"材料采购"、"原材料"、"低值易耗品"、"库存商品"、"周转材料"、"委托加工物资"、"委托代销商品"、"生产成本"等科目的期末余额合计,减去"受托代销商品款"、"存货跌价准备"科目期末余额后的金额填列。材料采用计划成本核算,以及库存商品采用计划成本核算或售价核算的企业,还应按加或减材料成本差异、商品进销差价后的金额填列。

⑩"一年内到期的非流动资产"项目,反映企业将于一年内到期的非流动资产项目金额。本项目应根据有关科目的期末余额填列。

⑪"其他流动资产"项目,反映企业除货币资金、交易性金融资产、应收票据、应收账款、存货等流动资产以外的其他流动资产。本项目应根据有关科目的期末余额填列。

⑫"可供出售金融资产"项目,反映企业持有的以公允价值计量的可供出售的股票投资、债券投资等金融资产。本项目应根据"可供出售金融资产"科目的期末余额,减去"可供出售金融资产减值准备"科目期末余额后的金额填列。

⑬"持有至到期投资"项目,反映企业持有的以摊余成本计量的持有至到期投资。本项目应根据"持有至到期投资"科目的期末余额,减去"持有至到期投资减值准备"科目期末余额后的金额填列。

⑭"长期应收款"项目,反映企业融资租赁产生的应收款项、采用递延方式具有融资性质的销售商品和提供劳务等产生的长期应收款项等。本项目应根据"长期应收款"科目的期末余额,减去相应的"未实现融资收益"科目和"坏账准备"科目所属相关明细科目期末余额后的金额填列。

⑮"长期股权投资"项目,反映企业持有的对子公司、联营企业和合营企业的长期股权投资。本项目应根据"长期股权投资"科目的期末余额,减去"长期股权投资减值准备"

科目期末余额后的金额填列。

⑯"投资性房地产"项目,反映企业持有的投资性房地产。企业采用成本模式计量投资性房地产的,本项目应根据"投资性房地产"科目的期末余额,减去"投资性房地产累计折旧(摊销)"和"投资性房地产减值准备"科目期末余额后的金额填列;企业采用公允价值模式计量投资性房地产的,本项目应根据"投资性房地产"科目的期末余额填列。

⑰"固定资产"项目,反映企业各种固定资产原价减去累计折旧和累计减值准备后的净额。本项目应根据"固定资产"科目的期末余额,减去"累计折旧"和"固定资产减值准备"科目期末余额后的金额填列。

⑱"在建工程"项目,反映企业期末各项未完工程的实际支出,包括交付安装的设备价值、未完建筑安装工程已经耗用的材料、工资和费用支出、预付出包工程的价款等的可收回金额。本项目应根据"在建工程"科目的期末余额,减去"在建工程减值准备"科目期末余额后的金额填列。

⑲"工程物资"项目,反映企业尚未使用的各项工程物资的实际成本。本项目应根据"工程物资"科目的期末余额填列。

⑳"固定资产清理"项目,反映企业因出售、毁损、报废等原因转入清理但尚未清理完毕的固定资产的净值,以及固定资产清理过程中所发生的清理费用和变价收入等各项金额的差额。本项目应根据"固定资产清理"科目的期末借方余额填列,如"固定资产清理"科目期末为贷方余额,以"-"号填列。

㉑"生产性生物资产"项目,反映企业持有的生产性生物资产。本项目应根据"生产性生物资产"科目的期末余额,减去"生产性生物资产累计折旧"和"生产性生物资产减值准备"科目期末余额后的金额填列。

㉒"油气资产"项目,反映企业持有的矿区权益和油气井及相关设施的原价减去累计折耗和累计减值准备后的净额。本项目应根据"油气资产"科目的期末余额,减去"累计折耗"科目期末余额和相应减值准备后的金额填列。

㉓"无形资产"项目,反映企业持有的无形资产,包括专利权、非专利技术、商标权、著作权、土地使用权等。本项目应根据"无形资产"科目的期末余额,减去"累计摊销"和"无形资产减值准备"科目期末余额后的金额填列。

㉔"开发支出"项目,反映企业开发无形资产过程中能够资本化形成无形资产成本的支出部分。本项目应根据"研发支出"科目中所属的"资本化支出"明细科目期末余额填列。

㉕"商誉"项目,反映企业合并中形成的商誉的价值。本项目应根据"商誉"科目的期末余额,减去相应减值准备后的金额填列。

㉖"长期待摊费用"项目,反映企业已经发生但应由本期和以后各期负担的分摊期限在一年以上的各项费用。长期待摊费用中在一年内(含一年)摊销的部分,在资产负债表"一年内到期的非流动资产"项目填列。本项目应根据"长期待摊费用"科目的期末余额减去将于一年内(含一年)摊销的数额后的金额填列。

㉗"递延所得税资产"项目,反映企业确认的可抵扣暂时性差异产生的递延所得税资产。本项目应根据"递延所得税资产"科目的期末余额填列。

㉘"其他非流动资产"项目,反映企业除长期股权投资、固定资产、在建工程、工程物

资、无形资产等资产以外的其他非流动资产。本项目应根据有关科目的期末余额填列。

(2)负债项目的列报说明。

①"短期借款"项目,反映企业向银行或其他金融机构等借入的期限在一年以下(含一年)的各种借款。本项目应根据"短期借款"科目的期末余额填列。

②"交易性金融负债"项目,反映企业承担的以公允价值计量且其变动计入当期损益的为交易目的所持有的金融负债。本项目应根据"交易性金融负债"科目的期末余额填列。

③"应付票据"项目,反映企业购买材料、商品和接受劳务供应等而开出、承兑的商业汇票,包括银行承兑汇票和商业承兑汇票。本项目应根据"应付票据"科目的期末余额填列。

④"应付账款"项目,反映企业因购买材料、商品和接受劳务供应等经营活动应支付的款项。本项目应根据"应付账款"和"预付账款"科目所属各明细科目的期末贷方余额合计数填列;如"应付账款"科目所属明细科目期末有借方余额的,应在资产负债表"预付款项"项目内填列。

⑤"预收款项"项目,反映企业按照购货合同规定预付给供应单位的款项。本项目应根据"预收账款"和"应收账款"科目所属各明细科目的期末贷方余额合计数填列。如"预收账款"科目所属各明细科目期末有借方余额,应在资产负债表"应收账款"项目内填列。

⑥"应付职工薪酬"项目,反映企业根据有关规定应付给职工的工资、职工福利、社会保险费、住房公积金、工会经费、职工教育经费、非货币性福利、辞退福利等各种薪酬。外商投资企业按规定从净利润中提取的职工奖励及福利基金,也在本项目列示。

⑦"应交税费"项目,反映企业按照税法规定计算应交纳的各种税费,包括增值税、消费税、营业税、所得税、资源税、土地增值税、城市维护建设税、房产税、土地使用税、车船使用税、教育费附加、矿产资源补偿费等。企业代扣代交的个人所得税,也通过本项目列示。企业所交纳的税金不需要预计应交数的,如印花税、耕地占用税等,不在本项目列示。本项目应根据"应交税费"科目的期末贷方余额填列;如"应交税费"科目期末为借方余额,应以"-"号填列。

⑧"应付利息"项目,反映企业按照规定应当支付的利息,包括分期付息到期还本的长期借款应支付的利息、企业发行的企业债券应支付的利息等。本项目应当根据"应付利息"科目的期末余额填列。

⑨"应付股利"项目,反映企业分配的现金股利或利润。企业分配的股票股利,不通过本项目列示。本项目应根据"应付股利"科目的期末余额填列。

⑩"其他应付款"项目,反映企业除应付票据、应付账款、预收款项、应付职工薪酬、应付股利、应付利息、应交税费等经营活动以外的其他各项应付、暂收的款项。本项目应根据"其他应付款"科目的期末余额填列。

⑪"一年内到期的非流动负债"项目,反映企业非流动负债中将于资产负债表日后一年内到期部分的金额,如将于一年内偿还的长期借款。本项目应根据有关科目的期末余额填列。

⑫"其他流动负债"项目,反映企业除短期借款、交易性金融负债、应付票据、应付账款、应付职工薪酬、应交税费等流动负债以外的其他流动负债。本项目应根据有关科目

的期末余额填列。

⑬"长期借款"项目,反映企业向银行或其他金融机构借入的期限在一年以上(不含一年)的各项借款。本项目应根据"长期借款"科目的期末余额填列。

⑭"应付债券"项目,反映企业为筹集长期资金而发行的债券本金和利息。本项目应根据"应付债券"科目的期末余额填列。

⑮"长期应付款"项目,反映企业除长期借款和应付债券以外的其他各种长期应付款项。本项目应根据"长期应付款"科目的期末余额,减去相应的"未确认融资费用"科目期末余额后的金额填列。

⑯"专项应付款"项目,反映企业取得政府作为企业所有者投入的具有专项或特定用途的款项。本项目应根据"专项应付款"科目的期末余额填列。

⑰"预计负债"项目,反映企业确认的对外提供担保、未决诉讼、产品质量保证、重组义务、亏损性合同等预计负债。本项目应根据"预计负债"科目的期末余额填列。

⑱"递延所得税负债"项目,反映企业确认的应纳税暂时性差异产生的所得税负债。本项目应根据"递延所得税负债"科目的期末余额填列。

⑲"其他非流动负债"项目,反映企业除长期借款、应付债券等负债以外的其他非流动负债。本项目应根据有关科目的期末余额减去将于一年内(含一年)到期偿还数后的余额填列。非流动负债各项目中将于一年内(含一年)到期的非流动负债,应在"一年内到期的非流动负债"项目内单独反映。

(3)所有者权益项目的列报说明。

①"实收资本(或股本)"项目,反映企业各投资者实际投入的资本(或股本)总额。本项目应根据"实收资本"(或"股本")科目的期末余额填列。

②"资本公积"项目,反映企业资本公积的期末余额。本项目应根据"资本公积"科目的期末余额填列。

③"库存股"项目,反映企业持有尚未转让或注销的本公司股份金额。本项目应根据"库存股"科目的期末余额填列。

④"盈余公积"项目,反映企业盈余公积的期末余额。本项目应根据"盈余公积"科目的期末余额填列。

⑤"未分配利润"项目,反映企业尚未分配的利润。本项目应根据"本年利润"科目和"利润分配"科目的余额计算填列。未弥补的亏损在本项目内以"一"号填列。

16.2.3 资产负债表的编制举例

【例16—1】 华南股份有限公司是增值税的一般纳税人,增值税税率为17%,20×1年12月31日的资产负债表(年初余额略)及20×2年12月31日的科目余额表分别见表16—1和表16—2。2010年末的递延所得税负债的余额是由于可供出售金融资产公允价值上升100 000元所产生的。假设华南股份有限公司20×2年除了固定资产、无形资产计提减值准备导致固定资产账面价值与其计税基础存在可抵扣暂时性差异外,以及可供出售金融资产公允价值下降导致递延所得税负债发生变化之外,其他资产和负债的账面价值均等于其计税基础。假定华南股份有限公司未来很可能获得足够的应纳税所得额用来抵扣可抵扣暂时性差异,适用的所得税税率为25%。

表 16—1 资产负债表

会企 01 表

编制单位:华南股份有限公司　　20×1 年 12 月 31 日　　　　　　　　　　单位:元

资　产	期末余额	年初余额	负债和所有者权益（或股东权益）	期末余额	年初余额
流动资产：			流动负债：		
货币资金	1 203 500		短期借款	650 000	
交易性金融资产	20 000		交易性金融负债	0	
应收票据	250 000		应付票据	126 000	
应收账款	500 000		应付账款	725 000	
预付款项	150 000		预收款项	180 000	
应收利息	1 000		应付职工薪酬	1 200 000	
应收股利	0		应交税费	50 000	
其他应收款	0		应付利息	0	
存货	3 800 000		应付股利	0	
一年内到期的非流动资产	0		其他应付款	6 000	
其他流动资产	0		一年内到期的非流动负债	0	
流动资产合计	5 924 500		其他流动负债	0	
非流动资产：			流动负债合计	2 937 000	
可供出售金融资产	240 000		非流动负债：		
持有至到期投资	100 000		长期借款	900 000	
长期应收款	0		应付债券	0	
长期股权投资	300 000		长期应付款	0	
投资性房地产	1 000 000		专项应付款	0	
固定资产	2 000 000		预计负债	0	
在建工程	0		递延所得税负债	25 000	
工程物资	0		其他非流动负债	0	
固定资产清理	0		非流动负债合计	925 000	
生产性生物资产	0		负债合计	3 862 000	
油气资产	0		股东权益		
无形资产	800 000		股本	4 500 000	
开发支出	0		资本公积	500 000	
商誉	0		减:库存股		
长期待摊费用	0		盈余公积	350 000	
递延所得税资产	0		未分配利润	1 152 500	
其他非流动资产	0		股东权益合计	6 502 500	
非流动资产合计	4 440 000				
资产总计	10 364 500		负债和股东权益总计	10 364 500	

表 16-2　科目余额表

20×1年12月31日　　　　　　　　　　　　　　　　　　　单位：元

科目名称	借方余额	科目余额	贷方余额
库存现金	3 000	短期借款	400 000
银行存款	1 500 000	应付票据	226 000
其他货币资金	60 000	应付账款	610 000
交易性金融资产	20 000	其他应付款	2 000
应收票据	180 000	应付职工薪酬	1 000 000
应收账款	608 000	应交税费	288 500
坏账准备	−8 000	应付利息	0
预付账款	190 000	应付股利	0
其他应收款	6 000	长期借款	1 260 000
原材料	900 000	递延所得税负债	15 000
周转材料	170 000	股本	4 500 000
库存商品	3 000 000	资本公积	470 000
长期股权投资	300 000	盈余公积	434 000
可供出售金融资产	200 000	利润分配	1 908 500
持有至到期投资	100 000		
长期应收款	560 000		
固定资产	6 000 000		
累计折旧	−3 200 000		
固定资产减值准备	−200 000		
无形资产	1 000 000		
累计摊销	−250 000		
无形资产减值准备	−100 000		
递延所得税资产	75 000		
合计	11 114 000		11 114 000

根据上述资料,编制华南股份有限公司 20×2 年 12 月 31 日的资产负债表,如表 16-3 所示。

表 16-3　资产负债表　　　　　　　　　　会企 01 表

编制单位:华南股份有限公司　　20×2 年 12 月 31 日　　　　　　　　　　单位:元

资产	期末余额	年初余额	负债和所有者权益(或股东权益)	期末余额	年初余额
流动资产:			流动负债:		
货币资金	1 563 000	1 203 500	短期借款	400 000	650 000
交易性金融资产	20 000	20 000	交易性金融负债	0	0
应收票据	180 000	250 000	应付票据	226 000	126 000
应收账款	600 000	500 000	应付账款	610 000	725 000
预付款项	190 000	150 000	预收款项	0	180 000
应收利息	0	0	应付职工薪酬	1 000 000	1 200 000
应收股利	0	0	应交税费	288 500	50 000
其他应收款	6 000	1 000	应付利息	0	0
存货	4 070 000	3 800 000	应付股利	0	0
一年内到期的非流动资产	0	0	其他应付款	2 000	6 000
其他流动资产	0	0	一年内到期的非流动负债	0	0
流动资产合计	6 629 000	5 924 500	其他流动负债		
非流动资产:			流动负债合计	2 526 500	2 937 000
可供出售金融资产	200 000	240 000	非流动负债:		
持有至到期投资	100 000	100 000	长期借款	1 260 000	900 000
长期应收款	560 000	0	应付债券	0	0
长期股权投资	300 000	300 000	长期应付款	0	0
投资性房地产	0	1 000 000	专项应付款	0	0
固定资产	2 600 000	2 000 000	预计负债	0	0
在建工程	0	0	递延所得税负债	15 000	25 000
工程物资	0	0	其他非流动负债	0	0
固定资产清理	0	0	非流动负债合计	1 275 000	925 000
生产性生物资产	0	0	负债合计	3 801 500	3 862 000
油气资产	0	0	股东权益		
无形资产	650 000	800 000	股本	4 500 000	4 500 000
开发支出	0	0	资本公积	470 000	500 000
商誉	0	0	减:库存股		
长期待摊费用	0	0	盈余公积	434 000	350 000
递延所得税资产	75 000	0	未分配利润	1 908 500	1 152 500
其他非流动资产	0	0	股东权益合计	7 312 500	6 502 500
非流动资产合计	4 485 000	4 440 000			
资产总计	11 114 000	10 364 500	负债和所有者权益(或股东权益)总计	11 114 000	10 364 500

16.3 利润表

16.3.1 利润表的内容及结构

1. 利润表的定义和作用

利润表是反映企业在一定会计期间的经营成果的会计报表。例如,反映某年1月1日至12月31日经营成果的利润表,它反映的就是该期间的情况。

利润表的列报必须充分反映企业经营业绩的主要来源和构成,有助于使用者判断净利润的质量及其风险,有使用者预测净利润的持续性,从而做出正确的决策。

2. 利润表的结构

利润表正表的格式一般有两种:单步式利润表和多步式利润表。单步式利润表是将当期所有的收入列在一起,然后将所有的费用列在一起,两者相减得出当期净损益。多步式利润表是通过对当期的收入、费用、支出项目按性质加以归类,按利润形成的主要环节列示一些中间性利润指标,分步计算当期净损益。

财务报表列报准则规定,企业应当采用多步式列报利润表,将不同性质的收入和费用类别进行对比,从而可以得出一些中间性的利润数据,便于使用者理解企业经营成果的不同来源。企业可以分如下三个步骤编制利润表:

第一步,以营业收入为基础,减去营业成本、营业税金及附加、销售费用、管理费用、资产减值损失,加上公允价值变动收益(减去公允价值变动损失)和投资收益(减去投资损失),计算出营业利润;

第二步,以营业利润为基础,加上营业外收入,减去营业外支出,计算出利润总额;

第三步,以利润总额为基础,减去所得税费用,计算出净利润(或净亏损)。

普通股或潜在普通股已公开交易的企业,以及正处于公开发行普通股或潜在普通股过程中的企业,还应当在利润表中列示每股收益信息。

16.3.2 利润表的填列方法

1. 上期金额栏的填列方法

利润表"上期金额"栏内各项数字,应根据上年该期利润表"本期金额"栏内所列数字填列。如果上年该期利润表规定的各个项目的名称和内容同本期不相一致,应对上年该期利润表各项目的名称和数字按本期的规定进行调整,列入利润表"上期金额"栏内。

2. 本期金额栏的填列方法

利润表"本期金额"栏内各项数字一般应根据损益类科目的发生额分析填列。

16.3.3 利润表的编制举例

【例16-2】 华南股份有限公司20×1年度有关损益类科目本年累计发生净额如表16-4所示。

表16-4 华南股份有限公司发行在外的普通股为 4 500 000 股

科目名称	借方发生额	贷方发生额
主营业务收入		4 300 000
其他业务收入		1 050 000
主营业务成本	2 400 000	
其他业务成本	1 000 000	
营业税金及附加	10 000	
销售费用	125 000	
管理费用	487 000	
财务费用	26 000	
资产减值损失	302 000	
投资收益		50 000
营业外收入		150 000
营业外支出	60 000	
所得税费用	300 000	

根据上述资料,编制华南股份有限公司20×1年度的利润表,如表16-5所示。

表16-5 利润表　　　　　　　　　　　　　　　　会企02表

编制单位:华南股份有限公司　　20×1年　　　　　　　　　　　单位:元

项目	本期金额	上期金额
一、营业收入	5 350 000	(略)
减:营业成本	3 400 000	
营业税金及附加	10 000	
销售费用	125 000	
管理费用	487 000	
财务费用	26 000	
资产减值损失	302 000	
加:公允价值变动收益(损失以"-"号填列)	0	
投资收益(损失以"-"号填列)	50 000	
其中:对联营企业和合营企业的投资收益	0	
二、营业利润(亏损以"-"号填列)	1 050 000	
加:营业外收入	150 000	
减:营业外支出	60 000	
其中:非流动资产处置损失	0	
三、利润总额(亏损总额以"-"号填列)	1 140 000	
减:所得税费用	300 000	
四、净利润(净亏损以"-"号填列)	840 000	
五、每股收益:		
(一)基本每股收益	0.19	
(二)稀释每股收益		

16.3.4 每股收益

每股收益是指普通股股东每持有一股所能享有的企业利润或所需要承担的企业亏损。每股收益通常被用来反映企业的经营成果,衡量普通股的股利水平及投资风险,是投资者、债权人等信息使用者据以评价企业盈利能力、预测企业成长潜力、进而做出相关经济决策的一项重要财务指标。每股收益分为基本每股收益和稀释每股收益。

普通股或潜在普通股已公开交易的企业以及正处于公开发行普通股或潜在普通股过程中的企业应当在利润表中分别列示基本每股收益和稀释每股收益,并在附注中披露下列相关信息:

(1)基本每股收益和稀释每股收益分子、分母的计算过程。

(2)列报期间不具有稀释性但以后期间很可能具有稀释性的潜在普通股。

(3)在资产负债表日至财务报告批准报出日之间,企业发行在外普通股或潜在普通股股数发生重大变化的情况。

1. 基本每股收益

基本每股收益只考虑当期实际发行在外的普通股股份,按照归属于普通股股东的当期净利润除以当期实际发行在外普通股的加权平均数计算确定。

计算基本每股收益时,分子为归属于普通股股东的当期净利润,即企业当期实现的可供普通股股东分配的净利润或应由普通股股东分担的净亏损金额。发生亏损的企业,每股收益以负数列示。分母为当期发行在外普通股的算术加权平均数,即期初发行在外普通股股数根据当期新发行或回购的普通股股数乘以其发行在外的时间权重计算的股数进行调整后的数量。

发行在外普通股加权平均数=期初发行在外普通股股数+当期新发行普通股股数×已发行时间-当期回购普通股股数×已回购时间/报告期时间

已发行时间、报告期时间、已回购时间一般按照天数计算;在不影响计算结果合理性的前提下,也可以采用简化的计算方法。

【例16-3】 三佳科技20×1年期初发行在外的普通股为50 000 000股;4月1日新发行普通股20 000 000股;11月2日回购普通股6 000 000股,以备将来奖励高管。20×1年度,三佳实现净利润为19 200 000元。

计算基本每股收益时,首先计算发行在外普通股加权平均数。

发行在外普通股加权平均数=50 000 000×12/12+20 000 000×9/12-6 000 000×2/12=64 000 000(股)

基本每股收益=19 200 000/64 000 000=0.3(元)

2. 稀释每股收益

稀释每股收益是以基本每股收益为基础,假设企业所有发行在外的稀释性普通股均已转换为普通股,从而分别调整归属于普通股股东的当期净利润以及发行在外普通股的加权平均数计算而得的每股收益。

潜在普通股是指赋予其持有者在报告期或以后期间享有取得普通股权利的一种金融工具或其他合同。目前,在我国企业发行的潜在普通股主要有可转换公司债券、认股权证、股份期权等。

稀释性潜在普通股,是指假设当期转化为普通股会减少每股收益的潜在普通股。

(1)分子的调整。计算稀释每股收益,应当根据下列事项对归属于普通股股东的当期净利润进行调整:其一,当期已确认费用的稀释性潜在普通股的利息;其二,稀释性潜在普通股转换时将产生的收益或费用。上述调整应当考虑相关的所得税影响。

(2)分母的调整。计算稀释每股收益时,当期发行在外普通股的加权平均数应当为计算每股收益时普通股的加权平均数与假定稀释性潜在普通股转换为已发行普通股而增加的普通股股数的加权平均数之和。

【例16-4】 某公司20×1年归属于普通股股东的净利润为60 000 000元,期初发行在外的普通股为100 000 000股,年内普通股未发生变化。20×1年1月1日公司按面值发行20 000 000元的可转换公司债券,票面利率为5%,每100元债券可以转换为90股面值为1元的普通股。所得税税率为25%。假设不考虑可转换公司债券在负债和权益成分之间的分拆。那么20×1年度每股收益计算如下:

基本每股收益=60 000 000/100 000 000=0.6(元)
增加的净利润=20 000 000×5%×(1-25%)=750 000(元)
增加的普通股股数=(20 000 000/100)×90=18 000 000(股)
稀释每股收益=(60 000 000+750 000)/(100 000 000+18 000 000)=0.51(元)

(3)对于稀释性认股权证、股份期权,计算稀释每股收益时,一般无需调整作为分子的净利润金额,只需要按照下列步骤对作为分母的普通股加权平均数进行调整:其一,假设这些认股权证、股份期权在当期期初(或晚于当期期初的发行日)已经行权,计算按约定行权价格发行普通股将取得的收入金额。其二,假设按照当期普通股平均市场价格发行普通股,计算需发行多少普通股能够带来上述相同的收入。其三,比较行使认股权证、股份期权将发行的普通股股数与按照平均市场价格发行的普通股股数,差额部分相当于无对价发行的普通股,作为发行在外普通股股数的净增加。

增加的普通股股数=拟行权时转换的普通股股数-(行权价格×拟行权时转换的普通股股数)/当期普通股平均市场价格,稀释性潜在普通股应当按照其稀释程度从大到小的顺序计入稀释每股收益,直至稀释每股收益达到最小值。

【例16-5】 某公司20×1年归属于普通股股东的净利润为10 000 000元,发行在外普通股的加权平均数为40 000 000股,该股平均的市场价格为10元。年初,该公司发行2 000 000份认股权证,行权日为20×2年5月15日,每份认股权证可以在行权日以6元的价格认购本公司1股新发的股份。那么20×1年度每股收益计算如下:

基本每股收益=10 000 000/40 000 000=0.25(元)
增加的普通股股数=2 000 000-(2 000 000×6)/10=800 000(股)
稀释的每股收益=10 000 000/(40 000 000+800 000)=0.245(元)

16.4 现金流量表

16.4.1 现金流量表的内容及结构

1. 现金流量表的内容

现金流量表,是指反映企业在一定会计期间现金和现金等价物流入和流出的报表。其中,现金是指企业库存现金以及可以随时用于支付的存款。不能随时用于支付的存款不属于现金。现金等价物,是指企业持有的期限短、流动性强、易于转换为已知金额现金、价值变动风险很小的投资。从编制原则上看,现金流量表按照收付实现制原则编制,将权责发生制下的盈利信息调整为收付实现制下的现金流量信息,便于信息使用者了解企业净利润的质量。从内容上看,现金流量表应被划分为经营活动、投资活动和筹资活动三个部分,每类活动又分为各具体项目,这些项目从不同角度反映企业业务活动的现金流入和流出,弥补了资产负债表和利润表提供信息的不足。通过现金流量表,报表使用者能够了解现金流量的影响因素,评价企业的支付能力、偿债能力和周转能力,预测企业未来现金流量,为其决策提供有力依据。

2. 现金流量表的结构

在现金流量表中,现金及现金等价物被视为一个整体,企业现金形式的转换不会产生现金的流入和流出。例如,企业把现金存入银行,是企业现金存放形式的转换,并未流出现金,不构成现金流量。同样,现金与现金等价物之间的转换也不属于现金流量,例如,企业用银行存款购买三个月到期的国债。根据企业业务活动的性质和现金流量的来源,现金流量表在结构上将一定期间产生的现金流量分为三类:经营活动产生的现金流量、投资活动产生的现金流量和筹资活动产生的现金流量。现金流量表的具体格式见表15—4。

16.4.2 现金流量表的填列方法

1. 经营活动产生的现金流量

在我国,企业经营活动产生的现金流量应当采用直接法填列。直接法,是指通过现金收入和现金支出的主要类别列示经营活动的现金流量。现金流量一般应按现金流入和现金流出总额列报,但代客户收取或支付的现金,以及周转快、金额大、期限短项目的现金流入和现金流出,可以按照净额列报。

有关经营活动现金流量的信息,可以通过企业的会计记录取得,也可以通过对利润表中的营业收入、营业成本以及其他项目进行调整后取得,如当期存货及经营性应收和应付项目的变动,固定资产折旧、无形资产摊销、计提资产减值准备等其他非现金项目,属于投资活动或筹资活动现金流量的其他非现金项目。

(1)"销售商品、提供劳务收到的现金"项目。该项目反映企业销售商品、提供劳务实际收到的现金(包括应向购买者收取的增值税销项税额),包括本期销售商品、提供劳务收到的现金,以及前期销售商品、提供劳务本期收到的现金和本期预收的款项,减去本期退回本期销售的商品和前期销售本期退回的商品支付的现金。企业销售材料和代购代销业务收到的现金,也在本项目反映。本项目可以根据"库存现金"、"银行存款"、"应收账款"、"预收账款"、"主营业务收入"、"其他业务收入"等科目的记录分析填列。

(2)"收到的税费返还"项目。该项目反映企业收到返还的各种税费,包括收到的增值税、消费税、营业税、关税、所得税、教育费附加等。本项目可以根据"库存现金"、"银行存款"、"营业外收入"、"其他应收款"等科目的记录分析填列。

(3)"收到的其他与经营活动有关的现金"项目。该项目反映企业除了上述各项目以外所收到的其他与经营活动有关的现金,如罚款、流动资产损失中由个人赔偿的现金、经营租赁租金等。若某项其他与经营活动有关的现金流入的金额较大,应单列项目反映。本项目可以根据"库存现金"、"银行存款"、"营业外收入"等科目的记录分析填列。

(4)"购买商品、接受劳务支付的现金"项目。该项目反映企业购买商品、接受劳务支付的现金(包括增值税进项税),包括本期购买材料、商品、接受劳务支付的现金,以及本期支付前期购买商品、接受劳务的未付款项以及本期预付款项,减去本期购货退回收到的现金。企业代购代销业务支付的现金,也在本项目反映。本项目可以根据"库存现金"、"银行存款"、"应付账款"、"预付账款"、"主营业务成本"、"其他业务成本"等科目的记录分析填列。

(5)"支付给职工以及为职工支付的现金"项目。该项目反映企业实际支付给职工,以及为职工支付的现金,包括本期实际支付给职工的工资、奖金、各种津贴和补贴等,以及为职工支付的其他费用。企业代扣代缴的个人所得税,也在本项目反映。本项目不包括支付给离退休人员的各项费用及支付给在建工程人员的工资及其他费用。企业支付给离退休人员的各项费用(包括支付的统筹退休金以及未参加统筹的退休人员的费用),在"支付其他与经营活动有关的现金"项目反映;支付给在建工程人员的工资及其他费用,在"购建固定资产、无形资产和其他长期资产支付的现金"项目反映。本项目可以根据"应付职工薪酬"、"库存现金"、"银行存款"等科目的记录分析填列。

(6)"支付的各项税费"项目。该项目反映企业按规定支付的各种税费,包括企业本期发生并支付的税费,以及本期支付以前各期发生的税费和本期预交的税费,包括所得税、增值税、消费税、印花税、房产税、土地增值税、车船使用税、教育费附加、矿产资源补偿费等,但不包括本期退回的增值税、所得税,也不包括计入固定资产价值、实际支付的耕地占用税。本项目可以根据"库存现金"、"银行存款"、"应交税费"等科目的记录分析填列。

(7)"支付其他与经营活动有关的现金"项目。该项目反映企业上述各项目以外所支付的其他与经营活动有关的现金,如经营租赁支付的租金、支付的罚款、车旅费、业务招待费、保险费等。若某项其他与经营活动有关的现金流出的金额较大,应单列项目反映。本项目可以根据"库存现金"、"银行存款"、"管理费用"、"营业外支出"等科目的记录分析填列。

2. 投资活动产生的现金流量

(1)"收回投资收到的现金"。本项目反映企业出售、转让或到期收回除现金等价物以外的交易性金融资产、持有至到期投资、可供出售金融资产、长期股权投资、投资性房地产而收到的现金。不包括债权性投资收回的利息、收回的非现金资产,以及处置子公司及其他营业单位收到的现金净额。债权性投资收回的本金,在本项目反映,债权性投资收回的利息不在本项目反映,而在"取得投资收益所收到的现金"项目中反映。处置子公司及其他营业单位收到的现金净额单设项目反映。本项目可以根据"库存现金"、"银行存款"、"交易性金融资产"、"长期股权投资"、"投资性房地产"、"持有至到期投资"、"可供出售金融资产"等科目的记录分析填列。

(2)取得投资收益所收到的现金。本项目反映企业因股权性投资而分得的现金股利,从子公司、联营企业或合营企业分回利润而收到的现金,因债权性投资而取得的现金利息收入。股票股利不在本项目反映;包括在现金等价物范围内的债权性投资,其利息收入在本项目反映。

本项目可以根据"库存现金"、"银行存款"、"投资收益"、"应收股利"、"应收利息"等科目的记录分析填列。

(3)处置固定资产、无形资产和其他长期资产收回的现金净额。本项目反映企业出售固定资产、无形资产和其他长期资产所收到的现金净额,减去为处置这些资产而支付的有关费用后的净额。处置固定资产、无形资产和其他长期资产收到的现金,与处置活动支付的现金,两者在时间上比较接近,以净额反映更能准确反映处置活动对现金流量的影响。由于自然灾害等原因所造成的固定资产等长期资产报废、毁损而收到的保险赔偿收入,也在本项目反映。如处置固定资产、无形资产和其他长期资产收回的现金净额为负数,则应作为投资活动产生的现金流量,在"支付的其他与投资活动有关的现金"项目中反映。本项目可以根据"库存现金"、"银行存款"、"固定资产清理"等科目的记录分析填列。

(4)处置子公司及其他营业单位收到的现金净额。本项目反映企业处置子公司及其他营业单位取得的现金减去子公司及其他营业单位持有的现金和现金等价物以及处置费用后的净额。本项目可以根据"库存现金"、"银行存款"、"长期股权投资"等科目的记录分析填列。

(5)"收到的其他与投资活动有关的现金"项目。该项目反映企业除了上述各项目以外所收到的其他与投资活动有关的现金,比如,企业收回购买股票和债券时支付的已经宣告但尚未领取的现金股利或已到付息期但尚未领取的债券利息。若某项其他与投资活动有关的现金流入的金额较大,应单列项目反映。本项目可以根据"库存现金"、"银行存款"、"应收股利"、"应收利息"等科目的记录分析填列。

(6)"购建固定资产、无形资产和其他长期资产支付的现金"项目。该项目反映企业本期购买、建造固定资产、无形资产和其他长期资产实际支付的现金,以及用现金支付的应由在建工程和无形资产负担的职工薪酬,不包括未购建固定资产而发生的借款利息资本化部分,以及融资租入固定资产支付的租赁费。企业支付的借款利息和融资租入固定资产支付的租赁费,在筹资活动产生的现金流量中反映。本项目可以根据"库存现金"、"银行存款"、"固定资产"、"无形资产"、"在建工程"等科目的记录分析填列。

(7)投资支付的现金。该项目反映企业取得的除现金等价物以外的对其他企业的权益工具、债务工具和合营中的权益投资所支付的现金,以及支付的佣金、手续费等交易费用,但取得子公司及其他营业单位支付的现金净额除外。本项目可以根据"库存现金"、"银行存款"、"长期股权投资"、"持有至到期投资"、"可供出售金融资产"等科目的记录分析填列。

(8)取得子公司及其他营业单位支付的现金净额项目。该项目反映企业购买子公司及其他营业单位购买出价中以现金支付的部分,减去子公司及其他营业单位持有的现金和现金等价物后的净额。本项目可以根据"库存现金"、"银行存款"、"长期股权投资"等科目的记录分析填列。

(9)"支付其他与投资活动有关的现金"项目。该项目反映企业上述各项目以外所支付的其他与投资活动有关的现金流出,如购买股票和债券时支付的已经宣告但尚未领取的现金股利或已到付息期但尚未领取的债券利息等。若某项其他与投资活动有关的现金流出的金额较大,应单列项目反映。本项目可以根据"库存现金"、"银行存款"、"应收利息"、"应收股利"等科目的记录分析填列。

3. 筹资活动产生的现金流量

(1)吸收投资收到的现金。该项目反映企业以发行股票、债券等方式筹集资金实际收到的款项净额(发行收入减去支付的佣金等发行费用后的净额)。以发行股票等方式筹集资金而由企业支付的审计、咨询等费用,不在本项目反映,而在"支付的其他与筹资活动有关的现金"项目中反映。本项目可以根据"库存现金"、"银行存款"、"实收资本"、"资本公积"等科目的记录分析填列。

(2)借款收到的现金。该项目反映企业举借各种短期、长期借款而收到的现金。本项目可以根据"库存现金"、"银行存款"、"长期借款"、"短期借款"、"交易性金融负债"、"应付债券"等科目的记录分析填列。

(3)"收到的其他与筹资活动有关的现金"项目。该项目反映企业除了上述各项目以外所收到的其他与筹资活动有关的现金,比如,接受现金捐赠。若某项其他与筹资活动有关的现金流入的金额较大,应单列项目反映。本项目可以根据"库存现金"、"银行存款"、"营业外收入"等科目的记录分析填列。

(4)偿还债务支付的现金。该项目反映企业以现金偿还债务的本金,包括:归还金融企业的借款本金、偿付企业到期的债券本金。企业偿还的借款利息、债券利息,在"分配股利、利润或偿付利息所支付的现金"项目中反映,不在本项目中反映。本项目可以根据"库存现金"、"银行存款"、"长期借款"、"短期借款"、"交易性金融负债"、"应付债券"等科目的记录分析填列。

(5)"分配股利、利润或偿付利息所支付的现金"项目。该项目反映企业实际支付的现金股利、支付给其他单位的利润或用现金支付的借款利息,债券利息。不同用途的借款,其利息的开支渠道不一样,如在建工程、财务费用等,均在本项目反映。本项目可以根据"库存现金"、"银行存款"、"制造费用"、"财务费用"、"利润分配"、"应付利息"、"应付股利"、"研发支出"等科目的记录分析填列。

(6)"支付其他与筹资活动有关的现金"项目。该项目反映企业除了上述各项目以外所支付的其他与筹资活动有关的现金,比如,现金捐赠支出。若某项其他与筹资活动有关的现金流出的金额较大,应单列项目反映。本项目可以根据"库存现金"、"长期应付款"、"银行存款"、"营业外支出"等科目的记录分析填列。

4. 汇率变动对现金以及现金等价物的影响

编制现金流量表时,应当将企业外币现金流量以及境外子公司的现金流量折算成记账本位币。现金流量表准则规定,外币现金流量以及境外子公司的现金流量,应当采用现金流量发生日的即期汇率或按照系统合理的方法确定的、与现金流量发生日即期汇率近似的汇率折算。汇率变动对现金的影响金额应当作为调节项目,在现金流量表中单独列报。

汇率变动对现金的影响,指企业外币现金流量以及境外子公司的现金流量折算成记账本位币时,所采用的现金流量日发生的汇率或按照系统合理的方法确定的、与现金流量发生日即期汇率近似的汇率,而现金流量表"现金及现金等价物净增加额"项目中外币现金净增加额是按资产负债表日的即期汇率折算。这两者的差额即为汇率变动对现金以及现金等价物的影响。

5. 现金流量表补充资料

除现金流量表反映的信息外,企业应当采用间接法在现金流量表附注中披露将净利润调节为经营活动现金流量、不涉及现金收支的重大投资和筹资活动、现金及现金等价物变动情况等信息。

(1)净利润调节为经营活动现金流量。

①"资产减值准备"项目。这里所指的资产减值准备包括:坏账准备、存货跌价准备、投资性房地产减值准备、长期股权投资减值准备、持有至到期投资减值准备、固定资产减值准备、无形资产减值准备、在建工程减值准备、工程物资减值准备、生物性资产减值准备、商誉减值准备等。企业计提的各项资产减值准备,包括在利润表中,属于利润的减除项目,但没有发生现金流出。所以,在将净利润调节为经营活动现金流量时,需要加回。本项目可以根据"资产减值损失"科目的记录分析填列。

②"固定资产折旧"、"油气资产折耗"、"生产性生物资产折旧"项目。企业计提的固定资产折旧,有的包括在管理费用中,有的包括在制造费用中。计入管理费用中的部分,作为期间费用在计算净利润时从中扣除,但没有发生现金流出,在将净利润调节为经营活动现金流量时,需要予以加回。计入制造费用中的以及变现的部分,在计算净利润时通过销售成本予以扣除,但没有发生现金流出;计入制造费用中的没有变现的部分,既不涉及现金收支,也不影响企业当前净利润。由于在调节存货时,已经从中扣除,在此将净利润调节为经营活动现金流量时,需要予以加回。同理,企业计提的油气资产折耗、生产性生物资产折旧,也需要予以加回。本项目可以根据"累计折旧"、"累计折耗"、"生产性生物资产折旧"等科目的贷方发生额分析填列。

③"无形资产摊销和长期待摊费用摊销"项目。企业对使用寿命有限的无形资产计提摊销时,计入管理费用或制造费用。长期待摊费用摊销时,有的计入管理费用,有的计入销售费用,有的计入制造费用。计入管理费用等期间费用和计入制造费用中已经变现的部分,在计算净利润时已经从中扣除,但没有发生现金流出;计入制造费用中没有变现的部分,在调节存货时已经从中扣除,但不涉及现金收支。所以,在将净利润调节为经营活动现金流量时,需要加回。本项目可以根据"累计摊销"、"长期待摊费用"科目的贷方发生额分析填列。

④"处置固定资产、无形资产和其他长期资产的损失(减:收益)"项目。企业处置固定资产、无形资产和其他长期资产的损益,属于投资活动产生的损益,不属于经营活动的损益,所以,在将净利润调节为经营活动现金流量时,需要予以剔除。如为损失,在将净

利润调节为经营活动现金流量时,应当加回;如为收益,将净利润调节为经营活动现金流量时,应当扣除。本项目可以根据"营业外收入"、"营业外支出"等科目所属有关明细账的记录分析填列;如为净收益,以"一"号填列。

⑤"固定资产报废损失"项目。企业发生的固定资产报废损益,属于投资活动产生的损益,不属于经营活动产生的损益,所以,在将净利润调节为经营活动现金流量时,需要予以剔除。同样,投资性房地产产生报废、毁损而发生的损失,也需要予以剔除。如为净损失,在将净利润调节为经营活动现金流量时,应当加回;如为收益,将净利润调节为经营活动现金流量时,应当扣除。本项目可以根据"营业外收入"、"营业外支出"等科目所属有关明细账的记录分析填列。

⑥"公允价值变动损失"项目。公允价值变动损失反映企业在初始确认时划分为以公允价值计量且其变动计入当期损益的交易性金融资产或金融负债、衍生工具、套期等业务中公允价值变动形成的应计入当期损益的利得或损失。企业发生的公允价值变动损益,通常与企业的投资活动或筹资活动有关,而且并不影响企业当期现金流量。为此,应当将其从净利润中剔除。本项目可以根据"公允价值变动损益"科目的发生额分析填列。如为持有损失,在将净利润调节为经营活动现金流量时,应当加回;如为持有利得,在将净利润调节为经营活动现金流量时,应当扣除。

⑦"财务费用"项目。企业发生的财务费用中不属于经营活动的部分,应当将其从净利润中剔除。本项目可根据"财务费用"科目的本期借方发生额分析填列;如为收益,以"一"号填列。

⑧"投资损失(减:收益)"项目。企业发生的投资损益,属于投资活动产生的损益,不属于经营活动的损益,所以,在将净利润调节为经营活动现金流量时,需要予以剔除。同样,投资性房地产产生报废、毁损而发生的损失,也需要予以剔除。如为净损失,在将净利润调节为经营活动现金流量时应当加回;如为净收益,将净利润调节为经营活动现金流量时应当扣除。本项目可以根据利润表中"投资收益"项目的数字填列;如为投资收益,以"一"号填列。

⑨"递延所得税资产减少(减:增加)"项目。如果递延所得税资产减少使计入所得税费用的金额大于当期应交的所得税金额,其差额没有发生现金流出,但在计算净利润时已经扣除,在将净利润调节为经营活动现金流量时,应当加回。如果递延所得税资产增加使计入所得税费用的金额小于当期应交的所得税金额,二者之间的差额并没有发生现金流入,但在计算净利润时已经包括在内,在将净利润调节为经营活动现金流量时,应当扣除。本项目可以根据资产负债表"递延所得税资产"项目期初、期末余额分析填列。

⑩"递延所得税负债增加(减:减少)"项目。如果递延所得税负债增加使计入所得税费用的金额大于当期应交的所得税金额,其差额没有发生现金流出,但在计算净利润时已经扣除,在将净利润调节为经营活动现金流量时,应当加回。如果递延所得税负债减少使计入所得税费用的金额小于当期应交的所得税金额,二者之间的差额并没有发生现金流入,但在计算净利润时已经包括在内,在将净利润调节为经营活动现金流量时,应当扣除。本项目可以根据资产负债表"递延所得税负债"项目期初、期末余额分析填列。

⑪"存货的减少(减:增加)"项目。期末存货比期初存货减少,说明本期生产经营过程耗用的存货以部分时期初的存货,耗用这部分存货并没有发生现金流出,但在计算净

利润时已经扣除,在将净利润调节为经营活动现金流量时,应当加回。期末存货比期初存货增加,说明当期购入的存货除耗用外,还剩余了一部分,这部分存货也发生了现金流出,但在计算净利润时没有包括在内,在将净利润调节为经营活动现金流量时,应当扣除。当然,存货的增减变化过程还涉及应付项目,这一因素在"经营性应付项目的增加(减:减少)"中考虑。本项目可根据资产负债表中"存货"项目的期初数、期末数之间的差额填列;期末数大于期初数的,以"-"号填列。如果存货的增减变化过程属于投资活动,如在建工程领用存货,应当将这一因素剔除。

⑫"经营性应收项目的减少(减:增加)"项目。经营性应收项目包括应收票据、应收账款、预付账款、长期应收款、其他应收款中与经营活动有关的部分,以及应收的增值税销项税额等。经营性应收项目期末余额小于经营性应收项目期初余额,说明本期收回的现金大于利润表中所确认的销售收入,所以,在将净利润调节为经营活动现金流量时,需要加回。经营性应收项目期末余额大于经营性应收项目期初余额,说明本期销售收入中有一部分没有收回现金,但是,在计算净利润时对这部分销售收入已经包括在内,所以,在将净利润调节为经营活动现金流量时,应当扣除。本项目应当根据有关科目的期初、期末余额分析填列;如为增加,以"-"号填列。

⑬"经营性应付项目的增加(减:减少)"项目。经营性应付项目包括应付票据、应付账款、预收账款、应付职工薪酬、应交税费、应付利息、长期应付款、其他应付款中与经营活动有关的部分,以及应付的增值税进项税额等。经营性应付项目期末余额大于经营性应付项目期初余额,说明本期购入的存货中有一部分没有支付现金,但是,在计算净利润时却通过销售成本包括在内,在将净利润调节为经营活动现金流量时,应当加回;经营性应付项目期末余额小于经营性应付项目期初余额,说明本期支付的现金大于利润表中确认的销售成本,在将净利润调节为经营活动现金流量时,应当扣除。本项目应当根据有关科目的期初、期末余额分析填列;如为减少,以"-"号填列。

(2)不涉及现金收支的重大投资和筹资活动。该项目反映企业一定会计期间内影响资产和负债但不形成该期现金收支的所有重大投资和筹资活动的信息。这些投资和筹资活动是企业的重大理财活动,对以后各期的现金流量会产生重大影响,因此,应单列项目在补充资料中反映。目前,我国企业现金流量表中列示的不涉及现金收支的重大投资和筹资活动项目主要有以下几项:

①债务转为资本项目,反映企业本期转为资本的债务金额。

②"一年内到期的可转换公司债券"项目,反映企业一年内到期的可转换公司债券的本息。

③"融资租入固定资产"项目,反映企业本期融资租入固定资产的最低租赁付款额扣除应分期计入利息费用的未确认融资费用后的净额。

(3)现金及现金等价物净变动情况。该项目反映一定会计期间现金及现金等价物的期末余额减去期初余额后的净增加额(或净减少额),是对现金流量表中"现金及现金等价物净增加额"项目的金额核对相符。

16.4.3 现金流量表的编制举例

【例16-3】沿用【例16-1】和【例16-2】,华南股份有限公司其他相关资料如下:

1.20×1年度利润表有关明细资料如下

(1)管理费用的组成:职工薪酬35 000元,无形资产摊销50 000元,折旧费120 000元,支付其他费用282 000元。

(2)财务费用的组成:计提借款利息25 000元,票据贴现支付利息1 000元。

(3)投资收益的组成:收到股息收入50 000元。

(4)资产减值损失的组成:固定资产计提减值准备200 000元、无形资产计提减值准备100 000元,计提坏账准备2 000元,上年年末坏账准备的余额为6 000元。

(5)营业外收入的组成:捐赠收入110 000元,处置固定资产净收益40 000元。(处置固定资产原价2 000 000元,累计折旧1 800 000元,处置收到收入240 000元)

(6)营业外支出的组成:行政性罚款60 000元。

(7)所得税费用的组成:当期所得税费用为375 000元,递延所得税收益为75 000元。

(8)其他业务收入1 050 000元是处置投资性房地产所取得的收入。

2.资产负债表有关项目的明细资料如下

(1)存货中生产成本、制造费用的组成:职工薪酬489 000元,折旧费用500 000元。

(2)应交税费的组成:本期增值税进项税455 000元,增值税销项税700 000元,已交增值税205 000元,城建税10 000元,应交税费期初余额是上年应交未交的增值税,已交所得税176 500元,余额288 500元,未交的增值税为90 000元,未交的所得税为198 500元。

(3)本期用现金1 620 000元购买固定资产。

(4)本期用现金偿还短期借款250 000元,取得长期借款360 000元。

根据以上资料,采用分析填列的方法,编制2011年度的现金流量表。

(1)销售商品、提供劳务收到的现金＝主营业务收入＋应交税费(应交增值税－销项税)＋(应收账款年初余额－应收账款期末余额)＋(应收票据年初余额－应收票据期末余额)＋(预收账款期末余额－期初余额)－当期提的坏账准备－票据的贴现利息＋(长期应收款由于销售商品所产生的部分年初余额－长期应收款由于销售商品所产生的年末余额)＝4 300 000＋700 000＋(500 000－600 000)＋(250 000－180 000)＋(0－180 000)－2 000－1 000＋(0－560 000)＝4 227 000(元)

(2)购买商品、接受劳务支付的现金＝主营业务成本＋应交税费(应交增值税－进项税)－(存货年初余额－存货期末余额)＋(应付账款年初余额－应付账款年末余额)＋(应付票据年初余额－应付票据期末余额)＋(预付账款期末余额－预付账款年初余额)－当期列入生产成本、制造费用的职工薪酬－当期列入生产成本、制造费用的折旧费用＝2 400 000＋455 000－(3 800 000－4 070 000)＋(725 000－610 000)＋(126 000－226 000)＋(190 000－150 000)－489 000－500 000＝2 191 000(元)

(3)支付给职工以及为职工支付的现金＝生产成本、制造费用、管理费用中职工薪酬＋(应付职工薪酬年初余额－应付职工薪酬期末余额)－[应付职工薪酬(在建工程)年初余额－应付职工薪酬(在建工程)期末余额]＝489 000＋35 000＋(1 200 000－1 000 000)＝724 000(元)

(4)支付的各项税费＝当期所得税费用＋营业税金及附加＋应交税费(增值税－已交税金)－(应交所得税期末余额－应交所得税期初余额)＝375 000＋10 000＋205 000－

(198 500－0)＝391 500(元)

(5)支付的其他与经营活动有关的现金:广告费 125 000 元,管理费用中的办公费 282 000 元,支付借入包装物押金 5 000 元,支付经营活动罚款 60 000 元,支付其他应付款 4 000 元。

表 16－6 现金流量表 会企 03 表

编制单位:华南股份有限公司　20×1 年　　　　　　　　　　　　　　　单位:元

项　　目	本期金额	上期金额
一、经营活动产生的现金流量:		
销售商品、提供劳务收到的现金	4 227 000	
收到的税费返还	0	
收到其他与经营活动有关的现金	1 050 000	
经营活动现金流入小计	5 277 000	
购买商品、接受劳务支付的现金	2 191 000	
支付给职工以及为职工支付的现金	724 000	
支付的各项税费	391 500	
支付其他与经营活动有关的现金	476 000	
经营活动现金流出小计	3 782 500	
经营活动产生的现金流量净额	1 494 500	
二、投资活动产生的现金流量:		
收回投资收到的现金		
取得投资收益收到的现金	50 000	
处置固定资产、无形资产和其他长期资产收回的现金净额	240 000	
处置子公司及其他营业单位收到的现金净额	0	
收到其他与投资活动有关的现金	0	
投资活动现金流入小计	290 000	
购建固定资产、无形资产和其他长期资产支付的现金	1 620 000	
投资支付的现金	0	
取得子公司及其他营业单位支付的现金净额	0	
支付其他与投资活动有关的现金	0	
投资活动现金流出小计	1 700 000	
投资活动产生的现金流量净额	－1 330 000	
三、筹资活动产生的现金流量:		
吸收投资收到的现金		
取得借款收到的现金	360 000	
收到其他与筹资活动有关的现金	110 000	
筹资活动现金流入小计	470 000	
偿还债务支付的现金	250 000	
分配股利、利润或偿付利息支付的现金	25 000	
支付其他与筹资活动有关的现金	0	
筹资活动现金流出小计	275 000	
筹资活动产生的现金流量净额	195 000	
四、汇率变动对现金及现金等价物的影响	0	
五、现金及现金等价物净增加额	359 500	
加:期初现金及现金等价物余额	1 203 500	
六、期末现金及现金等价物余额	1 563 000	

表 16-7 现金流量表补充资料

补充资料	本期金额	上期金额
1. 将净利润调节为经营活动现金流量		（略）
净利润	840 000	
加：资产减值准备	302 000	
固定资产折旧	620 000	
无形资产摊销	50 000	
长期待摊费用摊销	0	
处置固定资产、无形资产的损失（收益以"—"号填列）	−40 000	
固定资产报废损失（收益以"—"号填列）	0	
公允价值变动损失（收益以"—"号填列）	0	
财务费用（收益以"—"号填列）	25 000	
投资损失（收益以"—"号填列）	−50 000	
递延所得税资产减少（增加以"—"号填列）	−75 000	
递延所得税负债增加（减少以"—"号填列）	0	
存货的减少（增加以"—"号填列）	−270 000	
经营性应收项目的减少（增加以"—"号填列）	−637 000	
经营性应付项目的增加（减少以"—"号填列）	−160 500	
其他	890 000	
经营活动产生的现金流量净额	1 494 500	
2. 不涉及现金收支的重大投资和筹资活动		
债务转为资本	0	
一年内到期的可转换公司债券	0	
融资租入固定资产	0	
3. 现金及现金等价物净变动情况		
现金的期末余额	1 563 000	
减：现金的期初余额	1 203 500	
加：现金等价物的期末余额	0	
减：现金等价物的期初余额	0	
现金及现金等价物净增加额	359 500	

（备注：其他 890 000 元是其他业务成本的金额为 1 000 000 元，使利润减少但并没有现金的流出，所以应该加 1 000 000 元，捐赠 110 000 元使利润增加，但不属于经营活动，所以应该减去，合计的影响为 890 000 元）

16.5 所有者权益变动表

16.5.1 所有者权益变动表的的内容及结构

所有者权益变动表,是指反映构成所有者权益个组成部分当期增减变动情况的报表。当期损益、直接计入所有者权益的利得和损失,以及与所有者的资本交易导致的所有者权益的变动,应当分别列示。

在所有者权益变动表中,企业至少应当单独列示下列信息的项目:一是净利润;二是直接计入所有者权益的利得和损失项目及其总额;三是会计政策变更和差错更正的累积影响金额;四是所有者投入资本和向所有者分配利润等;五是提取的盈余公积;六是实收资本或股本、资本公积、盈余公积、未分配利润的期初和 期末余额及其调节情况。

16.5.2 所有者权益变动表的填列方法

1."上年年末余额"项目,反映企业上年资产负债表中实收资本(或股本)、资本公积、库存股、盈余公积、未分配利润的年末余额

2."会计政策变更"、"前期差错更正"项目,分别反映企业采用追溯调整法处理的会计政策变更的累计影响金额和采用追溯重述法处理的会计差错更正的累积影响金额

3. 本年增减变动项目

(1)"净利润"项目,反映企业当年实现的净利润(或净亏损)金额。

(2)"直接计入所有者权益的利得和损失"项目,反映企业当年直接计入所有者权益的利得和损失金额。

①"可供出售金融资产公允价值变动净额"项目,反映企业持有的可供出售金融资产当年公允价值变动的金额。

②"权益法下被投资单位其他所有者权益变动的影响"项目,反映企业持有的对按照权益法核算的长期股权投资,在被投资单位当年除实现的 净损益以外的其他所有者权益当年变动中应享有的份额。

③"与计入所有者权益项目相关的所得税影响"项目,反映企业根据《企业会计准则第 18 号—所得税》规定应计入所有者权益项目的当年所得税影响金额。

(3)" 所有者投入和减少资本"项目,反映企业当年所有者投入的资本或减少的资本。

①"所有者投入资本"项目,反映企业接受投资者投入形成的实收资本(或股本)和资本溢价或股本溢价。

②"股份支付计入所有者权益的 金额",反映企业处于等待期中的权益结算股份支付当年计入资本公积的金额。

(4)"利润分配"项目,反映企业当年利润分配金额。

①"提取盈余公积"项目,反映企业按照规定提取的盈余公积。

②"对所有者(或股东)的分配"项目,反映对所有者(或股东)分配的利润(或股利)金额。

(5)"所有者权益内部结转"项目,反映企业构成所有者权益的组成部分之间的增减变动情况。

①"资本公积转增资本(或股本)"项目,反映企业以资本公积转增资本或股本的金额。

②"盈余公积转增资本(或股本)"项目,反映企业以盈余公积转增资本或股本的金额。

③"盈余公积弥补亏损"项目,反映企业以盈余公积弥补亏损的金额。

16.5.3 所有者权益变动表编制举例

表16-8 所有者权益变动表　　　　会企04表

编制单位:华南股份有限公司　　20×1年度　　　　　　　单位:元

项目	本年金额						上年金额					
	实收资本(或股本)	资本公积	减:库存股	盈余公积	未分配利润	所有者权益合计	实收资本(或股本)	资本公积	减:库存股	盈余公积	未分配利润	所有者权益合计
一、上年年末余额	4 500 000	500 000	0	350 000	1 152 500	6 502 500						
加:会计政策变更	0	0	0	0	0	0						
前期差错更正	0	0	0	0	0	0						
二、本年年初余额	4 500 000	500 000	0	350 000	1 152 500	6 502 500						
三、本年增减变动金额(减少以"—"号填列)												
(一)净利润					840 000	840 000						
(二)直接计入所有者权益的利得和损失												
1.可供出售金融资产公允价值变动净额		−40 000										
2.权益法下被投资单位其他所有者权益变动的影响												
3.与计入所有者权益项目相关的所得税影响		10 000										
4.其他												
上述(一)和(二)小计												
(三)所有者投入和减少资本												
1.所有者投入资本												
2.股份支付计入所有者权益的金额												
3.其他												

续表

(四)利润分配						
1.提取盈余公积				84 000	-84 000	0
2.对所有者(或股东)的分配						
3.其他						
(五)所有者权益内部结转						
1.资本公积转增资本(或股本)						
2.盈余公积转增资本(或股本)						
3.盈余公积弥补亏损						
4.其他						
四、本年年末余额	4 500 000	470 000	0	434 000	1 908 500	7 312 500

16.6 其他财务报表

16.6.1 财务报表附注

(一)财务报表附注概述

1. 附注的作用

附注是对资产负债表、利润表、现金流量表和所有者权益变动表等报表中列示项目的文字描述或明细资料,以及对未能在这些报表中列示项目的说明等。

财务报表中的数字是经过分类与汇总后的结果,是对企业发生的经济业务的高度简化和浓缩的数字,如果没有形成这些数字所使用的会计政策、理解这些数字所必需的披露,财务报表就不可能充分发挥效用。因此,附注与资产负债表、利润表、现金流量表、所有者权益变动表等报表具有同等的重要性,是财务报表的重要组成部分。报表使用者了解企业的财务状况,经营成本和现金流量,应当全面阅读附注。

2. 财务报表附注披露的基本要求

(1)附注披露的信息应该是定性和定量信息的结合,这样才能满足信息使用者得决策需求。

(2)附注应当按照一定的结构进行系统合理的排列和分类,有顺序地披露信息。由于附注的内容繁多,排列和分类便于使用者理解和掌握。

(3)附注相关信息应当与资产负债表、利润表、现金流量和所有者权益变动表等报表中列示的项目相互参照,以有助于使用者联系相关联的信息,并由此从整体上理解财务报表。

3. 财务报表附注的形式

在会计实务中,财务报表附注可以采用旁注、附表和底注等形式。

(1)旁注。旁注是指在财务报表的有关项目旁直接用括号加注说明。旁注是最简单的报表注释方法。为了保持报表项目的简明扼要、清晰明了,旁注只适用个别需要简单补充的信息项目。

(2)附表。附表是指为了保持财务报表的简明易懂而另行编制的一些反映其构成项目及年度内的增减与数额的表格。附表反映的内容,有些已经直接包括在脚注之内,有些则附在报表和脚注之后,作为财务报告的一个单独组成部分。

(3)底注。底注也称"脚注",指在财务报表后面用一定文字和数字所作的补充说明。一般而言,每一种报表都可以有一定的底注,其篇幅大小随各种报表的复杂程度而定。底注的主要作用是揭示那些不便于列入报表正文的有关信息。

(二)财务报表附注的内容

按《企业会计准则第 30 号－财务报表列报》的规定,财务报表附注需要披露的内容如下:

1. 企业的基本情况

(1)企业注册地、组织形式和总部地址。

(2)企业的业务性质和主要经营活动,如企业所处的行业、所提供的主要产品或服务、客户的性质、销售策略、监管环境的性质等。

(3)母公司以及集团最终母公司的名称。

(4)财务报告的批准报出者和财务报告批准报出日。

2. 财务报表的编制基础

财务报表的编制基础包括:会计年度,记账本位币,财务报表是在持续经营基础上还是非持续经营基础上编制的,清算破产属于非持续经营基础,会计计量所运用的计量基础,现金和现金等价物。

3. 遵循企业会计准则的声明

企业应当声明编制的财务报表符合企业会计准则的要求,真实、完整地反映了企业的财务状况、经营成果和现金流量等有关信息。以此明确企业编制财务报表所依据的制度基础。

如果企业编制的财务报表只是部分地遵循了企业会计准则,附注中不得做出这种表述。

4. 重要会计政策和会计估计

根据财务报表列报准则的规定,企业应当披露采用的重要会计政策和会计估计,不重要的会计政策和会计估计可以不披露。

(1)重要会计政策的说明。由于企业经济业务的复杂性和多样化,某些经济业务可以有多种会计处理方法,也即存在不止一种可供选择的会计政策。例如,存货的计价可以有先进先出法、加权平均法、个别计价法等;固定资产的折旧,可以有平均年限法、工作量法、双倍余额递减法、年数总额法等。企业在发生某项经济业务时,必须从允许的会计处理方法中选择适合本企业特点的会计政策，企业选择不同的会计处理方法，可能极大地影响企业的财务状况和经营成果，进而编制出不同的财务报表。为了有助于报表使用者理解，有必要对这些会计政策加以披露。

需要特别指出的是，说明会计政策时还需要披露下列两项内容：

①财务报表项目的计量基础。会计计量属性包括历史成本、重置成本、可变现净值、现值和公允价值，这直接显著影响报表使用者的分析，这项披露要求便于使用者了解企业财务报表中的项目是按何种计量基础予以计量的，如存货是按成本还是可变现净值计量等。

②会计政策的确定依据，主要是指企业在运用会计政策过程中所作的对报表中确认的项目金额最具影响的判断。例如，企业如何判断持有的金融资产是持有至到期的投资而不是交易性投资；又比如，对于拥有的持股不足50%的关联企业，企业为何判断企业拥有控制权因此将其纳入合并范围；再比如，企业如何判断与租赁资产相关的所有风险和报酬已转移给企业，从而符合融资租赁的标准；以及投资性房地产的判断标准是什么等等，这些判断对在报表中确认的项目金额具有重要影响。因此，这项披露要求有助于使用者理解企业选择和运用会计政策的背景，增加财务报表的可理解性。

(2)重要会计估计的说明。财务报表列报准则强调了对会计估计不确定因素的披露要求，企业应当披露会计估计中所采用的关键假设和不确定因素的确定依据，这些关键假设和不确定因素在下一会计期间内很可能导致对资产、负债账面价值进行重大调整。

在确定报表中确认的资产和负债的账面金额过程中，企业有时需要对不确定的未来事项在资产负债表日对这些资产和负债的影响加以估计。例如，固定资产可收回金额的计算需要根据其公允价值减去处置费用后的净额与预计未来现金流量的现值两者之间的较高者确定，在计算资产预计未来现金流量的现值时需要对未来现金流量进行预测，并选择适当的折现率，应当在附注中披露未来现金流量预测所采用的假设及其依据、所选择的折现率为什么是合理的等等。又如，为正在进行中的诉讼提取准备时最佳估计数的确定依据等。这些假设的变动对这些资产和负债项目金额的确定影响很大，有可能会在下一个会计年度内做出重大调整。因此，强调这一披露要求，有助于提高财务报表的可理解性。

5. 会计政策和会计估计变更以及差错更正的说明

企业应当按照《企业会计准则第28号——会计政策、会计估计变更和差错更正》及其应用指南的规定，披露会计政策和会计估计变更以及差错更正的有关情况。

6. 报表重要项目的说明

企业应当以文字和数字描述相结合、尽可能以列表形式披露报表重要项目的构成或当期增减变动情况，并且报表重要项目的明细金额合计，应当与报表项目金额相衔接。在披露顺序上，一般应当按照资产负债表、利润表、现金流量表、所有者权益变动表的顺序及其项目列示的顺序。有关报表重要项目的披露项目及格式列示如下：

(1) 交易性金融资产的披露格式如下。

项目	年末公允价值	年初公允价值
1.交易性债券投资		
2.交易性权益工具投资		
3.指定为以公允价值计量且其变动计入当期损益的金融资产		
4.衍生金融资产		
5.其他		
合　　计		

(2)应收款项。

应收账款按账龄结构披露的格式如下。

客户类别	年末账面余额	年初账面余额
客户1		
……		
其他客户		
合计		

注：有应收票据、预付账款、长期应收款、其他应收款的，比照应收账款进行披露。

(3)存货。

①存货的披露格式如下。

存货种类	年初账面余额	本年增加额	本年减少额	年末账面余额
1.原材料				
2.在产品				
3.库存商品				
4.周转材料				
5.消耗性生物资产				
……				
合　　计				

②说明消耗性生物资产的年末实物数量，并按下列格式披露金额信息。

项目	年初账面余额	本年增加额	本年减少额	年末账面余额
一、种植业				
1.				
……				
二、畜牧养殖业				
1.				
……				
三、林业				

1.					
……					
四、水产业					
1.					
……					
合　计					

③存货跌价准备的披露格式如下。

存货种类	年初账面余额	本年计提额	本年减少额		年末账面余额
			转回	转销	
1.原材料					
2.在产品					
3.库存商品					
4.周转材料					
5.消耗性生物资产					
6.建造合同形成的资产					
……					
合　计					

(4)其他流动资产的披露格式如下。

项　目	年末账面价值	年初账面价值
1.		
……		
合　计		

注：有长期待摊费用、其他非流动资产的，比照其他流动资产进行披露。

(5)可供出售金融资产的披露格式如下。

项　目	年末公允价值	年初公允价值
1.可供出售债券		
2.可供出售权益工具		
3.其他		
合　计		

(6)持有至到期投资的披露格式如下。

项　目	年末账面余额	年初账面余额
1.		
……		
合　计		

(7)长期股权投资。

①长期股权投资的披露格式如下。

被投资单位	年末账面余额	年初账面余额
1.		
……		
合 计		

②被投资单位由于所在国家或地区及其他方面的影响,其向投资企业转移资金的能力受到限制的,应当披露受限制的具体情况。

③当期及累计未确认的投资损失金额。

(8)投资性房地产。

①企业采用成本模式进行后续计量的,应当披露下列信息。

项目	年初账面余额	本年增加额	本年减少额	年末账面余额
一、原价合计				
1.房屋、建筑物				
2.土地使用权				
二、累计折旧和累计摊销合计				
1.房屋、建筑物				
2.土地使用权				
三、投资性房地产减值准备累计金额合计				
1.房屋、建筑物				
2.土地使用权				
四、投资性房地产账面价值合计				
1.房屋、建筑物				
2.土地使用权				

②企业采用公允价值模式进行后续计量的,应当披露投资性房地产公允价值的确定依据及公允价值金额的增减变动情况。

③如有房地产转换的,应当说明房地产转换的原因及其影响。

(9)固定资产。

①固定资产的披露格式如下。

项目	年初账面余额	本年增加额	本年减少额	年末账面余额
一、原价合计				
其中:房屋、建筑物				
机器设备				
运输工具				

项目				
……				
二、累计折旧合计				
其中：房屋、建筑物				
机器设备				
运输工具				
……				
三、固定资产减值准备累计金额合计				
其中：房屋、建筑物				
机器设备				
运输工具				
……				
四、固定资产账面价值合计				
其中：房屋、建筑物				
机器设备				
运输工具				

②企业确有准备处置固定资产的，应当说明准备处置的固定资产名称、账面价值、公允价值、预计处置费用和预计处置时间等。

(10)生产性生物资产和公益性生物资产。

①说明各类生物资产的年末实物数量，并按下列格式披露金额信息。

项目	年初账面价值	本年增加额	本年减少额	年末账面价值
一、种植业				
1.				
……				
二、畜牧养殖业				
1.				
……				
三、林业				
1.				
……				
四、水产业				
1.				
……				
合计				

如有天然起源的生物资产，还应披露该资产的类别、取得方式和数量等。

②各类生产性生物资产的预计使用寿命、预计净残值、折旧方法、累计折旧和减值准备累计金额。

③与生物资产相关的风险情况与管理措施。

(11)油气资产。

①当期在国内和国外发生的取得矿区权益、油气勘探和油气开发各项支出的总额。

②油气资产的披露格式如下。

项　　目	年初账面余额	本年增加额	本年减少额	年末账面余额
一、原价合计				
1.探明矿区权益				
2.未探明矿区权益				
3.井及相关设施				
二、累计折耗合计				
1.探明矿区权益				
2.井及相关设施				
三、油气资产减值准备累计金额合计				
1.探明矿区权益				
2.未探明矿区权益				
3.井及相关设施				
四、油气资产账面价值合计				
1.探明矿区权益				
2.未探明矿区权益				
3.井及相关设施				

(12)无形资产。

①各类无形资产的披露格式如下。

项　　目	年初账面余额	本年增加额	本年减少额	年末账面余额
一、原价合计				
1.				
……				
二、累计摊销额合计				
1.				
……				
三、无形资产减值准备累计金额合计				
1.				
……				
四、无形资产账面价值合计				
1.				
……				

②计入当期损益和确认为无形资产的研究开发支出金额。

(13)商誉的形成来源、账面价值的增减变动情况。

(14)递延所得税资产和递延所得税负债。

①已确认递延所得税资产和递延所得税负债的披露格式如下。

项目	年末账面余额	年初账面余额
一、递延所得税资产		
1.		
……		
合计		
二、递延所得税负债		
1.		
……		
合计		

②未确认递延所得税资产的可抵扣暂时性差异、可抵扣亏损等的金额(存在到期日的,还应披露到期日)。

(15)所有权受到限制的资产。

①资产所有权受到限制的原因。

②所有权受到限制的资产金额披露格式如下。

所有权受到限制的资产类别	年初账面价值	本年增加额	本年减少额	年末账面价值
一、用于担保的资产				
1.				
……				
二、其他原因造成所有权受到限制的资产				
1.				
……				
合计				

(16)交易性金融负债的披露格式如下。

项目	年末公允价值	年初公允价值
1.发行的交易性债券		
2.指定为以公允价值计量且其变动计入当期损益的金融负债		
3.衍生金融负债		
4.其他		
合计		

(17) 职工薪酬。

①应付职工薪酬的披露格式如下。

项 目	年初账面余额	本年增加额	本年支付额	年末账面余额
一、工资、奖金、津贴和补贴				
二、职工福利费				
三、社会保险费				
其中:1.医疗保险费				
2.基本养老保险费				
3.年金缴费				
4.失业保险费				
5.工伤保险费				
6.生育保险费				
四、住房公积金				
五、工会经费和职工教育经费				
六、非货币性福利				
七、因解除劳动关系给予的补偿				
八、其他				
其中:以现金结算的股份支付				
合　计				

②企业本年为职工提供的各项非货币性福利形式、金额及其计算依据。

(18) 其他流动负债的披露格式如下。

项 目	年末账面余额	年初账面余额
1.		
……		
合　计		

注:有预计负债、其他非流动负债的,比照其他流动负债进行披露。

(19) 短期借款和长期借款。

①借款的披露格式如下。

项目	短期借款		长期借款	
	年末账面余额	年初账面余额	年末账面余额	年初账面余额
信用借款				
抵押借款				
质押借款				
保证借款				
合　计				

②对于年末逾期借款,应分别贷款单位、借款金额、逾期时间、年利率、逾期未偿还原因和预期还款期等进行披露。

(20)应付债券的披露格式如下。

项 目	年初账面余额	本年增加额	本年减少额	年末账面余额
1.				
……				
合　计				

(21)长期应付款的披露格式如下。

项 目	年末账面价值	年初账面价值
1.		
……		
合　计		

(22)营业收入。

①营业收入的披露格式如下。

项 目	本年发生额	上年发生额
1.主营业务收入		
2.其他业务收入		
合　计		

②披露建造合同当期预计损失的原因和金额,同时按下列格式披露。

合同项目		总金额	累计已发生成本	累计已确认毛利	已办理结算的价款金额
固定造价合同	1.				
	……				
	合计				
成本加成合同	1.				
	……				
	合计				

(23)公允价值变动收益的披露格式如下。

产生公允价值变动收益的来源	本年发生额	上年发生额
1.		
……		
合　计		

(24)投资收益。

①投资收益的披露格式如下。

产生投资收益的来源	本年发生额	上年发生额
1.		
……		
合　计		

②按照权益法核算的长期股权投资,直接以被投资单位的账面净损益计算确认投资损益的事实及原因。

(25)资产减值损失的披露格式如下。

项　目	本年发生额	上年发生额
一、坏账损失		
二、存货跌价损失		
三、可供出售金融资产减值损失		
四、持有至到期投资减值损失		
五、长期股权投资减值损失		
六、投资性房地产减值损失		
七、固定资产减值损失		
八、工程物资减值损失		
九、在建工程减值损失		
十、生产性生物资产减值损失		
十一、油气资产减值损失		
十二、无形资产减值损失		
十三、商誉减值损失		
十四、其他		
合　计		

(26)营业外收入的披露格式如下。

项　目	本年发生额	上年发生额
1.非流动资产处置利得合计		
其中:固定资产处置利得		
无形资产处置利得		
……		
合　计		

(27) 营业外支出的披露格式如下。

项　　目	本年发生额	上年发生额
1.非流动资产处置损失合计		
其中:固定资产处置损失		
无形资产处置损失		
……		
合　　计		

(28) 所得税费用。

①所得税费用(收益)的组成,包括当期所得税、递延所得税。

②所得税费用(收益)与会计利润的关系。

(29) 企业应当披露取得政府补助的种类及金额。

(30) 每股收益。

①基本每股收益和稀释每股收益分子、分母的计算过程。

②列报期间不具有稀释性但以后期间很可能具有稀释性的潜在普通股。

③在资产负债表日至财务报告批准报出日之间,企业发行在外普通股或潜在普通股股数发生重大变化的情况,如股份发行、股份回购、潜在普通股发行、潜在普通股转换或行权等。

(31) 企业可以按照费用的性质分类披露利润表。

(32) 非货币性资产交换。

①换入资产、换出资产的类别。

②换入资产成本的确定方式。

③换入资产、换出资产的公允价值及换出资产的账面价值。

(33) 股份支付。

①当期授予、行权和失效的各项权益工具总额。

②年末发行在外股份期权或其他权益工具行权价的范围和合同剩余期限。

③当期行权的股份期权或其他权益工具以其行权日价格计算的加权平均价格。

④股份支付交易对当期财务状况和经营成果的影响。

(34) 债务重组(具体披露信息)。

(35) 借款费用。

①当期资本化的借款费用金额。

②当期用于计算确定借款费用资本化金额的资本化率。

(36) 外币折算。

①计入当期损益的汇兑差额。

②处置境外经营对外币财务报表折算差额的影响。

(37) 企业合并(具体披露信息)。

(38) 租赁。

①融资租赁出租人应当说明未实现融资收益的余额,并披露与融资租赁有关的下列信息。

剩余租赁期	最低租赁收款额
1年以内(含1年)	
1年以上2年以内(含2年)	
2年以上3年以内(含3年)	
3年以上	
合　　计	

②经营租赁出租人各类租出资产的披露格式如下。

经营租赁租出资产类别	年末账面价值	年初账面价值
1.机器设备		
2.运输工具		
……		
合　　计		

③融资租赁承租人应当说明未确认融资费用的余额,并披露与融资租赁有关的下列信息。

第一,各类租入固定资产的年初和年末原价、累计折旧额、减值准备累计金额。

第二,以后年度将支付的最低租赁付款额的披露格式如下。

剩余租赁期	最低租赁付款额
1年以内(含1年)	
1年以上2年以内(含2年)	
2年以上3年以内(含3年)	
3年以上	
合　　计	

④对于重大的经营租赁,经营租赁承租人应当披露下列信息。

剩余租赁期	最低租赁付款额
1年以内(含1年)	
1年以上2年以内(含2年)	
2年以上3年以内(含3年)	
3年以上	
合　　计	

⑤披露各售后租回交易以及售后租回合同中的重要条款。

(39)终止经营的披露格式如下。

项　目	本年发生额	上年发生额
一、终止经营收入		
减:终止经营费用		
二、终止经营利润总额		
减:终止经营所得税费用		
三、终止经营净利润		

(40)分部报告。

①主要报告形式是业务分部的披露格式如下。

项　目	××业务		××业务		……	其他		抵消		合计	
	本年	上年	本年	上年		本年	上年	本年	上年	本年	上年
一、营业收入											
其中:对外交易收入											
分部间交易收入											
二、营业费用											
三、营业利润(亏损)											
四、资产总额											
五、负债总额											
六、补充信息											
1.折旧和摊销费用											
2.资本性支出											
3.折旧和摊销以外的非现金费用											

注:主要报告形式是地区分部的,比照业务分部格式进行披露。

②在主要报告形式的基础上,对于次要报告形式,企业还应披露对外交易收入、分部资产总额。

7.其他需要说明的重要事项

(1)或有事项。企业应当在附注中披露与或有事项有关的下列信息:

①预计负债。

预计负债的种类、形成原因以及经济利益流出不确定性的说明。

各类预计负债的期初、期末余额和本期变动情况。

与预计负债有关的预期补偿金额和本期已确认的预期补偿金额。

②或有负债(不包括极小可能导致经济利益流出企业的或有负债)。

或有负债的种类及其形成原因,包括已贴现商业承兑汇票、未决诉讼、未决仲裁、对外提供担保等形成的或有负债。

经济利益流出不确定性的说明。

或有负债预计产生的财务影响,以及获得补偿的可能性;无法预计的,应当说明原因。

企业通常不应当披露或有资产。但或有资产很可能会给企业带来经济利益的,应当披露其形成的原因、预计产生的财务影响等。

(2)资产负债表日后事项。

①每项重要的资产负债表日后非调整事项的性质、内容,及其对财务状况和经营成果的影响。无法做出估计的,应当说明原因。

②资产负债表日后,企业利润分配方案中拟分配的以及经审议批准宣告发放的股利或利润。

(3)关联方关系及其交易。

①本企业的母公司有关信息披露格式如下。

母公司名称	注册地	业务性质	注册资本

母公司不是本企业最终控制方的,说明最终控制方名称。

母公司和最终控制方均不对外提供财务报表的,说明母公司之上与其最相近的对外提供财务报表的母公司名称。

②母公司对本企业的持股比例和表决权比例。

③本企业的子公司有关信息披露格式如下。

子公司名称	注册地	业务性质	注册资本	持股比例	表决权比例
1.					
……					

④本企业的合营企业有关信息披露格式如下。

被投资单位名称	注册地	业务性质	注册资本	本企业持股比例	本企业在被投资单位表决权比例	期末资产总额	期末负债总额	本期营业收入总额	本期净利润
1									
……									

注:有联营企业的,比照合营企业进行披露。

⑤本企业与关联方发生交易的,分别说明各关联方关系的性质、交易类型及交易要素。交易要素至少应当包括:

交易的金额。

未结算项目的金额、条款和条件,以及有关提供或取得担保的信息。

未结算应收项目的坏账准备金额。

定价政策。

(4)风险管理。

(5)合并现金流量表。

①企业应当采用间接法在现金流量表附注中披露将净利润调节为经营活动现金流

量的信息。格式如下。

补充资料	行次	本年金额	上年金额
1.将净利润调节为经营活动现金流量			
净利润			
加：资产减值准备			
固定资产折旧、油气资产折耗、生产性生物资产折旧			
无形资产摊销			
长期待摊费用摊销			
处置固定资产、无形资产和其他长期资产的损失（收益以"—"号填列）			
固定资产报废损失（收益以"—"号填列）			
公允价值变动损失（收益以"—"号填列）			
财务费用（收益以"—"号填列）			
投资损失（收益以"—"号填列）			
递延所得税资产减少（增加以"—"号填列）			
递延所得税负债增加（减少以"—"号填列）			
存货的减少（增加以"—"号填列）			
经营性应收项目的减少（增加以"—"号填列）			
经营性应付项目的增加（减少以"—"号填列）			
其他			
经营活动产生的现金流量净额			
2.不涉及现金收支的重大投资和筹资活动：			
债务转为资本			
一年内到期的可转换公司债券			
融资租入固定资产			
3.现金及现金等价物净变动情况：			
现金的期末余额			
减：现金的期初余额			
加：现金等价物的期末余额			
减：现金等价物的期初余额			
现金及现金等价物净增加额			

②按下列格式披露当期取得或处置子公司及其他营业单位有关信息。

项 目	金 额
一、取得子公司及其他营业单位的有关信息	
1. 取得子公司及其他营业单位的价格	
2. 取得子公司及其他营业单位支付的现金和现金等价物	
减：子公司及其他营业单位持有的现金和现金等价物	
3. 取得子公司及其他营业单位支付的现金净额	
4. 取得子公司的净资产	
流动资产	
非流动资产	
流动负债	
非流动负债	
二、处置子公司及其他营业单位的有关信息	
1. 处置子公司及其他营业单位的价格	
2. 处置子公司及其他营业单位收到的现金和现金等价物	
减：子公司及其他营业单位持有的现金和现金等价物	
3. 处置子公司及其他营业单位收到的现金净额	
4. 处置子公司的净资产	
流动资产	
非流动资产	
流动负债	
非流动负债	

③披露现金和现金等价物的有关信息。

项 目	本年余额	上年金额
一、现金		
其中：库存现金		
可随时用于支付的银行存款		
可随时用于支付的其他货币资金		
可用于支付的存放中央银行款项		
存放同业款项		
拆放同业款项		
二、现金等价物		
其中：三个月内到期的债券投资		
三、期末现金及现金等价物余额		
其中：母公司或集团内子公司使用受限制的		
现金及现金等价物		

(6)母公司和子公司信息。

①子公司有关信息的披露格式如下。

子公司名称	注册地	业务性质	注册资本	本企业合计持股比例	本企业合计享有的表决权
1.					
……					

②母公司拥有被投资单位表决权不足半数但能对被投资单位形成控制的原因。

③母公司直接或通过其他子公司间接拥有被投资单位半数以上的表决权但未能对其形成控制的原因。

④子公司所采用的会计政策与母公司不一致的,母公司编制合并财务报表的处理方法。

⑤子公司与母公司会计期间不一致的,母公司编制合并财务报表的处理方法。

⑥本年不再纳入合并范围的原子公司,说明原子公司的名称、注册地、业务性质、母公司的持股比例和表决权比例,本年不再成为子公司的原因。

原子公司在处置日和上一会计期间资产负债表日资产、负债和所有者权益的金额以及本年期初至处置日的收入、费用和利润的金额。

⑦子公司向母公司转移资金的能力受到严格限制的情况。

⑧作为子公司纳入合并范围的特殊目的主体的业务性质、业务活动等。

16.6.2 中期财务报告

1. 中期财务报告概述

(1)中期财务报告及其构成。

①中期财务报告的定义。

中期财务报告,是指以中期为基础编制的财务报告。"中期",是指短于一个完整的会计年度(自公历1月1日起至12月31日止)的报告期间,它可以是一个月、一个季度或者半年,也可以是其他短于一个会计年度的期间,如1月1日至9月30日的期间等。因此,中期财务报告包括月度财务报告、季度财务报告、半年度财务报告,也包括年初至本中期末的财务报告。

②中期财务报告的构成。

中期财务报告至少应当包括以下部分:一是资产负债表;二是利润表;三是现金流量表;四是附注。其中:

资产负债表、利润表、现金流量表和附注是中期财务报告至少应当编制的法定内容,对其他财务报表或者相关信息,如所有者权益(或股东权益)变动表等,企业可以根据需要自行决定。

中期资产负债表、利润表和现金流量表的格式和内容,应当与上年度财务报表相一致。但如果当年新施行的会计准则对财务报表格式和内容作了修改的,中期财务报表应当按照修改后的报表格式和内容编制,与此同时,在中期财务报告中提供的上年度比较财务报表的格式和内容也应当作相应的调整。

中期财务报告中的附注相对于年度财务报告中的附注而言,是适当简化的。中期财务报表附注的编制应当遵循重要性原则。如果某项信息没有在中期财务报告附注中披露，会影响到投资者等信息使用者对企业财务状况、经营成果和现金流量判断的正确性，那么就认为这一信息是重要的。但企业至少应当在中期财务报告附注中披露中期财务报告准则规定的信息。

2. 中期财务报告的编制要求

(1) 中期财务报告编制应遵循的原则。

①应当遵循与年度财务报告相一致的会计政策。企业在编制中期财务报告时，应当将中期视同为一个独立的会计期间，所采用的会计政策应当与年度财务报表所采用的会计政策相一致，包括会计要素确认和计量原则相一致。企业在编制中期财务报告时不得随意变更会计政策。

②应当遵循重要性原则。重要性原则是企业编制中期财务报告的一项十分重要的原则，具体应注意以下几点：

第一，重要性程度的判断应当以中期财务数据为基础，而不得以预计的年度财务数据为基础。这里所指的"中期财务数据"，既包括本中期的财务数据，也包括年初至中期末的财务数据。

第二，重要性原则的运用应当保证中期财务报告包括了与理解企业中期末财务状况和中期经营成果及其现金流量相关的信息。企业在运用重要性原则时，应当避免在中期财务报告中由于不确认、不披露或者忽略某些信息而对信息使用者的决策产生误导。

第三，重要性程度的判断需要根据具体情况作具体分析和职业判断。通常，在判断某一项目的重要性程度时，应当将项目的金额和性质结合在一起予以考虑，而且在判断项目金额的重要性时，应当以资产、负债、净资产、营业收入、净利润等直接相关项目数字作为比较基础，并综合考虑其他相关因素。有时，在一些特殊情况下，单独依据项目的金额或者性质就可以判断其重要性。例如，企业发生会计政策变更，该变更事项对当期期末财务状况或者当期损益的影响可能比较小，但对以后期财务状况或者损益的影响却比较大，因此会计政策变更从性质上属于重要事项，应当在财务报告中予以披露。

③应当遵循及时性原则。为了体现企业编制中期财务报告的及时性原则，中期财务报告计量相对于年度财务数据的计量而言，在很大程度上依赖于估计。例如，企业通常在会计年度末对存货进行全面、详细的实地盘点，因此，对年末存货可以达到较为精确的计价。但是在中期末，由于时间上的限制和成本方面的考虑，有时不大可能对存货进行全面、详细的实地盘点，在这种情况下，对于中期末存货的计价就可在更大程度上依赖于会计估计。但是，企业应当确保所提供的中期财务报告包括了相关的重要信息。

(2) 中期财务报告的确认与计量。

①中期财务报告的确认与计量的基本原则。第一，中期财务报告中各会计要素的确认和计量原则应当与年度财务报表所采用的原则相一致。即企业在中期根据所发生交易或者事项，对资产、负债、所有者权益（股东权益）、收入、费用和利润等各会计要素进行确认和计量时，应当符合相应会计要素定义和确认、计量标准，不能因为财务报告期间的缩短（相对于会计年度而言）而改变。第二，在编制中期财务报告时，中期会计计量应当以年初至本中期末为基础，财务报告的频率不应当影响年度结果的计量。也就是说，无

论企业中期财务报告的频率是月度、季度还是半年度,企业中期会计计量的结果最终应当与年度财务报表中的会计计量结果相一致。为此,企业中期财务报表的计量应当以年初至本中期末为基础,即企业在中期应当以年初至本中期末作为中期会计计量的期间基础,而不应当以本中期作为会计计量的期间基础。第三,企业在中期不得随意变更会计政策,应当采用与年度财务报表相一致的会计政策。如果上年度资产负债表日之后按规定变更了会计政策,且该变更后的会计政策将在本度财务报表中采用,中期财务报表应当采用该变更后的会计政策。对于会计估计变更,在同一会计年度内,以前中期财务报表项目在以后中期发生了会计估计变更的,以后中期财务报表应当反映该会计估计变更后的金额,但对以前中期财务报表项目金额不做调整。

②季节性、周期性或者偶然性取得的收入的确认和计量。企业取得季节性、周期性或者偶然性收入,应当在发生时予以确认和计量,不应当在中期财务报表中预计或者递延,但会计年度末允许预计或者递延的除外。

③会计年度中不均匀发生的费用的确认与计量。企业在会计年度中不均匀发生的费用,应当在发生时予以确认和计量,不应在中期财务报表中预提或者待摊,但会计年度末允许预提或者待摊的除外。通常情况下,与企业生产经营和管理活动有关的费用往往是在一个会计年度的各个中期内均匀发生的,各中期之间发生的费用不会有较大差异。但是,对于一些费用,如员工培训费等,往往集中在会计年度的个别中期内。对于这些会计年度中不均匀发生的费用,企业应当在发生时予以确认和计量,不应当在中期财务报表中予以预提或者待摊。也就是说,企业不应当为了使各中期之间收益的平滑而将这些费用在会计年度的各个中期之间进行分摊。如果会计年度内不均匀发生的费用在会计年度末允许预提或者待摊,则在中期末也允许预提或者待摊。

(3)中期会计政策变更的处理。企业在中期发生了会计政策变更的,应当按照《企业会计准则第28号——会计政策、会计估计变更和差错更正》规定处理,并在财务报表附注中作相应披露。会计政策变更的累积影响数能够合理确定、且涉及本会计年度以前中期财务报表相关项目数字的,应当予以追溯调整,视同该会计政策在整个会计年度一贯采用;同时,上年度可比财务报表也应当作相应调整。除非国家规定了相关的会计处理方法,一般情况下,中期会计政策变更时,企业应当对根据中期财务报告准则的要求,对以前年度比较财务报表最早期间的期初留存收益和这些财务报表其他相关项目的数字进行追溯调整;同时,涉及本会计年度内会计政策变更以前各中期财务报表相关项目数字的,也应当予以追溯调整,视同该会计政策在整个会计年度和可比财务报表期间一贯采用。反之,会计政策变更的累积影响数不能合理确定,以及不涉及本会计年度以前中期财务报表相关项目数字的,应当采用未来适用法。同时,在财务报表附注中说明会计政策变更的性质、内容、原因及其影响数,如果累积影响数不能合理确定的,也应当说明理由。

①会计政策变更发生在会计年度内第1季度的处理。企业的会计政策变更发生在会计年度的第1季度,则企业除了计算会计政策变更的累积影响数并作相应的账务处理之外,在财务报表的列报方面,只需要根据变更后的会计政策编制第1季度和当年度以后季度财务报表,并对根据本准则要求提供的以前年度比较财务报表最早期间的期初留存收益和这些财务报表的其他相关项目数字作相应调整。

在财务报表附注的披露方面,应当披露会计政策变更对以前年度的累积影响数(包括对比较财务报表最早期间期初留存收益的影响数和以前年度可比中期损益的影响数)和对第1季度损益的影响数,在当年度第1季度之后的其他季度财务报表附注中,则应当披露第1季度发生的会计政策变更对当季度损益的影响数和年初至本季度末损益的影响数。

②会计政策变更发生在会计年度内第1季度之外的其他季度的处理。企业的会计政策变更发生在会计年度内第1季度之外的其他季度,如第2季度、第3季度等,其会计处理相对于会计政策变更发生在第1季度而言要复杂一些。企业除了应当计算会计政策变更的累积影响数并作相应的账务处理之外,在财务报表的列报方面,还需要调整以前年度比较财务报表最早期间的期初留存收益和比较财务报表其他相关项目的数字,以及在会计政策变更季度财务报告中或者变更以后季度财务报告中所涉及的本会计年度内发生会计政策变更之前季度财务报表相关项目的数字。

在附注披露方面,企业需要披露会计政策变更对以前年度的累积影响数,主要有:第一,对比较财务报表最早期间期初留存收益的影响数;第二,以前年度可比中期损益的影响数,包括可比季度损益的影响数和可比年初至季度末损益的影响数;第三,对当年度变更季度、年初至变更季度末损益的影响数;第四,当年度会计政策变更前各季度损益的影响数。此外,在发生会计政策变更以后季度财务报表附注中也需要作相应披露。

3. 中期财务报告附注的编制要求

(1)中期财务报告附注编制的基本要求。

①中期财务报告附注应当以年初至本中期末为基础披露。编制中期财务报告的目的是为了向报告使用者提供自上年度资产负债表日之后所发生的重要交易或者事项,因此,中期财务报告中的附注应当以"年初至本中期末"为基础进行编制,而不应当仅仅披露本中期所发生的重要交易或者事项。

【例16-5】 华南公司需要编制季度财务报告,该公司在20×1年3月5日对外进行重大投资,设立一家子公司。对于这一事项,华南公司不仅应当在20×1年度第1季度财务报告的财务报表附注中予以披露,在20×1年度第2季度财务报告和第3季度财务报告的财务报表附注中也应当予以披露。

②中期财务报告附注应当对自上年度资产负债表日之后发生的重要的交易或者事项进行披露。中期财务报告中的附注应当以年初至本中期末为基础编制,披露自上年度资产负债表日之后发生的,有助于理解企业财务状况、经营成果和现金流量变化情况的重要交易或者事项,此外,对于理解本中期财务状况、经营成果和现金流量有关的重要交易或者事项,也应当在附注中作相应披露。

(2)中期财务报告附注至少应当包括的内容。

①中期财务报表所采用的会计政策与上年度财务报表相一致的声明。企业在中期会计政策发生变更的,应当说明会计政策变更的性质、内容、原因及其影响数;无法进行追溯调整的,应当说明原因。

②会计估计变更的内容、原因及其影响数;影响数不能确定,应当说明原因。

③前期差错的性质及其更正金额;无法进行追溯重述的,应当说明原因。

④企业经营的季节性或者周期性特征。

⑤存在控制关系的关联方发生变化的情况;关联方之间发生交易的,应当披露关联方关系的性质、交易类型和交易要素。

⑥合并财务报表的合并范围发生变化的情况。

⑦对性质特别或者金额异常的财务报表项目的说明。

⑧证券发行、回购和偿还情况。

⑨向所有者分配利润的情况,包括在中期内实施的利润分配和已提出或者已批准但尚未实施的利润分配情况。

⑩根据《企业会计准则第35号——分部报告》规定披露分部报告信息的,应当披露经营分部的分部收入与分部利润(亏损)。

⑪中期资产负债表日至中期财务报告批准报出日之间发生的非调整事项。

⑫上年度资产负债表日以后所发生的或有负债或有资产的变化情况。

⑬企业结构变化情况,包括如企业合并,对被投资单位具有重大影响、共同控制或者控制关系的长期股权投资的购买或者处置,终止经营等。

⑭其他重大交易或者事项,包括重大的长期资产转让及其出售情况、重大的固定资产和无形资产取得情况、重大的研究和开发支出、重大的资产减值损失、或有负债等。

企业在提供上述第5项和第10项有关关联方交易、分部收入与分部利润(亏损)信息时,应当同时提供本中期(或者本中期末)和本年度初至本中期末的数据,以及上年度可比本中期(或者可比期末)和可比年初至本中期末的比较数据。

本章小结

财务报告是指企业对外提供的反映某一特定日期的财务状况和某一会计期间的经营成果等会计信息的文件。主要包括财务报表和其他应当在财务报告中披露的相关信息和资料。

财务报表是对企业财务状况、经营成果和现金流量的结构性表述。财务报表至少应当包括:(1)资产负债表;(2)利润表;(3)现金流量表;(4)所有者权益(或股东权益表)变动表;(5)附注。

资产负债表是反映企业在某一特定日期所拥有或控制的经济资源、所承担的现实义务和所有者对净资产的要求权。

利润表是反映企业在一定会计期间的经营成果的会计报表。

现金流量表,是指反映企业在一定会计期间现金和现金等价物流入和流出的报表。

所有者权益变动表,是指反映构成所有者权益各组成部分当期增减变动情况的报表。

练习题

一、单项选择题

1. 编制现金流量表时,企业的罚款收入应在( )项目反映。

A."销售商品、提供劳务收到的现金"　　B."收到的其他与经营活动有关的现金"
C."支付的其他与经营活动有关的现金"　D.购买商品、接受劳务支付的现金

2. 下列各项中,属于经营活动产生的现金流量的是(　　)。
   A.销售商品收到的现金　　　　　　B.发行债券收到的现金
   C.发生筹资费用所支付的现金　　　D.分得股利所收到的现金

3. 应收票据贴现属于(　　)。
   A.经营活动产生的现金流量　　　　B.投资活动产生的现金流量
   C.筹资活动产生的现金流量　　　　D.不涉及现金收支的筹资活动

4. 在下列事项中,(　　)不影响企业的现金流量。
   A.取得短期借款　　　　　　　　　B.支付现金股利
   C.偿还长期借款　　　　　　　　　D.以固定资产对外投资

5. 企业偿还的长期借款利息,在编制现金流量表时,应作为(　　)项目填列。
   A.偿还债务所支付的现金　　　　　B.分配股利、利润或偿付利息所支付的现金
   C.补充资料　　　　　　　　　　　D.偿还借款所支付的现金

6. 编制现金流量表时,本期退回的增值税应在(　　)项目中反映。
   A."支付的各项税费"　　　　　　　B."收到的税费返还"
   C."支付的其他与经营活动有关的现金"　D."收到的其他与经营活动有关的现金"

7. 会计报表不包括(　　)。
   A.资产负债表　　　　　　　　　　B.利润表
   C.现金流量表　　　　　　　　　　D.财务情况说明书

8. 资产负债表中资产的排列顺序是按(　　)
   A.项目收益性　　　　　　　　　　B.项目重要性
   C.项目流动性　　　　　　　　　　D.项目时间性

9. 所有者权益内部各个项目按(　　)排列。
   A.重要性　　　B.稳定性　　　C.流动性　　　D.时间性

10. 资产负债表上的"应收票据"项目包括(　　)。
    A.已向银行贴现的应收票据　　　　B.已背书转让的应收票据
    C.银行承兑汇票和商业承兑汇票　　D.银行本票

11. "应收账款"科目所属明细科目期末有贷方余额,应在资产负债表(　　)项目内填列。
    A."预收账款"　　B."预付账款"　　C."应付账款"　　D."其他应付款"

12. "预付账款"科目所属明细科目期末有贷方余额,应在资产负债表(　　)项目内填列。
    A."预付账款"　　B."应付账款"　　C."预收账款"　　D."应收账款"

13. 企业的(　　),不在资产负债表"货币资金"项目内反映。
    A.银行汇票存款　B.银行本票存款　C.在途资金　　D.有价证券

14. 资产负债表是反映(　　)的报表。
    A.企业某一特定日期生产经营成果　B.企业一定期间的财务状况
    C.企业某一特定日期财务状况　　　D.企业一定期间生产经营成果

15. 某企业会计年度的期末应收账款所属明细账户借方余额之和为500 800元,所属明细账户贷方余额之和为9 800元,总账为借方余额491 000元。则在当期资产负债表

中"应收账款"项目所列的数额为（　　）。

A. 500 800　　　B. 9 800　　　C. 491 000　　　D. 510 600

16. 将于一年内到期的长期债券投资,在资产负债表中应（　　）。

A. 在"短期投资"项目下列示

B. 在"长期投资"项目下列示

C. 既在"短期投资"项目下列示,又在"长期投资"项目下列示

D. 在流动资产类下单独设置"一年内到期的长期债券投资"项目加以反映

17. 企业期末"生产成本"的借方余额,应作为资产负债表中的（　　）项目反映。

A. 长期待摊费用　　B. 生产成本　　C. 在产品　　D. 存货

二、多项选择题

1. 中期财务报告至少应当编制的法定内容包括（　　）。

A. 资产负债表　　　　　　　B. 利润表

C. 现金流量表　　　　　　　D. 所有者权益变动表

E. 附注

2. 下列属于中期财务报表的是（　　）。

A. 月度财务报表　　　　　　B. 季度财务报表

C. 半年度财务报表　　　　　D. 年度财务报表

E. 年初至本期（不包括12月）期末财务报表

3. 下列内容,应计入资产负债表中"存货"项目的是（　　）。

A. "原材料"　　　　　　　　B. "生产成本"

C. "制造费用"　　　　　　　D. "库存商品"

E. "在途材料"

4. 资产负债表中的"应付账款"项目应根据（　　）所属明细科目的贷方余额之和填列。

A. "应付账款"　　　　　　　B. "应收账款"

C. "预付账款"　　　　　　　D. "预收账款"

E. "应付票据"

5. 下列各资产负债表项目中,可根据其总分类账户的期末余额直接填列的有（　　）。

A. 应付票据　　　　　　　　B. 交易性金融资产

C. 应付账款　　　　　　　　D. 短期借款

E. 应付职工薪酬

6. 企业在确认、计量和披露中期财务报告中列报的各会计报表项目时,下列说法中正确的有（　　）。

A. 应当遵循重要性原则

B. 在判断项目的重要性程度时,应当以中期财务数据为基础,不应以预计的年度财务数据为基础

C. 与年度财务数据相比,中期会计计量可在更大程度上依赖于估计

D. 在判断项目的重要性程度时,应当以预计的年度财务数据为基础,不应以中期财务数据为基础

E. 企业在会计年度中不均匀发生的费用,可在中期财务报表中预提或者待摊

7. 资产负债表中不属于非流动资产的项目包括(　　)。
   A. 在建工程　　　　　　　　　B. 其他应收款
   C. 无形资产　　　　　　　　　D. 交易性金融资产
   E. 周转材料
8. 利润表中需要计算填列的项目有(　　)。
   A. 营业利润　　　　　　　　　B. 资产减值损失
   C. 营业税金及附加　　　　　　D. 利润总额
   E. 净利润
9. "收到的税费返还"项目反映企业收到的返还的各种税金,包括(　　)。
   A. 增值税　　　B. 消费税　　　C. 营业税　　　D. 所得税
10. "支付给职工以及为职工支付的现金"项目不反映(　　)。
    A. 企业生产工人的工资　　　　B. 在建工程人员的工资
    C. 支付的退休统筹金　　　　　D. 支付的未参加统筹的退休人员的费
11. 会计报表包括(　　)。
    A. 资产负债表　　B. 利润表　　C. 现金流量表　　D. 相关附表
12. 会计报表附注中重要事项的揭示包括(　　)。
    A. 承诺或担保事项　　　　　　B. 或有事项
    C. 资产负债表日后的非调整事项　D. 重要资产转让及其出售情况

三、判断题

1. 将于一年内到期的长期负债,应在资产负债表的"一年内到期的长期负债"项目单独反映。(　　)
2. 企业销售商品,预收的账款不在"销售商品、提供劳务收到的现金"项目反映。(　　)
3. 我国《企业会计准则—现金流量表》在要求企业按间接法编制现金流量表的同时,还要求业在补充资料中按直接法将净利润调节为经营活动的现金流量。(　　)
4. 作为现金流量表编制基础的现金是指现金及现金等价物。(　　)
5. 企业一定期间的现金流量可分为经营活动的现金流量、投资活动的现金流量和筹资活动的现金流量。(　　)
6. 企业本期应交的增值税在利润表中的"主营业务税金及附加"反映。(　　)
7. 通常,利润表的各项目只需填列"本年累计数"即可。(　　)
8. 资产负债表上的"长期应付款"项目,应根据"长期应付款"科目的期末余额,减去"未确认融资费用"科目期末余额后的金额填列。(　　)
9. 企业前期销售本期退回的商品支付的现金应在"支付的其他与经营活动有关的现金"项目反映。(　　)
10. 企业分得的股票股利可在"取得投资收益所收到的现金"项目反映。(　　)
11. 我国企业会计制度规定,我国企业的利润表采用多步式。(　　)
12. 融资租入固定资产支付的租赁费,在经营活动产生的现金流量反映。(　　)
13. 企业重大的投资和融资活动应在会计报表附注中披露。(　　)
14. "债务转为资本"项目应在现金流量表的补充资料中填列。(　　)

15. "企业捐赠现金支出"应在"支付的其他与筹资活动有关的现金"项目中反映。
（ ）

16. 企业收回长期债权投资本息所收到的现金应在"收回投资所收到的现金"项目反映。
（ ）

17. 如"应收账款"科目所属明细科目期末有贷方余额，应在资产负债表"预收账款"项目列示。
（ ）

18. 企业实际支付的罚款支出应在"支付的其他与经营活动有关的现金"项目反映。
（ ）

19. 企业购买商品同时支付的增值税进项税税金应在"支付的其他与经营活动有关的现金"项目反映。
（ ）

20. 我国财务会计制度规定，资产负债表的结构采用报告式结构。（ ）

四、业务计算与核算题

1. 练习资产负债表的编制

甲上市公司为增值税一般纳税人，适用的增值税税率为17%。原材料和库存商品均按实际成本核算，商品售价不含增值税，其销售成本随销售同时结转。20×1年1月1日资产负债表（简表）资料如下：

资产负债表（简表）

编制单位：甲上市公司　　20×1年1月1日　　　　　　　　　　　　　　金额单位：元

资产	年初余额	负债和所有者权益	年初余额
货币资金	320.4	短期借款	200
交易性金融资产	0	应付账款	84
应收票据	24	应付票据	40
应收账款	159.2	预收账款	60
预付账款	0.16	应付职工薪酬	4
存货	368	应交税费	9.6
长期股权投资	480	应付利息	40
固定资产	1 442	长期借款	1 008
在建工程	100	实收资本	1 600
无形资产	204	盈余公积	96
长期待摊费用	50	未分配利润	6.16
资产总计	3 147.76	负债和所有者权益总计	3 147.76

20×1年甲上市公司发生如下交易或事项：

(1) 以商业承兑汇票支付方式购入材料一批，发票账单已经收到，增值税专用发票上注明的货款为300 000元，增值税额为51 000元。材料已验收入库。

(2) 委托证券公司购入公允价值为1 000 000元的股票，作为交易性金融资产核算。期末交易性金融资产公允价值仍为1 000 000元。

(3) 计算并确认短期贷款利息50 000元。

(4) 计算并确认坏账准备80 000元。

(5) 计提行政管理部门用固定资产折旧200 000元；摊销管理用无形资产成

本 100 000 元。

(6)销售库存商品一批,该批商品售价为 1 000 000 元,增值税为 170 000 元,实际成本为 650 000 元,商品已发出。甲公司已于上年预收货款 600 000 元,其余款项尚未结清。

(7)分配工资费用,其中企业行政管理人员工资 150 000 元,在建工程人员工资 50 000 元。

(8)计提应计入在建工程成本的长期借款利息 200 000 元。

(9)确认对联营企业的长期投资收益 500 000 元。

(10)计算并确认应交城市维护建设税 30 000 元(教育费附加略)。

(11)转销无法支付的应付账款 300 000 元。

(12)本年度实现利润总额 540 000 元,所得税费用和应交所得税均为 180 000 元(不考虑其他因素);提取盈余公积 36 000 元。

要求:

(1)编制甲上市公司 20×1 年度上述交易或事项的会计分录(不需编制各损益类科目结转本年利润以及利润分配的有关会计分录)。

(2)填列甲上市公司 20×1 年 12 月 31 日的资产负债表(不需列出计算过程)。

("应交税费"科目要求写出明细科目和专栏名称,答案中的金额单位用元表示)。

2. 练习利润表的编制

甲公司为增值税一般纳税人,适用的增值税税率为 17%,所得税税率为 25%,商品、原材料售价中不含增值税。假定销售商品、原材料和提供劳务均符合收入确认条件,其成本在确认收入时逐笔结转,不考虑其他因素。20×2 年 3 月,甲公司发生如下交易或事项:

(1)销售商品一批,按商品标价计算的金额为 2 000 000 元,由于是成批销售,甲公司给予客户 10% 的商业折扣并开具了增值税专用发票,款项尚未收回。该批商品实际成本为 1 500 000 元。

(2)向本公司行政管理人员发放自产产品作为福利,该批产品的实际成本为 80 000 元,市场售价为 100 000 元。

(3)向乙公司转让一项软件的使用权,一次性收取使用费 200 000 元并存入银行,且不再提供后续服务。

(4)销售一批原材料,增值税专用发票注明售价 800 000 元,款项收到并存入银行。该批材料的实际成本为 590 000 元。

(5)将以前会计期间确认的与资产相关的政府补助在本月分配计入当月收益 3 000 000 元。

(6)确认本月设备安装劳务收入。该设备安装劳务合同总收入为 1 000 000 元,预计合同总成本为 700 000 元,合同价款在前期签订合同时已收取。采用完工百分比法确认劳务收入。截至本月末,该劳务的累计完工进度为 60%,前期已累计确认劳务收入 500 000 元、劳务成本 350 000 元。

(7)以银行存款支付管理费用 200 000 元,财务费用 100 000 元,营业外支出 50 000 元(含违反税收规定的罚款 27 000 元)。

要求:

(1)逐笔编制甲公司上述交易或事项的会计分录("应交税费"科目要写出明细科目

及专栏名称)。

(2)计算甲公司3月的营业收入、营业成本、营业利润、利润总额和净利润。

(3)编制甲公司2012年3月的利润表。

(答案中的金额单位用元表示)

3. 练习现金流量表项目的填列

(1)某企业"应收账款"科目月末借方余额40 000元,其中"应收甲公司账款"明细科目借方余额60 000元,"应收乙公司账款"明细科目贷方余额20 000元,"预收账款"科目月末贷方余额15 000元,其中"预收A厂账款"明细科目贷方余额25 000元,"预收B厂账款"明细科目借方余额10 000元,该企业月末资产负债表"应收账款"项目的金额为多少?

(2)某企业"应收账款"明细账借方余额为160 000元,贷方余额为70 000元,坏账准备为500元。在资产负债表中,"应收账款净额"项目数额应为多少?

(3)某公司发生如下经济业务:

①公司分得现金股利100 000元。

②用银行存款购入不需要安装的设备一台,全部价款为350 000元。

③出售设备一台,原值为1 000 000元,折旧450 000元,出售收入为800 000元,清理费用50 000元,设备已清理完毕,款项已存入银行。

④计提短期借款利息50 000元,计入预提费用。

该企业投资活动现金流量净额为多少?

(4)某公司发生如下经济业务:

①销售产品一批,成本为2 500 000元,售价为4 000 000元,增值税税票注明税款680 000元,货已发出,款已入账;

②出口产品一批,成本为1 000 000元,售价为2 000 000元,当期收到货款及出口退税180 000元;

③收回以前年度应收账款200 000元,存入银行;

试问,企业本期现金流量表中"销售商品、提供劳务收到的现金"的金额。

(5)某企业本期商品销售收入实际收到现金9 360 000元,其中增值税销项税额1 360 000元,本年度销售退回支出现金500 000元(不含增值税)收到出口退税170 000元,则该企业销售商品的现金流入为多少?

五、思考题

1. 何谓财务报告?其编制目的和主要构成内容是什么?
2. 何谓资产负债表?其作用如何?
3. 何谓利润表?其作用如何?
4. 何谓现金流量表?其作用如何?
5. 现金流量表中的现金的含义是指什么?
6. 所有者权益变动表有何作用?
7. 财务报表附注包括哪些内容?
8. 中期财务报告确认与计量的原则是什么?

主要参考文献

1. 财政部.中国企业会计准则.经济科学出版社,2006。
2. 本书编写组.最新企业会计准则讲解与运用.立信会计出版社,2006。
3. 财政部会计资格评价中心.中级会计实务.中国财政经济出版社,2007。
4. 张一贞.财务会计学.中国人民大学出版社,2004。
5. 夏冬林,刘永泽主编.中级会计学(上).经济科学出版社,2003。
6. 张维宾.中级财务会计学.立信会计出版社,2007。
7. 刘永泽,陈立军.中级财务会计.东北财经大学出版社,2007。
8. 卢雁影,常树春.会计学.中国人民大学出版社,2004。
9. 《企业会计准则——应用指南》(2006年10月30日财政部发布,自2007年1月1日起实施)。
10. 《企业会计准则——基本准则》(2006年2月15日财政部发布,2007年1月1日起施行)。
11. 《现金管理暂行条例》。
12. 《支付结算办法》。
13. 《银行账户管理办法》。
14. 《内部会计控制规范——货币资金(试行)》。
15. 《中国企业会计准则》(2006),中国时代经济出版社。
16. 《最新企业会计准则讲解与运用》,立信会计出版社。
17. 《中级会计实务》,中国财政经济出版社,2003。
18. 张志凤.初级会计实务.北京大学出版社。
19. 财政部会计资格评价中心编.初级会计实务.中国财政经济出版社。
20. 中华人民共和国财政部制定.企业会计准则.经济科学出版社,2006。
21. 财政部会计资格评价中心编.初级会计实务.中国财政经济出版社,2010。
22. 财政部会计资格评价中心编.中级会计实务.经济科学出版社,2010。
23. 杨有红主编.中级财务会计.中央广播电视大学出版社,2008。
24. 财政部会计司编写组.企业会计准则讲解.人民出版社,2007。
25. 第三届全国会计知识大赛领导小组办公室编.第三届全国会计知识大赛辅导讲座.大连出版社,2007。
26. 中华人民共和国财政部制定.企业会计准则,经济科学出版社,2006。
27. 财政部会计资格评价中心编.初级会计实务,中国财政经济出版社,2007。
28. 财政部会计资格评价中心编.中级会计实务.经济科学出版社,2007。
29. 杨有红主编.中级财务会计.中央广播电视大学出版社,2001。

30. 周晓苏主编. 会计学. 南开大学出版社,2005。

31.《企业会计准则第 14 号——收入》(2006 年 2 月 15 日财政部发布,2007 年 1 月 1 日起施行)。

32.《企业会计准则第——应用指南》(2006 年 2 月 15 日财政部发布,2007 年 1 月 1 日起施行)。

33. 中国注册会计师协会编. 会计. 中国财政经济出版社,2007。

后 记

《中级财务会计》是在参考国内外众多同类教材的基础上,结合当前会计实际编写而成。本书在编写过程中突出了以下特点:

第一,以国际会计惯例和我国会计准则体系为依据。本书依据国际会计准则和我国会计准则体系进行编写,力求与国际会计惯例趋同,各项会计业务处理尽可能符合我国会计准则体系和实际操作的要求。

第二,以财务会计基本理论和基本方法为基础。本书以财务会计基本理论和基本方法为基础,着重论述会计要素的确认和计量的基本原则,力求在理论上阐述清楚各项业务的处理方法,把握会计业务的实际操作。

第三,理论联系实际。理论与实践相结合是本书的编写宗旨,在阐述基本理论的同时,突出我国会计实际,做到理论源于实际而高于实际。

第四,注重学生实际动手能力的培养。财务会计是一门实践性很强的学科,学生动手能力的培养非常重要。本书以企业实际发生的案例进行分析与操作,并结合我国具体会计准则进行解释说明,突出学生工作能力的培养。

本书是安徽省高等学校"十一五"规划教材会计学系列之一,是安徽省精品课程《会计学原理》的后续教材,是在学习了《会计学原理》的基本理论和基本方法之后,对财务会计理论和方法的进一步深化。本教材适用于会计学专业教学,同时可供企、事业单位经济管理人员工作参考,也可作为其他层次的学生和会计人员培训与自学之用。本书的学习必将对后续课程的学习奠定坚实的基础。

本书由蚌埠学院赵鸿雁教授主编,由赵鸿雁教授负责写作大纲的拟定和编写的组织工作,并对全书进行了总纂。本书具体分工如下:第1章、第12章由赵鸿雁教授撰写;第2章、第13章由合肥学院曹中红老师撰写;第3章由蚌埠学院李文瑛老师撰写;第4章、第9章由安徽科技学院陈继东老师撰写;第5章、第6章由淮南联合大学张灵军老师撰写;第7章由蚌埠学院年素英老师撰写;第8章、第10章由铜陵学院吴本洲老师撰写;第11章、第15章由铜陵学院毛腊梅老师撰写;第14章由蚌埠学院陈习杰老师撰写。

由于时间仓促,加之水平有限,书中错误之处在所难免,欢迎广大读者和同行批评指正。

编者

2012年5月